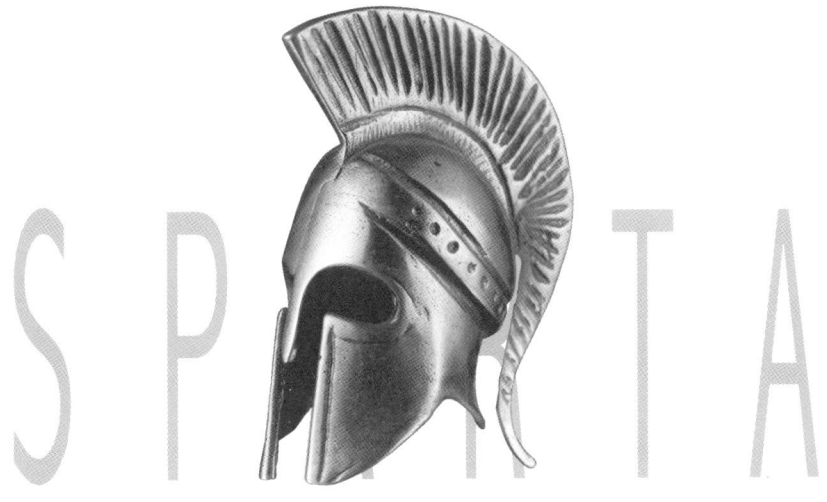

古代斯巴达
经济社会史研究

祝宏俊 著

中国社会科学出版社

图书在版编目（CIP）数据

古代斯巴达经济社会史研究/祝宏俊著.—北京：中国社会科学出版社，2021.12
ISBN 978-7-5203-9346-1

Ⅰ.①古… Ⅱ.①祝… Ⅲ.①经济史—研究—斯巴达 Ⅳ.①F154.592

中国版本图书馆 CIP 数据核字（2021）第 237225 号

出 版 人	赵剑英
责任编辑	安　芳
责任校对	张爱华
责任印制	李寡寡

出　　版	中国社会科学出版社
社　　址	北京鼓楼西大街甲 158 号
邮　　编	100720
网　　址	http://www.csspw.cn
发 行 部	010-84083685
门 市 部	010-84029450
经　　销	新华书店及其他书店
印　　刷	北京君升印刷有限公司
装　　订	廊坊市广阳区广增装订厂
版　　次	2021 年 12 月第 1 版
印　　次	2021 年 12 月第 1 次印刷
开　　本	710×1000　1/16
印　　张	27
插　　页	2
字　　数	470 千字
定　　价	128.00 元

凡购买中国社会科学出版社图书，如有质量问题请与本社营销中心联系调换
电话：010-84083683
版权所有　侵权必究

序 一

欣闻祝宏俊教授的新著《古代斯巴达经济社会史研究》，将由中国社会科学出版社出版，可喜可贺。这是继作者的《古代斯巴达政制研究》之后，中国古代斯巴达史研究的又一新的重大成果。这部著作进一步开拓了古代斯巴达史研究的新领域、新视野，在实证研究的基础上提出了不少新问题，得出了新的结论。这对深化古代斯巴达研究，特别是其经济社会史的研究，无疑有重要的学术价值和理论意义。

对古斯巴达，中国人并不陌生。早在1902年，梁启超即撰有《斯巴达小志》，认为"读斯巴达史而不勃然生尚武爱国之热情者，吾必谓其无人心矣"。他还认为"斯巴达实今日全世界十数强国文明之祖师也"。1962年，刘家和著《斯巴达》阐述了斯巴达的制度、风俗，以及斯巴达的兴亡。这是吴晗主编的《外国历史小丛书》中的一种，在社会各界有众多的读者。

中国世界史研究的萌生、产生和发展，离不开具体的社会历史条件和学术环境。在中国世界史研究漫长的发展过程中，出现对西方史学简单模仿或"跟跑"的现象，并不难理解。近些年，随着社会的进步和科学的发展，这种状况正在得到改变。无论是和1902年，抑或是和1962年相比，今日的中国已经发生了天翻地覆的变化，"学术中国"也如是，祝宏俊的新著《古代斯巴达经济社会史研究》即是生动的例证。这部著作反映了中国斯巴达史研究的新进展和新水平，使中外史苑中的斯巴达史研究之花，开放得更加艳丽。

2013年，作者在《古代斯巴达政制研究》中曾提出，斯巴达的政治制度不是集权制，也不是寡头制而是有限民主。《古代斯巴达经济社会史研究》，则从社会生活角度对此进行了更深入的探求，使结论令人更加信服。作者以唯物史观为理论指导，自觉清除"欧洲中心论"的影响，在广阔的社会历史背景下，对斯巴达历史发展中的一些重大理论问题进行了艰苦的理论探讨，回答了斯巴达何以在长时间内既是希腊世界的霸主，又是希腊世界最具影响力的伯罗奔尼撒同盟的盟主；并阐明斯巴达不是极权主义、社会僵化、历史固定的国家。这些论述言之有据，有坚实的文献支持，成一家之言，为建立有中国特色古希腊史学术体系、话语体系做出了积极的贡献。

祝宏俊是一位有才华的年富力强的史家，早年先后就读扬州大学、吉林大学和北京师范大学，2004年获历史学博士学位，后又在南开大学、中国社会科学院世界历史研究所从事博士后研究工作，并在2008年、2012年到英国诺丁汉大学和美国弗吉尼亚大学学术研修。严格的史学训练，使其有良好的史学理论素养，坚实的专业知识和专业基础知识，以及很强的研究能力；他好学深思，持之以恒，有强烈的责任感和使命感，这些在《古代斯巴达经济社会史研究》中都有出色体现。

习近平总书记说："只有回看走过的路、比较别人的路、远眺前行的路，弄清楚我们从哪儿来、往哪儿去，很多问题才能看得深、把得准。"历史不会消失，即使是遥远的古代的历史仍在现在活着，而且与未来相衔接。铭记、研究历史，是为了开辟未来，走向未来。新时代呼唤新史学，中国世界史研究站在一个新的历史起点上，相信祝宏俊百尺竿头更进一步，在未来岁月的世界史研究和教学中，必将取得更多更大的成就。

在《古代斯巴达经济社会史研究》问世之际，我不揣浅薄写下一些感想，是为序。

于　沛

2021年10月25日北京华威西里

序　　二

　　史学研究取决于一个前提，就是有关研究对象的史料数量与质量是否具备。史料匮乏，特别是一手史料短缺，重建一次性过去的客观历史就失去了可能。所以在成文史中，我们时常遇到所谓长时段的"黑暗时代"、短时间的"历史空白"，譬如古埃及第一二中间期的历史，加喜特人统治两河流域的历史，古希腊克里特、迈锡尼文明的千年史，荷马时代的历史等等，不一而足。某个历史上的族群与国家，有史料依托是幸运的事，否则就可能永久性地湮没无闻。

　　依此看来，斯巴达属于幸运国之列。因为有关这个希腊最大城邦的史料，传世文字史料的绝对数量不算多，但比起除雅典外的其他城邦的文字记载，又可以说是相当可观，甚至有相当部分涉及某个特定时期、特定事件和人物的细部，如果再辅以出土的实物史料，我们几乎可以复现完整的斯巴达社会、经济、政治乃至文化史的基本线索以及某些局部的具体情境。因此斯巴达史是具有相当大研究空间的领域之一。文艺复兴以来，欧美古典学界在斯巴达史研究方面也确实积累了众多学术成果，其表现形式包括通史、断代史、专史、人物传记、论文，可以说蔚成大观。

　　然而我国古典学的研究却起步较晚，始于中华人民共和国成立之后。起初少数定向古希腊研究的史学工作者注意力集中在史料众多、可参考成果亦多的雅典选题上，斯巴达史的问题虽有人关照，但为数很少，有分量的代表作仅刘家和先生的一篇长文《论黑劳士制度》。

　　改革开放后，我国世界古代史学界的同仁乘思想解放的东风，研究选题由单向转为多向度，最近40年涉及斯巴达政治史、社会史、经济史问题的论作时而面世，斯巴达研究逐渐成为显学。本书作者祝宏俊教授便是致力于斯巴达研究方向的学人之一。他在斯巴达政治制度史、社会经济史方向上认真爬梳史料，对斯巴达政治体制、社会经济制度进行过深入细致的考察，相继发表了一系列论文和一部专著，提出了一些颇具启发意义的个人解释。例如，关于斯巴达双王制的形成与演化、监察官制的由来与职能、举国军训制的起源与发展、黑劳士制度的来龙去脉和不同时期的具体表现等。在较长期潜心研究的基础上，宏俊教授的又一部新作，即国家社科基金项目"古代斯巴达经济社会史研究"业已告竣，即将出版发行。我向宏俊教授表示衷心的祝贺。

斯巴达的经济社会制度是古代世界的一枝奇葩，被史书归结于吕库古的一次打土豪、分田地、实行财产平均主义的改革。实际上这是一场生产关系的变革，是一场经济与社会革命，所以斯巴达城邦在古代被称作"平等者公社"。

与平均地产相配套，斯巴达国家对公民的一生实行严格干预与监督，可以说事无巨细，包括管到结婚生子、夫妻生活、优生优育等家庭生活的隐私，因而奠定了斯巴达社会在大约300年里稳如奥林匹斯山般的基础，使斯巴达公民兵虽人数不多，却长期成为希腊陆战的王者，把斯巴达推上伯罗奔尼撒同盟霸主的宝座。在古典作家笔下，斯巴达是标准化的，元老院是始终如一、缺少变化的。但按照常理，斯巴达这种国家至上的政经军文体系很大程度上并非吕库古一次性缔造而成，多半是若干届领导人不断发展完善的结果。宏俊教授的研究表明，斯巴达国家形态的各个局部并非一成不变，而是不时处在动态的调整之中，平等亦有不平等，看对什么时期而言。他几乎在每个问题上都试图给出自己的解答，我们读者无论赞成与否，都会有进一步思考的余地。

斯巴达的崛起以及平等者公社的建立与解体具有范型意义，早在古代便被几乎所有希腊哲学家、历史家作为样本加以比较研究过。它的政治体制是贵族寡头制还是公民民主制，古代人便争论不定，但无论有多大的分歧，总是有一个共识，就是斯巴达公民团结、社会稳定与它的国家体制存在密切联系。

启蒙时代以来，欧美政治家和政治学家在为资产阶级新国家设计政治体制时，不可避免地拿斯巴达政体作为参照，且往往予以积极的评价，认为斯巴达政体与古罗马共和政体是有利于长期稳定的混合政体。20世纪六七十年代以来，自由主义的政治正确和民主崇拜流行，对斯巴达政体的评价转为负面为主，但没有人否认公民社会的凝聚力及其国家机器的效率。历史的经验值得注意，祝宏俊教授的这部专著为我们提供了他眼中的斯巴达经济社会史经验，读之可拓展我们的视界，在更大的范围内对当今世界的有关现象进行比较和反思。我想这是本书的主要价值所在。

郭小凌

2021 年 9 月 21 日于京师园

本书部分参考文献缩写对照表

ABSA	The Annual of the British School at Athens
Ael. VH.	Aellian, Historical Miscellany
AJA	American Journal of Archaeology
Apol. Bibli.	Apollodorus, Bibliotheca
Arist. Ath. Pol.	Aristotle, Athenian Constitution
Arist. Fr.	Aristotle, Frgments
Arist. Pol.	Aristotle, Politics
Athen.	Athenaeus, Deipnosophistae
Cic.	Cicero
CP	Classical Philology
CQ	the Classical Quarterly,
Diod.	Diodorus, The Library of History
FGrHist	the Fragments of Greek History
Hdt	Herodotus, Histories
I. G.	the Inscreptions of Greece
Ild.	Homer, Iliad
Isoc. Pan.	Isocrates, Panathenaious
Isoc. Archi.	Isocrates, Archidamus
JHS	the Journal of Hellenic Studies
Ody.	Homer, Odyssey
Paus.	Pausanias, Discription of Greece
Plato, Rep.	Plato, Republic
Plato, Alcib.	Plato, Alcbiades

Plut. *Ages.*	Plutarch's *Parallel Lives*, *Ageslaus*
Plut. *Agis*	Plutarch's *Parallel Lives*, *Agis*
Plut. *Aristides*	Plutarch's *Parallel Lives*, *Aristides.*
Plut. *Cleo.*	Plutarch's *Parallel Lives*, *Cleomonese*
Plut. *Lyc.*	Plutarch's *Parallel Lives*, *Lycurgus*
Plut. *Lyc & Numa*	Plutarch's *Parallel Lives*, *Lycurgus & Numa*
Plut. *Lys.*	Plutarch's *Parallel Lives*, *Lysander*
Plut. *Mor.*	Plutarch, *Moralia*
Plut. *Pel.*	Plutarch's *Parallel Lives*, *Pelopidas*
Plut. *Per.*	Plutarch's *Parallel Lives*, *Pericles*
Plut. *Phocion*	Plutarch's *Parallel Lives*, *Phocion*
Plut. *Solon*	Plutarch's *Parallel Lives*, *Solon*
Plut. *Theseus*	Plutarch's *Parallel Lives*, *Theseus*
Poly.	Polybius, *Histories*
Strabo	Strabo, *Geography*
TAPA	*Transactions of the American Philological Association*
Thuc.	Thucydides, *History of The Peloponnesian War*
Tyr. fr.	Tyrtaeus *Fragments*
Xen. *Agesilaos*	Xenophon, *Agesilaos*
Xen. *Ana.*	Xenophon, *Anabasis*
Xen. *Hell.*	Xenophon, *Hellenica*
Xen. *Lac. Pol.*	Xenophon, *Lacaedomonian Politics*

说明：

1. 本书古典文献依据罗伊卜古典丛书，文中的版本不再一一列举，可参考书后的参考文献部分。

2. 本书古典文献部分的注释依照国际惯例采用缩写形式，并采用卷、章、段或行标注法，罗马数字表示卷，阿拉伯数字表示章、段或行，一般情况下，两级数码表示卷、段，三级数码表示卷、章、段（或行），中间用英文句号隔开，如"Hdt. IX. 1."或"Xen. Hell. I. 2. 3."、"Ild. XV. 234"。不同书或同一本书不同卷则用分号隔开，如"Xen. Hell. VII. 1. 24；Hdt. VIII. 73."、"Hdt. I. 1；IX. 1."、"Xen. Hell. I. 2. 3；II. 2. 3."。同一本书同一卷中的几个并列的段或行，则用逗号隔开，如"Hdt. IX. 1, 2."（第九卷第 1 段、第 2 段）、"*Ild.* XV. 234, 345"（第十五卷，第 234、345 行）。如果三级标注中出现同卷不同章、段，则在表示"章"数字后用逗号隔开，如"Xen. *Hell.* I. 2. 3, 4. 5."；如出现同卷同章不同段的情况，则在表示段的数字后逗号隔开，如"Xen. *Hell.* I. 4. 5, 6."。没有卷、段、节的直接以阿拉伯数字标出，如"Plut. *Lyc.* 28."。古希腊悲剧作品后的数字为"行"数。

目　录

前　言 ··· (1)

第一章　古代斯巴达：国名与领地 ································· (1)
  一　国名举凡与分析 ··· (1)
  二　斯巴达疆域历史沿革 ·· (14)

第二章　征服美塞尼亚与美塞尼亚战争 ··························· (26)
  一　"第一次美塞尼亚战争" ···································· (26)
  二　"第二次美塞尼亚战争" ···································· (29)
  三　"第三次美塞尼亚战争" ···································· (35)

第三章　黑劳士制度的发展与演变 ································ (45)
  一　黑劳士相关史料的时代性 ··································· (46)
  二　斯巴达征服美塞尼亚之前的黑劳士社会地位 ················ (49)
  三　征服美塞尼亚至"第三次美塞尼亚战争"黑劳士的社会地位 ····· (52)
  四　"第三次美塞尼亚战争"至公元前4世纪初
      黑劳士处境的恶化 ··· (59)
  五　晚期斯巴达黑劳士的社会地位 ······························· (64)

第四章　庇里阿西人研究 ··· (71)
  一　庇里阿西人的起源 ··· (72)

二　庇里阿西人的政治地位 …………………………………… (75)
　　三　庇里阿西人的经济地位 …………………………………… (83)

第五章　斯巴达人 …………………………………………………… (90)
　　一　斯巴达人与斯巴达公民 …………………………………… (90)
　　二　斯巴达公民队伍的规模 …………………………………… (95)
　　三　斯巴达公民人数的减少 …………………………………… (101)
　　四　晚期斯巴达缓解人口危机的对策 ………………………… (117)

第六章　斯巴达社会的平等、分层与社会流动 …………………… (123)
　　一　斯巴达人阶层的平等问题 ………………………………… (123)
　　二　斯巴达社会的分层问题 …………………………………… (129)
　　三　斯巴达社会的阶层流动 …………………………………… (133)

第七章　古代斯巴达的婚姻与私生子 ……………………………… (138)
　　一　古代斯巴达的婚姻制度 …………………………………… (138)
　　二　非法婚姻与私生子的产生 ………………………………… (142)
　　三　私生子的权益和地位 ……………………………………… (147)

第八章　斯巴达土地制度研究 ……………………………………… (151)
　　一　斯巴达历史上的土地分配问题 …………………………… (152)
　　二　古代斯巴达的土地占有的稳定性问题 …………………… (166)

第九章　斯巴达的税收制度 ………………………………………… (177)
　　一　古代斯巴达税收制度的特点 ……………………………… (179)
　　二　斯巴达税收下的公民生活问题 …………………………… (185)

第十章　斯巴达社会文化水平再评价 ……………………………… (191)
　　一　斯巴达并不是文化沙漠 …………………………………… (191)

二　古代斯巴达人不完全是文盲 …………………………（195）
三　对斯巴达文化水平的基本评价 ………………………（199）

第十一章　斯巴达军队 ………………………………………（202）
一　军团组织：洛库斯、摩拉 ……………………………（202）
二　基层军事组织：伊诺摩提亚 …………………………（211）
三　斯巴达海军 ……………………………………………（215）
四　希派斯制度 ……………………………………………（223）
五　骑兵与斯基里泰 ………………………………………（234）

第十二章　斯巴达"军国主义国家"反思 …………………（240）
一　关于"军国主义论"的学术史回顾和反思 …………（240）
二　斯巴达军队与军国主义国家 …………………………（248）
三　古典时期后期斯巴达成为军国主义国家 ……………（251）

第十三章　斯巴达宗教 ………………………………………（258）
一　斯巴达早期的宗教变革 ………………………………（258）
二　斯巴达宗教与国家权力 ………………………………（270）
三　斯巴达的奥林匹斯崇拜祭仪 …………………………（277）
四　斯巴达的英雄崇拜祭仪 ………………………………（301）

第十四章　斯巴达教育 ………………………………………（316）
一　斯巴达教育的学制安排 ………………………………（316）
二　斯巴达教育的内容 ……………………………………（324）
三　斯巴达教育与公民道德 ………………………………（337）
四　从派迪亚到阿高盖：斯巴达教育的发展与变化 ……（345）

结束语　斯巴达是整体主义国家吗？ ……………………（356）

附录一　斯巴达王表 ………………………………………………（362）

附录二　斯巴达历史大事年表 ……………………………………（366）

附录三　人名地名对照表 …………………………………………（374）

参考书目 ……………………………………………………………（385）

后　记 ………………………………………………………………（407）

前　　言

斯巴达是古代希腊与雅典并立的重要城邦，如果仅仅从当时的希腊世界的状况而言，甚至比雅典还有影响。这首先是因为斯巴达是古希腊疆域最大、人口最多的城邦。斯巴达面积达到8200平方公里，是古希腊第二大城邦雅典的3.5倍；人口有40万之多，与雅典人口鼎盛时期相当。其次斯巴达是古代希腊实力最强大的城邦。地广人多是国家实力的物质基础，斯巴达在公元前7世纪就率先建立起重装步兵，实施严格的训练，加上人口多，因此，斯巴达的陆军一直是希腊世界战斗力最强的，它的军队东征西讨，到公元前6世纪中期奠定了古典时期斯巴达领土的基础，周边城邦从此屈从于斯巴达的军事实力，成为斯巴达的盟友，在国际事务中唯斯巴达马首是瞻，秉持与斯巴达"同敌共友"的原则。实际上，也是从这时起，斯巴达组建了伯罗奔尼撒同盟，并成为盟主。斯巴达依靠自己的盟主身份继续干预更远处城邦的内部事务，如曾经三番五次地出兵干预雅典内政，安排波奥提亚地域的城邦关系，实际上，斯巴达也成了希腊世界的霸主。斯巴达不仅在希腊半岛本土获得无人匹敌的国际地位，在更遥远的小亚地区也引起关注，吕底亚在波斯入侵前夕曾经试图与斯巴达结盟。

斯巴达的这种霸主身份维持了很长一段时间。伊奥尼亚人起义前夕首先向斯巴达求助，波斯入侵希腊半岛时，雅典等城邦首先想到的依然是斯巴达，为了争取斯巴达，雅典不惜让出海军指挥权，而实际上雅典海军是当时希腊世界最强大的，斯巴达海军实力则根本不值一提。斯巴达这种独步希腊世界的实力和地位直到公元前465年大地震导致国力受到严重削弱，加上雅典在希波战争之后组建提洛同盟，加紧海上扩张，才有所降低。但也只是缩小了与雅典的差距，其实力依然不可小视，公元前460年，希腊世界曾经爆发过一场持续15

年的所谓"第一次伯罗奔尼撒战争",战争初期,斯巴达出兵中希腊,在塔纳格拉战役中,斯巴达继续打败雅典,战争最后,雅典被迫与斯巴达签署三十年和约,让出了在伯罗奔尼撒半岛占领的若干领土。公元前431年,伯罗奔尼撒战争爆发之后,雅典方面曾经认为斯巴达不堪一击,会很快认输或失败,但事实上,斯巴达与实力如日中天的雅典抗衡了十年,最后双方签署了《尼西阿斯和约》。此后,斯巴达改善与波斯的关系,组建海军,实力大大提升,终于在公元前404年打败雅典,结束伯罗奔尼撒战争。接着,斯巴达竟然出兵小亚,与波斯公开作战。不过,斯巴达的这一决策给自己带来了灾难,斯巴达被迫再次改善与波斯的关系,双方签署《安塔尔希达斯和约》,斯巴达实力再次上升,色诺芬说在公元前380年前后,斯巴达成为希腊世界实力最强大的城邦。直到公元前371年,斯巴达被底比斯肢解,美塞尼亚独立,才泯然于希腊众城邦中。在约一个半世纪的时间内,斯巴达一直是希腊世界最强大的城邦,只在有限的时间中它的实力稍逊于雅典。

作为实力如此强大的城邦当然对当时希腊世界产生过巨大的影响。伯利克里在伯罗奔尼撒战争前夕不断宣称与斯巴达的战争不可避免,在葬礼演讲词中处心积虑地将雅典和斯巴达做对比,这其实暗示了雅典一直将防范、打败、超越斯巴达作为自己的政治目标。至于到了公元前5世纪末、公元前4世纪,不少雅典的思想家将斯巴达的政治模式作为理想的、完美的范本,希腊世界出现了一批斯巴达的崇拜者。事实上,在西方历史上,直到近代资产阶级民主改革和民主政治建立之前,斯巴达在西方思想史、文化史上一直处于被肯定、受尊崇的地位。

这样一个具有深远历史影响的城邦毋庸置疑值得我们深入研究。然而,无论是在西方还是在中国,当今学术界对斯巴达的研究都远远不足。其中原因,笔者在拙作《古代斯巴达政制研究》前言中已有阐述,这里不再赘述。笔者从在郭小凌老师门下读博士时开始斯巴达研究,后在王敦书先生门下做博士后时研究斯巴达政制,再在中国社会科学院世界历史研究所郭方先生门下做博士后时研究斯巴达的社会和经济问题。此后,一直从事与斯巴达相关问题的研究。2011年笔者成功申请国家社会科学基金后期资助项目,将政治方面的研究进一步完善,2013年曾经出版过一本小书《古代斯巴达政制研究》,同年,笔者得到国家社会科学基金的资助,继续深化和完善关于斯巴达社会和经济等领域的研究。本书就是这一项目的最终成果。

本书继续采用了专题研究的形式，全书由十四个专题和结束语组成，正如本书标题所揭示的研究主要集中在社会、经济方面。由于社会、经济问题与政治问题密不可分，因此，书中某些章节带有较多的政治史色彩，如第二章、第三章，美塞尼亚的历史地位其实与黑劳士的社会地位密不可分，讨论黑劳士的社会地位不能不考虑美塞尼亚地区在斯巴达政治框架中的地位，出于章节之间的平衡，笔者没有将这两章糅合为一体，而是将其单列出来。又如，结束语部分，社会、经济领域的状况共同决定了斯巴达历史的整体形象，因此，全书的最后一部分就学术界目前呈现给读者的有关斯巴达的整体历史形象进行了反思。由于古代斯巴达历史资料尤其是经济史资料的匮乏，加上本人学力有限，因此，尽管书名是经济社会史研究，但其实经济、社会两部分内容并不均衡，关于斯巴达经济问题的研究明显偏弱。

最后，还需要指出的是，有关斯巴达的古典材料都不是来自斯巴达，而是斯巴达的政治对手雅典的作家，或数百年之后的罗马作家。雅典作家笔下的斯巴达或由于无法避免的雅典中心主义，被"他者"化了，或由于对斯巴达的现实情况了解不深，导致程度不等的扭曲。罗马作家尽管相对于我们在时间上距离斯巴达近得多，但毕竟数百年过去，他们的叙述在多大程度上反映了古代斯巴达的真实情况也值得深思。由于资料的散佚，我们无法获得比罗马作家更多的资料，因此，对罗马作家的部分错误也无法深入考证、纠偏。这构成了斯巴达研究无法逾越的先天障碍。当前，要想深化斯巴达研究，要在斯巴达研究方面取得超越古人、前人的成就最有效的办法就是援引考古学材料。这需要考古学界贡献更多的成果，更需要时间来消化、吸收现有的考古学成就。

第 一 章

古代斯巴达：国名与领地

在现代的文化语境中，古代斯巴达史研究的是古代希腊城邦——斯巴达的历史。然而，斯巴达作为古希腊某一特殊城邦的名称其实是近代之后人们才开始普遍使用的。在古代希腊，"斯巴达"作为城邦名称并不常用。城邦是国家的早期形式，鉴于此，城邦同时集中了地理范围、族群身份、政治制度三大要素。如果从地理范围的角度看，我们现在所说的斯巴达国家的地理范围与当时人们所说的拉凯戴蒙的地理范围相当，而在古代希腊，斯巴达更多的是指斯巴达城。如果我们从族群身份角度看，特定的族群总是与特定的地理空间联系在一起。斯巴达人首先是指居住在斯巴达城的人，同时指斯巴达国家的特殊等级，这与古人常用拉凯戴蒙人指拉凯戴蒙国家的主要居民不完全一致，简单说，斯巴达人与拉凯戴蒙人是不同的族群身份的概念。从政治制度看，古希腊作家很少有人提斯巴达政治制度，更多提到的是拉凯戴蒙人制度，如色诺芬、亚里士多德等都写过这方面的制度，罗马作家普鲁塔克也写有一部读书笔记式的《拉凯戴蒙政制》，这部著作据称是普鲁塔克对古代希腊人们同类作品所做的读书笔记。虽然波利比乌斯在《通史》一书中述及拉凯戴蒙政制时多称斯巴达政制，但波利比乌斯是罗马时期的学者，其观点代表不了古代希腊。因此，研究古代斯巴达史不得不对斯巴达的国名、领土这些基本范畴的内涵进行甄别。

一 国名举凡与分析

关于古代斯巴达城邦国名的使用，现代学者其实与古希腊知识分子并不一致。现代学者用来指称古代斯巴达的名称很多,大致上有 Sparta、Spartan、Laconia、Laconian、Lacedaemon、Lacedaemonian。① 根据词典,这六个词含义分别是:Sparta:n. 斯巴达

  Spartan:n. 斯巴达人

    adj. 斯巴达的、斯巴达人的、斯巴达式的

  Laconia:n. 拉科尼亚

  Laconian:n. 拉科尼亚人

    adj. 拉科尼亚的、拉科尼亚人的、拉科尼亚式的

  Lacedaemon:n. 拉凯戴蒙

  Lacedaemonian:n. 拉凯戴蒙人

    adj. 拉凯戴蒙的、拉凯戴蒙人的、拉凯戴蒙式的。

  这六个词大致上可以分为两组,即 Sparta、Laconia、Lacedaemon 和 Spartan、Laconian、Lacedaemonian(复数形式分别是 Spartans、Laconians、Lacedaemonians)。前一组的三个词完全是名词,它们首先是地理名称。后一组的含义有两类:一类是名词,另一类是形容词,词义见前述。这些词语中,现代学者经常用来指称古代斯巴达城邦的词语有两个,即斯巴达和拉科尼亚。

  人们在这样用时有很多错误。如前所述,斯巴达、拉科尼亚本来是一个地理名称,参照现代政治学的习惯用法,它们被现代学者用作国家名称本也无可厚非。但仔细推敲这些词,它们在使用时仍然有若干问题。首先,"拉科尼亚"并非古代希腊,而是罗马人的用语。古希腊作家很少使用 Laconia 这个词,他们更多使用的是"拉科尼克"(Lakonike)。据希普莱(Shipley)研究,Laconia 实际是 Lakonike 的拉丁语书写形式的变化形式,而且不是一次性转变而来,如李维的作品中大多使用 Laconica②,Laconia 首先出现于普林尼的著作中。③ 而现代学者在翻译古希腊文献和写作时经常将 Lakonike 译作写作 Laconia。现代学者常常将"拉科尼亚"用作地理名词,并等同于"拉科尼克"。但"拉科尼亚"的地理范围其实与"拉科尼克"不一样。在现代学者绘制的地图中,"拉科尼亚"一词常被用来指称斯巴达国家的两大地理空间之一,即

---

  ① Laconia、Laconian 也拼写成 Lakonia、Lakonian。

  ② Livy, XXXI. 25; XXXV. 27; XXXVIII. 30, 31; XXXVIII. 34.

  ③ Pliny, XVII. 30.

泰盖托斯山和帕戎山之间的、优拉托斯河流域的地区。① 而古希腊人曾经将美塞尼亚地区的很多地方归于"拉科尼克"的地区，现代学者明显缩小了拉科尼亚的地理范围。

又如，"斯巴达"一词被广泛作为古代斯巴达的国名，而古代斯巴达城邦的居民又往往被按照现在的政治学习惯称为"斯巴达人"。其实，如后文要阐述的，"斯巴达人"只是古代斯巴达城邦的一个特定社会阶层，古代希腊语对此有专门的名词，单数写作Σπάρτιᾱτης，复数写作Σπάρτιᾱται，但现在学者将其等同于Spartan或Spartans。这样，人们就将斯巴达的特定社会阶层与整个斯巴达国民混为一谈。其实作为社会阶层，斯巴达的人数有限，古希腊人更多将作为国民群体的"斯巴达人"称为拉凯戴蒙人。但现代学者受当今人们习惯用法的影响，在翻译古典著作时经常将这两个词混用，周厄特译《伯罗奔尼撒战争史》第一卷多次出现这类现象，据笔者统计有六处将拉凯戴蒙、拉凯戴蒙人译成斯巴达，罗伊伯丛书是比较严格尊重原文的译本，但也多次出现同样的问题。又如，古典学者其实很少使用Laconia，因此，我们有必要对这些词的内涵、词义和语用加以研究。我们将以古希腊几个主要历史文献：《荷马史诗》、希罗多德《历史》、修昔底德的《伯罗奔尼撒战争史》、色诺芬的《希腊史》和《拉凯戴蒙政制》、亚里士多德的《政治学》以及伊索克拉底和普鲁塔克的作品为代表进行分析。

我们先就三个地理名词加以研究。"斯巴达"一词是现代史学研究最常用的一个词，这个词在《荷马史诗》中已经使用。《伊利亚特》中出现了两次，一次是在第二卷介绍墨涅拉奥斯所率军队时使用的，此时的作品讲到墨涅拉奥斯的军队由四个组成部分：一支来自拉凯戴蒙，分别居住在三个地方，其中一个就是斯巴达，可见，斯巴达是次于拉凯戴蒙的一个地方。第二次出现在第四卷，女神赫拉说："我有三座美好的城市：阿尔戈斯、斯巴达和道路宽广的迈锡尼。"如果我们这里不误用后来的作为城邦的阿尔戈斯、迈锡尼来理解这段内容，那么应该肯定，这里的斯巴达是一座城。《奥德赛》中使用的斯巴达次数较多，约八次（Ⅰ.93，285；Ⅱ.214，328，359；Ⅳ.11；Ⅺ.460；ⅩⅢ.412.）其中六次与皮罗斯同时出现，分别作为墨涅拉奥斯和涅斯托尔的驻节地出现，这里我们很容易理解为"城"，一次是奥德赛询问特勒马科斯是否在

---

① 另一处则是泰盖托斯山以西的美塞尼亚。——笔者注

"宽广的斯巴达"与墨涅拉奥斯在一起（XI. 460），仅看修饰词"宽广的"可能会让我们认为，这是指一片地方，但与"墨涅拉奥斯在一起"依然可以使人联想到这是一座城。还有一次是雅典娜说她要去斯巴达找回特勒马科斯，显然，这也是一个具体的地方。因此，总体来看，《荷马史诗》中"斯巴达"一词主要指一座城市，是墨涅拉奥斯驻节地和王国的政治中心。

由于斯巴达城的特殊地位，所以我们看到古风时期的斯巴达军旅诗人提尔泰乌斯用斯巴达城代指国家。[1] 这是普鲁塔克记下的残诗片段：享有神光的国王们（Basileis）使斯巴达城散发出迷人的魅力，他们控制着元老会议（Boule）。[2] 狄奥多罗斯也记述了同一首诗，但内容稍有不同：（阿波罗发出神谕）：让那些沐浴着神灵的恩泽、胸怀美丽的斯巴达城的国王们（Basileis）位居元老会议（Boule）的首席……[3]甚至古典时期的作家有时也用"斯巴达"一词代指国家，如西蒙尼德斯创作的悼念温泉关阵亡将士的诗中称列奥尼达斯是"斯巴达王"，有一首纪念麦吉斯提亚斯的诗这样说道："这是著名的麦吉斯提亚斯的坟茔，他身中米底人之剑，牺牲在斯佩奇乌斯河畔。他是一位杰出的预言家，明知死亡即将降临，但却不愿抛弃斯巴达。"[4]

古典时期，"斯巴达"一词的使用比较灵活，但在多数情况下依然是斯巴达国家的首都和政治中心。希罗多德作品中"斯巴达"一词或作为首都或斯巴达国家的政治中心，他在记述波斯入侵希腊时，斯巴达流亡国王戴玛拉托斯对薛西斯说：拉凯戴蒙有一个城市叫斯巴达，那里居住着8000名勇敢的斯巴达人。[5] 有时，希罗多德将"斯巴达"一词作为出行的目的地或出发地，此时，我们很难判断这到底是指斯巴达城还是斯巴达的国土（country）。如温泉关战役前夕，斯巴达派了两位使节前往波斯军营，要为在斯巴达被杀死的两位波斯使节偿命，后来，薛西斯饶恕了两位使节，放他们回到斯巴达[6]；又，普拉提亚战役，说波桑尼阿斯率领军队离开斯巴达，在类似的这些例子中，斯巴达到底是首都斯巴达城还是国土，很难区分，因为两种理解均可，相对而言前

---

[1] Tyr. *Fr.* 4
[2] Plut. *Lyc.* 6.
[3] Diod. VII, 6.
[4] Simonides, *Frs.* 21, 119, 120.
[5] Hdt. VII. 234.
[6] Hdt. VII. 134 – 137.

者更合适。① 这种情况在希罗多德的作品中多次出现，在此不一一列举。希罗多德作品中有时也会出现可以理解为国家的情况，如他将斯巴达的国王大多称为斯巴达国王，这个"斯巴达"显然不可能是斯巴达城的国王。

修昔底德的使用与希罗多德相似。《伯罗奔尼撒战争史》第四卷中说皮罗斯距离斯巴达 46 英里。② 显然，这是一个城市，如果指斯巴达国家，皮罗斯是斯巴达的领地，是没法计算距离的。有时，斯巴达是首都还是国家也同样难以区分，如公元前 479 年，雅典人围攻拜占庭，驱逐波桑尼阿斯，波桑尼阿斯没有回到斯巴达③，这里的斯巴达既可以理解为国家，也可以理解为斯巴达城；有时，斯巴达指整个国土还是斯巴达政权也难以区分，如波桑尼阿斯遭排挤后曾经向薛西斯写信请求得到波斯的支持，同时承诺将斯巴达和其他的希腊地区纳入波斯的统治之下④；有时，"斯巴达"一词似乎更多是指斯巴达政权：如公元前 432 年，斯巴达举行公民大会，最后，监察官斯森涅莱达斯建议与会者就是否付诸战争进行投票，他说：拉凯戴蒙人，就战争表决吧，这关系到斯巴达的荣誉。⑤ 这里的斯巴达更像指斯巴达政权。

"拉凯戴蒙"一词的使用也同样复杂。1993 年，人们在底比斯发现了一批迈锡尼时期的陶质泥板。其中有三块泥板上刻有"拉凯戴蒙人"，但拼写不完全一致，分别为"ra‐ke‐da‐mo‐ni‐jo""ra‐ke‐da‐mi‐ni‐jo"（"拉凯戴蒙人"）、"ra‐ke‐da‐mo‐ni‐jo‐u‐jo"（拉凯戴蒙的儿子）。⑥ 这批陶质泥板属于青铜时期晚期，泥板上文字属于线形文字 B。豪尔认为，拉凯戴蒙地区不太可能是因为拉凯戴蒙这个人而得名，这里的拉凯戴蒙应该是指某个地区，也就是说在迈锡尼时代就已经出现了作为地域名称的"拉凯戴蒙"这个词，拉凯戴蒙人则是指拉凯戴蒙地区的人。⑦ 不过因为佐证材料太少，人们

---

① Hdt. IX. 11，12.
② Thuc. IV. 3.
③ Thuc. I. 131.
④ Thuc. I. 128.
⑤ Thuc. I. 86.
⑥ Oswald Szemerenyi, "The Origin of the Name Lakedaimon", *Glota*, 38. Bd., 1./2. H. (1959), pp. 14 – 17.
⑦ Jonathan M. Hall, "Sparta Lakedaimon and the Nature of Periokic of Dependency", in Pernille Flensted‐Jensen ed., *Further Studies in the Ancient Greek Polis*, Stuttgart: Steiner, 2000, pp. 85 – 86. Kennell, *The Spartans*, p. 5.

对 ra – ke – da – mo – ni – jo 指族名还是地名存在不同的意见。

《荷马史诗》中也使用了"拉凯戴蒙"一词，尽管次数不多，但对我们理解"拉凯戴蒙"的内涵比较重要。诗作中多次用表示地域辽阔的词语修饰拉凯戴蒙，如称之为"多洼地的"①"群山间平旷的"②"广袤的"③"辽阔的"④，《奥德赛》中还多次形容拉凯戴蒙是"神圣的"⑤"美好的"⑥"神妙的"⑦。而史诗中的斯巴达则明显面积要小许多，一般是指城市，或人口居住地，如《奥德赛》第十三卷说：雅典娜对回到故国的奥德修斯说："我迅速前往生育美女的斯巴达，召唤在广袤的拉凯戴蒙打听消息的特勒马科斯。"⑧ 这里很明显，"斯巴达"和"拉凯戴蒙"是两个地理范围不同的范畴。《伊利亚特》中称斯巴达为"城"，《奥德赛》中也多次说特勒马科斯要去斯巴达城寻找墨涅拉奥斯。我们不难得出这样的印象：斯巴达是当时与皮罗斯、法里斯等齐名的城市，是拉凯戴蒙的政治中心。《荷马史诗》中"拉凯戴蒙"的地理范围与后来所指的包括美塞尼亚地区在内的整个斯巴达也有所区别。拉凯戴蒙包括斯巴达、法里斯和墨塞三个比较著名的城市或定居点。根据《伊利亚特》的叙述，墨涅拉奥斯的势力范围大致包括四个地方，除拉凯戴蒙外，还有位于泰盖托斯山东侧包括布里塞埃、奥该埃的地区［这个地区后来称为埃该埃或埃吉埃（Aigaiai/Aigiai）］、拉凯戴蒙以南包括阿米克莱和赫罗斯在内的地区，以及拉凯戴蒙西南包括拉斯、奥伊提罗斯在内的泰纳鲁姆半岛的地区。⑨

由此可见，在《荷马史诗》及其所反映的时代，拉凯戴蒙是墨涅拉奥斯的四大政治区域之一，属于京畿地区，斯巴达则是墨涅拉奥斯所辖王国的政治中心。现代人封给墨涅拉奥斯的"斯巴达国王"这一称号其实不见于《荷马史诗》，也许，迈锡尼时期拉凯戴蒙或拉科尼亚地区存在的那个政权应该叫作"墨涅拉奥斯的王国"更合适。

---

① *Ild.* II. 581.
② *Ody.* IV. 1.
③ *Ody.* XIII. 414.
④ *Ody.* XV. 1.
⑤ *Ody.* III. 326.
⑥ *Ody.* V. 20.
⑦ *Ody.* XIII. 440；XVII. 121.
⑧ *Ody.* XIII. 412 – 415.
⑨ *Ild.* II. 584 – 585.

古典时期,"拉凯戴蒙"作为一个特殊的政治地理范畴还在使用。这个词有时用起来像指斯巴城,希罗多德说普拉提亚战役前夕,雅典使节来到拉凯戴蒙向斯巴达政府指责拉凯戴蒙人对波斯的进攻视而不见①,公元前370年当留克特拉战败的消息传到拉凯戴蒙时,当地的居民正在剧场看戏庆祝吉姆诺派迪亚节,监察官临时压下消息,直至节目结束。这里的拉凯戴蒙显然就是斯巴达城,吉姆诺派迪亚节是斯巴达三大纪念太阳神的节日,其重要性表明它应该在斯巴达城内进行纪念活动,当时的希腊只有在城内才有剧场,再者,监察官是中央重要官员,通常在都城里办公。还有很多外事活动,涉及使节前往拉凯戴蒙或离开拉凯戴蒙,我们很难分清这个拉凯戴蒙到底是指都城还是斯巴达国境。如希罗多德说底米斯托克利从拉凯戴蒙回来。修昔底德作品中的例子就更多了,如第一卷说有两个雅典商人恰好在拉凯戴蒙,他们在斯巴达公民大会上反驳科林斯对雅典的指控。② 我们很难搞清楚这里的拉凯戴蒙指斯巴达城,还是荷马时代的拉凯戴蒙地区,即斯巴达城周围地区,还是整个斯巴达的国土。从大的范围看,拉凯戴蒙也可以指一个地区,甚至整个国土,如前文所举希罗多德材料,他说在拉凯戴蒙有个城市叫斯巴达;又如公元前421年雅典、斯巴达签署《尼西阿斯和约》草约,规定雅典、斯巴达每年都要进行一次宣誓,同时在奥林匹亚、皮西亚、伊托姆地峡、雅典卫城、拉凯戴蒙的阿米克莱的阿波罗神庙修建纪念柱③,不久,双方正式签约,再次强调要在拉凯戴蒙的阿米克莱阿波罗神庙建立纪念柱。④ 阿米克莱位于斯巴达城的南面,不在城内,可见这里的拉凯戴蒙指的是远比斯巴达城更大的地区。但大到指整个国土吗?又不尽然。

因为,古典作家在正式指称斯巴达的国土时更多的是使用拉科尼克。"拉科尼克"与"拉凯戴蒙"有共同的词根,但除此之外彼此之间词源学上的关系不清楚,现代学者所描绘的古代斯巴达地图均将拉科尼克标注在泰盖托斯山和帕戎山之间,而将泰盖托斯山以西和帕戎山以东的地域均排除在外。这一标注其实与古典作家的记载大相径庭。据对古典作家使用"拉科尼克"一词的情况分析,该词应该指称古典时期斯巴达的整个国土。它最西边包括美塞尼亚

---

① Hdt. IX. 6.
② Thuc. I. 72.
③ Thuc. V. 18.
④ Thuc. V. 23.

沿海地区，直抵厄利斯边境，修昔底德曾经说列普利昂位于厄利斯和拉科尼克的边境上。① 此外，美塞尼亚湾西部的阿克里塔斯半岛（Akritas）西部的摩托涅②、卡达米勒③、半岛东部亚辛④、美塞尼亚湾与拉科尼亚湾交界的塔纳鲁姆半岛西侧的奥伊提洛斯、东北部的拉斯⑤、半岛南端的泰纳戎都属于拉科尼克地区⑥。帕戎山以东沿海地区的普拉斯埃⑦、托尔拉克斯克⑧。优拉托斯河上游东部的塞拉西亚⑨、斯基里提斯也属于拉科尼克⑩。在斯巴达东北部有两个地区，分别是提里阿⑪、库努里亚⑫，这两个地方分别为修昔底德宣布为处于"阿尔戈斯和拉科尼克的边境上"。

　　这里有几个地方值得关注，一是古典作家几乎没有提到美塞尼亚的核心地区，也就是美塞尼亚中部北方地区，帕米苏斯河上游地区。这一地区在希罗多德、修昔底德写作的年代曾经发生过"第三次美塞尼亚战争"，起义一度给斯巴达国家造成极大的打击，最后斯巴达政府被迫与起义者议和，同意他们迁出美塞尼亚。这一起义对斯巴达政府在当地的统治和管理带来什么影响我们不得而知，但是我们上文提到的这些地区大多是庇里阿西人居住区，在曾经的起义中心，斯巴达政府不可能授予他们那么大的政治权益。所以，没有提及这里属于拉科尼亚的一些村落或行政区，但是，可以想象，这里应该是斯巴达政府严密看管的地区，它们可能属于斯巴达政府的直接管辖地之一，如此，它们不可能处于拉科尼克范畴之外。二是拉科尼克地区仅指陆地，不包括海中岛屿。修昔底德明确说到海中的西塞拉岛不属于拉科尼亚，它位于拉科尼亚地区的马瑞亚海角的对面。⑬ 还说到雅典将部分逃亡至瑙帕克都斯的黑劳士安置在皮罗

---

① Thuc. V. 34.
② Thuc. II. 25.
③ Hdt. VIII. 73.
④ Xen. *Hell.* VII. 1. 25; Hdt. VIII. 73.
⑤ Thuc. VIII. 91.
⑥ Thuc. VII. 19.
⑦ Thuc. II. 56.
⑧ Hdt. I. 69.
⑨ Xen. *Hell.* II. 2. 13.
⑩ Thuc. V. 33.
⑪ Thuc. II. 27.
⑫ Thuc. IV. 56.
⑬ Thuc. IV. 53.

斯，让他们袭扰拉凯戴蒙人。① 皮罗斯位于斯巴达西部沿海地区，包括海中的斯法克特利亚岛，修昔底德所说的皮罗斯地区更严格说应该是斯法克特利亚岛，公元前425年雅典打败守岛的斯巴达军队，可能占据了这里，然后将流亡黑劳士安置在这里进攻对面的拉科尼克。由此可见，古典时期的拉科尼亚地区实际上是指斯巴达国家的绝大部分政治疆域。

那么，会不会"拉凯戴蒙"指包括岛屿和美塞尼亚核心地区在内的整个斯巴达国土呢？我们还缺少足够多的证据。只有修昔底德提供过一个例子，他在叙述斯巴达与阿尔戈斯修订双边协定时，说到双方改变了此前无条件禁止双方突破边境的行为，改为在一方发生瘟疫或战争的情况下，对方不得逾越"阿尔戈斯和拉凯戴蒙"的边境。② 豪尔说希罗多德也这么认为，他的证明材料是普拉提亚战役前夕，雅典使节前往拉凯戴蒙请求援助，他说这里希罗多德将拉凯戴蒙与阿提卡、波奥提亚作为同等级别的概念。③ 不过这种理解较为牵强。就在这段的下一段，希罗多德紧接着说雅典和麦伽拉、普罗提亚使节来到拉凯戴蒙，拜见监察官。这里的拉凯戴蒙显然不会是整个国土，否则一进国门，就直接见到身居首都斯巴达城的监察官了。总体来看，我们很难断定古典作家认为拉凯戴蒙具有整个斯巴达国土的含义。

不过，如果这时把拉凯戴蒙理解为整个斯巴达国土，那么这个概念其实与"斯巴达国家"几乎等同，也就是说，拉凯戴蒙其实已经变成一种国家名称了，这方面的例子在希罗多德和修昔底德的笔下有很多。其实，前面所举可能作为地理概念的两个例子中的拉凯戴蒙同样可以理解为国家。其他方面，最典型的例子是使节往来时，在国际交往中④，拉凯戴蒙成为国际交往的单位，这比较能证明它就是国名，尤其是波斯国王写的国书送交的是拉凯戴蒙。进一步的证明材料如：修昔底德将斯巴达国王几乎全部改称为"拉凯戴蒙（人）国王"，修昔底德在涉及重要官职——监察官任职时也都用拉凯戴蒙，这时的监

---

① Thuc. V. 56.

② Thuc. V. 41.

③ Jonathan M. Hall, "Sparta Lakedaimon and the Nature of Periokic of Dependency", in P. Flensted-Jensen ed., *Further Studies in the Ancient Greek Polis*, p. 78.

④ Thuc. I. 57（马其顿使节），58（波提迪亚使节），67（科林斯使节），109（波斯使节）; II. 4（米提林使节），85（科西拉使节），92（特拉启斯使节），100（埃托利亚人使节）。

察官其实具有名年官的身份①，因此，这时的拉凯戴蒙也有很强的国家的含义。有时也在国家层面上使用该词，如他说普雷斯托阿那克斯回到斯巴达的时候用拉凯戴蒙国王登基的典礼迎接他②，修昔底德还提到国际和约在"拉凯戴蒙"生效③，这里的拉凯戴蒙当理解为斯巴达国家，一份国际和约不可能只在斯巴达的局部地区生效。

但是这里，我们依然可以找到古人可能用斯巴达作为整个国土进而成为国名的材料，如希罗多德称斯巴达国王而不称拉凯戴蒙国王，修昔底德自己也说到过埃律西奥斯在斯巴达做监察官，而且是在伯罗奔尼撒战争爆发前夕这样正式重要的场合说到这件事。④

综上所述，三个地理名词中斯巴达一词所指的范围最小，大多数情况下指斯巴达城，拉科尼克指陆上除美塞尼亚核心地区之外的所有国土，拉凯戴蒙则指整个国土。当述及具体国土地点和范围时多用拉科尼克，而一般意义上讲斯巴达全部国土（city－country）则多用拉凯戴蒙一词。由此我们可以得出一个结论：古代希腊多用拉凯戴蒙作为斯巴达的国名。这个结论还得到下面材料的支持。

在现在的政治生活中，人们常常用地理名词代指国家，与此同时也常常出现以国家名称指称该国国民的现象。换句话说，一个国名往往具有三层含义：领土（country）、国家政权（state）和国民（nation）。这种情况在古代的斯巴达也存在，即存在与地域名称相一致的族名，依据古代斯巴达的三个地理名称，相应地也就有了斯巴达人、拉凯戴蒙人和拉科尼克人。

不过，这三个族名的使用情况存在一些差异。首先是使用的频率和次数上，拉凯戴蒙人要远远高于其他两个名词。拉凯戴蒙人这个词在希罗多德、修昔底德的作品中出现了数百次，而斯巴达人、拉科尼克人出现的次数不足拉凯戴蒙人五分之一。不仅在使用次数上有差别，按照现在的政治学理论，在更适合使用正式国家名称的地方，希罗多德和修昔底德更多地使用了"拉凯戴蒙人"。这特别表现在国际事务场合，这时希罗多德和修昔底德清一色全部使用

---

① Thuc. V. 19, 25; VIII. 58.
② Thuc. V. 16.
③ Thuc. V. 19.
④ Thuc. II. 2.

了"拉凯戴蒙人"一词。如希罗多德说到吕底亚国王克洛伊索斯在与波斯作战时曾经派使者去"拉凯戴蒙人"那里,当时斯巴达人碰巧正在与阿尔戈斯人交战。原属阿尔戈斯人的提里阿现在被拉凯戴蒙人占领。双方商定各选出300人进行决战,其他人均撤离战场,最后剩下两名阿尔戈斯人和一名拉凯戴蒙人。战后,拉凯戴蒙人规定从此之后拉凯戴蒙人全部留发。① 当斯巴达拒绝了米利都支持起义的请求之后,他们曾经派人到小亚,向波斯对方统治者送信,说:没有拉凯戴蒙人的允许,不得滋扰任何一个希腊城邦。② 温泉关战役前夕,斯巴达派了两位代表到波斯去抵偿被杀死的两位波斯使节的性命,在波斯首领与他们的对话中,波斯方面称他们是"拉凯戴蒙人……"③ 普拉提亚战役前夕,雅典派人请求斯巴达援助时,雅典使节对斯巴达的监察官说话时用的称呼语也是"拉凯戴蒙人"④。与希罗多德一样,修昔底德在正式场合也是用"拉凯戴蒙人"指斯巴达国家,最为典型的是在修昔底德记录的六个国际性和约中,作为签约方的均是拉凯戴蒙人,而不是斯巴达人。这六个和约是雅典与斯巴达签署的临时和约和正式条约,与阿尔戈斯人签署的和约,与波斯签署的三项和约。⑤ 修昔底德在叙述雅典崛起与斯巴达的矛盾时,几乎全部用拉凯戴蒙人指代斯巴达,当拉凯戴蒙人得知雅典要重修城墙时派人阻止,雅典听了拉凯戴蒙人的建议后派底米斯托克利前往拉凯戴蒙。⑥

  要注意的是,希罗多德和修昔底德的作品主要围绕战争展开,很多情况下,拉凯戴蒙人是作为战场上的军队出现的,因此,这时的拉凯戴蒙人用现在的政治学语言表述实即"拉凯戴蒙的军队"。因此,我们可以得出这样的结论,即在古风、古典时代,"拉凯戴蒙"才是我们现在所说的斯巴达国家的正式名称。

  但是,斯巴达的历史毕竟属于古代希腊的历史,受到古希腊文化氛围的影响和制约,依据艾伦博格关于古希腊城邦政治文化的观点:古代希腊城邦制度

---

① Hdt. I. 82. 此处,希罗多德说到斯巴达人正在与阿尔戈斯打仗,这是少数可能用斯巴达人代指整个斯巴达国家的例子。
② Hdt. I. 152.
③ Hdt. VII. 137.
④ Hdt. IX. 7.
⑤ Thuc. V. 18, 23, 77; VIII. 18, 37, 58.
⑥ Thuc. I. 90.

下的地名与族名往往一致，它们或者依据居住地的名称得到当地居民的统一名称，或者依据定居者的名称命名定居地。① 按照这一原则，"拉凯戴蒙"作为国名还是存在一定的问题，因为，如前所述，希罗多德、修昔底德、色诺芬等人都认为斯巴达的国土名称是"拉科尼克（或拉科尼亚）"，这样，国名与地名之间就不一致了。

但有一点比较清晰，公元前4世纪的希腊作家依然倾向于用"拉凯戴蒙人"作为斯巴达的国名。亚里士多德在研究斯巴达的政治制度时都认为这是属于拉凯戴蒙人的制度，柏拉图的《法律篇》参与讨论的那位斯巴达人被称为"拉凯戴蒙人"，色诺芬的《希腊史》中尽管"拉科尼克"一词的使用次数大幅度上升，但是，"拉凯戴蒙人"一词使用的次数依然远远超过斯巴达人、拉科尼克人。伊索克拉底是公元前4世纪经常涉及斯巴达的演说家，他的《泛希腊集会演说词》主要讨论的是雅典和斯巴达如何联合起来平息希腊世界的纷争，"斯巴达人"一词的使用频率势必大幅上升，但"拉凯戴蒙人"的次数依然超过了"斯巴达人"。色诺芬的《拉凯戴蒙政制》在研究斯巴达军队时依然使用"拉凯戴蒙人"。波利比乌斯的《通史》依然主要使用"拉凯戴蒙人"一词指斯巴达。

综上所述，笔者认为，在古代希腊的古典时期，斯巴达最常用的国名是"拉凯戴蒙人"而不是"斯巴达"。"斯巴达"虽然也会作为国名使用，但比较稀少，也不够正式。

我们也注意到，公元前4世纪，"斯巴达""斯巴达人"的使用较公元前5世纪更加普遍。色诺芬在《拉凯戴蒙政制》一开始就说："我曾经发现，斯巴达（Sparta）虽是人口最为稀少的城邦之一，却是希腊最强大、最有声望的城邦。我对此百思不得其解，但当我思考斯巴达的（Spartan）所特有的制度时，终于茅塞顿开。"② 尽管色诺芬后文中也用过"拉凯戴蒙人"，但那大多是在阐述斯巴达的军事制度时使用该词。波利比乌斯的作品有一个值得注意的现象，尽管他还在频繁使用"拉凯戴蒙人"一词，但在分析斯巴达、迦太基、罗马政治制度时他用的全是"斯巴达"一词，亚里士多德笔下的"拉凯戴蒙人"的政制在波利比乌斯笔下全部改称为"斯巴达的"政制。而且，这显然是波利

---

① V. Ehrenberg, *The Greek State*, New York: Barnes & Noble, Inc., 1960, p. 88.
② Xen. *Lac. Pol.* I. 1.

比乌斯有意为之，也表明在当时的希腊世界，斯巴达的称谓正在发生变化。

普鲁塔克可以说是罗马时期对斯巴达历史研究最深的作家，他的《莱库古传》是后人研究斯巴达历史不可缺少的文献材料，同时他的作品也反映了罗马社会对斯巴达的一般性认识。纵观普鲁塔克的这部作品，可以看到一个明显的现象，即斯巴达、斯巴达人的使用次数大为增加，据笔者统计，"斯巴达"一词使用了 16 次，"斯巴达人"使用了 11 次，合计 27 次；"拉凯戴蒙" 6 次，"拉凯戴蒙人" 11 次，合计 17 次；"拉科尼克人" 7 次，"拉科尼克" 9 次，合计 16 次。可见，"斯巴达""斯巴达人"使用的频率大大高于其他两个词。而且，普鲁塔克在这篇传记开头和结尾概述斯巴达历史时用的全部是"斯巴达"，普鲁塔克称莱库古改革之前斯巴达统治混乱不堪，他劝诗人泰勒斯前往斯巴达，将埃及制度移植到斯巴达；阿波罗告诉莱库古他制定的法律很好，只要一直实施，斯巴达就能拥有很高的荣耀。① 普鲁塔克称阿基斯统治时期，金银货币源源不断地流入斯巴达，导致法纪溃败②；称斯巴达的政治制度不像宪政政体，更像一位训练有素、富有睿智的个体③；世上所有的城邦中，唯有斯巴达具有深邃长远的眼光。④ 由此可见，"斯巴达"作为国名尽管没有取代"拉凯戴蒙人"，但其使用更为普及。

为什么自公元前 4 世纪，斯巴达的名称会发生这种变化？笔者认为，一是古典后期直至罗马时代，西方古典文化中海洋色彩逐渐淡化，农业文明的色彩逐步增强，陆地的政治经济价值快速提升。这一时期希腊发生的战争已经不仅仅是为了掠夺战利品，更要掠夺土地，我们可以比较伯罗奔尼撒战争初期雅典的战略以理解此时希腊世界对土地价值认识的变化。在战争初期，雅典认为自己的主要财富来源在海上，陆地对雅典来说没有意义，伯利克勒基于此提出，当斯巴达进攻雅典本土时就退守卫城，放弃农村，但在《尼西阿斯和约》中则规定要退出战争占领的土地，退回到战前的状态。正是土地价值的提升改变了人们对土地的态度，促使人们开始用地名作为国名，而不是像以前那样以某个神或其他族群符号来指代某个族群。二是斯巴达领土的快速萎缩。公元前

---

① Plut. *Lyc.* 29.
② Plut. *Lyc.* 30.
③ Plut. *Lyc.* 30.
④ Plut. *Lyc.* 10.

370 年，美塞尼亚地区在底比斯的支持下独立，次年，优拉托斯河上游西北部被底比斯强行割给阿卡迪亚。公元前 338 年，卡罗尼亚战役之后，马其顿国王腓力二世又将库努里亚北部的提里阿、美塞尼亚的沿海地区割让出去，此后，斯巴达的领土不断萎缩，到公元前 195 年，主要集中在斯巴达城周围，也就是荷马时代的拉凯戴蒙地区。① 从斯巴达居民的空间分布规律看，这里主要是斯巴达人，根据此时已经流行的地名与族名一致、以地名指国家的原则，人们开始使用斯巴达作为国名也就具有了合理性。三是拉凯戴蒙人体系的瓦解。拉凯戴蒙人不是简单的族名，而是斯巴达国家的独特政治体制，它的基本特征是斯巴达人与庇里阿西人、黑劳士的政治联盟，而到了公元前 4 世纪，这一联合体实际上已经瓦解，"第三次美塞尼亚战争"之后，美塞尼亚地区的居民与斯巴达人之间的合作关系不复存在，公元前 399 年的基那敦事件显示斯巴达人与庇里阿西人之间也出现严重矛盾，公元前 370 年底比斯进攻斯巴达前夕，庇里阿西人派使者前往底比斯军营，要求底比斯进攻斯巴达，宣称只要底比斯进军，庇里阿西人就会起义。② 至此，拉凯戴蒙人作为一个政治同盟组织已经不复存在，正是在这种情况下"斯巴达"逐步成为常用的国家代名词。

综上所述，古代斯巴达的国名其实有一个发展变化的过程。荷马时代及其之前，我们与其称有个斯巴达王国，还不如说有个墨涅拉奥斯的王国。古风和古典前期，人们主要以族名"拉凯戴蒙人"作为国名。古典后期及其之后，由于希腊文化氛围的发展、斯巴达领土的变化，地名"斯巴达"作为正式的国名开始为人们所接受。但斯巴达这个名称在罗马时代并没有彻底取代"拉凯戴蒙"。

二　斯巴达疆域历史沿革

古代斯巴达的疆域其实也处于经常性的发展变化之中。纵观整个斯巴达的历史，其国土只在公元前 5 世纪相对比较稳定，变化不大。斯巴达国家的历史与整个希腊的历史发展一致，在荷马时代前后有很大的差异，不过荷马时代有

---

① 斯巴达国土的变化详见下文。——笔者注
② Xen. *Hell.* VI. 5. 25.

人认为是黑暗时代、断裂时代，前后两个时期的国家截然不同，有人认为其实是一种继承和转型关系。笔者这里不去讨论荷马时代前后斯巴达国家体制的发展史，而是试图将这两个时期作为一个斯巴达的整体史，借助文献材料来界定斯巴达的国土疆域。

荷马时代之前的斯巴达传说处于墨涅拉奥斯的统治之下，他所控制的地域近似就是斯巴达的疆域。据《伊利亚特》第二卷的"船表"，墨涅拉奥斯所率军队由如下地方的军队组成："拉凯戴蒙的居民，法里斯、斯巴达和墨塞的居民；那些占有奥该埃、布律塞埃的人，那些占有阿米克莱和赫罗斯的人，那些占有拉斯（Laas）、居住在奥伊提罗斯的人。"[①]这里提到的有些地名在后来的文献中继续出现，也有部分地名在后来的文献中不再出现，还有一些可能地名还在，但地址发生了变化。如根据古典时期文献的记述，法里斯和阿米克莱位于拉凯戴蒙境内，斯巴达城南面，根据希普莱绘制的地图，墨塞、奥伊提罗斯、拉斯位于拉科尼克湾西侧泰纳鲁姆半岛两侧，赫罗斯位于优拉托斯河河谷南边沿海地区。奥格埃和布律塞埃两个地方就不甚清楚。从《荷马史诗》的表述看，令人困惑的是拉凯戴蒙到底是与斯巴达、墨塞、阿米克莱、赫罗斯并立的一个范围更小的地区，还是囊括后面部分或所有地区的区域地理概念，从上下文的语法分析，应该是前者，但从后世对拉凯戴蒙一词的使用看应该是后者。

拉凯戴蒙的范围到底有多大也难以分清。仅从军队出征的角度看，希腊联军也可能将那些影响力不大但又不属于某个贵族控制的地区的军队因为战场的特殊需要纳入某位指挥官的指挥之下。笔者认为，《荷马史诗》所列举的这些地区并不完全处于墨涅拉奥斯的直接控制之下，处于南部沿海的那些地区可能只是临时性归其指挥而已。因为，墨涅拉奥斯作为希腊联军中的一个高级将领，其实力远不及阿伽门农、阿喀琉斯、大小埃阿斯，而这些将领，尤其是阿伽门农，所统治的地区远不及墨涅拉奥斯。所以，墨涅拉奥斯的军队也是一支联军，其实际控制疆域可能就在优拉托斯河河谷北部，斯巴达城周围。这大概是早期历史上斯巴达的疆域范围，这个地区可能就是早期历史上的拉凯戴蒙地区。

一般认为，希腊青铜时代后期发生过大规模的移民，此前的国家体制在这

---

① *Ild.* II. 581 – 585.

股移民浪潮中被摧毁，希腊重新经历了国家建立的历史过程。不过有学者否认这一说法，但从希腊留下的历史文献看，确实发生过移民，而且荷马时代之后的国家大都是新建立的。由于文献本身充满神话色彩，因此，不能作为确证，但荷马时代前后希腊国家体制有明显差异还是肯定的。依据历史文献，荷马时代之后的斯巴达新型国家的国土与此前相当。但是，古典作家普遍认为斯巴达是移民通过军事征服建立起来的，因此，这个国土也是在征服过程中逐步确立下来的。下面，我们依据古典文献尝试恢复新时代斯巴达国土发展的过程。

依据古典文献，新的斯巴达国家是由南下的多利亚人征服、建立的。关于斯巴达早期国家的建立充满迷雾，据说来到伯罗奔尼撒的移民其实由两部分组成，一部分是原先居住在这一地区，但后来被排挤走的居民，他们是传说中古希腊的英雄赫拉克勒斯的后裔；另一部分则是多利斯地区的居民。赫拉克勒斯后裔则是这支南下部族的头领。据说，赫拉克勒斯后裔经过了五代人的不懈努力才获得成功。赫拉克勒斯的第五代后裔、三兄弟领导了这次征服运动，胜利后弟兄仨瓜分伯罗奔尼撒，特墨诺斯分得阿哥利斯，阿里斯托德墨斯一族分得拉科尼克，克里斯丰忒斯则靠欺诈手段获得富饶的美塞尼亚，由于阿里斯托德墨斯早死，拉科尼克地区由他的孪生子尤利斯特尼斯和普罗克勒斯领有。①

据斯特拉波转述的伊弗鲁斯的记述中称：多利亚人在征服拉科尼克后，将所征服的土地分成六份，一份是阿米克莱，交给那些臣服于他们的人居住；一份留作自己居住，这就是《荷马史诗》中所说的拉凯戴蒙地区。其他的则派代表实行管理。这些地区的居民享有与多利亚人同样的权利。后来国王阿基斯剥夺了他们的平等权利，要求他们缴纳租税，大多数人表示接受，只有赫罗斯地方的居民反抗。阿基斯派兵镇压，剥夺了他们所有的权利。②

这两种说法都宣称多利亚人一次性占领了整个拉科尼克地区，即优拉托斯河流域。但这种说法与军事常识不匹配，与罗马旅行家波桑尼阿斯所说的征服过程也不一致。波桑尼阿斯没有提到阿基斯的"功绩"，而是直接述及其子厄切斯特拉托斯，称他在位时联合阿尔戈斯进攻东北部的库努里亚，将库努里亚的军龄男子全部征调走。立奥伯塔斯统治时期指控阿哥斯人试图兼并库努里亚，引诱他们的边民庇里阿西人起义，对库努里亚发动进攻。但这场战争并不

---

① Apol. *Bibli.* II. 8. 2 – 4.
② Strabo, VIII. 5. 4.

顺利，历经三代国王似乎都没有获得成功。阿尔克劳斯、卡利拉奥斯统治时期斯巴达可能调整外交政策，主要向西北扩张，他们同时率军出征，"占取了一个名叫埃吉斯的边民城市"，与此同时，他们还占领了拉科尼克北部的斯基里提斯地区。在这之后他们又对阿尔戈斯宣战，争夺提盖亚。① 阿尔克劳斯之子特勒克劳斯即位后，对南部的阿米克莱等地发动战争，征服了整个优拉托斯河流域的南部地区，直至出海口。但赫罗斯城在特勒克劳斯时期并没有彻底征服，特勒克劳斯之子阿尔克墨涅斯即位后，派人干预克里特的事务，使得赫罗斯城居民失去了海外支持②，最后彻底毁灭赫罗斯。

结合这些历史文献，我们大致上可以得出这样的结论，斯巴达建国之时的领土主要在优拉托斯河流域，但对流域南部的控制并不稳定，时常有叛乱、暴动，这才有了特勒克劳斯进攻阿米克莱、法里斯和吉戎特拉、赫罗斯城。阿米克莱、法里斯和吉戎特拉均靠近斯巴达城，斯巴达建国大概不会局限在斯巴达城那么非常有限的地区，因此，结合伊弗鲁斯的记述，这些地区可能先被征服，后又叛乱，再被镇压。斯巴达建国之后，一方面逐步加强对南部地区的控制，同时在北方扩张领土。

斯巴达领土最大的变化无疑属于征服美塞尼亚。吞并美塞尼亚奠定了斯巴达疆域的基本版图。早在特勒克劳斯统治时期就开始向西部的美塞尼亚地区渗透，按照波桑尼阿斯的记述，特勒克劳斯可能在征服赫罗斯之后曾经进入美塞尼亚南部，并占领了部分地区，最后在两族北部边界上被美塞尼亚人杀死。特勒克劳斯之子阿尔克墨涅斯即位后，借口特勒克劳斯被杀，发动对西部美塞尼亚地区的侵略战争。征服美塞尼亚前后延续了大约两个世纪，其中大规模的战争主要集中在公元前8世纪后期和公元前7世纪中后期。经过漫长的征服战争，斯巴达最终占领了整个美塞尼亚地区。斯巴达的领土由此扩大了一倍。在两次美塞尼亚战争期间，斯巴达又在北部与阿哥斯人展开争夺。

征服美塞尼亚的战争结束之后，公元前560—前550年，斯巴达再次向

---

① 关于提盖亚战争希罗多德和波桑尼阿斯都有记载，希罗多德认为这次战争发生于勒翁及其儿子阿那克桑德里德斯统治时期（Hdt. I, 67）。波桑尼阿斯则提到两次提盖亚战争，一次在阿尔克劳斯和卡利拉奥斯统治时期，一次在勒翁及其儿子阿那克桑德里德斯统治时期（Paus. III. 7.3, 3.4）。赫胥黎认为，历史上的提盖亚战争可能有两次。（G. L. Huxley, *Early Sparta*, London: Faber and Faber, 1962, p. 22.）

② Paus. III. 2.7.

北，试图征服提盖亚地区。① 这次传奇战争最后因为斯巴达设计获得奥瑞斯特斯的遗骸而取得胜利。最后，斯巴达与提盖亚缔结和约，提盖亚成为斯巴达的特殊盟友，他们绝对服从于斯巴达人，同时享有种种特权。② 如果前面波桑尼阿斯所说的斯巴达征服提盖亚属实，那么在这之后的某个时间内提盖亚一定又恢复了独立，这才有了第二次征服，但斯巴达并没有彻底吞并这一地区。公元前550年，斯巴达乘胜侵入阿尔戈斯，试图占领阿尔戈斯的提里阿地区③，据希罗多德介绍，此前，斯巴达已经占领了从马瑞亚到提里阿之间原属阿尔戈斯的大片领土，还占领了原属阿尔戈斯的西塞拉岛和其他岛屿。为了不再丢失提里阿地区，阿尔戈斯出兵拼死保卫。为此，双方约在公元前546年进行了惨烈而独特的"锦标之战"，双方约定各选派300名战士进行决战，最后，斯巴达仅剩一人，阿尔戈斯剩两人。④ 最终斯巴达获得胜利，占领了提里阿地区。至此，斯巴达成为希腊世界最强大的国家。此时的小亚强国吕底亚也派人通好。⑤

在这个扩张过程中，斯巴达的政治版图从拉科尼亚拓展到拉科尼亚地区以西的美塞尼亚和以东的沿海地区，成为希腊世界最大的城邦。这个政治版图大约维持了一个半世纪。

公元前404年，斯巴达取得伯罗奔尼撒战争的胜利，成为希腊世界的霸主。但此后斯巴达向小亚细亚扩张，引起与波斯帝国的矛盾，波斯拉拢雅典、底比斯、阿尔戈斯等城邦在希腊本土对斯巴达发动进攻，此即科林斯战争（公元前395—前386年）。战争期间，斯巴达国力遭受严重削弱，只能再次投靠波斯，卑躬屈膝地换取波斯的再次支持，维持在希腊本土的霸主地位。但希腊世界新的政治力量已经崛起，底比斯联合各城邦向斯巴达发起最后冲击。公元前371年，斯巴达军队在底比斯边境的留克特拉遭受失败，次年，底比斯军队南下攻入斯巴达境内，几乎占领了首都斯巴达城，斯巴达城内居民都听到城

---

① J. B. Burry, *A History of Greece, to the Death of Alexander the Great*, London: Macmillan, 1975, p. 133.

② Hdt. IX. 26.

③ J. B. Burry, *A History of Greece, to the Death of Alexander the Great*, p. 133.

④ Hdt. I. 82.

⑤ Hdt. I. 69.

外底比斯军队的声音，但底比斯军队绕城而过，南下掠夺，随后撤军。① 公元前 370/69 年，底比斯为了达到彻底削弱斯巴达的目的，一手扶植美塞尼亚独立，底比斯招募那些流落海外的美塞尼亚人、黑劳士回到美塞尼亚。成立了美塞尼亚国家。② 从此，斯巴达失去了受其控制近 250 年的美塞尼亚地区。但是，斯巴达依然控制了美塞尼亚的部分地区，特别是沿海的庇里阿西区，古希腊历史学家斯奇拉克斯（Skylax）说只有西帕里索斯属于新成立的美塞尼亚，美塞尼亚的提里阿、摩托涅、泰纳鲁斯以及泰纳鲁姆半岛两侧的撒玛索斯、阿吉莱奥斯的居民都属于拉凯戴蒙人。③

与美塞尼亚独立同时，底比斯在伯罗奔尼撒半岛支持阿卡迪亚，并组建阿卡迪亚同盟（Arcadian League）。为了将阿卡迪亚同盟打造成抗衡和抑制斯巴达的政治力量，底比斯将同盟实体化，在斯巴达北部边陲为同盟修建总部，从而在伯罗奔尼撒半岛中部组建了新的国家——麦伽拉波利斯。④ 麦伽拉波利斯的地盘有一部分来自原先的阿卡迪亚，还有一部分来自曼提尼亚，再一部分则来自斯巴达。阿卡迪亚同盟组建前后，拉科尼亚地区北部经过了频繁的转换。公元前 370 年，留克特拉战役之后，底比斯的军队入驻曼提尼亚地区，拉科尼亚北部的庇里阿西区很快叛离斯巴达，卡耶地区主动提出为底比斯军队带路，斯巴达对叛逆者非常气愤，公元前 368 年斯巴达重新征服卡耶地区，杀死了那里所有的居民。⑤ 这显示在公元前 370—前 368 年间，卡耶曾经脱离斯巴达。塞拉西亚据狄奥多罗斯说在底比斯入侵时起义了，投靠了底比斯一方⑥，但色诺芬说底比斯人征服了塞拉西亚，公元前 365 年斯巴达重新征服塞拉西亚。⑦ 塞拉西亚北面的斯基里提斯地区可能在底比斯人入侵时也一度失去，公元前 365 年，斯巴达国王阿基达玛斯率军重新收回了克罗姆诺斯和斯基里提斯，史书记载，阿基达玛斯为了解救被阿卡迪亚围困在克罗姆诺斯的斯巴达人，杀死

---

① Xen. *Hell.* VI. 5. 28.
② Paus. IV. 26. 5.
③ Ps. -Skyl. 46. 转引自 G. Shipley, "The Extent of Spartan Territory in the Late Classical and Hellenistic Periods", *ABSA*, Vol. 95 (2000), p. 385。
④ Plut. *Pel.* 24.
⑤ Xen. *Hell.* VII. I. 28.
⑥ Diod. XV. 64.
⑦ Xen. *Hell.* VI. 5. 27; VII. 4. 12.

了他抓获的所有阿卡迪亚人和斯基里提斯人。① 此后，斯基里提斯一直处于斯巴达的控制下，直到公元前338年腓力二世将它交给提盖亚。拉科尼亚北面的另一个地方佩拉那也在这一时期一度失去，据记载，公元前369年，阿卡迪亚征服佩拉那，杀死驻扎在那里的斯巴达军队，将当地居民降为奴隶，劫掠了乡村。但不久斯巴达可能就收复这一地区，阿基斯四世改革时，将佩拉那至塞拉西亚之间的土地分成4500份。② 根据波桑尼阿斯的记述，经过一番争夺，最后被切割出去的地区包含奥伊翁、马利亚、克罗姆伊、贝尔比那和留克特拉等。③ 这些地区主要集中在斯巴达北部。

公元前4世纪中期，马其顿开始兴起。公元前338年，马其顿国王腓力二世在卡罗尼亚战役（Battle of Chaeronea）中打败希腊联军，之后在科林斯举行会议，重新安排希腊事务。由于马其顿拒绝归还美塞尼亚给斯巴达，斯巴达拒绝接受马其顿的统治，马其顿则继续削弱打击斯巴达。波利比乌斯说腓力二世将很多斯巴达城邦的城市和领地割让给阿尔戈斯、提盖亚、麦伽拉波利斯、美塞尼亚。④ 波利比乌斯没有说到底哪些地方，但很可能，在东面，库努里亚地区北部的提里阿划归了阿尔戈斯。波桑尼阿斯说腓力二世迫使斯巴达回到斯巴达与阿尔戈斯原初的边境状态。⑤ 这个"原初"可能指的就是公元前6世纪的斯巴达占领库努里亚之前的状态。⑥ 希罗多德说东面沿海地区直至西塞拉岛都曾经属于阿尔戈斯⑦，不过，斯巴达不可能一下子全部失去东部沿海地区，某些地区在这之后才获得独立。因此，此时斯巴达失去的很可能只是北面的提里阿。在西部，美塞尼亚南部沿海的庇里阿西区，除泰纳鲁姆半岛，此时很可能被划归了美塞尼亚。公元前217年，莱库古进攻了当时属于美塞尼亚的卡拉麦地区。⑧ 卡拉麦是沿海地区，可能是当时所有沿海地区的一个缩影。美塞尼亚与拉科尼亚交界处的德恩泰里阿提斯何时划归美塞尼亚不是很清楚，据说是一

---

① Xen. *Hell.* VII. 4. 21.
② Plut. *Agis.* 8.
③ Paus. VIII. 27. 4.
④ Poly. IX. 28. 7；XVIII. 14. 7.
⑤ Paus. II. 20. 1. Poly. XVIII. 14. 7.
⑥ Paus. III. 2. 2.
⑦ Hdt. I. 82. 2.
⑧ Poly. V. 92. 4.

位名叫安提戈努斯（Antigonos）的国王完成了这一领土调整，公元前3世纪希腊有三位叫安提戈努斯的国王，第一位是公元前285年的安提戈努斯·波利奥科特斯（Poliorketes），第二位是公元前262年的安提戈努斯·格纳塔斯（Gonatas），第三位是公元前222年塞拉西亚战役之后的安提戈努斯·多宋（Doson）。其中最有可能的是最后一位，斯巴达在此次战役中遭受巨大失败，国王克利奥墨涅斯被迫逃亡埃及。提盖亚得到斯基里提斯和卡耶，麦伽拉波利斯得到了贝尔比那地区，美塞尼亚得到了德恩泰里阿提斯[①]和美塞尼亚地区的西南部。[②] 此后，斯巴达的沿海地区也逐步丧失，据史料记载，至少提罗斯在公元前275年之前[③]，扎拉克斯在公元前272年之前均属于斯巴达[④]，此后，东部沿海地区先后失去，这才有后来莱库古收复波利克那。不过，斯巴达并不承认这种瓜分，波利比乌斯记载斯巴达和阿尔戈斯后来还围绕库努里亚发生争执。[⑤] 斯巴达与美塞尼亚之间围绕德恩泰里阿提斯也是争执不已。

公元前3世纪后期至公元前2世纪初期，斯巴达国内出现了几位锐意改革的政治家，阿基斯四世（公元前244—前241年）、克利奥墨涅斯三世（公元前236—前222年）、来库尔古斯（公元前219—前210年）、纳比斯（公元前207—前192年）等，他们一度收回部分失地，斯巴达领土变化迅速。据波桑尼阿斯的记述，斯巴达曾经在阿基斯四世的率领下进攻曼提尼亚、麦伽拉波利斯、阿卡亚和希昔翁。克利奥墨涅斯继续推行激进改革，公元前229年，他与埃托利亚同盟结盟，后者支持他获得东阿卡迪亚直到斯基里提斯地区，包括提盖亚、曼提尼亚、奥卡美诺斯地区，克利奥墨涅斯在埃托利亚同盟支持下所向披靡，一度征服曼提尼亚、麦伽拉波利斯，收复了埃吉提斯地区[⑥]，阿尔戈斯、科林斯先后臣服。但阿卡亚同盟拉拢马其顿国王多宋侵入伯罗奔尼撒半岛，在公元前222年的塞拉西亚战役中打败斯巴达，克利奥墨涅斯被迫流亡埃

---

① Tacitus, *The Annals*, IV. 43.
② J. R. Ashley, *The Macedonian Empire: The Era of Warfare Under Philip II and Alexander the Great*, North Carolina: McFarland & Co. Inc., 1998, p. 159.
③ *Syll.*³ 407 = *FdD* III. i. 68; D*elphi*, 275BC. 转引自 G. Shipley, " The Extent of Spartan Territory in the Late Classical and Hellenistic Periods", *ABSA*, Vol. 95 (2000)。
④ Paus. III. 24. 1.
⑤ Paus. VII. 11. 1.
⑥ 埃吉提斯（Agytis）位于古代的埃吉斯（Aegys）附近，又说是埃吉斯在晚期的名称。——笔者注

及，阿卡亚同盟夺回了麦伽拉波利斯、阿尔戈斯、奥克美诺斯、曼提尼亚等地。此时，阿尔戈斯可能趁机占领了扎拉克斯、琉凯及其以北的东部沿海地区。① 公元前219年马其顿国王腓力五世（公元前238—前179年）曾经派人到扎拉克斯、琉凯以南直至波伊厄的地区征集粮草，这说明可能此时扎拉克斯、琉凯至波伊厄之间的领土也丢失了。

斯巴达保留了波伊厄以南以及联系马利亚半岛②南端和优拉托斯河流域的线状的少量领土。③ 此后，国王莱库古曾经竭力收复美塞尼亚，多次出兵，但因受到马其顿的阻挠，毫无结果。此时，斯巴达可能还失去了北方的塞拉西亚。④ 不过，莱库古曾经收回东部沿海地区，如波利克那、普拉斯埃⑤、凯法恩塔，帕戎山区的琉凯，这些地方曾经保持到公元前195年。⑥ 随后，纳比斯继续实行改革，同时采取积极的外交政策。他与罗马、埃托利亚、厄利斯、美塞尼亚结盟，与阿卡亚同盟和马其顿对抗。⑦ 公元前201年，纳比斯进攻昔日盟友美塞尼亚，并一度获得成功。⑧ 在这期间，纳比斯可能还收复了卡耶。纳比斯的成功引起了阿卡亚同盟的恐惧，同盟领袖腓勒波蒙力邀马其顿，共同打击纳比斯。但纳比斯利用马其顿和罗马的矛盾，成功争取到马其顿的支持，控制了阿尔戈斯。公元前195年，罗马将领弗拉明努斯在阿卡亚同盟的游说下攻入斯巴达城，迫使纳比斯放弃阿尔戈斯和吉提乌姆。⑨

战后，弗拉明努斯组建了"自由拉科尼克人同盟"［Eutherolakones, the Free Laconians, 现代学者也称之为"拉凯戴蒙同盟" Lakedaimonian league］,

---

① G. Shipley, "The Extent of Spartan Territory in the Late Classical and Hellenistic Periods", *ABSA*, Vol. 95 (2000), p. 382.

② 马里亚半岛位于拉科尼亚湾东侧。——笔者注

③ Poly. V. 19. 8.

④ G. Shipley, "The Extent of Spartan Territory in the Late Classical and Hellenistic Periods", *ABSA*, Vol. 95 (2000), p. 380.

⑤ Poly. IV. 36. 5.

⑥ G. Shipley, "The Extent of Spartan Territory in the Late Classical and Hellenistic Periods", *ABSA*, Vol. 95 (2000), p. 378.

⑦ Poly. XVI. 13, Livy, XXIX. 12.

⑧ Poly. XVI. 13; Livy, XXXIV. 32.

⑨ Livy, XXXIV. 29. 2 – 13.

将南部沿海的大部分庇里阿西区分割出去。① 在一份属于提比略时期的来自吉提乌姆的铭文中拉凯戴蒙同盟将弗拉明努斯视为同盟的创建者，间接证明了这项工作是弗拉明努斯的"功劳"②。根据波桑尼阿斯的记述，"自由拉科尼克人同盟"最初有 24 个城邦，到后来，这个联盟减少了 6 个，波桑尼阿斯列举了剩下来的 18 个城市，吉提乌姆、提色戎、拉斯、皮尔赫库斯、凯奈波利斯、奥伊提罗斯、留克特拉、特拉麦、阿拉戈玛、吉热尼亚、阿索普斯、阿克利亚、波伊厄、扎拉克斯、厄庇道鲁斯·利姆拉、布拉希埃、吉戎特拉、马里乌斯。③其余 6 个不得而知。从这个同盟名单看，这些地区大多位于阿克里塔斯半岛、泰纳鲁姆半岛、马利亚半岛、东部沿海地带。其中最值得注意的是吉戎特拉，这一地区位于优拉托斯河流域中部，属于斯巴达统治的核心地区。

斯巴达失去的沿海地区可能还不止上述"自由拉科尼克人同盟"所属的地区。后来历史文献还提到一些沿海地区在这时期或之后脱离斯巴达的控制。人们发现了公元前 195 年之后西塞拉铸造的货币，奥古斯都统治时期，为奖励斯巴达将西塞拉归还斯巴达。这些说明西塞拉在公元前 195 年或稍后脱离了斯巴达。泰纳鲁姆半岛最南端的泰纳戎成为"自由拉科尼克人同盟"的盟会召集地。希普莱还提到泰纳鲁姆半岛上的其他地区此后也可能不再属于斯巴达，如埃吉埃、赫普索、撒玛索斯、特里拉索斯。④这表明斯巴达的沿海地区基本失去。但北面的卡耶直到罗马时期似乎一直属于斯巴达。⑤

此后，斯巴达的领土没有大的变化，直到奥古斯都时代。公元前 193 年，纳比斯利用罗马在亚洲作战，试图再次收复吉提乌姆，纳比斯初期一度获得胜利，短暂收回了泰纳鲁姆半岛的部分领土。⑥但不久遭到阿卡亚同盟的反击，纳比斯请求埃托利亚同盟的支持，埃托利亚同盟起初同意，但又临阵变卦，杀

---

① G. Shipley, "The Extent of Spartan Territory in the Late Classical and Hellenistic Periods", *ABSA*, Vol. 95 (2000), pp. 367–390.

② SEG xi. 923 (xiii. 257)，参见 G. Shipley, "The Extent of Spartan Territory in the Late Classical and Hellenistic Periods", *ABSA*, Vol. 95 (2000)。

③ Paus. III. 21. 7.

④ G. Shipley, "The Extent of Spartan Territory in the Late Classical and Hellenistic Periods", *ABSA*, Vol. 95 (2000), p. 384; "The Other Lacedaemonian: The Dependent Perioikic Poleis of Laconia and Messenia", in M. H. Hansen (ed.), *The Polis as an Urban Centre and as a Political Community*, p. 230.

⑤ Paus. III. 10. 7.

⑥ Livy, XXXIV. 13. 1; XXXV. 13. 5.

死了纳比斯。① 斯巴达从此被并入阿卡亚同盟,实际上失去了政治上的独立性。② 纳比斯收复的领土再次失去。公元前 146 年,罗马彻底征服希腊,斯巴达曾经最强大的对手阿卡亚同盟解体。但斯巴达的版图没有变化,斯巴达一直孜孜以求的德恩泰里阿提斯依然属于美塞尼亚。早在战前,斯巴达曾经向罗马元老院提出要求收回德恩泰里阿提斯③,公元前 146 年,罗马元老院判定该地区依然属于美塞尼亚。④ 公元前 140 年,罗马元老院再次判定该地区属于美塞尼亚。甚至在这时候,距离斯巴达城较近同时也是斯巴达传统核心地区组成部分的阿米克莱也成为庇里阿西区,并获得独立。

斯巴达的控制范围在奥古斯都统治时期有所增加。由于美塞尼亚支持安东尼,而当时斯巴达的统治者尤利克里斯则支持奥古斯丁,尤利克里斯的父亲曾经袭扰来自埃及的安东尼运粮船,他自己则直接投身奥古斯丁阵营。奥古斯丁在击败安东尼之后着力削弱美塞尼亚,扶植忠诚于罗马的斯巴达,他将西塞拉⑤、卡达米勒⑥、特拉麦⑦、图里阿⑧、法瑞⑨、德恩泰里阿提斯⑩划归斯巴达。这些地方大多位于美塞尼亚湾东岸、泰纳鲁姆半岛和美塞尼亚南部地区,斯巴达的影响力还到达厄庇道鲁斯和麦伽拉波利斯。科奈尔(Kennell)说尤利克里斯在波伊厄、吉提乌姆都立有雕塑⑪,吉提乌姆成为优拉托斯河流域物品出口的主要港口。斯巴达领土有所扩展。不过此后还有小调整,如公元 4—14 年德恩泰里阿提斯一度划归美塞尼亚。公元 78 年,罗马曾经将此地划归美塞尼亚。大约在公元 177/8 年,此地又曾经归属斯巴达。这些调整显示德恩泰里阿提斯曾经多次回归斯巴达,又曾多次被剥离。

---

① Livy, XXXV. 35.

② P. Cartledge & A. Spawforth, *Hellenistic and Roman Sparta*: *A Tale of Wwo Cities*, London: Routledge, 2002, p. 77.

③ Paus. VII. 11 – 12.

④ Tacitus, *The Annals*, IV. 43.

⑤ Cassius Dio, liv. VII. 2.

⑥ Paus. III. 26. 7.

⑦ G. Shipley, "The Other Lakedaimonians", p. 241 no. 34. "The Extent of Spartan Territory in the Late Classical and Hellenistic Periods", p. 385.

⑧ Paus. IV. 31. 1.

⑨ G. Shipley, "The Other Lakedaimonians", p. 257 no. 79 – 74.

⑩ Tacitus, *The Annals*, IV. 43.

⑪ Kennell, "From Perioikoi to Polis", in S. Hodkinson & A. Powell, *Sparta New Perspectives*, p. 202.

哈德良时期是罗马历史上的"希腊化时期",他本人崇拜希腊文化,采取了许多措施促进希腊世界的发展和希腊文化的复兴,他积极推进斯巴达恢复到希腊第二大城市的工作,将色萨利的选票分散给雅典和斯巴达等其他城市。鼓励北非的昔兰尼实施多利亚式的教学模式。公元 132 年,哈德良资助成立了泛希腊同盟,所有具有真正希腊文化传统的城市和他们的殖民地都可以加入,此时许多小亚希腊城邦都宣称自己是斯巴达的殖民地。在斯巴达修建了献给哈德良的祭坛。哈德良将西塞拉作为礼物重新划归斯巴达。

可见,公元前 2 世纪之后直到罗马征服希腊、奥古斯都统治时期,斯巴达的政治版图主要集中在拉科尼克的优拉托斯河流域核心地区,四周山地及以远地区均已失去。在奥古斯都将拉科尼克南部沿海地区划归斯巴达之前,斯巴达可能已经成为一个内陆地区,出海口都已消失。原先的西部美塞尼亚地区、东部南部的沿海地区、北部地区都被分离出去。直到公元前后,才在南部沿海地区获得少数出海口。

回到本章开始部分,古代斯巴达国名变化的根本原因是斯巴达疆域的变化。此外,古代希腊罗马对国家本质认识的变化也是其中一个不可忽视的因素。由此,可以解释为什么早期的作家大多称"拉凯戴蒙人"而不是"拉凯戴蒙",而后来越来越多地使用直到最后主要使用"斯巴达"一词。

第 二 章

征服美塞尼亚与美塞尼亚战争

如前所述，古代斯巴达的版图由两大部分组成，即拉科尼亚和美塞尼亚。美塞尼亚是斯巴达在拉科尼亚地区建立政权之后逐步扩张获得的。征服美塞尼亚对斯巴达的历史发展极其重要，美塞尼亚地区的面积，尤其是耕地面积，以及人口数量都超过了拉科尼亚地区，斯巴达的国家实力随着征服美塞尼亚地区迅速提升。更重要的是，征服美塞尼亚地区之后，斯巴达的黑劳士制度最终成型。黑劳士制度则是此后斯巴达领土扩张和政治称雄的社会基础。[1] 但是，因为有关斯巴达征服美塞尼亚的资料缺乏，且多由希腊化时期和罗马的作家提供，受古代作家影响，现代学者将这一过程描述成通过二次美塞尼亚战争完成最后征服，两次战争中第一次完成领土征服，第二次铲除当地的反抗力量。然而，事实并非如此。

一 "第一次美塞尼亚战争"

一般认为，"第一次美塞尼亚战争"发生在公元前740—前720年之间。[2] 具体的起止时间不同学者的说法不完全相同，如赫胥黎依据早期奥运冠军中最后一位美塞尼亚冠军出现于公元前736年，推断战争爆发于这一年。[3] 杰弗里

---

[1] P. Cartledge, *Sparta and Lakonia A Regional History* 1300 – 362 BC, London: Routledge & Kegan Paul Ltd., 1979, pp. 3, 159.

[2] J. Boardman etc., *The Cambridge Ancient History*, 2nd edition, Vol. III, Part 3, Cambridge: Cambridge University Press, 2002, p. 324.

[3] G. L. Huxley, *Early Sparta*, p. 34.

认为是公元前 735 年。① 但大家一般都认同，这场战争持续了 20 年。然而，我们查阅历史记载则会发现，斯巴达对美塞尼亚地区的征服其实是一个远超过 20 年的漫长过程，斯巴达对美塞尼亚地区的征服也不是开始于公元前 740 年，斯巴达并没有精心策划一场毕其功于一役的征服战争。

美塞尼亚与拉科尼亚之间隔着低矮的泰盖都斯山，山峰之间存在许多并不十分崎岖的山谷，这些山谷其实成为发动突然袭击的交通要道。据史书记载，斯巴达在公元前 740 年之前就对美塞尼亚发动了战争。罗马作家波桑尼阿斯称最早对美塞尼亚地区发动战争的是国王特勒克劳斯。据考证，特勒克劳斯大约在公元前 760—前 740 年在位。在他统治时期，斯巴达在美塞尼亚东南部的波厄撒、厄凯埃和特拉基姆地区建立了殖民地。② 卡特利奇更指出，特勒克劳斯的进军路线是从南部越过泰盖托斯山，入海向北，经奥伊提罗斯和卡达米勒到法瑞。③ 很可能，他已经征服了南部的马卡利亚平原。④ 后来，特勒克劳斯又继续向北，在马卡利亚平原东北部的利姆奈地区与当地居民发生战争，在一次战争中被打死。史书对这次战争有相对详细的记述，特勒克劳斯在拉科尼亚与美塞尼亚接壤处的阿尔特米斯神庙举行祭祀，美塞尼亚人与斯巴达人共同参加这次活动，但活动期间双方发生冲突，特勒克劳斯被杀，关于冲突的原因，斯巴达声称是因为美塞尼亚人企图抢夺斯巴达少女，特勒克劳斯率军保护，发生冲突。美塞尼亚声称是斯巴达派未成年少年装扮成少女试图杀死美塞尼亚青年。

而古典后期的希腊演说家伊索克拉底在《阿基达玛斯》中借阿基达玛斯之口说，斯巴达在他那个时代已经统治美塞尼亚 400 年。⑤ 阿基达玛斯的演说大概发表于公元前 366 年。如此，则斯巴达在公元前 766 年就已征服美塞尼亚地区。众所周知，征服战争不可能一蹴而就，按照一般记述，斯巴达用了 20 年的时间才征服美塞尼亚，那么至少在公元前 786 年就开始了战争。这段时间则是斯巴达历史上最早有明确记载的双国王阿尔克劳斯和卡利拉奥斯统治时

---

① L. H. Jeffery, *Archaic Greece: The City - states, c. 700 - 500 B. C.*, London: Ernest Benn, 1976, p. 115.

② Strabo, VIII. 4. 4.

③ P. Cartledge, *Sparta and Lakonia*, p. 113.

④ G. L. Huxley, *Early Sparta*, p. 33.

⑤ Isoc. *Archid.* 27.

期,这是特勒克劳斯前一代国王时期。

按照波桑尼阿斯的说法,特勒克劳斯被杀之后,斯巴达发动了对美塞尼亚地区的征服。这大概是"第一次美塞尼亚战争"开始于公元前740年的依据。但正如我们前面所述的,其实在特勒克劳斯统治时期,甚至在特勒克劳斯之前,斯巴达就已经对美塞尼亚地区发动了战争。

但这一时期的战争规模有限,这也是肯定的,斯巴达似乎还没有集中举国力量,发动全面战争。斯巴达在被征服的地区也没有实施后来的黑劳士制度。从后来的行政区划看,特勒克劳斯征服的地区是庇里阿西区最集中的地区之一,如图里伊、埃萨亚、法莱等。一般而言,斯巴达国内由当地人建立的庇里阿西区当初都没有发生剧烈的抵抗。因此,特勒克劳斯的扩张可能没有发生大规模的战争。

其实,特勒克劳斯被杀之后,斯巴达并没有立即对美塞尼亚地区发动大规模的战争。主要原因是拉科尼亚南部地区发生暴动,特勒克劳斯的儿子阿尔克墨涅斯出兵平叛,前期进展顺利,但攻到南端赫罗斯城的时候遇到了强大的阻力,赫罗斯起义者的背后其实是阿尔戈斯和克里特的支持。阿尔克墨涅斯先出兵克里特,帮助那里的统治者平息动乱,赢得克里特的支持,随后进攻赫罗斯城,并最终获得胜利,同时也将阿尔戈斯的势力逐出了南部斯巴达。① 接着,阿尔克墨涅斯率军向西,从马卡利亚平原向北进攻帕米索斯河上游的斯腾克拉罗斯平原。战争首先在马卡利亚平原东北部的安菲亚打响。② 由此展开了一场旷日持久的战争,此即通常所说的"第一次美塞尼亚战争"③。据说出征之前,他们立下誓言:不征服美塞尼亚绝不撤兵。④ 但在占领安菲亚之后,斯巴达无法继续取得任何进展,不得不撤军。四年之后,斯巴达军队在新一代国王波吕多洛斯和色奥彭普斯率领下再次出征。双方伤亡惨重,但斯巴达军队获得胜

---

① Paus. III. 2. 7.
② Paus. IV. 5. 8.
③ 笔者并不赞同传统观点对第一次、第二次美塞尼亚战争性质的分析,本书继续使用这两个概念主要是因为它们使用日久。本书主要从时间的角度使用这两个概念,因此使用时均加双引号。但在间接转述他人观点时不得不提及这两个概念时则不加双引号。——笔者注
④ Strabo, VI. 3. 3; Paus. IV. 5. 8; IV. 7. 7.

利。① 美塞尼亚军队不得不撤到伊托姆山继续抵抗。②

斯巴达的胜利引起了伯罗奔尼撒各国的担忧。战争的第十五年，克里特从斯巴达撤回了援军，阿卡迪亚公开支持美塞尼亚，阿尔戈斯则暗中支持美塞尼亚，但斯巴达依然获得战场的胜利，美塞尼亚国王优法斯战死。至此，斯巴达征服美塞尼亚的战争成为一场国际战争。斯巴达转而处于弱势。此后，斯巴达争取到科林斯的支持，战局出现转机。最后，斯巴达获胜，占领伊托姆山，美塞尼亚军队纷纷逃亡国外。至此，斯巴达占领了帕米索斯河流域的大部分地区。

在这期间，斯巴达还对美塞尼亚湾西侧地区实施了征服。这方面的资料更少，我们只能依靠仅有的材料进行推测。据记载，原来居住在阿尔戈斯的亚辛人因为此前支持斯巴达遭到阿尔戈斯的报复，被驱逐离开家园。斯巴达则将这批人安置在美塞尼亚湾西侧，该地因此得名亚辛。③ 据考古学资料，阿尔戈斯境内的亚辛最晚毁于公元前 720 年④，依据这一材料推测，斯巴达安置亚辛流亡者大约发生在公元前 720 年或其后不久。也就是说在这时斯巴达控制了这一地区。

由此可见，截至一般认为的"第一次美塞尼亚战争"结束的公元前 720 年，斯巴达其实并没有完全征服美塞尼亚地区。而斯巴达对美塞尼亚地区的征服也不是开始于公元前 740 年，在这之前一两代国王，或约半个世纪之前，斯巴达就已经开始了对美塞尼亚地区的征服。所谓的"第一次美塞尼亚战争"只不过是后来史学家出于叙事艺术性的需要进行的虚构。

二 "第二次美塞尼亚战争"

按照学术界的一般观点，斯巴达征服美塞尼亚地区约 100 年之后，即公元前 640 年，美塞尼亚地区居民不堪斯巴达的统治和剥削，发动了起义，斯巴达

---

① Paus. III. 3. 1 – 2.

② 这里的美塞尼亚军队特指当地的与斯巴达作战的军队，而不是狭义或广义的美塞尼亚地区的军队。下文同。——笔者注

③ Paus. IV. 14. 3.

④ J. Boardman etc. , *The Cambridge Ancient History*, 2nd edition, Vol. III, Part 3, p. 324.

费尽九牛二虎之力，又花了 20 年的时间，打败了起义者，彻底征服了美塞尼亚地区。

其实，在所谓的第一次、第二次美塞尼亚战争之间存在约 100 年的和平时期，这个说法是不成立的。按照提尔泰乌斯残诗的说法，"第一次美塞尼亚战争"之后仅仅两代人，斯巴达又发动了"第二次美塞尼亚战争"。两代人充其量也就是 60 年的时间。关于"第二次美塞尼亚战争"始于公元前 640 年的说法来自罗马作家波桑尼阿斯，但波桑尼阿斯本人其实提供了很多说法。波桑尼阿斯对"第二次美塞尼亚战争"记述得颇为详细，关于战争的开始时间，他颇为肯定地声称，战争爆发于第一次战争结束之后的 39 年，第二十三次奥林匹亚德的第四年，如果按照"第一次美塞尼亚战争"结束于公元前 720 年，那么"第二次美塞尼亚战争"则开始于公元前 681 年。① 波桑尼阿斯还提供了其他证据间接证明"第二次美塞尼亚战争"始于公元前 640 年之前。他称在"第二次美塞尼亚战争"期间斯巴达得到科林斯的支持②，按照普鲁塔克的说法，斯巴达是僭主的敌人，那么科林斯的支持应该是巴奇亚德家族执政时期，巴奇亚德家族在公元前 657 年被库普赛洛斯驱逐。也就是说"第二次美塞尼亚战争"应该发生在这个年份之前。据此，我们可以得出两点推测，要么"第二次美塞尼亚战争"发生于公元前 640 年之前；要么，斯巴达与美塞尼亚在两次美塞尼亚战争之间并不存在长期的和平，而是时常发生战争。

波桑尼阿斯在另一处提到，斯巴达国王阿纳克桑德统治时期曾经驱逐美塞尼亚人，导致美塞尼亚人起义。③ 阿纳克桑德统治时期约在公元前 645—前 615 年之间。这个时间明显晚于前一个时间。这大概是波桑尼阿斯提供的最有利于公元前 640 年的证据。但波桑尼阿斯提供的说法太多了，让人莫衷一是，不知道这场战争开始于哪一年。

关于"第二次美塞尼亚战争"结束的时间波桑尼阿斯也提供了许多不一致的说法。一是结束于公元前 668 年，第二十八届奥林匹亚德的第一年。④ 二是公元前 656 年。他说厄帕密南达建立美塞尼亚国家（公元前 369 年）其时

---

① Paus. IV. 15. 1.
② Paus. IV. 11. 1.
③ Paus. III. 3. 4.
④ Paus. IV. 23. 4.

距斯巴达征服埃拉山287年。① 间接支持上述说法的是他关于"第二次美塞尼亚战争"美塞尼亚一方的领袖阿里斯托明尼最后归属的叙述,他说,阿里斯托明尼随小女儿前往罗德斯,他准备从那里前往萨迪斯,投靠吕底亚国王巨吉斯,或波斯国王弗拉尔特斯。② 巨吉斯,一说生活在公元前716年至公元前678年,又说在公元前680—前644年。弗拉尔特斯是波斯第二任国王,生活在公元前665—前633年。加上"第二次美塞尼亚战争"持续了20年,这些说法都证明"第二次美塞尼亚战争"在公元前620年之前就已经结束了,也间接证明了前面提到的这场战争在公元前640年之前就已经发生了。

波桑尼阿斯还提供了一个说法说明"第二次美塞尼亚战争"在公元前620年之后结束。他称战争结束之后,瑞吉乌姆僭主阿那克西拉斯邀请战败的美塞尼亚流亡者定居西西里岛。而据希罗多德记载,公元前494年,阿那克西拉斯鼓励萨摩斯人占领赞克历③,公元前480年,他从迦太基借来军队驰援他的岳父、希麦拉统治者特里鲁斯。④ 大约公元前476年,阿那克西拉斯去世。无论阿那克西拉斯多么长寿,他断然不可能出生于公元前7世纪后期,不可能在公元前620年就担任僭主。如此,他到公元前476年将是144岁高龄的老人,这样的老人也不可能率军支持他的岳父。波桑尼阿斯的这一说法很可能是误记,他可能与下文柏拉图所述的一次美塞尼亚人暴动或哗变混淆起来了。波桑尼阿斯自己还提供了一个证据证明这一点。据他转录,公元前3世纪的希腊史学家瑞阿努斯认为,阿里斯托明尼与斯巴达国王利奥提奇达斯同时代。但波桑尼阿斯认为,斯巴达只有一位利奥提奇达斯,他是公元前479年米卡列海战的指挥者。⑤ 也就是说,在波桑尼阿斯看来,在公元前5世纪初,斯巴达和美塞尼亚之间曾经发生过战争。

柏拉图关于公元前5世纪初斯巴达与美塞尼亚战争的叙述比较简单,他说:马拉松战役期间,斯巴达为与美塞尼亚的战争所阻,没有能够派军支持雅典。⑥ 如何认识柏拉图所记录的这场战争、处理柏拉图的这一材料与波桑尼阿

---

① Paus. IV. 27. 9.
② Paus. IV. 24. 2.
③ Hdt. VI. 22, 23.
④ Hdt. VII. 165.
⑤ Paus. IV. 15. 2.
⑥ Plato, *Laws*, 698e.

斯最后一种观点的关系，其实比较困难。关于马拉松战役中斯巴达未能及时支援，希罗多德的记述是因为宗教原因，与战争无关。柏拉图在说到这件事的时候也不是肯定确有其事，而是将此作为阻止斯巴达出兵的几种原因之一，是一种文学化的描写，不足为信。至于波桑尼阿斯的说法很可能来自美塞尼亚在独立之后对自身早期历史的人为塑造，如果"第二次美塞尼亚战争"结束于公元前5世纪初，如果直到此时斯巴达还在与美塞尼亚地区发生如此大规模的战争，古典时期的希腊作家不可能不记述，如果直到此时斯巴达还没有彻底征服美塞尼亚，斯巴达断然不会成为希腊世界的霸主。波桑尼阿斯可能对斯巴达的历史不甚了解，而导致波桑尼阿斯犯错的是斯巴达历史上有两位叫利奥提奇达斯的国王[①]，第一位利奥提奇达斯的统治年代大概在公元前625—前600年。波桑尼阿斯坚信斯巴达只有一位利奥提奇达斯，而且就是公元前5世纪初的那位，这可能是他犯错的根本原因。

关于"第二次美塞尼亚战争"的起止时间还有其他一些参考证据。如著名的诗人提尔泰乌斯。《苏达词典》中说提尔泰乌斯与"希腊七贤"处于同一时期，在公元前640—前637年处于创作的鼎盛时期。一般认为，提尔泰乌斯在"第二次美塞尼亚战争"初年斯巴达无法抵御美塞尼亚的攻势时来到斯巴达，其创作也进入巅峰状态。那么这个时间段也许就是"第二次美塞尼亚战争"发生之年。[②]

又，希腊化时期的斯巴达史学家索斯比乌斯认为提尔泰乌斯来斯巴达和"第二次美塞尼亚战争"的爆发都是在公元前644年。[③]

又，埃里安说厄帕密南达曾要求在他的墓碑上记下他"在间隔230年后重建了美塞尼亚"这一事迹。[④] 厄帕密南达大约死于公元前362年，这告诉我们美塞尼亚是在公元前592年被征服的。

如此复杂的时间我们很难说哪种说法是正确的。在"第一次美塞尼亚战争"结束之后的100年时间内，斯巴达与美塞尼亚居民之间相安无事，恰好100年，这听起来像个神话，很难令人相信。我们也很难相信斯巴达人用了与

---

① Hdt. VIII. 131.

② Gerber, Douglas E. edited and translated, *Greek Elegiac Poetry*, The Loeb Classical Library, Cambridge, Mass.: Harvard University Press, 1999, p. 25.

③ G. L. Hulexy, *Early Sparta*, p. 57.

④ Ael. *VH*. XIII. 42.

"第一次美塞尼亚战争"同样长的时间完成了第二次战争。果真如此，那也太巧了！两个为期20年的战争更像文学家的创作。

　　前文说到，斯巴达在所谓的"第一次美塞尼亚战争"期间其实并没有全部征服美塞尼亚地区，只是征服了帕米索斯河流域比较适合农耕的地区。而在帕米索斯河以西，是一片低矮的山区，被驱逐的美塞尼亚居民逃避到西部山区，他们时常进入平原地区，抢劫资源、财富。鉴于此，斯巴达有必要继续向西征服。这个征服也不会是一蹴而就，一战成功的，而是一个漫长的过程。

　　从古代伯罗奔尼撒半岛的政治形势看，公元前7世纪初，阿尔戈斯创建了最早的重装步兵，军事力量大为增强，不久斐冬建立僭主政治，国力进一步提升，与斯巴达展开了竞争。斯巴达一时无暇西顾。公元前669年，斯巴达与阿尔戈斯在赫西埃发生激战，斯巴达失败。接着，阿尔戈斯向西，从厄利斯控制下夺走了奥林匹克运动会的控制权。阿尔戈斯成为伯罗奔尼撒半岛中最强大的国家。在这段时间中，斯巴达不大可能再向西对美塞尼亚发动征服战争。

　　斯巴达在短暂失利之后逐步恢复实力，重拾攻势。公元前659年，斯巴达从帕米索斯河上游继续西进，进攻菲伽利亚。一旦斯巴达占领该地，它南部的皮罗斯地区就成为斯巴达的囊中之物，斯巴达实力必将大为增强。斯巴达的行动引起阿尔戈斯等国家的担忧，于是他们组织反斯巴达联盟，参加的城邦有阿卡迪亚、厄利斯、匹萨、希昔翁。他们积极支持斯腾克拉罗斯平原地区和皮罗斯地区的反斯巴达力量，发动与斯巴达的战争，这便是所谓的"第二次美塞尼亚战争"。反斯巴达联盟组织联军直接参与北部斯腾克拉罗斯平原地区的战争，奥克美诺斯或特拉佩佐斯的国王阿里斯托克拉托斯和匹萨僭主潘塔利翁是联军统帅。① 美塞尼亚地方统帅可能就是安德罗克勒斯和菲塔斯。这两个是当地传统贵族埃皮托斯家族（Aepytid，也是传说的美塞尼亚的王族）成员。② 他们可能是阿里斯托明尼的原型。斯巴达则争取到了科林斯，可能还有雅典的支持。可见，这场战争是"斯巴达及其盟友与美塞尼亚及其支持者之间的一场战争"③。

　　由于国际力量的干预，斯巴达一时转入劣势，不得不四处求援。著名战争

---

① Paus. IV. 17. 2, 22. 1. Strabo, VIII. 4. 10.
② Paus. IV. 5. 6 – 7, 14. 3, 15. 7, 16. 2.
③ Paus. IV. 6. 1.

诗人提尔泰乌斯可能就在此间从雅典来到斯巴达。斯巴达一边积蓄力量，一边开展外交活动，破坏反斯巴达联盟。它用贿赂手段成功策反了阿里斯托克拉托斯，致使联军在著名的壕沟大战中败北，美塞尼亚军队被迫退守阿卡迪亚边境的埃拉山。据守埃拉山的美塞尼亚军队并没有得到阿卡迪亚等国的全力支持，即使在美塞尼亚军队撤到阿卡迪亚境内，准备反攻斯巴达时，阿里斯托克拉托斯还向斯巴达通风报信，暗中破坏。① 在坚持了十多年之后，美塞尼亚军队被彻底打败，退往阿卡迪亚。

征服北部地区之后，南部皮罗斯地区的战争还在继续。史书记载斯巴达在美塞尼亚西部沿海的摩托涅安置了来自阿尔戈斯的瑙普利亚人。② 瑙普利亚人是因为同情斯巴达而被阿尔戈斯统治者戴摩克拉提达斯驱逐的。③ "戴摩克拉提达斯"的字面意思是"人民统治"，从名字看，他应该是在斐冬家族的僭主统治结束之后。斐冬家族的统治经三代，关于斐冬统治的具体时间争论较多，但大多同意他生活在公元前7世纪前半期，斐冬家族的末代僭主美尔塔斯统治不久，民众发动暴动驱逐美尔塔斯。那么美尔塔斯被逐、戴摩克拉提达斯取得政权可能发生在该世纪末。瑙普利亚人安置在摩托涅意味着斯巴达已经控制了这片地区，也就是说，公元前7世纪末或公元前6世纪初，斯巴达征服埃拉山不久，斯巴达占领了皮罗斯地区。皮罗斯地区在迈锡尼文明时期就是一个经济较为发达的地区，这里据说是涅斯托尔的老家。在波桑尼阿斯记述的"第二次美塞尼亚战争"中，这里与北方的阿里斯托明尼遥相呼应。这意味着斯巴达在征服这一地区的时候必将遭到激烈的抵抗，而征服皮罗斯地区则意味着斯巴达彻底征服了美塞尼亚。前文所引厄帕密南达的墓碑可能反映了斯巴达征服皮罗斯的时间，即公元前6世纪初。④

总而言之，所谓的第二次美塞尼亚战争与第一次美塞尼亚战争一样，也是后人的撰述，并不可靠。斯巴达征服美塞尼亚其实经过了一个漫长的过程，从公元前8世纪前期到公元前6世纪初，持续了大约两个世纪。这期间，战争与停战交替出现，时间或长或短，战争则呈现为征服、反抗、暴动、反叛等多种

---

① Paus. IV. 22. 5.
② Paus. IV. 24. 4.
③ Paus. IV. 35. 2.
④ G. L. Huxley, *Early Sparta*, p. 59.

形式，但最终的结果是大约到公元前 7 世纪末、公元前 6 世纪初，斯巴达彻底征服了美塞尼亚地区。传统所说的两次美塞尼亚战争其实只是这个征服过程中的两次高潮，一次发生在公元前 8 世纪后期，以征服斯腾克拉罗斯平原而告结束；一次发生在公元前 7 世纪中后期，此即"第二次美塞尼亚战争"，战争以征服帕米索斯河流域以西地区而告结束。

三　"第三次美塞尼亚战争"

一般认为，古代斯巴达历史上有三次美塞尼亚战争。"第三次美塞尼亚战争"发生在公元前 465—前 455 年。这场战争是美塞尼亚地区的黑劳士反抗斯巴达统治的又一次独立战争。但是由于资料匮乏，人们对这一战争的细节不清楚，需要进一步展开研究。

学界一般认为，"第三次美塞尼亚战争"发生于公元前 465/4 年—前 455/4 年。这个起始时间的依据主要有如下四条。第一条也是使用最多的是修昔底德的叙述。原文如下："塔索斯人在陆战中被击败，城市被围攻，他们向拉凯戴蒙求援，要求拉凯戴蒙人出兵阿提卡。拉凯戴蒙人没有把他们的意见告知雅典，就答应了塔索斯人的请求，并准备出兵阿提卡。但是由于发生地震，同时，黑劳士以及庇里阿西人中的图里阿人和埃萨亚人前往伊托姆，脱离拉凯戴蒙，从而使他们无法出兵。"[1] 大多数人相信这里提到的"大地震"发生在公元前 465 年，由此他们认为，"第三次美塞尼亚战争"开始于公元前 465 年。第二条是普鲁塔克《客蒙传》中的记载。他说：大地震之后，斯巴达国王阿基达玛斯"看到市民们正在从房里把最值钱的物件搬出来，就命令号兵吹起敌人来进攻的讯号，为的是让他们立即携带武器聚集到他的身边来。就这样，在那次危机中拯救了斯巴达。因为城外四处的黑劳士都围拢来，想杀害幸存的斯巴达人，但发现他们已经武装列队，就返回居住的城堡对斯巴达公开宣战，并说服了许多庇里阿西人也来参战。此外美塞尼亚人也加入对斯巴达的进攻"[2]。这依然是以公元前 465 年的大地震作为战争爆发的依据和标志。第三个是罗马

---

[1] Thuc. I. 101.
[2] Plut. *Cimon*, 16.

时期的历史学家狄奥多罗斯所提供的,由于原文比较长,这里只转述其大概:公元前465年大地震发生之后,一直处于平静无事状态、实际上与斯巴达人一直处于敌对状态的黑劳士和美塞尼亚人抓住机会发动了起义,斯巴达国王凭借个人的政治智慧预见到黑劳士会发动起义,提前做好准备。起义者得知斯巴达人已经做好了准备,于是撤往已占据的堡垒,继续作战。① 第四个是罗马时期的旅行家波桑尼阿斯在《希腊纪事》中的记述。他说:"第二次美塞尼亚战争"结束之后,被迫留在美塞尼亚的美塞尼亚人在"第七十九届奥林匹亚德"期间举行起义。一个奥林匹亚德周期四年,这年恰恰就是公元前464年。② 鉴于上述资料,尤其是波桑尼阿斯的材料,学者们大多认为,"第三次美塞尼亚战争"发生于公元前465年的大地震之年或次年。

学界一般认为"第三次美塞尼亚战争"持续了十年,依据主要是修昔底德和狄奥多罗斯的记述。修昔底德说:伊托姆的暴动者经过十年的抵抗,再也坚持不下去了,于是向拉凯戴蒙人投降。③ 狄奥多罗斯也说:战争在十年的时间内没有见出分晓。④ 狄奥多罗斯主要依据公元前4世纪的希腊历史学家伊弗鲁斯材料写作,也就是说,十年战争很可能也是伊弗鲁斯的观点。于是,只需简单的数学计算即可得知,这次战争结束于公元前455/4年。

但是,上述关于战争起止时间的说法面临很多疑问,首先就是结束时间。这个时间遇到如下三个巨大挑战。第一个挑战同样来自修昔底德。修昔底德在前述引文的下一段叙述了斯巴达请求雅典支持,雅典政治家客蒙应斯巴达的请求率军前往斯巴达,但被斯巴达拒绝,雅典放逐客蒙,与阿尔戈斯、色萨利缔结反斯巴达同盟等事件。需要特别指出的是,雅典组建反斯巴达同盟这件事发生在公元前460年。修昔底德说:伊托姆的暴动者经过十年的抗战,再也坚持不下去了,于是就向拉凯戴蒙人投降。⑤ 修昔底德接着介绍:这时候,在埃及发生了伊纳努斯领导的反波斯起义。⑥ 众所周知,这次起义也发生在公元前460年。从上下文看,显然,"第三次美塞尼亚战争"结束于公元前460年。

---

① Diod. XI. 63.
② Paus. IV. 24. 5.
③ Thuc. I. 103.
④ Diod. XI. 64.
⑤ Thuc. I. 103.
⑥ Thuc. I. 104.

第二个挑战是伪色诺芬的《雅典政制》。它说：当雅典支持斯巴达人抛弃美塞尼亚人的时候，斯巴达很快就扑灭了内部的暴动，然后对雅典发动战争。① 评论家认为色诺芬这里指的就是客蒙率军支持斯巴达镇压伊托姆起义军，然后起义军失败，接着斯巴达在公元前458年远征中希腊与雅典交战。显然，这意味着这个时候斯巴达国内的战争已经平息。

第三个挑战是对此后历史过程，尤其是公元前458年斯巴达派大军前往中希腊这一行动的理解。公元前460年，发生了"第一次伯罗奔尼撒战争"，这次战争的起因是雅典与科林斯争夺麦伽拉控制权，战争初期雅典控制了麦伽拉，在科林斯地峡的北部修建城墙。公元前458年，雅典支持盟国佛西斯进攻多利斯。雅典势力的扩张引起了斯巴达的警觉，斯巴达派尼科米德斯率1500名重装步兵和1万名盟军，北上支持多利斯。在达成目的、回国途中斯巴达军队与雅典军队在雅典北部的塔那格拉展开决战，斯巴达获胜。此后，斯巴达军队进入麦伽拉，通过科林斯回到国内。② 此处的最大疑问是，斯巴达在国内还有大规模战争的情况下，不可能派如此多的军队到国外出征。正常情况下，斯巴达派出1500名重装步兵不会引起疑问，但此时的斯巴达刚刚经历了公元前465年的大地震，公民人数和军队人数大减。按史书记载，斯巴达人大约死亡一半，震前斯巴达公民人数约8000—10000人，加上震后7年之内斯巴达公民得不到额外补充，而年老公民因年老免除军役，那么，截至公元前458年，斯巴达能够从军的公民人数约为3000—4000人。③ 菲古伊拉估算地震之后斯巴达公民仅为1588人。④ 在这种情况下，如果斯巴达国内还发生着与黑劳士的战争，斯巴达将派不出1500人的军队，因为留在国内防范起义者的军队人数太少。如果按照菲古伊拉的估算，那么斯巴达几乎倾尽全国兵力。如果依据希腊国家一般最多派出国家总兵力的三分之二出境参战的原则推算留在国内的军

---

① Pseudo–Xenophon（Old Oligarch），*Constitution of the Athenians*, in *Xenophon*（Vol.7），translated By E. C. Marchant, The Loeb Classical Library, Cambridge & Massachusetts: Harvard University Press, 1993, III. 11.

② Thuc. I. 103, 107.

③ 参见拙文《公元前4—前3世纪斯巴达人口政策反思》，《新史学》（第十一辑），大象出版社2013年版。

④ T. J. Figueira, "Population Patterns in Late Archaic and Classical Sparta", *TAPA*（1974 – ），Vol. 116.（1986），p. 190.

队数①，依此原则斯巴达留在国内的军队人数只有 750 人。无论是哪种情况，如果斯巴达国内还在进行着紧张激烈的战争都不可能发生。

从上述三点看，"第三次美塞尼亚战争"应该在公元前 460 年，第一次伯罗奔尼撒战争爆发前夕已经结束。斯巴达只有在结束了内部战争之后才能派出军队深入中部希腊，否则，在国内存在一支强大的起义军队的情况下，斯巴达断然不敢冒这么大的风险。

假如上述战争结束时间成立，假如前文所述修昔底德、狄奥多罗斯关于战争持续十年的说法也成立，传统的关于战争起于公元前 465 年的观点就不复成立。然而，如前所述，"公元前 465 年"一说得到修昔底德、狄奥多罗斯所提供材料的支持。似乎此说难以撼动。其实不然！如果仔细推敲修昔底德的材料就会发现，修昔底德并没有明确说这一年发生了"第三次美塞尼亚战争"，而是说这一年黑劳士以及庇里阿西人中的图里阿人和埃萨亚人前往伊托姆，脱离拉凯戴蒙。

普鲁塔克在《客蒙传》中也曾经提到公元前 465 年的战争，但其细节描述却表明这次起义并非爆发于大地震之后。他说：大地震后，众人忙于抢救财物，阿基达玛斯却要求人们立即拿起武器。果不其然，黑劳士很快攻到斯巴达城外，进攻的黑劳士见斯巴达已经严阵以待，急忙撤回乡间的"城堡"（polis）。普鲁塔克这里也没有提到这一年发生起义，但却告诉人们两个细节：一是这支进攻斯巴达城的起义军行动速度很快；二是这支军队看到斯巴达人已经有所防备的情况下很快撤退到乡下的城堡里。这两个细节暗示这支起义军不是地震之后才组建的，否则不会在地震的当天或次日就赶到斯巴达城，同时也不会在乡间有自己的城堡。所以，从他的材料中我们也不能直接得出起义发生在公元前 465 年的结论，倒是间接告诉我们，在大地震发生之时起义就已经发生了。狄奥多罗斯也提到在大地震发生之后，斯巴达国王阿基达玛斯将人们组织起来防备黑劳士和美塞尼亚人的进攻。当进攻者发现斯巴达人已经做好防备之后，只好放弃自己的计划，转而退守伊托姆山。②显然，上述材料并没有说在公元前 465 年大地震发生之年斯巴达发生黑劳士起义，只是说这一年伊托姆山来了一支有实力的起义军。这支起义军很可能在大地震之前就已经存在了。正

---

① Thuc. II. 10.
② Diod. XI. 63.

如卡克威尔指出的，黑劳士自"第二次美塞尼亚战争"之后一百多年间没有发生过起义。承平日久，统治集团通常会产生政治麻痹，如果这个危险不是现实之中已经存在，阿基达玛斯大概不会有如此的警觉。

如果我们不坚持公元前465年发生起义，依据前述"第三次美塞尼亚战争"的结束时间和修昔底德等人所说的战争持续十年，那么这场战争的起始时间则应该确定为公元前470年。这样的推测并非无源之水的妄测。根据修昔底德的记述，公元前470年斯巴达曾经发生过"泰纳鲁斯·波塞冬神庙事件"，部分躲藏在泰纳鲁斯·波塞冬神庙中的黑劳士被斯巴达政府诱骗离开神庙，然后被捕并被处死。① 伯罗奔尼撒战争爆发前夕，雅典曾经要求斯巴达放逐"泰纳鲁斯的被诅咒者"和"被黄铜宫的雅典娜女神咒的人"②。"黄铜宫事件"即下文即将说到的波桑尼阿斯被困黄铜宫这件事。修昔底德将这两件事放在同一个大背景叙述，说明它们是同时发生的。雅典人宣称"泰纳鲁斯·波塞冬神庙事件"引起了地震之神波塞冬的愤怒，导致了公元前465年的大地震。那么这件事势必发生在大地震之前，且距大地震不太遥远，这也进一步印证"泰纳鲁斯事件"与黄铜宫事件同时发生。

黄铜宫事件的核心就是斯巴达名将波桑尼阿斯被捕杀，"泰纳鲁斯·波塞冬神庙事件"则是这一事件的组成部分。③ 波桑尼阿斯属于斯巴达的阿基亚德王族，是希波战争中希腊的著名将领，指挥了普拉提亚战役。公元前490年以降，斯巴达两个王族之间的权力斗争非常激烈，总的来看，优利彭提德王族占据优势地位，希波战争期间，阿基亚德王族仰仗列奥尼达斯的英雄壮举实力得以恢复，但仍然受制于优利彭提德王族。④ 公元前480年之后，波桑尼阿斯开始暗中联系波斯，壮大自己，这件事引起了雅典等城邦的反对，也引起了优利彭提德王族的警惕。公元前478年，波桑尼阿斯因为"米底化"的罪名被召回，实际上斯巴达并没有惩罚波桑尼阿斯，只是借机剥夺了波桑尼阿斯的军事指挥权。但波桑尼阿斯显然不服，因此私下溜出斯巴达，一方面争取国外（主要是波斯）的支持，一方面联系黑劳士，试图发动政变夺取政权。于是发

---

① Thuc. I. 128.
② Thuc. I. 128.
③ Thuc. I. 95, 128–134.
④ 参见拙文《为什么只有300勇士？——希波战争温泉关战役反思》，《历史教学问题》2010年第6期。

生了第二次召回，其时间恰恰是公元前 470 年。斯巴达首先在泰纳鲁斯·波塞冬神庙窃听波桑尼阿斯与为其送信的黑劳士的对话，获得确凿证据，然后对波桑尼阿斯实施抓捕。波桑尼阿斯见状不妙，躲进雅典娜神庙——黄铜宫，试图再次逃脱惩罚，但最后因饥饿无力抵抗被抓出神庙，随即因饥饿过度去世。①

斯巴达政府不会满足于波桑尼阿斯之死，也不会满足于仅仅诛杀被困在波塞冬神庙里的少数黑劳士，势必要对曾经参与波桑尼阿斯计划的黑劳士进行更全面的秋后算账。在巨大的政治压力之下，黑劳士举行起义势所必然。斯巴达暗杀 2000 名黑劳士的事件就发生在这个时期。据修昔底德记述，斯巴达曾经发布公告，要求黑劳士自己推选自认为在战争最勇敢的人，暗示给他们自由，结果选出约 2000 人，但不久之后，斯巴达把他们暗杀了。②修昔底德是在叙述斯巴达在公元前 423 年派伯拉西达率黑劳士远征安菲波利斯时提到这件事的。修昔底德认为伯拉西达远征具有借刀杀人、防止黑劳士起义的特征，他重提"暗杀 2000 名黑劳士"的目的是将其作为斯巴达惯常"借刀杀人"的佐证。可见，这件事应该已经发生了一段时间，不可能发生在伯罗奔尼撒战争爆发之后。修昔底德还说这些黑劳士头戴花冠、绕着神庙游行，这样的活动也不大可能发生在公元前 465 年之后黑劳士起义中心已经转移到美塞尼亚的伊托姆山区。它最大的可能是在公元前 470 年到公元前 465 年之间发生的，这时，黑劳士起义还集中在拉科尼亚地区，已经具有了一定规模，但斯巴达政府尚可控制，于是出此计策。

综上所述，"第三次美塞尼亚战争"应该发生于公元前 470/69 年。

如果前述观点成立，它面临的最大困难就是波桑尼阿斯明确说"第三次美塞尼亚战争"发生于公元前 465/4 年。笔者认为，波桑尼阿斯的这一观点源自他自身特殊的罗马文化背景。在罗马，人们习惯从国家的角度分析战争，并命名这些战争，如布匿战争、马其顿战争、叙利亚战争，他们在认识古代希腊历史上的历次战争时，也习惯于从国家的视角，如"波斯战争"。罗马时期，美塞尼亚已经独立，罗马人把斯巴达与美塞尼亚之间的这场战争也命名为"美塞尼亚战争"。但其实，这个时期的美塞尼亚并不是独立国家，坚持称它是"美塞尼亚战争"比较牵强，如果说所谓的第一次、第二次美塞尼亚战争

---

① Thuc. I. 130–134.
② Thuc. IV. 80.

因为当时美塞尼亚还没有被完全征服、政治上还处于独立状态,称其为"美塞尼亚战争"可以成立,但此时的美塞尼亚政治上已经不再独立,继续这么称就不合适了。但波桑尼阿斯处在罗马的文化氛围中认识这场战争,他特别指出:"被迫留在美塞尼亚的美塞尼亚人"在第七十九届奥林匹亚德期间举行起义,也就是说,波桑尼阿斯所说的公元前464年以伊托姆山为中心的战争特指斯巴达人与美塞尼亚地区居民之间的战争,也就是"美塞尼亚战争"。特别值得注意的是,波桑尼阿斯并没有说这次战争持续了十年。

其实如果细细推敲修昔底德、狄奥多罗斯的记述,就会觉得波桑尼阿斯的叙述自有其道理。修昔底德说大地震发生之后黑劳士以及庇里阿西人中的图里阿人和埃萨亚人前往伊托姆,脱离拉凯戴蒙。狄奥多罗斯说大地震之后美塞尼亚人和黑劳士进攻斯巴达城失利,于是退守伊托姆山。他们都认为在大地震之后在伊托姆山聚集了一支起义者,聚集在这里的起义者都包括了美塞尼亚人和黑劳士,由于历史的原因,黑劳士与美塞尼亚人有着千丝万缕的联系,修昔底德认为"大多数的黑劳士是古代美塞尼亚人的后裔"、"所有的黑劳士渐渐地被统称为美塞尼亚人"。再者,伊托姆山位于美塞尼亚境内,因此,将在伊托姆山周围发生的战争与美塞尼亚联系起来,称之为"美塞尼亚战争",并确定为公元前465年发生,这种观点自有其合理性。

证明波桑尼阿斯说法的合理性并不意味着修昔底德的"战争持续十年"就不成立。这是因为,修昔底德观念中的"第三次美塞尼亚战争"不同于波桑尼阿斯,它不是斯巴达人与美塞尼亚人两个不同政治地理空间的居民之间的战争,而是不同社会阶层之间的战争,即黑劳士、庇里阿西人和斯巴达人、拉凯戴蒙人之间的战争。他在叙述伊托姆山的起义者时特别解释了黑劳士与美塞尼亚人之间的关系,与波桑尼阿斯强调起义者是美塞尼亚人不同,修昔底德强调他们是黑劳士。这就使得这一战争所具有的地缘因素转变成了社会因素,地缘冲突转变成了阶层冲突。与波桑尼阿斯频繁使用"美塞尼亚人"这个概念不同,修昔底德刻意回避这一范畴,代之以"伊托姆的叛离者""伊托姆的暴动者"。这两个概念显然不是指"美塞尼亚人",而是指"起义的黑劳士、庇里阿西人"。因此,修昔底德心目中的"第三次美塞尼亚战争"实际上是"黑劳士大起义"。

正是因为视角不同,修昔底德和波桑尼阿斯眼中的"第三次美塞尼亚战争"的时间长度也不同。修昔底德与波桑尼阿斯不同,他习惯于从战争发生的原因入手认识战争，将源于相同原因但不在同一时空中发生的战争合为一个战争，如他把公元前431—前421年和公元前415—前404年中间隔了六年之久的两次战争合称为伯罗奔尼撒战争，原因是他认为，这两场战争都是由于雅典和斯巴达之间的矛盾导致的。同样，他把斯巴达境内发生的在时间上前后相连，但却在拉科尼亚和美塞尼亚两个地理空间中发生的战争合为一个战争，依据是它们都是由于黑劳士和斯巴达人之间的矛盾。由于这一历史与修昔底德全书写作的主题关联度不大，于是修昔底德做了简化处理。修昔底德作品中隐藏、遗漏重要历史事件的现象并不鲜见，尤其是在其著作的第一卷，如厄菲厄尔特被刺、提洛同盟金库移至雅典。如果从这个角度进一步思考，修昔底德提到的泰纳鲁斯·波塞冬神庙事件、2000名黑劳士被暗杀事件、起义军退守伊托姆山其实都是同一件事。

综上所述，修昔底德的十年战争与波桑尼阿斯的六年战争（战争始于公元前465年）都有道理，这是基于对战争性质的不同认识而得出的结论。前者认为是黑劳士与斯巴达人之间的反抗剥削与镇压的起义，称之为"黑劳士大起义"比较合适。后者认为是美塞尼亚人要求独立、反抗镇压的解放运动，则称之为"美塞尼亚战争"更加恰当。按照不同的标准，这场战争的开始时间和延续时间确实有所不同。

基于以上认识，"第三次美塞尼亚战争"大致上可以分为两个阶段。第一阶段是拉科尼亚地区的黑劳士起义。其起因是著名军事指挥官波桑尼阿斯利用斯巴达城内的黑劳士密谋发动政变夺取政权，建立自己的个人统治。但事件失败，斯巴达政府对参与波桑尼阿斯事件的黑劳士进行了秋后算账。在这种恐怖统治之下，牵涉其中的黑劳士发动了起义。这时的起义主要集中在斯巴达城内。斯巴达对起义者进行了镇压，最后一批起义者退守到泰纳鲁斯·波塞冬神庙，当初波桑尼阿斯勾结波斯的事件就是在这里查清的。[①] 起义者试图借助宗教习俗挽救自己的生命，但斯巴达政府采用欺骗手段将他们诱出神庙加以杀害。起义转入乡村。起义者在乡村不断扩大自己的实力，甚至修筑城堡。但此时的起义还不足以影响到斯巴达国家政权的稳定，斯巴达也没有邀请盟国协助扑灭起义。公元前465年，斯巴达大地震，拉科尼亚地区的起义黑劳士发起反扑，迅速涌向斯巴达城，起义规模显然超过了以往。但起义军依然没有取得明

---

① Thuc. I. 133.

显优势。这时美塞尼亚境内的居民利用这个机会也发动了暴动。毕竟，美塞尼亚居民与斯巴达政府之间存在矛盾。当斯巴达政府的统治稳固有力时，这种矛盾处于被压制状态，而当地震削弱了斯巴达的实力，斯巴达政府又面临拉科尼亚地区的黑劳士起义冲击时，美塞尼亚地区的居民有了暴动的时机。狄奥多罗斯说地震期间美塞尼亚人也参与了进攻斯巴达城的行动并不准确，这些所谓的"美塞尼亚人"充其量是出身于美塞尼亚地区的黑劳士，不可能是严格意义上的当时还居住在美塞尼亚人，他们不可能在地震第二天就赶到斯巴达城下。

大地震之后黑劳士起义规模超过了以往，更重要的是美塞尼亚地区的黑劳士和庇里阿西人也参与了起义。① 因此，普鲁塔克称此时美塞尼亚人参加了起义。② 斯巴达竭尽全力，扑灭了拉科尼亚地区的起义，战争主战场转移到美塞尼亚境内。在斯巴达的全力镇压下，美塞尼亚境内的图里阿和埃萨亚的庇里阿西人和黑劳士一起退守伊托姆山。起义进入第二阶段，即波桑尼阿斯所说的美塞尼亚战争阶段。

伊托姆山易守难攻，政府军与起义者处于僵持状态。斯巴达政府一时难以取胜，又担心新近被镇压的地区再次爆发起义，不得不向昔日的盟国请求支援。随着国际形势的变化，盟国对斯巴达的态度也发生了变化，尤其是雅典内部有一股强大的反斯巴达力量。当雅典国内的亲斯巴达派代表人物客蒙费尽心机争取到雅典公民的允许，率领大军援助斯巴达时，斯巴达对这支军队产生了莫名的恐惧与怀疑，禁止军队入境。斯巴达的担心不是没有道理。当时雅典国内的反斯巴达领袖厄菲尔特强烈主张雅典拒绝斯巴达的请求，期望借机打击、削弱斯巴达。③ 客蒙又带了一支人数多达4000人的军队④，斯巴达不由得担心，客蒙能否驾驭这支军队？他们会不会受雅典新政府的指挥转向起义者一边？但斯巴达拒绝客蒙的支援恶化了雅典与斯巴达的关系。雅典转而采取了反斯巴达的外交政策，与阿尔戈斯、色萨利成立了反斯巴达同盟⑤，公开地支持起义者。公元前460年，雅典对斯巴达的盟友、北部邻居科林斯发动战争，斯巴达面临着更为巨大的国际压力，不得不调整对起义者的政策，被迫与起义者

---

① Thuc. I. 101.
② Plut. *Cim*, 16.
③ Plut. *Cimon*, 16; Paus. IV. 24. 6.
④ Aristophanes, *Lysistra*, 1137–1144.
⑤ Thuc. I. 102.

签署和约。①"第三次美塞尼亚战争",亦即"黑劳士大起义"结束。

综上所述,"第三次美塞尼亚战争"包括了黑劳士反对斯巴达人剥削和美塞尼亚地区居民反对斯巴达统治两种不同性质的战争,前一种其时间范围是从公元前470年到公元前460年,这种性质的战争可以称为"黑劳士大起义"。后一种性质的战争时间范围则是从公元前465年到公元前460年。这种性质的战争可以称为"第三次美塞尼亚战争"。整个战争以公元前465年为界大致上可以分为两个阶段,第一阶段即拉科尼亚阶段,战争主要发生在拉科尼亚境内,战争的性质主要是黑劳士反对斯巴达的镇压;第二阶段即美塞尼亚阶段,同时兼有美塞尼亚人反对斯巴达统治和黑劳士反对斯巴达人的统治与剥削两种性质。

从长时段来看,斯巴达征服美塞尼亚经过了一个长期的过程,传统观点认为"第一次美塞尼亚战争"完成对土地和人身的征服,"第二次美塞尼亚战争"完成对美塞尼亚人心的征服,这种认识并不正确。实际上,斯巴达直到传统所说的"第二次美塞尼亚战争"之后,公元前7世纪末、公元前6世纪初才完成了领土和人身的征服,而人心的征服在黑劳士制度形成之后只是部分完成,并没有彻底完成。此后,黑劳士和斯巴达人之间的矛盾一直在一定程度上存在,时而紧张,时而缓和。正因为如此,克利奥墨涅斯二世、波桑尼阿斯摄政在内部权力斗争失败之后才利用黑劳士来谋求夺回权位,也才有了"第三次美塞尼亚战争",伯罗奔尼撒战争期间才会发生黑劳士大量逃亡。

---

① Thuc. I. 103.

第 三 章

黑劳士制度的发展与演变

　　黑劳士制度既是一个历史问题也是一个理论问题。作为一个理论问题，国内外学者曾经在社会形态和奴隶制的语境中对其身份和地位展开过认真的研究和热烈的讨论。但至今人们并没有得出一致的结论，人们也因此似乎不再有兴趣去研究此问题。[1] 作为一个史学问题，黑劳士制度长期以来一直被学者们认为是理解古代斯巴达历史的关键，克鲁瓦在其名著《伯罗奔尼撒战争的起源》中说："斯巴达最关键的问题是它作为黑劳士，尤其是美塞尼亚黑劳士的主人这一独特而又危险的身份和地位。"[2] 霍德金森说："黑劳士是斯巴达整个物质生产体系中不可或缺的部分，是斯巴达农业生产的主力军。"[3] 卡特利奇说："从公元前550—前370年，黑劳士制度成为斯巴达领土扩张和政治称雄的社会基础。"[4] 刘易斯称："大量的被作为被征服人口的黑劳士和美塞尼亚人是斯巴达历史的决定因素，它影响到斯巴达社会各个方面。"[5] 但人们在史学视域下研究黑劳士制度时往往忽视了这一制度自身的发展与变化，甚至近年来一直强调斯巴达历史发展的、变化的霍德金森在退休之际发表的最新论文《转型中的斯巴达：斯巴达社会研究新探》中依然有体现。[6] 产生这种现象的原因一

---

[1] 郭小凌：《古代世界的奴隶制和近现代人的诠释》，《世界历史》1999年第6期。

[2] G. E. M. de Ste. Croix, *The Origins of the Peloponnesian War*, London: Duckworth, 1972, pp. 89, 91.

[3] S. Hodkinson, *Property and Wealth in Classical Sparta*, Swansea: The Classical Press of Wales, 2000, p. 113.

[4] P. Cartledge, *Sparta and Lakonia*, pp. 3, 159.

[5] David M. Lewis, *Sparta and Persia*, p. 27.

[6] S. Hodkinson, "Transforming Sparta: New Approaches to the Study of Spartan Society", *Ancient History: Resources for Teachers*, Vol. 41 – 44, Macquarie Ancient History Association, 2015.

是受到传统研究范式的影响，学界关于黑劳士制度的研究都在直接或间接地回答"黑劳士到底是农奴还是奴隶？什么类型的奴隶？"这类理论问题；二是认为斯巴达的历史是静止不变的。正因为如此，人们常常对黑劳士制度产生巨大的困惑，为什么斯巴达人会让自己长期生活在黑劳士的威胁之下，不得不维持持续性的高压统治？[1]为什么黑劳士制度充满了矛盾，吸收同化、物质奖励与威胁恫吓、暴力镇压被杂糅在一起？[2]

笔者认为，黑劳士制度伴随于斯巴达历史的始终，辛格尔认为黑劳士制度在公元前222年的塞勒西亚（Sellasia）战役之后消失了[3]，其实不然。至少在公元前195年，斯巴达还发生过黑劳士密谋逃亡事件[4]，公元前188年，腓勒波蒙攻入斯巴达城，一次就卖出了3000名黑劳士。[5] 在这数百年的时间内，黑劳士制度本身以及斯巴达征服对待黑劳士的政策都在发生变化，将短时段内实施的政策等同于长时段的制度安排，将不同时期的制度设计混为一谈，自然会限制我们对黑劳士制度的认识。因此有必要重新认识黑劳士制度，这不仅有助于全面准确认识这一制度本身，同时也有助于更加全面正确地认识斯巴达的历史。

下文拟从斯巴达整体的历史发展，结合文献所产生的历史时代或其内容所反映的历史时代，围绕黑劳士的身份和地位阐述黑劳士制度的发展和变化过程。

一 黑劳士相关史料的时代性

研究黑劳士地位变化的最大困难在于相关史料的时间性。这个困难具体表

---

[1] P. Carteldge, *Sparta and Lakonia*, p. 177.
[2] H. Kinzl Konrad ed., *A Companion to the Classical Greek World*, Oxford: Blackwell Publishing Ltd., 2006, p. 330.
[3] H. W. Singor, "Spartan Land Lots and Helot Rent", in H. Sancisi – Weerdenberg et al. (eds.), *De Agricultura: In Memoria Pieter Willem de Neeve*, Amsterdam, pp. 47 – 48. S. Hodkinson, *Property and Wealth in Classical Sparta*, pp. 120 – 121. P. Cartledge, *Sparta and Lakonia*, p. 165.
[4] Livy, XXXIV. 27.
[5] Paus. VIII. 51. 3.

现为：第一，史料文本的时间性，即相关史料写作的时间。第二，史料内容的时间性，即史料所反映的历史时代。

从文本写作的时间来看，目前传世的史料主要来自古典时期后期、希腊化时期、罗马时期，古风时期，甚至更早时期的极其稀少。古希腊作家，包括部分罗马作家大多是本人作品，写作时间比较容易确定，但还有部分对黑劳士研究至关重要的史料来自罗马作家对古希腊作家的转录，罗马作家在转录时又没有保留原材料的作者信息，因此，很难确定文本写作的时间。文本所反映的时间更为复杂。古希腊作家中有些属于当时人记当代事，其材料反映的是作者生活时代及其前后的历史状况，也有些包含了对本人生活时代之前斯巴达历史的追溯，可能反映了更早时期的斯巴达的历史。这种情况相对比较简单，复杂的是通过罗马作家转录保留下来的史料。某些罗马作家的转录不仅没有保留作者本人的信息，也没有保留史料反映的历史时代方面的信息。这些问题使得后人在运用史料时非常困难，也必须非常仔细。

基于上述的分析，下文首先对传世的与黑劳士相关的资料所反映的历史时间加以判定。

最早的材料无疑是公元前7世纪斯巴达军旅诗人提尔泰乌斯的作品。提尔泰乌斯在"第二次美塞尼亚战争"期间来到斯巴达，他留下的残诗反映了被征服的美塞尼亚人的经济处境。因此，他的残诗可以反映"第一次美塞尼亚战争"之后被征服的美塞尼亚人和"第二次美塞尼亚战争"之后黑劳士制度正式形成之后黑劳士的经济处境。

希罗多德、修昔底德作为历史学家对其使用材料均进行过一定程度的考证，他们提供的与黑劳士相关的史料具有较高的史料价值。但他们的写作基本特征属于当代人记当代事。尽管希罗多德在叙述斯巴达的制度习俗时认为这些制度自莱库古改革以来就已存在，但莱库古实际上是古典时期斯巴达制度的创始人，就黑劳士，他的叙述所反映的时间最早也只能回溯到古典黑劳士制度正式建立之时。再古老的历史也需要仔细鉴别。修昔底德主要是写当代史，他的史料主要反映了作品所记述历史事件发生时段的历史，但正如下文所要说明的，古典黑劳士制度在其产生之后保持了相对的稳定，因此，也可以将这些资料用来说明古典黑劳士制度的一般情况。

生活在公元前4世纪的柏拉图、亚里士多德、色诺芬、伊索克拉底等人也留下了关于黑劳士的珍贵资料。但他们都不是严格意义的历史学家，他们大多是利用现实之中的事实来阐述自己的政治理想或哲学思想，目前不少学者往往用他们的材料来说明更早历史时期的黑劳士制度，这其实是不对的，如果要使用他们的材料必须进行历史时间的辨析。尤其是亚里士多德，他的《政治学》提供了黑劳士地位的珍贵史料，他在写作《政治学》的时候也进行过大量的社会调查，但具体到黑劳士问题则是在对比克里特、迦太基、斯巴达政治制度时说及的，这种对比主要是对现实中的制度进行对比，因此，他的叙述其实反映的是他所生活的那个时代的情形。

希腊化时期希腊作家的资料是研究黑劳士的重要材料，但这些材料主要通过罗马作家的转录得以保留，因此我们将其置于罗马时期材料中一并分析。

罗马作家的记述分为三种，部分早期作家如波利比乌斯、李维、西塞罗等对同时期的斯巴达黑劳士有记述，其材料应当反映了希腊化晚期即被罗马征服之后黑劳士的状况，这部分材料可以作为一手材料。第二部分是狄奥多罗斯、波桑尼阿斯、斯特拉波、雅典尼乌斯、普鲁塔克等人对希腊作家的转录。由于古代希腊罗马书写材料不易保存，印刷业也不发达，因此，他们主要借用了距离他们生活时代相对较近的希腊化时期的作品进行写作。这些作家的转录又分为两种情况：一是明确提到了"原始材料"的作者，比如提尔泰乌斯、安提库斯（叙拉古史学家，辉煌于公元前423年）、克里提亚斯（公元前460—前403年，雅典三十僭主之一）、伊弗鲁斯（小亚细亚库麦人，大约生活在公元前400—前330年）、色奥彭普斯（开俄斯人，和伊弗鲁斯都是伊索克拉底的学生）、卡利斯特尼斯（奥林托斯人，公元前360—前328年）、狄卡伊阿库斯（西西里人，公元前350—前285年）、赫拉克利德斯（本都人，公元前390—约前310年）、米隆（普瑞涅人，生活在公元前3世纪）、卡利斯特拉托斯（亚历山大里亚人，公元前2世纪），还有雷阿鲁斯（克里特人）、索斯比乌斯等。这些作家经过后人的研究基本确定了他们的出生地或主要生活地，以及他们生活的时间。凭借这些基本信息以及材料本身所包含的时间信息我们可以大致上确定史料反映的历史时代。

二是没有提供作者和转引材料反映的历史时代方面的信息。这方面尤以普鲁塔克为代表的。普鲁塔克是斯巴达研究重要的史料提供者，他在写作时阅读、借用了许多希腊文献，但不少材料没有提供时间信息。其他一些作家，如波桑尼阿斯借用了古希腊作家的材料进行写作，他们也没有提供原作者和史料所反映的时间方面的信息。雅典尼乌斯虽然提供了原始材料创作者的信息，但大多属于笔记、摘录形式，没有提供史料反映的历史时代的相关信息。这就需要我们仔细鉴别"史料所反映的时间"。

笔者认为，这些材料"所反映的历史时间"更可能是晚期黑劳士的处境。因为：其一，这些材料往往来自希腊化时期的作家和罗马作家转录的不知名作家，如前所述，这些不知名作家很可能还是属于希腊化时期的作家。文人写作更易受他所处时代的影响，在古代希腊即使是史学家写作也多是"当代人写当代事"。在不能确定材料反映的历史时间的情况下，将其确定在作者生活的时间更为稳妥。其二，从史料的内容上看，这些材料大多与黑劳士的身份、处境、地位有关，而且倾向都一致，认为黑劳士的处境恶劣、地位低下。这种描述与早期作家的记述明显不同。早期作家所反映的黑劳士的社会地位往往相对较好，比如提尔泰乌斯所说的分成制地租、希罗多德所反映的黑劳士从事的社会活动、修昔底德记述的黑劳士的经济状况和政治处境等都与一般人印象中的"极端悲惨"的状况相距甚远。从希腊和斯巴达历史发展过程来看，在古典晚期和希腊化时期，希腊经过长期的战争，社会的贫富分化更加严重，社会底层的生活更为悲惨。黑劳士属于斯巴达社会的下层，他们没有政治权利，不受法律保护，在社会贫富分化日益加剧的背景下，其处境也不断恶化，地位也更为悲惨。这种状况更容易反映在同时期作家的作品中。

下文对史料的使用正是基于上述原则。

二　斯巴达征服美塞尼亚之前的黑劳士社会地位

之所以将"斯巴达征服之前的黑劳士"作为一个相对独立的部分加以思考，是因为传世材料显示这一时期的黑劳士与征服之后的黑劳士存在明显的差异。一般认为，黑劳士制度在"第二次美塞尼亚战争"之后成为斯巴达社会的基本制度。然而，根据古典作家的记载，黑劳士在斯巴达征服美塞尼亚之前就已经产生，即在斯巴达领土还局限在拉科尼亚地区的时候就已产生。但此时的黑劳士产生的路径不同，其社会地位也不同。

传世材料显示这一时期的黑劳士产生大致上有两种路径：一种来自公元前5世纪的叙拉古作家安提库斯的叙述。他说，那些没有参加"第一次美塞尼亚战争"的斯巴达人被罚为奴隶，称为黑劳士。① 按照古希腊流行的血统论，黑劳士的子女也是黑劳士，因此，这些人的子女也是黑劳士。这实际是黑劳士产生于多利亚人社会分化观点的源头。② 另一路径来自伊弗鲁斯。他说：赫拉克利特的后裔占领了拉科尼亚一段时间之后，曾采取政策剥夺被征服的土著居民的权益，赫罗斯城的居民举行起义。但他们最后被征服了③，学界则普遍认为失败后的赫罗斯居民成为黑劳士。这里伊弗鲁斯提出了一个为当今学者广泛接受的黑劳士产生路径——征服。其实，剥削被征服地区居民是古代希腊的常见现象，早期的黑劳士并不是斯巴达特有的。古典作家常常基于"被征服"这一共同点把黑劳士与克里特的庇里阿西人（periokoi）、色萨利的佩涅斯泰（penesitai）和赫拉克利亚的马利翁迪里昂（Mariandyrians）等相提并论。④

这两种产生路径揭示早期的黑劳士群体实际上是由征服者多利亚人（或斯巴达人）和被征服的当地居民共同构成的。征服和种族两个因素共同形塑了早期的黑劳士制度，但它们造成的黑劳士群体的内部结构如征服者和被征服者、多利亚人和土著居民之间的人数比例等，不得而知。由于早期的斯巴达统治区域局限在拉科尼亚地区，估计两者之间的差异不会过于明显。

上述材料还揭示黑劳士产生的时间可能很早。尽管安提库斯说的时间发生在"第一次美塞尼亚战争"期间，此时斯巴达已经征服了拉科尼亚，但他所说的产生路径的实质是斯巴达人的贫困化和政治权利的沦落，这种现象很可能在这之前就已经发生了，因为征服美塞尼亚本身就是在斯巴达社会内部产生贫富分化、社会矛盾激化的背景下发生的。伊弗鲁斯所说的时间可以一直追溯到斯巴达征服拉科尼亚。

根据传世材料，这一时期黑劳士的社会地位也比较独特。安提库斯虽然没有直接说这时期黑劳士的社会地位，但我们可以通过后世与上述两类人员身份相似的人的社会地位大致推知。安提库斯将失去公民权的斯巴达人的后代称之为"处女之子"（Partheniae）。公元前4世纪作家色诺芬记述了一类与"处女

---

① Strabo, VI. 3. 2.
② Pavel Oliva, *Sparta and Her Social Problem*, Prague: Academia, 1971, p. 41.
③ Strab. VIII. 5. 4.
④ Athen. 264a, e. Hans Van Wees, "Conquerors and Serfs", in N. Luraqhi & S. E. Alcock, *Helots and Their Master in Laconia and Messenia: Histories, Ideologies, Structure*, Cambridge, Mass. Center for Hellenic Studies, 2003, p. 38. 赫拉克利亚是位于黑海南岸的希腊殖民地。

之子"的相似社会成员,即"诺托伊",他们都是经由不合法婚姻而生,具有一半的斯巴达人血统,公元前4世纪斯巴达的诺托伊可以从军打仗。另一位希腊作家费拉库斯记载了另一类沦落的斯巴达人——蒙塔库斯,其中的代表人物有莱山德、吉利普斯,这两人都曾经担任斯巴达的海军统帅,莱山德的权威一度可以操纵国王继承。因此,尽管安提库斯称这些沦落的斯巴达人为奴隶,但实际上,他们不是奴隶,他们属于下等公民,是拉凯戴蒙人的组成部分。① 安提库斯所揭示的早期的黑劳士的社会地位显然高于他所处时代的黑劳士。伊弗鲁斯也强调了早期黑劳士与后期黑劳士的差别。他特别指出两者不是一回事,"赫罗斯居民"写作 Heleats（ἐλεᾶται）,而"黑劳士"写作 Helots（εἵλωτες）,前者拥有与斯巴达人平等的权利,后者则是奴隶。②

伊弗鲁斯的材料还揭示了早期黑劳士阶层社会地位的下降和分化。伊弗鲁斯将早期被征服的土著居民称作黑劳士,他说,后来斯巴达政府要求纳税,其他居民都接受了,这些人用后来的斯巴达分层状况对照,可能成为庇里阿西人,他们保有了部分政治权利。但赫罗斯居民拒绝纳税,掀起起义。起义最后失败③,斯巴达政府与赫罗斯居民签署和约,规定:赫罗斯居民放弃反抗,接受斯巴达政府的管辖,他们的主人"既不能释放（他们）,也不能（将其）卖到界外",也不能将其处死。赫罗斯居民的这种结局与阿克马库斯（Archemachus）所说的色萨利的佩涅斯泰相似。④ 但是,与战前相比,失败后的赫罗斯居民不仅需要纳税,而且失去了大部分政治权利。与伊弗鲁斯处于同一时期的色奥彭普斯直接将起义失败之后的赫罗斯居民定义为黑劳士,作为黑劳士的起源。公元前1世纪的罗马作家波桑尼阿斯基本延续了色奥彭普斯的观点。⑤

之所以产生这种差别在于他们都是处于自己的时代来认识黑劳士。古代希腊人认识黑劳士大致有两个维度:一是起源;二是法律地位。安提库斯和伊弗鲁斯主要是从起源的角度来认识,前者从多利亚人的分化,后者从多利亚人的征服,然后探索其社会地位。色奥彭普斯、亚里士多德等人则主要从社会地位

---

① Jonathan M. Hall, "Sparta Lakedaimon and the Nature of Periokic of Dependency", in *Further Studies in the Ancient Greek Polis*, p. 80.

② Athen. 272a.

③ 伊弗鲁斯将镇压赫罗斯起义称作"反黑劳士战争"。——笔者注

④ Athen. 264b.

⑤ Pau. III. 2. 7.

方面认识，然后根据特定的社会地位追溯其发展。

笔者认为，全面认识黑劳士制度应该从长时段的视角切入，先确定社会地位再回溯其产生会使得黑劳士制度局限于有限的历史时段，不利于全面认识。从古典时期的黑劳士的组成来看，黑劳士的组成主要是由贫困化的公民和被征服的居民组成，回溯这两部分成员的起源确实可以追溯到斯巴达建国初期。

尽管在"第二次美塞尼亚战争"之后，黑劳士制度才真正建立起来，但在这之前，具有古典特征的黑劳士制度已经在赫罗斯地区局部实施，但从整体看，这一局部的状况没有能左右这一时期黑劳士制度的基本特征。总体来看，早期黑劳士的社会地位相对较高。这样的起点奠定了黑劳士制度在此后很长一段时间的基本特征。

三 征服美塞尼亚至"第三次美塞尼亚战争"黑劳士的社会地位

这一历史时段在斯巴达历史上本不属于特别重要的历史时间单元，但在黑劳士制度发展史上，却具有特殊的意义。斯巴达彻底征服美塞尼亚之后，将"赫罗斯模式"推广到美塞尼亚地区，作为斯巴达社会基本制度的黑劳士制度正式建立。[①] 此后，黑劳士的组成主要是被征服的美塞尼亚地区居民，从种族组成来看，多利亚人在征服拉科尼亚的同时也征服了美塞尼亚地区，当地居民同样由多利亚人和土著居民组成，但美塞尼亚地区在被征服之后，这里的居民不分多利亚人和土著居民都被打上"被征服者"的印记，"被征服者"成为黑劳士社会地位的基石。与此相应地，美塞尼亚人成为黑劳士的主要组成部分，也成为黑劳士的代名词。[②]

从现有史料看，在这期间黑劳士的社会地位基本保持不变，当然，如下文即将揭示的，在"第三次美塞尼亚战争"之后，黑劳士的地位有所下降，但总体看，这种下降主要表现为黑劳士与斯巴达人阶层之间的关系紧张，斯巴达政府对黑劳士的防范加强，黑劳士社会地位的基本面没有实质性的变化，真正

---

① 刘家和：《论黑劳士制度》，见刘家和《古代中国与世界》，武汉出版社1995年版，第92页。
② Thuc. I. 101.

地位下降的是黑劳士群体中的部分成员。黑劳士地位的普遍下降应该是从公元前4世纪初开始。这个时期的主要时段是古典时期，因此笔者称之为"古典黑劳士制度"。

经济地位是一个人、一个社会阶层社会地位的基础。这一时期黑劳士的经济地位主要有三个基本特征：第一，黑劳士主要从事农业生产，与土地之间的关系比较紧密。斯巴达在征服美塞尼亚之后实施了大规模的土地分配[①]，黑劳士与土地一起被分封给斯巴达人个人，这些份地成为斯巴达人的份地，斯巴达政府禁止斯巴达人买卖土地[②]，这使得斯巴达的土地流转比较缓慢。斯巴达实行析产继承，儿子、女儿可以以遗产或嫁妆的形式获得土地，但当土地以这种形式流转时，黑劳士随土地一起流转，这样，黑劳士与土地之间的联系进一步固化，不因为土地主人的改变而离开原先耕种的土地。古代斯巴达实行职业世袭制度，斯巴达人被禁止学习和从事只适合下等人从事的工作，包括各种生产性劳动。[③] 工商业主要交给庇里阿西人，农业生产则主要由黑劳士承担。[④] 普鲁塔克称斯巴达自莱库古改革以来，黑劳士就一直为斯巴达人耕种土地[⑤]，罗马作家奈波斯说：斯巴达的黑劳士阶层，人数很多，他们耕种拉凯戴蒙人的土地[⑥]，李维也说：黑劳士自古以来就是居住在乡村的乡下人。[⑦]

第二，他们实行分成制地租。提尔泰乌斯在描述被征服的美塞尼亚人时说：如驴一般背负沉重的负担，向主人缴纳生活必需品，相当于其土地产出总量的一半。[⑧] 罗马时期的作家延续了这一说法，波桑尼阿斯称：他们（实即黑劳士。——笔者注）不承担固定赋税，但必须把土地出产的一半交给斯巴达。[⑨] 普鲁塔克称：黑劳士为其主人耕种土地，缴纳赋税（apophora），其数量早已制定。[⑩] 埃里安称：斯巴达征服美塞尼亚之后，他们控制了美塞尼亚所有

---

① 参见王敦书《斯巴达早期土地制度考》，《贻书堂史集》，中华书局2003年版。
② 拙文《古代斯巴达的土地占有稳定性研究》，《史学集刊》2009年第3期。
③ Plut. *Mor.* 239d.
④ [法] G. 格洛兹：《古希腊的劳作》，解光云译，上海人民出版社2010年版，第85—86页。
⑤ Plut. *Mor.* 239d-e.
⑥ [古罗马] 奈波斯：《外族名将传》，刘君玲等译，上海人民出版社2005年版，第59—60页。
⑦ Livy, *Livy*, XXXV. 27. 9.
⑧ Paus. IV. 14，4-5.
⑨ Paus. IV. 14. 4.
⑩ Plutarch, *Mor.* 239e.

财富的一半。① 有学者认为提尔泰乌斯的作品是文学作品，不具有历史可信度。其实"五五分成"可能是古代希腊对被征服地区和被征服居民常用的经济剥夺形式。《荷马史诗》中两次说到将战利品分成两半，加以瓜分。② 因此，这种"五五分成"的分成制税收还是比较可信的。分成制相对于定额制更有利于纳税人，因为在歉收之年纳税人可以少缴税，减轻负担。③ 而为了减轻歉收之年的负担，一般来说纳税人宁愿在丰收之年多缴一点税。

第三，黑劳士有私有财富。据修昔底德记载，在皮罗斯战役中，被困的斯巴达军队食物匮乏，斯巴达悬重赏，对黑劳士允诺，任何人只要能够把食物运到岛上，就可以得到自由。很多人都愿意冒险从事此项工作，尤其是黑劳士，他们夜间驾船只从伯罗奔尼撒各个地点渡海，开到岛屿朝向大海一边的岸上。黑劳士预先将偷运食物的船只估价定值……还有部分人拖着装有蜂蜜和亚麻仁粉的混合食物的口袋，游泳或潜水来到岛上。④ 这里的船只和食物应该都是黑劳士的私有物品，否则，他们就不必要将船只估价了。直到公元前3世纪，黑劳士都可以拥有一定的私有财富，克利奥墨涅斯（公元前228—前219年）改革时为了筹集资金，允许黑劳士用5明那的钱赎买自由，短时间内就筹集了500塔兰特⑤，约6000名黑劳士因此获得自由。⑥ 可见，黑劳士不仅拥有一定的私有财产，而且比较普遍。

政治地位是一个社会阶层社会地位的重要标志。这一时期黑劳士的政治地位肇始于被镇压的赫罗斯居民。关于"被镇压的黑劳士居民"的政治地位，伊弗鲁斯称，赫罗斯居民被罚为奴隶，但有一个明确的保留条件，他们的主人既不能释放他们，也不能把他们卖到界外。⑦ 斯巴达在"第二次美塞尼亚战争"结束之后基本上延续了这一政策，据波桑尼阿斯记载，"第二次美塞尼亚战争"的结局是：部分与希昔翁、阿尔戈斯和雅典有关系的美塞尼亚人迁到这些城邦投亲靠友去了，剩下的则被迫立誓永不暴动，不寻求革命，他们也不

---

① Ael. *VH*. VI. 1.

② *Ild*. XVIII. 509 – 512；XXII. 114 – 121.

③ S. Hodkinson, *Property and Wealth in Classical Sparta*, pp. 129 – 130.

④ Thuc. 4. 26.

⑤ 1 塔兰特约60 明那。

⑥ Plut. *Cleo*. 23.

⑦ Strab. VIII. 5. 4.

承担固定地租，但必须把土地出产的一半交给斯巴达。① 这两则材料勾画了"古典黑劳士制度"下黑劳士的基本政治地位。他们必须接受斯巴达征服和斯巴达人的统治与剥削，无论什么情况都不能反抗。但其主人不能随意处置他们。为了进一步弄清黑劳士的政治地位，现代学者多次讨论"不能卖到界外"这句话的含义，特别是"界"的准确含义。芬利认为这里的界是指"国界"，在斯巴达国内，买卖黑劳士的行为依然存在②，但麦克唐维尔认为这个边界指的是私人地界③，即私人不能随便买卖黑劳士。其实无论是国界还是私界，这种"禁止"都反映了斯巴达国家对黑劳士某种程度上的直接管辖。因此，罗马作家斯特拉波在转述伊弗鲁斯的记述之后说黑劳士属于国家奴隶。④ 克鲁伊阿和卡特利奇也认为黑劳士属于国家奴隶。⑤ 霍德金森分析斯特拉波对伊弗鲁斯文献的转引情况，认为斯特拉波在此处所说的"拉凯戴蒙人把黑劳士作为国家奴隶，指定他们住在特定的地区，并完成特定的任务"是斯特拉波自己研究的结果。⑥ 尽管这确实是斯特拉波自己的研究结果，但大致上也能反映此时黑劳士的政治地位。

学界有一种观点认为，斯巴达在分配土地之后，黑劳士也随着土地分给了各个斯巴达家庭，因此，也成为斯巴达人的私有奴隶。并由此对后来斯巴达释放黑劳士、斯巴达的秘密警察制度产生怀疑。他们认为，秘密警察任意屠杀黑劳士会危及斯巴达人的权益，定会遭到斯巴达人的集体反对。笔者认为，古典时期黑劳士制度下，黑劳士尽管与土地关系紧密，但并不属于土地主人，这与私有奴隶不同，也与中世纪的农奴不同，黑劳士实际上处于斯巴达政府的控制之下。从这个角度来说，斯巴达政府具有处置黑劳士的一切权利，是真正的主人，形式上的主人即份地主人——斯巴达人其实没有权力处置黑劳士。因此，斯巴达政府可以"随意"处死黑劳士，也可以释放黑劳士。

古典黑劳士的政治地位还有一个争论不休的问题：黑劳士是不是奴隶？笔

---

① Paus. IV. 14. 4.

② S. Hodkinson, *Property and Wealth in Classical Sparta*, p. 118.

③ Douglas W. Macdowell, *Spartan Law*, Edinburgh: Scottish Academic Press, 1986, p. 35.

④ Strabo, VIII. 5. 4.

⑤ De Ste Croix, *The Class Struggle in the Ancient Greek World*, pp. 149 – 150; P. Carteldge, "Serfdom in Classical Greece", in *Slavery and Other Forms of Unfree Labour*, L. Arch ed., p. 39.

⑥ S. Hodkinson, *Property and Wealth in Classical Sparta*, p. 117.

者认为不完全是。古典作家特别是希罗多德、修昔底德往往对黑劳士和奴隶区别对待。修昔底德在述及"第三次美塞尼亚战争"的结局时说：伊托姆的暴动者经过 10 年的抗战，再也坚持不下去了，于是就向拉凯戴蒙人投降。条件是在保障生命安全的条件下，他们撤离伯罗奔尼撒，并且永不踏入这片土地。如果以后有人再来，任何人发现并抓住他，都可以把他作为奴隶。① 在这里奴隶是作为将来黑劳士再被抓住的惩罚项目，这表明在修昔底德看来，黑劳士的地位高于奴隶。修昔底德在叙述波桑尼阿斯被捕时指出他曾经联络黑劳士，试图造反，但直接导致波桑尼阿斯被捕的则是他的男奴（diakonos）阿吉鲁斯的告密。② 这里如果阿吉鲁斯是黑劳士，修昔底德似乎不会将黑劳士与奴隶混淆起来。更早的证据如：公元前 550 年至公元前 515 年在位的斯巴达国王阿里斯通的第二任妻子生育时，阿里斯通恰好不在家，生子的消息则由一位男奴（oiketes）通知阿尔斯通。③ "第二次美塞尼亚战争"期间，斯巴达将领尤菲埃（Euphaes）率军进攻起义者，进攻时他们"严厉谴责美塞尼亚人，称美塞尼亚人是他们的奴隶，甚至不如黑劳士那么自由"④。这表明古代希腊就有人认为黑劳士曾经拥有一定的自由。亚里士多德曾经将克里特与拉凯戴蒙的制度进行比较，认为黑劳士相当于克里特岛上的庇里阿西人，但前者时常起义，而后者则比较稳定。⑤ 显然，亚里士多德认为，斯巴达的黑劳士与克里特的庇里阿西人的本质是一致的，只是到了他生活时代，由于斯巴达的政策失误，导致黑劳士时常起义。亚里士多德这样的描述揭示了黑劳士曾经有一段历史时期不同于奴隶。卡利斯特拉托斯则称赫拉克利亚人为了减少"奴隶"一词中的"痛苦"感，称"依附民"为"马利翁迪里昂"，即"赋税提供者"（Tribute-bearers），就像斯巴达称呼"黑劳士"，色萨利人称呼"佩涅斯泰"（Penestae），克里特人称呼"克拉洛泰"⑥。显然，在卡利斯特拉托斯看来，马利翁迪里昂、佩涅斯泰、克拉洛泰、黑劳士都不同于奴隶。这些证据都表明，斯巴达黑劳士曾经不同于奴隶。

---

① Thuc. I. 103.
② Thuc. I. 132.
③ Hdt. VI. 61, 63.
④ Paus. IV. 8. 2.
⑤ Aris. *Pol.* 1271b41, 1272b19.
⑥ Athen. 263e – 264a.

事实上，古风时期，斯巴达人与黑劳士之间的关系相对比较协调。早在"第二次美塞尼亚战争"初期，斯巴达为弥补军队损失曾经吸收黑劳士补充军队。① 公元前5世纪初，克利奥墨涅斯进攻阿尔戈斯的远征军中也有黑劳士。② 黑劳士曾经参加过温泉关战役、普拉提亚战役，在后一场战役中，七倍于斯巴达人、总数达3.5万人的黑劳士战士参加了战斗③，战后斯巴达国家将牺牲的黑劳士像斯巴达人一样被集体埋葬。④ 如果黑劳士与斯巴达人处于对立之中，那么斯巴达人不可能不担心黑劳士大量聚集带来的威胁。从"第二次美塞尼亚战争"到公元前470年黑劳士起义，将近150年的时间中，没有发生过大规模的黑劳士起义。⑤ 可见，在这段时期，斯巴达人与黑劳士之间的关系相对比较和谐，也说明此时黑劳士的社会地位相对较高。

关于黑劳士的身份或阶级属性，我国学者曾经在马克思主义的社会形态理论的框架中做过很多研究，在1949年以后史学研究中主流意见认为他们属于奴隶，但他们不同于雅典的物化奴隶、私有奴隶，而是国有奴隶、授产奴隶。笔者欣赏部分学者提出的"农奴说"⑥。正如学者们已经指出的，恩格斯在《家庭私有制和国家的起源》中明确指出，黑劳士处于农奴的地位。部分学者之所以认定黑劳士只能属于奴隶，根本原因在于他们认为当时这个世界历史属于奴隶制社会时期，不可能在斯巴达产生农奴⑦，其实恩格斯明确说农奴制不是中世纪特有的，在征服者迫使当地居民为其耕种的地方到处都有，他还说色萨利的佩涅斯泰也属于农奴。马克思也说：现代家族在胚胎时期就不仅含有奴隶制，而且也含有农奴制。其实，古代世界的被征服者既可以成为奴隶，也可以成为农奴，主要看他们实际的经济地位。如果他们在奴隶主的私有土地或奴隶主国家的国有土地上劳动，没有自己的独立经济和政治权利，那就是奴隶。但如前面我们指出的，黑劳士不是奴隶，他有自己的家庭，有自己的私有财

---

① Paus. IV. 16. 6.
② Hdt. VI. 80, 81.
③ Hdt. IX. 28, 29.
④ Hdt. IX. 85.
⑤ G. L. Cakwell, "The Decline of Sparta", CQ, Vol. 33, No. 2 (1983), p. 390.
⑥ 周怡天：《关于黑劳士的阶级属性与农奴制的历史始源问题》，《史学理论研究》1999年第2期。王育成：《马列主义经典作家认为黑劳士的地位是农奴》，《社会科学战线》1987年第1期。
⑦ 胡庆钧：《奴隶与农奴纠葛的由来与发展》，《世界历史》1995年第5期。

产。还有学者指出，黑劳士不仅没有自己的独立经济，而且受到了斯巴达国家的奴隶般的残暴统治。① 然而，正如文章指出的，黑劳士受到的残暴统治的证据属于晚期黑劳士，不适用于早期。

黑劳士承担的其他义务是认识黑劳士社会地位的重要参考。提尔泰乌斯提到黑劳士的一项特殊的义务：不管什么时候，一旦主人去世，这些被征服的美塞尼亚人都要去参加葬礼，表示哀悼。② 希罗多德也有类似的记载，他说，一旦斯巴达国王去世，一定数量的黑劳士要和斯巴达人和庇里阿西人一起，参加国王的葬礼，他们要使劲拍打自己的前额，尽情号哭，表示哀悼。③ 波桑尼阿斯似乎融合了提尔泰乌斯和希罗多德的说法，称美塞尼亚人必须和他的妻子一起，身穿黑衣，参加国王和其他人的葬礼，否则将受到惩罚。④

黑劳士还有从军打仗的义务。古代希腊，从军打仗既是社会成员的负担，也是权益，对公民来说，只有履行从军打仗的义务才可以享有公民权，否则就会被剥夺公民权。斯巴达的黑劳士显然具有从军打仗的义务。具体的案例可见普罗提亚战役。是役，斯巴达派出了 35000 名黑劳士，但他们并不是在第一天随"主人"出征的，而是第二天由斯巴达政府组织，与庇里阿西人一起奔赴战场的。从军打仗的黑劳士有可能获得奖赏。公元前 395 年，底比斯使节在雅典发表演讲，称斯巴达竟然委派黑劳士做海外领地的总督。⑤ 这些黑劳士当然不会是在家种地的普通黑劳士，而是在战场上立功，取得一定军事经验的人，否则他们无法履行职责。有学者宣称"随主人出征打仗"是黑劳士的义务，事实上，这样的情况我们在史料中很少看到，能看到的主要是由国家出面征调、组织的，除了前述参加普罗提亚战役的黑劳士之外，又如公元前 424 年参加伯拉西达北伐的黑劳士⑥、公元前 413 年参加远征西西里的黑劳士⑦、公元前 370 年抵抗底比斯入侵的黑劳士⑧。

---

① 刘先春：《试论希洛人的阶级属性》，《齐鲁学刊》1992 年第 3 期。
② Tyrteus, *Fr.* 7.
③ Hdt. VI. 58.
④ Paus. IV. 14. 4.
⑤ Xen. *Hell*. III. 5. 12.
⑥ Thuc. IV. 80；V. 34.
⑦ Thuc. VII. 19，58.
⑧ Xen. *Hell*. VI. 5. 29.

黑劳士可以娶妻生子、组建家庭。修昔底德说，在"第三次美塞尼亚战争"结束时，斯巴达与起义者达成协议，起义者可以携带妻子、孩子一起离开斯巴达。① 黑劳士的这一权益表明黑劳士不同于雅典的物化奴隶，也不同于罗马的私有奴隶，后两种类型的奴隶在法律上都没有组建家庭的权利。

总体来看，自美塞尼亚被征服至美塞尼亚独立，黑劳士的组成主要是被征服的美塞尼亚居民，黑劳士的社会地位总体来看，不同于奴隶，高于奴隶，更类似于农奴。公元2世纪的罗马作家普鲁克斯说：黑劳士既不是奴隶也不是自由民，它处于"奴隶和自由民之间"②。近代著名古典学家芬利也认为尽管古希腊的不少作家认为黑劳士属于奴隶，但它与雅典的物化奴隶还是有明显的区别，他们不自由，但也不是斯巴达人的私有财产。③ 古典作家称黑劳士是奴隶，主要是因为古代希腊对奴隶的认识还比较肤浅，他们习惯性地将被征服的人统称为奴隶，没有从政治、经济、社会等层次对奴隶阶层进行细分，还没有产生农奴这个概念。④

不过值得注意的是，古典时期黑劳士的处境开始恶化。这个问题涉及对黑劳士制度的整体认识，有必要加以单独讨论。

四 "第三次美塞尼亚战争"至公元前 4 世纪初黑劳士处境的恶化

本处所说"公元前4世纪初"指的是伯罗奔尼撒战争结束至公元前370年美塞尼亚独立这一时段。

"第三次美塞尼亚战争"之后，斯巴达国内出现巨大社会危机，黑劳士与斯巴达人和斯巴达政府的关系急剧恶化。先是，斯巴达名将、希波战争的功臣波桑尼阿斯联系黑劳士密谋暴动，斯巴达政府逮捕波桑尼阿斯，牵连卷入事件的黑劳士，并强行拘捕躲在波塞冬神庙内的黑劳士，导致黑劳士起义。⑤ 公元前

---

① Thuc. I. 103.
② Pollux, III. 83. 转引自 Michael Whitby ed., *Sparta*, New York：Routledgo, 2002, p. 180。
③ M. I. Finley, *The Ancient Economy*, 2nd edn. London：University of California Press, 1993, p. 63.
④ G. E. M. de Ste. Croix, *The Origins of the Peloponnesian War*, p. 90.
⑤ Thuc. I. 132, 128.

465年，斯巴达发生大地震，地震给斯巴达造成巨大的破坏，随后，黑劳士利用斯巴达突如其来的困境发动更大规模的起义，起义持续了十年。① 这是黑劳士地位下降的第一个信号。公元前460年，所谓的第一次伯罗奔尼撒战争爆发，雅典与斯巴达的关系开始恶化，公元前431年，伯罗奔尼撒战争正式爆发，雅典与斯巴达展开了持续27年的战争。战争期间，雅典利用黑劳士阶层制造斯巴达社会内部动荡，② 进一步加剧了黑劳士与斯巴达政府的紧张关系，促使斯巴达加强了对黑劳士的防范和控制。在这个过程中，黑劳士的社会地位开始恶化。

斯巴达政府开始采用近乎恐怖主义的手段加强对黑劳士的控制。修昔底德曾经记录斯巴达采用卑劣手段，发表公告，谎称授予自由，要求黑劳士从他们自己中间推选那些自己认为在战争中表现最突出的人，最后将选出的2000人全部秘密杀害。③ 2000名黑劳士未经审判、无缘无故死亡，这表明，黑劳士的地位已经大为下降。当然，这并不意味着黑劳士阶层在制度层面上整体地位的下降，公元前425年，皮罗斯战役中，还有黑劳士与斯巴达人一起驻守斯法克特利亚岛。④

但在皮罗斯战役失败之后，斯巴达对黑劳士的政策随之发生巨大变化。修昔底德对此有详细的记载，他说在雅典占领皮罗斯之后，黑劳士开始逃亡，斯巴达非常害怕国内发生革命性的暴动⑤，采取的大多数政策是以防范黑劳士为基础，其中包括假意释放奴隶，让其参军，实际是"借刀杀人"⑥。公元前424年、前422年，雅典先后占据斯巴达西塞拉岛及对岸的部分领土，引诱黑劳士逃亡，这进一步加剧了斯巴达的担忧⑦，相应地，斯巴达也进一步加强了对黑劳士的防范，甚至不把主要军队用于抗击雅典，而是将其布置在国内各地，防止黑劳士发动暴动⑧，坐视雅典在沿海地区进行破坏⑨。公元前421年《尼西阿斯和约》签订之后，雅典退出了皮罗斯和西塞拉，但公元前413年，再次占领西塞拉岛，

---

① Thuc. I. 101, 103.
② Thuc. IV. 41, V. 14, VII. 26.
③ Thuc. IV. 80.
④ Thuc. IV. 8.
⑤ Thuc. IV. 41.
⑥ Thuc. IV. 80.
⑦ Thuc. V. 14.
⑧ Thuc. IV. 55.
⑨ Thuc. IV. 56.

继续引诱黑劳士逃亡。① 那种严厉的防范政策势必再次复活。

而公元前5世纪末，雅典"三十僭主"之一克里提亚斯、色诺芬以及普鲁塔克所说的斯巴达对黑劳士采取的各种独特措施，也正是这种严格防范政策的组成部分。克里提亚斯说："由于互相不信任，斯巴达人卸掉黑劳士盾牌的把手，只有到了战争时，因为要迅速使用这些盾牌才安装上把手。他们出门总要带着枪矛，以防仅靠盾牌无法打退暴动的黑劳士。他们还设计了坚固的门闩以抵挡黑劳士的任何进攻。"②

黑劳士的经济状况在大起义之后也有所变化。霍德金森认为，没有可靠的证据说明黑劳士的经济状况曾经发生过重大的变化。③ 尽管如此，我们认为普鲁塔克在《莱库古传》中提到的另一种税制形式——定额地租值得重视。普鲁塔克说每份土地每年足可以为每个男子生产70麦迪姆诺斯，为他的妻子生产12麦迪姆诺斯大麦，还有相应数量的酒和油。④ 这其实是份地上的黑劳士每年必须向斯巴达人缴纳的租税数量，斯巴达人再将其中的部分交给各自所属的"公共食堂"。普鲁塔克的材料可能来自亚里士多德的学生狄卡伊阿库斯⑤，因此，这种定额地租最晚产生于公元前4世纪，但最早产生的时间难以确定。普鲁塔克称这项制度是莱库古在改革时确定的，但缺少足够的材料佐证。

笔者认为，斯巴达税制的这种变化发生在"第三次美塞尼亚战争"之后。首先，它不可能产生于公元前4世纪，因为这时期斯巴达土地集中严重，份地制已经遭到破坏，而普鲁塔克所说定额地租的前提是份地制的存在。其次，古风时期无须实施此种税制，因为当时斯巴达社会治理比较有序，黑劳士与土地的结合比较稳定，分成税制既可保证斯巴达人的收入，又照顾到耕种者的利益。分成税制尽管在丰收年份耕种者需要多纳税，但在歉收年份同样可以少纳税，因此更易为耕种者接受。但对斯巴达人来说需要份地上的耕种者群体相对稳定。"第三次美塞尼亚战争"之后，斯巴达允许起义黑劳士流亡境外，此后，在雅典入侵作用下，斯巴达的黑劳士逃亡现象加剧，份地上的耕种者开始出现波动。

---

① Thuc. VII. 26.

② K. Freeman, *Ancilla to the Pre-Socratic Philosophers*, Harvard, Massachusetts: Harvard University Press, 1948, p. 159.

③ S. Hodkinson, *Property and Wealth in Classical Sparta*, p. 127.

④ Plut. *Lyc.* 8.

⑤ Athen. 161c.

在这种情况下，分成制地租演变成定额制地租。斯巴达的定额地租是以土地主人为中心，也就是说，不管当年收成如何？不管份地上的黑劳士户数多少，主人每年从份地上征收的税额是固定的。在黑劳士流失成为客观现象的背景下，这种税制明显有利于主人。辛格尔也认为定额地租实施于"第三次美塞尼亚战争"之后，不过笔者不赞同辛格尔提出的这是为了保证每个斯巴达人的收入平均的观点。① 这种以份地为单位的定额地租将流失的黑劳士承担的税负转嫁给留下来的黑劳士，落实到每个黑劳士家庭的税负可能增加了，但保证了斯巴达人的收入不被减少。

不过黑劳士的其他经济权益似乎没有变化。斯巴达甚至还利用社会舆论限制向黑劳士超额收税，将超额征收定义为"为社会所不齿"的不道德行为。斯巴达实行这一措施的目的和意图尚不清楚，既有可能如辛格尔所说，是为了保障斯巴达公民之间的经济平均，也有可能如普鲁塔克所说的，是为了保障黑劳士可以获得一定收益，愿意为他们的主人耕种。② 不管目的如何，如果确实实施了限征措施，对黑劳士确实能够在经济收入、经济地位方面起到一定的保护作用。

释放黑劳士是大地震之后斯巴达常见的历史现象。前文所述被诱杀的 2000 名黑劳士正是以授予自由为幌子实施的。③ 公元前 425 年，斯巴达又以授予自由为条件，招募黑劳士向被困在斯法克特利亚岛上的军队偷运食物。④ 此后释放黑劳士的活动愈加频繁。公元前 423 年，以授予自由为条件招募了 700 名黑劳士随伯拉西达远征色雷斯。⑤ 公元前 413 年，斯巴达招募了 600 名黑劳士和"新公民"出征西西里。⑥ 大概从这时候开始，斯巴达社会逐步出现了一个新的社会阶层——"新公民"。

"新公民"古希腊语写作 neodamodes，该词的字面意思即"新公民"，有学

---

① H. W. Singor, "Spartan Land Lots and Helot Rent", p. 53.

② Plut. *Mor.* 239d – e. A. Powell & S. Hodkinson, *Sparta*: *Beyond the Mirage*, London: The Classical Press of Wales and Duckworth, 2002, p. 230.

③ Thuc. IV. 80.

④ Thuc. IV. 26.

⑤ Thuc. IV. 80; V. 34.

⑥ Thuc. VII. 19, 58. 笔者认为，"新公民"包括但不限于被释放的黑劳士。它与出生之后就具有准公民身份、自然成长补充到公民队伍中的社会成员不一样，本书中前一种加双引号，后一种新公民不用双引号。该问题在本书第六章第二节还有阐述，这里不做展开。

者认为，neodamodes 就是被释放的黑劳士。笔者并不认同。如果两者一致，修昔底德在叙述将伯拉西达的老兵，即被释放的黑劳士安置在列普利昂、斯巴达派军队支援西西里的时候，就没有必要特别区别被释放黑劳士和"新公民"了，色诺芬笔下的基那敦在列数起义同盟者时也不要特别说"新公民"了，因为稍加限定的黑劳士比新造一个词更容易让人接受。但被释放黑劳士显然是"新公民"中的重要组成部分，所以在修昔底德的笔下，两者往往一起被提及，而在色诺芬的笔下更多说"新公民"。色诺芬笔下"新公民"的频繁出现说明了释放黑劳士很频繁。公元前 408 年，招募一批"新公民"驻扎拜占庭①；公元前 400 年，约 1000 名"新公民"随提波戎远征小亚②，公元前 396 年，2000 名"新公民"随阿吉西劳斯远征小亚③，公元前 394 年，这批"新公民"参加了科诺尼亚战役④；公元前 382 年，约 2000 名"新公民"、庇里阿西人、斯基里提斯人出征色雷斯的卡尔西迪克⑤；公元前 370 年，一批"新公民"和 400 名提盖亚流亡者驻守斯基里提斯的奥昂。⑥ 公元前 370 年，释放黑劳士达到高潮，为抗击底比斯入侵斯巴达以给予自由为条件一次性招募了 6000 名黑劳士参军⑦，即一次性释放了 6000 名黑劳士。此后，释放黑劳士渐趋减少。斯巴达释放的黑劳士总体上规模有限，从文献记载看，数十年的时间中只释放了 1 万余人。

  被释放黑劳士反映了多重历史信息。它一方面说明当时的黑劳士与斯巴达人之间的隔离还不过于深远，黑劳士中相当部分在政治上还具有可靠性，可以成为与斯巴达人关系更为紧密的盟友，希普莱认为他们是拉凯戴蒙人的组成部分。⑧ 另一方面也表明，黑劳士与斯巴达人之间的关系恶化了，斯巴达不得不采取某些措施暂时满足黑劳士对自由的渴望。第三方面表明，黑劳士阶层内部开始出现分化，被释放的黑劳士需要利用自己的私有财产为国家建立功勋，在政

---

① Xen. *Hell.* I. 3. 15.
② Xen. *Hell.* III. 1. 4.
③ Xen. *Hell.* III. 4. 2，20.
④ Xen. *Hell.* IV. 3. 15.
⑤ Xen. *Hell.* V. 2. 24.
⑥ Xen. *Hell.* VI. 5. 24.
⑦ Xen. *Hell.* VI. 5. 29.
⑧ G. Shipley，"'The Other Lakedaimonians'：The Depenment Perioikic Poleis of Laconia and Messnia"，in *The Polis as an Urban Centre and as a Political Community*, p. 203；Mogens H. Hansen，"The Perioikic Poleis of Lakedaimon"，in *Once Again：Studies in the Ancient Greek Polis*, p. 203.

治上也必须对城邦更为忠诚。

总体来看，在大地震和"第三次美塞尼亚战争"之后，斯巴达黑劳士的社会地位和处境开始恶化，逐步沦为奴隶。

五 晚期斯巴达黑劳士的社会地位

公元前370年，美塞尼亚独立，斯巴达的历史进入晚期。这一时期承接前一阶段，黑劳士的处境继续恶化、地位进一步下降。

公元前4世纪初，斯巴达社会内部繁荣与危机并存。表面看，斯巴达成为希腊霸主，风光一时，但实际上，斯巴达内部贫富分化加剧、土地集中严重、社会矛盾激化。普鲁塔克称，伯罗奔尼撒战争之后数额庞大的战利品流入斯巴达[①]，斯巴达的贫富分化因此而加剧。亚里士多德指出：当时有些人拥有过多的财产，有些人则极端匮乏[②]，色诺芬也说公元前4世纪前半期，斯巴达人中出现了一批富人，他们驯养马匹，却不亲自作为骑兵出征，他们只提供马匹，却由国家招募骑手。[③] 土地集中是公元前4世纪初斯巴达面临的另一个严峻的社会问题。根据亚里士多德的记述，公元前4世纪，斯巴达约五分之二的土地归属于少数家族和妇女。尽管亚里士多德的著作写于公元前4世纪的初期，但他说大规模的土地集中始于该世纪初的《厄庇泰德土地法》。土地集中造成了公民队伍的解体和军队兵源的枯竭。亚里士多德说：原来斯巴达全邦可以维持1500名骑兵，30000名重装步兵，到了"近世"，所有有实力从军打仗的公民数已经不足1000人了。[④] 贫富分化、土地集中导致社会矛盾紧张。公元前399年，基那敦密谋暴动，庇里阿西人、黑劳士参与其中。公元前370年，底比斯军队进攻斯巴达，庇里阿西人掀起暴动。同年，美塞尼亚地区在底比斯的扶植下获得独立，黑劳士数量剧减，剥削阶层为争夺劳动力攫取财富，加强了对黑劳士的控制和剥削。在这个过程中，黑劳士的处境进一步恶化，地位进一步降低。黑劳士制度发生

---

① Plut. *Lyc.* 30；*Mor.* 239f.
② Arist. *Pol.* 1270a14－15.
③ Xen. *Hell.* VI. 4. 10－11.
④ 这个"近世"被吴寿鹏先生界定为底比斯入侵斯巴达，即公元前369—前362年。［古希腊］亚里士多德：《政治学》，吴寿彭译，商务印书馆1997年版，第86页。

了质的变化。

  第一个明显的变化是黑劳士的私有化。斯巴达的土地集中暗含着更深层次的变化，即土地由原先的形式上的国有变成公开的私有。在土地集中过程中，一部分黑劳士随土地一起转入其他主人，但还有大量的黑劳士离开原来耕种的份地，投靠新的主人。这些黑劳士相当一部分脱离了国家的控制，成为由私人占有的奴隶。色诺芬说莱库古给予公民在必要的时候使用他人奴隶的权利。① 这其实说明黑劳士已经归属个人了。但色诺芬说这是莱库古时期就规定的制度，这是不真实的。私人所有与前面分析的黑劳士由国家控制大不相同，它只能是在更晚时期出现的，笔者认为，色诺芬这里的描述其实反映了他自身所处时代的状况。另外，公元前381年，随阿基斯波利斯王出征的军队中有一种人被称为"notoi"，从词义看，他们应该属于非法婚姻所生子女②，罗伊卜丛书译作"黑劳士妇女所生的子女"③。从色诺芬所使用的语境看，诺托伊已经成为一个稳定的社会阶层。这说明，产生诺托伊的婚姻形式、黑劳士妇女作为家庭婢女的情况已经比较普遍，因为如果他们仍然居住在乡村从事农业劳动，斯巴达男子就不大可能得到与她们接近的机会。④ 既然黑劳士妇女沦为具有强烈私人色彩的家内奴隶，那男子还全部归属斯巴达国家吗？公元前272年，皮鲁斯进攻斯巴达，斯巴达王室成员克利奥涅莫穆斯将家内的黑劳士组织起来以作接应。⑤ 这些黑劳士当包括男性成员。公元前370年之后，斯巴达很少释放黑劳士，甚至在阿基斯四世和克利奥墨涅斯三世时期采取激进改革措施补充公民队伍的时候也没有想到释放奴隶，克利奥墨涅斯三世只是在马其顿大军压境的危机时刻才不得不允许黑劳士以赎买的形式获得自由，直到公元前195年纳比斯改革时才再次主动释放黑劳士，但他的措施遭到波利比乌斯的猛烈抨击，波利比乌斯将纳比斯斥责为僭主。波利比乌斯出身于贵族家庭，其父拥有大量土地，也是阿卡亚同盟的将军，他本人曾经担任阿卡亚同盟的骑兵长官。波利比乌斯的诋毁恰恰反映了贵族阶层对纳比斯释放黑劳士政策的反对。波利比乌斯本人的这种社会背景和态

---

 ① Xen. *Lac. Pol.* VI. 3.
 ② H. Michell, *Sparta*, Cambridge: The University Press, 1964, p. 90.
 ③ Xenophen, *Xenophon* II, G. P. Goold ed., the Loeb Classical Library, Cambridge & Massachusetts: Harvard University Press, 1997, p. 59.
 ④ 刘家和：《论黑劳士制度》，见刘家和《古代中国与世界》，第129页。
 ⑤ Plut. *Pyrrhus*, 27.

度说明黑劳士已经成为贵族的私有财产,不再属于国有。

第二个变化是黑劳士经济状况更加恶化。辛格尔设想,在土地集中之后斯巴达人仍然每年只征收 82 麦迪姆诺斯的大麦,黑劳士的经济负担会普遍下降。① 这其实是不可能的。斯巴达人不可能在积聚起来的庞大地产上依然只征收传统的税额。否则,他们就只能过着古风时期那种简朴的生活,斯巴达也不会出现亚里士多德反复强调的贫富不均的现象,也不会有伊索克拉底所描述的众多富人不顾国家危机饲养数量众多赛马的现象。② 斯巴达的富人们必然要以若干个份地的总收入来维持自己的优渥生活。不仅如此,由于这些新的主人对黑劳士获得了更大的控制权,他们对黑劳士的剥削反而加重了,这才有了公元前 397 年基那敦密谋暴动的事件。基那敦描述当时斯巴达的情形:除了 4000 名富人、贵族,其他的人,包括黑劳士、"新公民"、下等公民、庇里阿西人恨不得将那些斯巴达人生吞活剥。③ 基那敦起义计划失败之后,黑劳士对斯巴达的不满情绪依然如故,公元前 370 年,底比斯侵入斯巴达,全体黑劳士趁机起义。④ 如果不是处境的艰难,黑劳士不太可能如此迅速地起义。在美塞尼亚独立之后,黑劳士的处境也没有得到改善,相反,美塞尼亚独立使得斯巴达失去了一半的耕地和大多数黑劳士,斯巴达人只能加强盘剥居住在拉科尼亚的黑劳士,他们没有因为自己的国际处境危艰、黑劳士人数减少,放松对黑劳士的剥削。亚里士多德称黑劳士像色萨利的佩涅斯泰那样必须为主人劳动。公元前 3 世纪后期,克利奥墨涅斯、纳比斯的改革遭到富人集团的阻挠和破坏,其中释放黑劳士、侵犯富人集团的利益不能不说是其中的原因之一。

在贫富分化、土地集中加剧的背景下,还有部分黑劳士离开了原来的份地,脱离了农业生产,改行从事其他职业,如航海、打鱼或从事手工业生产,甚至沦为流民或落草为寇。公元前 3 世纪,希腊历史学家、普瑞涅的米隆说:斯巴达人常常释放奴隶,其中有些被释放者被称为"马夫、船民"(curber)或"自主的水手"(master‐seaman)。这些黑劳士在被释放之前大概就已经从事这类职

---

① H. W. Singor, "Spartan Land Lots and Helot Rent", p. 56.
② Isoc. *Archi*, 55.
③ Xen. *Hell*. III. 3. 4–6.
④ Xen. *Hell*. VII. 2. 2.

业。①色诺芬记载有黑劳士到战舰上充当桡手以谋生②，这在古典时期主要是由奴隶担当的。

值得指出的是，黑劳士拥有私有财富的权益并没有被剥夺。如前所述，直到公元前3世纪，黑劳士都可以拥有一定的私有财富。这是黑劳士与奴隶的最大区别所在。

第三个变化是黑劳士作为下层等级的身份固化现象更加严重。在公元前5世纪中后期频繁见于史书的释放黑劳士在美塞尼亚独立之后一个半世纪的时间内销声匿迹了。公元前370年，斯巴达遭到底比斯入侵，国家面临灭亡之际，才以被授予自由为条件组织一批黑劳士参军，当人数达到6000人时，斯巴达政府忽然恐惧起来，拒绝继续授予更多的黑劳士自由。③ 相对公元前479年35000名黑劳士参加斯巴达军队，黑劳士人数与斯巴达人人数之比达到7∶1。此时的斯巴达并没有觉得恐惧。如果按亚里士多德所说，底比斯入侵时斯巴达的公民人数约为1000人，那么黑劳士与斯巴达人之比应该是6∶1。此时斯巴达反而恐惧起来。这说明斯巴达已经明显地将黑劳士视为必须防范的异类。

不仅如此，斯巴达还在黑劳士的衣着打扮、日常生活等方面强化下等人的形象。米隆说："斯巴达责令黑劳士接受使人尊严扫地的侮辱性的习惯，规定每个黑劳士都必须戴狗皮帽子，穿皮革制的短上衣。"穿着动物毛皮制成的衣服本身就是奴隶的标志。④ 米隆还说："即使（黑劳士）毫无过错，每年也得挨一定数量的鞭打，以便使其不忘记自己还是奴隶。如果任何一个黑劳士表现出超越奴隶以上的神情，那就要被处死，而且他的主人也将因为未能阻止他变强壮而受到处罚。"⑤ 普鲁塔克也说：斯巴达人常常强使黑劳士喝下过量的烈性酒，然后把他们带到公共食堂去，让青年们见识酗酒是怎么回事。他们还命令黑劳士唱一些低级下流、庸俗不堪的歌曲，不许他们染指格调高尚的节目。⑥ 米隆和普

---

① Athen. 271f.
② Xen. *Hell.* VII. 1. 12.
③ Xen. *Hell.* VI. 5. 28，29.
④ Hans Van Wees, "Conquerors and Serfs", in Luraghi, N. & S. E. Alcock, *Helots and Their Masters in Laconia and Messenia*: *Histories*, *Ideologies*, *Structures*, Cambridge, Mass. Center for Hellenic Studies, 2003, p. 38.
⑤ Athen. 657c – d.
⑥ Plut. *Lyc.* 28.

鲁塔克记述的材料不知出自何处，这些材料如果有其真实性也不可能适用于古风时期，更可能反映了公元前4世纪之后的历史情景。

第四个变化是黑劳士与斯巴达人之间的关系更加恶化。柏拉图说：美塞尼亚人（黑劳士）经常反叛①，亚里士多德则说：黑劳士总是在等待斯巴达人的缝隙，好像草莽中的一支伏兵，遇到机会，立刻出击②；黑劳士不同于克里特的庇里阿西人，后者常常是安稳的，而前者时常起义③。这些表明当时黑劳士与斯巴达统治阶层之间的关系极其紧张尖锐。

黑劳士因此遭到斯巴达国家的残暴对待。普鲁塔克说：斯巴达每当新的监察官就任，总是要向黑劳士正式宣战；行政长官不时地派青年战士到乡间随意屠杀黑劳士，特别是身强力壮、具有反抗精神的黑劳士。学界不少人将这段文献用来叙述黑劳士整个历史上的处境，普鲁塔克认为，这个制度其实是在大地震和"第三次美塞尼亚战争"之后才实施的。④ 普鲁塔克这段记载没有任何时间信息，笔者认为，这份材料其实反映的是公元前4世纪及其之后的历史。生活在公元前4世纪的柏拉图认为这一制度主要目的是培养青年吃苦耐劳的精神。⑤ 缪勒也赞同柏拉图的观点，认为这一制度的本质主要是乡间监管。⑥ 霍德金森也曾经质疑这一制度，但他的依据是黑劳士是斯巴达份地的耕种者，分配给了斯巴达个体家庭，任意屠杀会危及斯巴达人的个体利益。霍德金森的质疑有一个前提，即一个斯巴达家庭只有七户黑劳士。果真如此，一旦某位身强力壮的黑劳士遭到屠杀，确实会危及份地主人的利益。但在公元前4世纪之后，黑劳士人数相对于公民人数占有明显的优势，据亚里士多德记载，他那个时代有实力从军打仗的公民数已经不足1000人，公元前3世纪末，传统意义上的斯巴达公民家庭已不足700户，能从军打仗的家庭只有100户⑦，而同时期，克利奥墨涅斯一次释放了6000名黑劳士。⑧ 显然，斯巴达没有因为美塞尼亚的独立改变黑劳士

---

① Plato, *Laws*, 777c.
② Arist. *Pol.* 1269a38–42.
③ Arist. *Pol.* 1272b19.
④ Plut. *Lyc.* 28, Diod. VII. 6.
⑤ Plato, *Laws*, 633b.
⑥ Pavel Oliva, *Sparta and Her Social Problem*, p. 46.
⑦ Plut. *Agis*, 5.
⑧ Plut. *Cleo.* 23.

与斯巴达统治阶层之间的数量对比,黑劳士依然在数量上占有绝对优势,富有的斯巴达人拥有数量巨大的黑劳士。在这种情况下,面对时刻准备造反的黑劳士,斯巴达人不会因为少数具有潜在反抗可能的黑劳士被杀而反对实施普鲁塔克所说的恐怖统治。血腥的"秘密警察制度"具有了实施的可能性和必要性。

可见,在公元前4世纪、公元前3世纪,黑劳士制度呈现出明显的残暴性、不人道特征。卢拉吉认为,仅凭这两点就足以说明黑劳士是奴隶。① 笔者认为,黑劳士作为一个阶层其社会地位已经与奴隶无异。正因为如此,公元前4世纪之后,越来越多的希腊人认为黑劳士就是奴隶。除了我们前文提到的生活在公元前4世纪的安提库斯、伊弗鲁斯等人外,又如伊索克拉底,他在以斯巴达国王阿基达玛斯身份撰写的演讲词中说:底比斯重建的美塞尼亚城邦不是美塞尼亚人的而是黑劳士的国家,"所以我们遭遇的最糟糕的不是我们被公正地剥夺的领土,而是我们的奴隶成了她的主人"②。

公元前3世纪末,阿基斯四世、克利奥墨涅斯三世、纳比斯先后实施改革,但是改革并没有对黑劳士的实际地位产生深远的影响。这三次改革有一个共同的目的就是稳定和重建斯巴达公民队伍,恢复公民兵,重建斯巴达昔日盛世。前两次改革的主要政策几乎相同,就是以恢复昔日莱库古政策为旗帜,重新分配土地,恢复公餐团。尽管传世文献没有直接涉及黑劳士在这两次改革中的际遇,但最可能的情况是,在斯巴达政府收回和重新分配土地的过程中,那些依然在土地上耕种或牧马的,甚至包括部分在斯巴达富人家内服役的黑劳士,再次回到国家的手中,由国家将他们与份地一起分配给新的主人。从理论上看,黑劳士的地位在改革年代应有好转,但这两次改革的时间有限,总共仅10年③,公元前222年,阿卡亚同盟联合马其顿扑灭了克利奥墨涅斯的改革,重新恢复了改革前的政策。④ 克利奥墨涅斯之后,客隆(Cheilon)曾经试图通过政变夺取王

---

① Nino Luraghi, "Helotic Slavery Reconsidered", in A. Powell & S. Hodkinson, *Sparta*: *Beyond the Mirage*, London: The Classical Press of Wales and Duckworth, 2002, p. 235.

② Isoc. *Archi.* 28.

③ 阿基斯四世改革仅仅4年(公元前244—前241年),克里奥墨涅斯三世改革仅7年,他公元前236年即位,公元前229年实施改革,公元前222年流亡埃及。

④ N. M. Kennell, "Agreste Genus: Helots in Hellenistic Laconia", in N. Luraqhi & S. E. Alcock, *Helots and Their Masters*: *Histories*, *Ideologies*, *Structures*, pp. 88 – 89.

位，延续前任的政策，但遭到失败。① 公元前207年纳比斯实行改革，一度取消奴隶制，具体政策包括大规模释放黑劳士，给黑劳士分配土地。② 但是，纳比斯执政仅仅15年，很快就被推翻了。因此，总体来看，改革期间黑劳士的处境有可能暂时有所改善，但没有实质性的变化。

综上所述，古代斯巴达的黑劳士制度经过了一个发展变化过程。黑劳士制度萌芽于斯巴达人征服拉科尼亚地区，初步形成于赫罗斯城起义之后，正式形成于"第二次美塞尼亚战争"之后。公元前4世纪之前，黑劳士的处境相对较好，类似于农奴；"第三次美塞尼亚战争"之后，黑劳士与斯巴达人之间的关系开始恶化，地位开始下降；公元前4世纪之后，随着斯巴达贫富分化和土地集中加剧，以及美塞尼亚地区的独立，黑劳士的社会地位快速下降，相当一部分黑劳士沦为奴隶，处境异常悲惨。

---

① Poly. IV. 81.1–4.
② Poly. XVI. 13.1, Livy. XXXIV. 31.14.

第 四 章

庇里阿西人研究

庇里阿西人是斯巴达历史上的三大社会阶层之一，但人们对它的认识却一直模糊不清。"庇里阿西人"（perioikoi）一词的词根意为"周围的""边缘的"，该词的字面意思是"边区居民"。这一词的本义并没有下层社会成员的含义，只是一个空间概念，在希腊古代文献中我们可以见到许多这方面的实例。但同样是在古希腊，人们已经将这个词作为一个独特的社会阶层来看待，并展开研究。亚里士多德就曾经研究过古希腊各地存在的庇里阿西人。他们的研究显示，古希腊各地的庇里阿西人的实际地位其实差异很大，如克里特岛上的"庇里阿西人"就相当于斯巴达的"黑劳士"①，要为统治阶级耕种土地，缴纳租税②，但比黑劳士稳定。③ 亚里士多德还提到，阿尔戈斯也有"庇里阿西人"，大约在公元前499年，阿尔戈斯在与斯巴达的战争遭遇惨败，曾经招募庇里阿西人加入公民队伍。④ 可见，庇里阿西人在古代希腊是一个普遍存在的社会阶层，但各地之间的庇里阿西人的实际地位有比较大的差异，他们唯一的共同点可能就在于"居住在周围地区"，那么就斯巴达而言，庇里阿西人除了在居住空间上居住在斯巴达周边地区之外，它们的实际社会地位如何？依然需要我们深入研究，甚至他们居住的所谓"周围地区"到底在什么地方依然要我们去厘清。

---

① Arist. *Pol.* 1272a1.
② Arist. *Pol.* 1272a18.
③ Arist. *Pol.* 1272b18.
④ Arist. *Pol.* 1303a8.

一　庇里阿西人的起源

　　关于斯巴达庇里阿西人的起源，据古希腊历史学家伊弗鲁斯说，在斯巴达国家建立之初就产生了。他说：赫拉克勒斯的后裔征服了拉科尼亚，把它分成六个部分加以统治，周边的居民虽然屈从于斯巴达人，但拥有自己平等的权利，与斯巴达人一起拥有公民权，可以担任国家官职。他们被称作黑劳士。① 这里，伊弗鲁斯可能混淆了黑劳士和庇里阿西人的区别。按他接下来的叙述，黑劳士是赫罗斯城被征服之后产生的，在此之前并没有黑劳士阶层。但黑劳士从空间位置看与庇里阿西人相似，都处于斯巴达政治中心的外围。所以笔者认为，这里的黑劳士与庇里阿西人应该是同一的，而伊弗鲁斯的叙述恰恰说明了庇里阿西人最初的情形，即他们的居住地处于斯巴达人的周围，在政治上与斯巴达人平等。按照伊弗鲁斯的叙述，后来斯巴达国王阿基斯剥夺了边区居民的平等权益，其他的边区居民都同意了，只有赫罗斯城的居民反抗，最后斯巴达镇压了反抗，失败后的赫罗斯居民受到更为严厉的统治，从而创造了黑劳士制度。从此，庇里阿西人与黑劳士区分开来。但我们看到，此后庇里阿西人的社会地位也发生了明显的变化，他们被迫缴纳赋税，同时也失去了平等的政治权利，这个权利笔者认为就是从政的权利。伊弗鲁斯的材料大致上反映了早期庇里阿西人的状况。如果从社会地位来看，这种类型的庇里阿西人的社会地位显然远远高于后来，从种族关系看，他们主要是多利亚人征服之前的土著居民，其中又以阿卡亚人为主。据波桑尼阿斯介绍：阿尔克劳斯征服了斯巴达以南的仍为阿卡亚占有的庇里阿西人城市阿米克莱、法里斯和吉戎特拉②，而伊弗鲁斯也说斯巴达在最初征服阿米克莱时把这个城市交给了那些在征服拉科尼亚过程中为斯巴达人作出贡献的土著居民，即阿卡亚人。③ 可见早期的庇里阿西人在血统上主要是阿卡亚人。

　　早期的斯巴达历史充斥着频繁不断的对外征服战争，庇里阿西人的种族身

---

① Strabo, VIII. 5. 4.
② Paus. III. 2. 6.
③ Strabo, VIII. 5. 4.

份、数量和空间位置也在不断地改变。据波桑尼阿斯介绍，阿尔克劳斯在征服了阿米克莱、法里斯和吉戎特拉之后，法里斯和吉戎特拉地区的居民与斯巴达缔结和约主动流亡海外，斯巴达向这两个地区派出自己的定居者。而阿米克莱则因为居民坚决抵抗，居民被彻底驱逐或征服，斯巴达完全占有了这个地区，将其并入斯巴达本部，成为第五个奥巴。笔者认为，正是在这个征服过程中庇里阿西人逐渐转变成一个社会学范畴。首先，法里斯和吉戎特拉地区的居民不再仅仅是阿卡亚人，而是有了多利亚人。相应地，这些多利亚人也逐步转变成庇里阿西人，这在原先的阿卡亚－庇里阿西人之外增加了另一种类型，即多利亚－庇里阿西人。由于多利亚－庇里阿西人的生活区越来越远离斯巴达城，他们也越来越远离斯巴达的政治生活，于是他们的政治权利也就慢慢地丧失了。

这种多利亚人－庇里阿西人一部分来自原先定居在斯巴达之外的多利亚人。相传多利亚人原先居住在中希腊的多利斯地区，公元前13世纪前后，分为两支进入拉科尼亚地区，第一支由多利斯南下经瑙帕克都穿越阿卡亚人居住区，进入伯罗奔尼撒半岛南部。第二支入海南下，这支人又分为两股，一支进入阿尔戈斯然后经过提里阿进入优拉托斯河河流域。一支继续南下，他们又分为两股，一支向东进入巴勒斯坦地区，一支向西进入克里特、拉科尼亚、美塞尼亚地区，这一支可能沿途还占领了帕戎山以东的沿海地区的部分领土。在多利亚人南下过程中，以迈锡尼时期的斯巴达城为中心，初步形成一个新的政治中心。这股多利亚人先征服了局部地区，建立了皮塔纳和美奥萨村；后来又来了一股多利亚人征服了偏南的沼泽地建立了利姆奈和居诺苏拉村。后来这两个地区合并，成为一个统一的政治组织。此后，居住在斯巴达地区的多利亚人开始发动征服战争和殖民活动。可见在斯巴达－多利亚人南下征服的时候，拉科尼亚南部已经有不少多利亚部落生活在那里。斯巴达－多利亚人在南下扩张过程中与已经定居在那里的边区民－多利亚人之间既有矛盾又有共同利益，这些边区民－多利亚人与斯巴达－多利亚人一样也面临这种统治当地的阿卡亚的问题。于是他们之间可能在共同的血缘关系和共同的政治利益的前提下，结成某种特殊的关系。

庇里阿西人的另一个来源是斯巴达殖民地。这种殖民地主要是斯巴达境内的斯巴达人安置点或军事据点。前述斯巴达向吉戎特拉和法里斯的移民就是一个案例。这两个地区成为著名的庇里阿西区。与此相关，殖民地的庇里阿西人很多在种族身份上属于多利亚人。斯巴达的殖民活动虽然规模不大，但持续的时间比较长，一个著名的庇里阿西区可能就是在公元前6世纪中后期才建立起来的，它就是西塞拉。西塞拉位于靠近马利亚半岛的地中海上。斯巴达监察官基伦（公元前560年）对这个岛的情况非常熟悉，他曾经说："它本来就不应该处在那里，或者它早就该沉入海底。"① 因此，可能在基伦的早年这个岛还没有被征服，从他对这个岛的关切程度看，也许正是在他担任监察官时征服了这个岛，向这里派驻了斯巴达殖民者。正如修昔底德说："西塞拉岛上的居民都是庇里阿西人阶层的拉凯戴蒙人"②，"这里的居民虽是拉凯戴蒙人的移民，但他们都站在雅典人一边，进攻吉利普斯带领的拉凯戴蒙人同胞"③。

有些庇里阿西人来自斯巴达接受、安置的外邦人。最典型的有亚辛、提里阿和麦松。提里阿原属阿尔戈斯，后被斯巴达征服，但斯巴达把埃基那流亡者安置在这里。④ 亚辛新定居者原来生活在阿尔戈斯与斯巴达边界的亚辛，这里后来被阿尔戈斯所征服，大量的亚辛居民被迫流亡。斯巴达把这些流亡者安置在美塞尼亚南部，新的定居点也因此得名。⑤ 麦松也位于美塞尼亚南部，在这里安置的是被阿尔戈斯驱逐的瑙普利亚居民。⑥

再一种类型是斯巴达安置被释黑劳士而来，著名的有列普利昂。这个地区一般认为也是庇里阿西人社区。列普利昂位于厄利斯与斯巴达之间。原来可能是独立的国家，但在伯罗奔尼撒战争之前，列普利昂与阿卡迪亚人发生战争，列普利昂人向厄利斯求援，厄利斯乘机控制了列普利昂，迫使列普利昂纳税。后来，列普利昂试图摆脱厄利斯的控制，向斯巴达求援。斯巴达于是派重装步兵进驻列普利昂，实际上斯巴达从此控制了这一地区。当时派驻在这里的是"新公民"，公元前421年，斯巴达把那些跟随伯拉西达出征色雷斯，并因此获得自由的黑劳士也安置在这里。⑦ 同时安置的可能还有在斯法克特利亚战役中被雅典俘虏、后被释放的斯巴达公民。因为修昔底德在介绍了斯巴达安置伯拉西达老兵之后紧接着介绍了这批俘虏的情况，斯巴达因为害怕他们品德蜕化，一

---

① Diogenes Laertius, I. 71.
② Thuc. IV. 53.
③ Thuc. VII. 57.
④ Thuc. II. 27; 4. 56.
⑤ Paus. IV. 24. 4.
⑥ Paus. IV. 24. 4.
⑦ Thuc. V. 2, 34.

度剥夺了他们的公民权。但后来斯巴达又恢复了这批人的公民权。这批人可能也被安置在这里。

二 庇里阿西人的政治地位

庇里阿西人的政治权利一直蒙着一层面纱，古代文献中很少直接述及这个问题。现代学者大多认为庇里阿西人享有不完全的公民权，这种观点其实早在19世纪就已出现，但具体的权限研究较少，近年来，丹麦哥本哈根大学的城邦研究中心在城邦理论的框架中研究庇里阿西区的政治地位，间接涉及庇里阿西人的政治地位。哥本哈根中心认为庇里阿西区是依附于斯巴达政府的"依附性城邦"，拥有属于独立城邦的许多权利，豪尔甚至认为他们拥有双重公民身份，一个是拉凯戴蒙人，一个是地方的公民。[1] 但部分学者并不认同哥本哈根大学学派的观点，认为庇里阿西区在本质上是一个地方性的村落（kome），近似于斯巴达的地方行政区。[2] 也有学者在国际政治的框架中认识庇里阿西区的政治地位，拉尔森（Larsen）认为庇里阿西人的政治地位处于斯巴达同盟者与黑劳士之间。[3] 而奥利瓦则认为他们处于斯巴达人与伯罗奔尼撒同盟者之间。[4] 卡特利奇则在此基础上进一步提出：斯巴达人与庇里阿西人之间签署了一系列的条约，这些条约后来成为伯罗奔尼撒同盟内部斯巴达与盟国合作的典范，他进而以伯罗奔尼撒同盟条约来推测斯巴达人与庇里阿西人之间的条约内容，他引用了一份属于公元前5世纪的铭文，其中一段内容是：无论海上还是

---

[1] G. Shipley, "The Other Lakedaimonians: The Dependent Perioikic Poleis of Laconia and Messenia", in M. H. Hansen (ed.) *The Polis as an Urban Centre and as a Political Community*, Sympositum August, 29 – 31, 1996. J. Hall, "Sparta, Ladedaimon and the Nature of Perioikic Dependency", in P. Flensted – Jensen (ed.) *Further Studies in the Ancient Geek Polis*.

[2] Andrey Eremin, "Settlement of Spartan Perioikoi: Polieis or Komai"; Norbert Mertens, "The Perioikoi in the Classical Lakedaimonian Polis", in T. J. Figueria ed., *Spartan Society*, Swansea: Classical Press of Wales, 2004.

[3] Larsen, J. A. O., "Perioikoi", RE 19 (1938) 816 – 833, J. Hall, "Sparta, Ladedaimon and the Nature of Perioikic Dependency", in P. Flensted – Jensen (ed.) *Further Studies in the Ancient Geek Polis*, p. 84, n. 59.

[4] Pavel Oliva, *Sparta and Her Social Problems*, p. 62.

陆地，不管到何处，永远跟随斯巴达，永远把斯巴达的朋友当作自己的朋友。① 米希尔（Michell）直接围绕庇里阿西区的政治地位，认为他们拥有自己的居住区，自己的自治政府，只适用于地方的公民权，但他们处于强大的中央政府的统治之下，必须提供各种服务，庇里阿西人虽然与斯巴达人合称为拉凯戴蒙人，但在斯巴达政治生活中总体上看没有政治权利，对外交事务没有发言权，他们或多或少受到中央政府的严厉控制。②

从庇里阿西区的地位看庇里阿西人的地位是研究庇里阿西人地位的正确途径之一。据哥本哈根大学城邦研究中心的希普莱研究，古代希腊文献中常常称庇里阿西区为城邦（polis），古风、古典时期的文献提到的庇里阿西人城邦有28个，古典时期之后的文献提到的古典时期的庇里阿西人城邦有23个。③ 它们从属于斯巴达的依附性城邦（dependent polis）。城邦理论上说应该有城市中心、乡间地区，城市中心应该有城防系统，有自己的城邦式管理机构。从现有材料看，部分庇里阿西区确实有城乡之分和城防工程。如西塞拉岛，公元前424年，雅典从海上攻占港口城市斯堪戴亚，然后又从大陆一面发动登陆战争，攻占下城，迫使守军退守卫城。④ 公元前393年，法拉巴佐斯再次攻占西塞拉岛，发现这里的乡间出产不足以应付战争需要，于是弃城而走，随后，西塞拉公民因为担忧风暴与法拉巴佐斯签署合约，弃城撤回拉科尼亚，法拉巴佐斯则修复了城墙，留下一队守军离开西塞拉。⑤ 这里我们大致看到，西塞拉岛属于庇里阿西区，它的政治中心在斯堪戴亚，斯堪戴亚城有卫城和下城，有城墙，普通民众除了居住在下城，还有更多的民众居住在乡间。又如厄庇道鲁斯·利姆拉、普拉斯埃，分别于公元前424年、前414年，雅典军队先后多次侵入这两个地区，蹂躏它们的领土，显然这种领土属于面积较为辽阔的乡间领土。⑥ 雅典军队还曾经攻陷了普拉斯埃这个城市，大肆抢劫。⑦ 另外，位于东部沿海的庇里阿西区吉提乌姆是斯巴达的主要军事港口，这里也有自己的坚固

---

① P. Cartledge, *Sparta and Lakonia*, pp. 178 – 179.
② H. Michell, *Sparta*, p. 64.
③ G. Shipley, "The Other Lakedaimonians", pp. 190 – 191.
④ Thuc. IV. 54.
⑤ Xen. *Hell*. IV. 8. 7 – 8.
⑥ Thuc. II. 56; IV. 56; VI. 105; VII. 18, 26.
⑦ Thuc. II. 56; VI. 105; VII. 18, 26.

的城墙。① 再者，色诺芬也提到在亚辛有郊区。② 显然，这部分庇里阿西区有城市、城堡，但还有很多庇里阿西区的政治地理结构我们无法了解。

在庇里阿西区的城市中似乎没有大型的公共建筑物，如广场、市政厅、公民大会会址、神庙等。从现有的考古资料看，大多数的庇里阿西区在大多数历史时间内都没有上述公共建筑，只是在斯巴达衰落的时候，我们明显地看到定居点和城市的数量增加了。③ 正如修昔底德所说，拉凯戴蒙人的城市设计不紧凑，没有宏伟的建筑和神庙，只是若干希腊老式村落的组合，它的外表有些名不副实。④ 这里，修昔底德其实也讲到了庇里阿西区的现实情况，它们在名义上被称为 polis，但实际上不像雅典卫城那样，也不像一般的 polis 城堡那样有自己的公共建筑，这些 polis 看起来像村落的结合体。至于为何这样，希普莱认为是由于斯巴达的剥削，笔者认为这只是原因之一，更根本的原因是斯巴达人不允许它们修建。城堡有着独特的军事价值，斯巴达军队本身不擅长攻城，他们对城邦之类的军事建筑比较忌讳，这在雅典修建连接卫城和庇里乌斯港的长城时充分表现出来，修昔底德说：他们不愿意看到雅典和任何其他城邦建筑城墙。⑤ 同样的担心也会在处理与庇里阿西人关系时暴露出来。

关于古典时期庇里阿西区的行政组织，我们没有直接的材料加以说明，但这一行政组织肯定存在。公元前 479 年，斯巴达的庇里阿西人军队在斯巴达人军队之后出发前往普拉提亚战场，分散各地的庇里阿西人在第二天就迅速调集 5000 人，这一方面说明当时的斯巴达的征兵效率极高；另一方面说明庇里阿西区肯定存在较高效率的行政机构，因为，这个征调工作显然不可能由斯巴达中央直接派人全面负责，地方必须有相应的机构负责或辅助征集。据修昔底德介绍，公元前 419 年的一支拉凯戴蒙人军队出征，行动诡秘，提供军队的那些城邦都不知道行军的目的。这里的城邦应当是庇里阿西人军队的派出地区，他们作为地方负责军队征集的机构不知道军事行动的目的。这段话表明庇里阿西人地区存在管理机构。公元前 387 年，阿吉西劳斯在进军到提盖亚之后，曾经

---

① Xen. *Hell.* VI. 5. 32.

② Xen. *Hell.* I. 1. 25.

③ G. Shipley, "Perioikos: The Discovery of Classical Lakonia", in Jan Motyka Sanders ed., *Philolacon*, p. 223.

④ Thuc. I. 10.

⑤ Thuc. 1. 90.

派骑兵（horseman）到庇里阿西区敦促他们尽快派兵，也曾经派征兵官到各个盟国征集军队[①]，显然斯巴达有特别的官员负责征兵事宜。公元前371年，底比斯入侵时，卡耶地区的代表与底比斯主动接洽[②]，这些与底比斯接洽的代表可能也是卡耶的地方官员。我们不能忽视庇里阿西区内的这些管理机构。

既然庇里阿西区被称为城邦，那么它的行政机构应该具有城邦的特征，如公民大会、城邦议会、集体性的行政组织等。但我们依然没有这方面的材料，一份属于公元前70年吉提乌姆地区的铭文材料显示，这里有一个政权组织，叫 megalai apellai。apellai 是多利亚语，"公民大会"的意思。克里姆斯认为，这个机构应该是斯巴达统治时期遗留下来的政权机关。但笔者认为这样的推论存在很大的疑问，毕竟当时的吉提乌姆已经成为独立的"自由拉科尼亚人同盟"的成员，且是同盟的政治中心，因此，这一政治组织很可能是晚后建立的，不能反映古风古典时期的。另外，古典时期，吉提乌姆是斯巴达主要的军事港口，也许他们受到斯巴达的特殊厚待。[③] 但可以肯定，庇里阿西区有自己的行政组织。我们很难想象，在斯巴达所有地方事务都要集中到斯巴达城去解决，庇里阿西区大多离斯巴达城较远，他们有着大量的具有地方特色的内部事务需要处理，如社会矛盾、宗教活动、供水供粮、土地分配、过境船只等，有时也会有公共建筑、城堡修建等。[④] 既然这些地方常常被称为城邦，既然当地有许多复杂事务需要管理，那么地方必定有一套相对成熟的行政组织。

尽管庇里阿西区拥有一定的政治权力，但它毕竟是斯巴达国家地方行政组织，必定受制于斯巴达中央政府。虽然许多文献称庇里阿西区为 polis，但亚里士多德在《诗学》中说，伯罗奔尼撒人称庇里阿西区为 komai（村落之意），类似于雅典的 demo。[⑤] 从实际情况看，斯巴达对庇里阿西区也有较多的控制。这种控制首先表现为派驻官员。这方面的细节可以从斯巴达对西塞拉岛、奥隆的管理分析出若干细节。据修昔底德记载，斯巴达每年会派一个西塞拉迪克（Cytherodike）。[⑥] 从这个官员的名称看，它负责地方司法事务的处理，这说明

[①] Xen. *Hell.* V. 1. 33.
[②] Xen. *Hell.* VI. 5. 25.
[③] K. M. T. Chrimes, *Ancient Sparta*, Manchester: Manchester University Press, 1952, p. 284.
[④] G. Shipley, "The Other Lakedaimonians", p. 210.
[⑤] Arist. *Poet.* 1448a36.
[⑥] Thuc. IV. 53.

斯巴达中央政府对地方的管理也主要集中在司法方面。斯巴达在西塞拉还派驻了重装步兵，重装步兵一方面负责地方的军事防御，同时还应该担任维持地方治安的职能。它与西塞拉迪克没有直接的隶属关系，但同样来自斯巴达中央政府的委派，在有需要时两者之间必定会互相支持。

色诺芬在记述基那敦密谋时间接提到斯巴达对地方的管理。这个例子也是我们理解斯巴达政府控制地方的绝好例子。斯巴达政府担心公开抓捕基那敦会引起同谋者的大规模暴动，所以决定实施诱捕，笔者认为，色诺芬特别说明"为了不引起基那敦怀疑"，"外派抓捕罪犯"一定是基那敦常常经历的，也就是说具有较高的可信度。据色诺芬记述，斯巴达派基那敦到奥隆区抓捕一些黑劳士和当地人，其中还有一位当地女子，因为这位女子引诱当地的拉凯戴蒙人。① 这一记述表明：第一，斯巴达政府对地方官员有监督。这里的拉凯戴蒙人必定是当地的官员，普通的拉凯戴蒙人成千上万，生活出轨可以说数不胜数，斯巴达政府不可能全面管控，只有对那些特殊的担任一定官职的人加以监控。这说明，斯巴达政府对地方官员的管控比较严格，甚至包括生活作风。第二，基那敦从骑士长官——希帕格里泰（Hippagreta）那里得到随同执行任务的同伴。这说明斯巴达常常派精锐部队前往庇里阿西区执行任务，斯巴达对地方的控制比较严格。第三，基那敦前往奥隆抓捕的是黑劳士，这说明斯巴达中央政府对地方治安非常关注，控制也是强有力的。第四，基那敦抓捕的黑劳士和当地女子大概不会就地处理，因为就地处理很可能委派地方官员执行，无须中央政府派人，因此，这些人可能是被带回斯巴达审理。奥隆本身也在美塞尼亚的西部，离斯巴达城较远，不顾距离远近将嫌犯带回都城，这同样说明斯巴达对地方的管理很严格。第五，这份差事基那敦已经不是第一次做了。另外，基那敦计划泄露之后斯巴达政府立即给他派遣这个任务，这进一步说明斯巴达政府对地方的这类控制是经常的、严格的。前文提到的公元前387年阿吉西劳斯派骑兵（horseman）到庇里阿西区敦促地方尽快派兵。这件事也说明斯巴达会临时性地向庇里阿西区提出要求。伊索克拉底曾经说，斯巴达监察官可以不经审判随意地处理庇里阿西人。② 伊索克拉底的这个结论可能有些夸张，但雅典的三十人政体似乎可以提供佐证。据研究，三十人政体可能是在斯巴达的扶

---

① Xen. *Hell.* III. 3. 8 – 9.
② Isoc. *Pan.* 181.

植之下，模仿斯巴达政治制度建立起来的，三十人政权的实际掌握者克里提亚斯就是一位狂热的斯巴达崇拜者。三十人政府模仿斯巴达的统治模式，对雅典公民进行重新登记，登记在册的公民只有 3000 人。这里，三十人政府、3000 公民可能都是对斯巴达元老院和斯巴达公民队伍的模仿。反过来，我们也可以从雅典的情形推测斯巴达的某些情况，如雅典三十人委员会可以自行处死公民册之外的公民。这种情形加上前面所说的基那敦到地方拘捕罪犯可能印证了伊索克拉底的说法，即斯巴达中央政权对不完全拥有公民权的公民，即庇里阿西人握有生杀大权。除了上述内政方面的控制，大家一致公认的，庇里阿西区没有外交权力。这些都说明，斯巴达政府对庇里阿西区的控制比较严格，庇里阿西区并不是什么独立的城邦，甚至没有自治权。庇里阿西区的政治地位在一定程度上反映了庇里阿西人的政治地位。

但仅仅从庇里阿西区的政治地位认识是不够的，还必须就庇里阿西人本身的政治权利展开讨论。众所周知，在古代斯巴达庇里阿西人和斯巴达人合称为"拉凯戴蒙人"，庇里阿西人是拉凯戴蒙人的组成部分，我们可以结合拉凯戴蒙人的政治权利探讨庇里阿西人的政治权利问题。参与国家政治活动曾经被亚里士多德作为是否具有公民权的重要指标，而参加公民大会则是参加国家政治的主要标志。就这一点，笔者认为：需要区分斯巴达在法律上禁止庇里阿西人参与国家政治活动和庇里阿西人理论上享有参与政治的权利但实际因为各种情况未能参与这两种不同的情况。笔者认为，在古代斯巴达值得探讨的主要是第一种情况：斯巴达有没有在法律上加以禁止。在希罗多德、修昔底德、色诺芬的笔下，斯巴达的公民大会均称为拉凯戴蒙人的会议，斯巴达做出的重大决议、委任的重要官员、签署的国际和约也是以拉凯戴蒙人的名义做出的。如希罗多德记载公元前 481 年薛西斯派遣使者到希腊各邦去索取水和土，除了雅典和拉凯戴蒙。① 公元前 432 年，科林斯、雅典代表在斯巴达公民大会上向所有的外国代表和斯巴达公民的演讲中也用"拉凯戴蒙"一词，斯巴达国王和监察官斯森涅莱达斯在回答科林斯和雅典代表时也自称"拉凯戴蒙人"②。公元前 422 年，拉凯戴蒙人派三位使者到伯拉西达控制的北方担任总督③，次年，

---

① Hdt. VII. 32.
② Thuc. I. 68，75，80，86.
③ Thuc. IV. 132.

在与雅典签署的《尼西亚斯和约》中拉凯戴蒙也是与雅典并列的签约方。[1] 在斯巴达与阿尔戈斯签署的和约中，拉凯戴蒙也是独立的签约方。[2] 公元前418年，拉凯戴蒙人制定法律限制国王阿基斯的权力。[3] 可以想象，在斯巴达，拉凯戴蒙人大会比纯粹的斯巴达人大会的政治地位更为突出，而作为拉凯戴蒙人组成部分的庇里阿西人自然拥有参加拉凯戴蒙人大会的权利。他们在斯巴达自然享有较多的政治权利。在斯巴达的历史上，庇里阿西人与斯巴达人之间一直维持着较为稳定的关系，直到公元前370年为止，很少有庇里阿西人起义，另外的只是公元前465年美塞尼亚地区的两个庇里阿西区参与起义，但这次起义本身还夹杂着美塞尼亚与拉科尼亚两个地区、美塞尼亚人与拉科尼亚人之间的区域矛盾和种族矛盾，不完全是因为政治矛盾引起的。而公元前370年，底比斯人的入侵，也主要是北部的庇里阿西区背叛了斯巴达。在这之后，斯巴达国内的庇里阿西人仍然显示出较大的政治忠诚。因此，笔者赞同豪尔的观点，庇里阿西人法律上应该享有拉凯戴蒙的公民权。

在古代斯巴达，庇里阿西人个人还拥有担任官职的权利。这一现象在公元前5世纪后期越来越明显。公元前412年，庇里阿西人弗里尼斯被斯巴达委派担任外交使节，去开俄斯核对舰船数量。[4] 而在斯巴达派往开俄斯的军队中，海军则由一位庇里阿西人狄尼阿德斯指挥。[5] 在由色诺芬率领的远征波斯的希腊雇佣军中庇里阿西人德克西普斯曾经担任过一艘50桨战舰的舰长。[6] 一些学者依据这些实例认为，庇里阿西人只有在立下战功之后才能得到提拔担任官职，但从史料本身看，并没有说这些人曾经立下战功，尤其是弗里尼斯，只出现过一次，我们无法断定他的这个职位是否与此前的立功有关。庇里阿西人可能有权担任监察官。亚里士多德说斯巴达的平民拥有监察官的选举权和被选举权，如果我们不能否认庇里阿西人也是拉凯戴蒙人的组成部分，那么庇里阿西人就必须视作平民的组成部分。那么至少在理论上，庇里阿西人也有同样的权利。

---

[1] Thuc. V. 18, 19, 23, 24.
[2] Thuc. V. 77.
[3] Thuc. V. 63.
[4] Thuc. VIII. 6.
[5] Thuc. VIII. 22.
[6] Xen. *Ana.* V. 1. 15.

庇里阿西人有权从军，在希腊世界斯巴达军队被称为"拉凯戴蒙人军队"，史料文献中很少称"斯巴达军队"的。现在人们不知道庇里阿西人最早何时参加斯巴达军队，一种观点认为产生于公元前 550 年，伯罗奔尼撒同盟建立之前；另一种观点认为出现于萨摩斯战役（公元前 525 年），比较明确的是，在普拉提亚战役之前庇里阿西人就已经参加了斯巴达军队，在普拉提亚战役中 5000 名庇里阿西人重装步兵参加了战斗①，而且这支军队是从庇里阿西人中挑选产生的。说明在这一时期，庇里阿西人与斯巴达军队是分开编组的。我们在公元前 425 年的斯法克特利亚战役中依然看得比较清楚。在这次战役中，斯巴达征调了北部边界的庇里阿西人然后一起赶赴前线，但最后被俘的多是斯巴达人。② 参加军队既是庇里阿西人的权益，也是庇里阿西人的负担。

但是，我们也应该看到，在古代斯巴达，庇里阿西人的政治地位实际上逊于斯巴达人。在前面所说的斯法克特利亚战役中，由于轮流登岛驻防，最后被俘的恰好是斯巴达人，斯巴达政府于是不遗余力地主动要求与雅典签署合约，假如被俘的是庇里阿西人，不知斯巴达政府是否会如此坚决地求和？尽管我们前文指出，庇里阿西人理论上有权参加公民大会，但因为庇里阿西区大多远离斯巴达城，不少庇里阿西区与斯巴达城之间还有山峦丘陵阻隔，因此，这些居住在远处的庇里阿西人大概很少不顾旅途劳累前往斯巴达城参加公民大会。他们在公民大会上的表现和活动也很少有史书记载，这本身也表明他们的政治地位不那么重要，政治活动也不那么积极。公元前 5 世纪，庇里阿西人通常与斯巴达人并置，而至公元前 4 世纪，庇里阿西人通常与那些地位较低的阶层并列。在拜占庭的斯巴达守军中，庇里阿西人和被释放的黑劳士以及麦伽拉雇佣军一起③，在基那敦暴动中，基那敦把黑劳士、"新公民"、下层斯巴达人和庇里阿西人视作起义潜在的支持者和参加者。④ 公元前 383 年在远征阿堪杜斯人的军队中，被释黑劳士和庇里阿西人与斯基里泰人是主要的组成部分，三者再次并列。⑤ 公元前 381 年，阿吉西劳斯远征奥林托斯的军队中庇里阿西人与接

---

① Hdt. IX. 11.
② Thuc. IV. 8，38.
③ Xen. *Hell.* I. 3. 16.
④ Xen. *Hell.* III. 3. 6.
⑤ Xen. *Hell.* V. 2. 24.

受斯巴达教育的外国士兵、私生子并列。①

此外，庇里阿西人的政治权益还可能因为各种原因得不到保护，或无法实现。首先是公民权，据亚里士多德，斯巴达的公民权与是否能够负担公餐税和是否能够参加公餐团紧密相关。庇里阿西人虽然有一点数额的份地，但我们不知道这个份地的具体面积，也不知道是否能够承担得起公民资格所需的公餐税额。但估计不少人负担不起，即使负担得起，也没有机会参加公餐团，这使得庇里阿西人有相当一部分人不能全面享有公民权。在斯巴达，庇里阿西人的数量远多于斯巴达人，但在战场上，我们知道斯巴达人的地位和重要性却超过了庇里阿西人。普拉提亚战役中，庇里阿西人派出的军队人数与斯巴达人持平，而且这些士兵是从庇里阿西人中挑选产生的，为什么是挑选出来的，笔者认为，是因为不是所有的庇里阿西人都能充当重装步兵，也就是说，并不是所有的庇里阿西人都享有公民权。其次是经济利益。从军打仗虽然是庇里阿西人社会地位的体现，战利品也可能为庇里阿西人带来额外的收入，他们也可以借此立下战功得到表彰奖励和提升。但军役，尤其是重装步兵，本身是一个沉重的支出，如果战争不顺，庇里阿西人的战场收益往往无法抵消支出，及至牺牲、残疾等战争后遗症则会使庇里阿西人家庭贫困化，乃至破产。再次是法律权益。按照伊索克拉底的说法：斯巴达有权不经法庭审判就处死庇里阿西人，斯巴达在精神上使庇里阿西人成为奴隶。② 伊索克拉底的说法虽然有不少夸张的成分，但正如我们前面所讲的，它也在一定程度上反映了古典时代后期庇里阿西人的地位比较低下。那么我们推测在此之前，庇里阿西人的地位与斯巴达人还是有所区别的。柏拉图在讲到寡头制度时称他们在战争因素消失之后，往往把以前的朋友作为庇里阿西人和家庭奴隶。③ 这里，柏拉图将庇里阿西人与奴隶置于同等的地位。

三　庇里阿西人的经济地位

经济状况是判断庇里阿西人社会地位的重要维度。

---

① Xen. *Hell.* V. 3. 9.
② Isoc. *Pan.* 181.
③ Plato, *Rep.* 547c3.

首先庇里阿西人拥有自己的份地。据普鲁塔克记述，在斯巴达历史早期，莱库古改革中就给庇里阿西人分配了土地。据说，莱库古把属于斯巴达城的土地分成 9000 份给斯巴达人，而把拉科尼亚其余的土地分成 30000 份给庇里阿西人。① 阿基斯改革中也规定：把佩拉那、泰盖托斯、马利亚和塞拉西亚之间的土地分成 4500 份，在这之外的拉科尼亚地区的土地分成 15000 份。后一种份地分给那些可以配备武装的庇里阿西人，前一种份地则分给纯粹的斯巴达人。斯巴达人的人数则可以由前面的庇里阿西人和受自由人抚养的年轻力强的外国人补充。② 目前我们没有直接的材料说明庇里阿西人的份地有多大。但可以肯定的是，庇里阿西人的份地面积不及斯巴达人。

斯巴达人几乎不从事商业活动。据普鲁塔克记述，莱库古在改革时定下规则，禁止斯巴达人从事商业和手工业活动。普鲁塔克的这个记述据说带有很多的臆想成分。但据希罗多德记载，拉凯戴蒙人与色雷斯人、波斯人、吕底亚人一样，认为从事军事的人是最高贵的，而从事手工业则不受尊重。③ 另外，据普鲁塔克记述，阿吉西劳斯远征亚细亚时，为了显示斯巴达军队的强大和专业，要求从事手工业的士兵起立，最后只有斯巴达军队没有一个人站立，这说明斯巴达人（包括部分庇里阿西人）没有人从事手工业。④ 这个故事的真实性不知如何，因为据色诺芬记载，阿吉西劳斯带到小亚的军队是由 30 名斯巴达人、2000 名被释放黑劳士和 6000 名同盟者组成的军队。⑤ 普鲁塔克所说故事中的军队大概不会专指这 30 人，但它表明，普鲁塔克认为，斯巴达人不从事手工业生产，把赚钱的事全部交给他们的奴隶和黑劳士，那么斯巴达的手工业全部由庇里阿西人和黑劳士承担。⑥

斯巴达工商业的门类主要有武器制造业、采石业、炼铁、制铅和制铜业、纺织业等。斯巴达的军队实力希腊闻名，那么武器制造在国家的手工业行业势必占有特殊的地位。而从事武器生产的应该以庇里阿西人为主，因为黑劳士与斯巴达人处于对立之中，斯巴达国家不可能将这种敏感的职业交给黑劳士去

---

① Plut. *Lyc.* 8.
② Plut. *Agis*, 8.
③ Hdt. II. 167.
④ Plut. *Ages.* 26.
⑤ Xen. *Hell.* III. 4. 1.
⑥ Plut. *Lyc & Numa*, 2.

做。与武器制造相连的铁器制造在斯巴达也较为发达，基那敦暴动前曾经带人来到斯巴达市场，告诉他他们的武器就是市场上出售的那些刀、镰、斧。① 这些器具可能也主要是由庇里阿西人制造。色诺芬曾经提到阿吉西劳斯率军在亚洲打仗，停战期间阿吉西劳斯将斯巴达军队组成一个城堡（polis），城堡中有市场（agora），市场上有各种马匹和武器出售，还有各种手工业者，如铜匠、木匠、铁匠、皮革工、油漆工，他们的主要任务是生产武器。② 在这里从事劳动的主要是从军的庇里阿西人和黑劳士。

除了与战争相关的手工行业之外，与日常生活相关的行业也比较多。如制铅、制铜业。人们在阿米克莱的阿尔特米斯神坛遗址发现了数以万计的铅质小雕像，这些小雕像由拉科尼亚各地的朝拜者带到神庙或加以出口。制铜业虽然直接的发现不多，但希罗多德记述斯巴达曾经为克罗伊索斯的国王制作了一个巨大的铜质混酒钵，钵的外围刻满了动物图案，钵的容量大约12274升。③ 斯巴达的纺织业也比较有名，斯巴达的红色布料和用这种布料制成的鞋子和上装都是非常有名的，尤其是上装非常舒适，便于穿着。④

斯巴达的家具制造也颇具特色，按普鲁塔克话讲，他们在床铺、椅子、桌子的制作方面极其讲究⑤，尤其是水杯，这是一种陶制行军用的水壶，内有卷边，可以一边行军一边沉淀水中杂质，喝水时卷边自动挡住沉淀下来的杂质⑥。

除此之外，斯巴达还有一些原料开采行业，如采石、采矿、染料等。铁矿石在拉科尼亚分布较广，著名的铁矿如涅亚波利斯、斯基里提斯地区的科利奈、马尼山南部的波托凯垚。⑦ 斯巴达城市周围不产大理石建材，其大理石建材主要来自泰盖托斯山东侧，还有北部的弗瑞斯特纳，以及帕戎山西侧的克利萨法、瓦德胡尼亚西部的高纳诺。斯巴达本土多使用石灰岩作建材，所需的大理石都产自这些地区。

---

① Xen. *Hell.* III. 3. 7.
② Xen. *Hell.* III. 4. 17 – 18；*Agesilaus*, I. 25 – 26.
③ Hdt. I. 70.
④ Athen. 483b.
⑤ Plut. *Lyc.* 9.
⑥ Athen. 483b – 484c.
⑦ P. Carteldge, *Sparta and Laconia*, p. 180.

斯巴达虽然三面临海，但能够避风浪、适合停泊的港口并不多。主要的港口有阿斯特罗、提罗斯、伦德赫翁、库帕斯和帕莱阿·墨涅姆瓦西亚。吉提乌姆是古典时期的主要海港，卡达米勒是公元前2世纪之后的主要海港，西塞拉是古代斯巴达联系海外的重要基地。斯巴达的造船业一直比较落后，在希波战争中，斯巴达就因为缺少海军而受到叙拉古对其统帅地位的挑战，在萨拉米海战时，斯巴达仅提供了战舰10艘。[1] 伯罗奔尼撒战争开始时，希腊世界海军排名前三位的依次是雅典、科西拉、科林斯。[2] 斯巴达连同其盟军的战舰只有100艘。[3] 公元前425年，斯巴达也只拥有战舰60艘[4]，公元前406年，斯巴达的战舰达到200艘左右[5]。战舰的增加只是带来造船业的繁荣，但斯巴达的海上贸易并没有得到发展。在很长时间内斯巴达的海上贸易主要依靠克里特和腓尼基。

海洋开发中捕鱼和贝类采集是其主要门类。我们没有与捕鱼直接相关的材料，但斯巴达有较长的海岸线，沿海地区的自然条件较差，为了满足生活的需要，他们不得不开发利用海洋，另外，鱼是古代希腊上等的食品，所以捕鱼的收益比较丰厚，大量的庇里阿西人居住在沿海地带，想必他们不会置此于不顾。另外，贝类采集是重要的经济活动。地中海有一种贝类——骨螺是制造红色和紫色颜料的原材料，是斯巴达的红色布料的染织必不可少的原材料。斯巴达红色染料的原材料比较丰富，据称仅次于腓尼基。[6]

据希罗多德介绍，斯巴达盛行职业世袭。他说：拉凯戴蒙人有一种类似于埃及人的风俗，他们的传令官、吹笛手、厨师都是世袭的，吹笛手的父亲一定是吹笛手，厨师的父亲一定是厨师，传令官的父亲肯定是传令官。其他任何人都不会因为自己有一副好嗓子来担任传令官，而挤占了他们的职位。[7] 这里希罗多德介绍的是拉凯戴蒙人的情况，如前所述，斯巴达人基本不从事手工业，那么这些世袭的手工业者主要是庇里阿西人。

---

[1] Hdt. VIII. 1.
[2] Thuc. I. 36.
[3] Thuc. II. 66.
[4] Thuc. IV. 2, 8.
[5] Xen. *Hell.* I. 6. 3；II. 2. 5, 9.
[6] Paus. III. 21. 6.
[7] Hdt. VI. 60.

总体来看，庇里阿西人在经济上是比较贫困的。但他们必须向国家缴纳赋税，承担各种负担。军役应该是庇里阿西人主要的负担。在普拉提亚战役中庇里阿西人一次提供了 5000 名士兵。在皮罗斯战役中，斯巴达军队刚从阿提卡撤回，就就地征调庇里阿西人，因为派罗斯周围没有庇里阿西区。可见，庇里阿西人对斯巴达军队非常重要。与其他希腊城邦一样，斯巴达的从军也是没有报酬的。庇里阿西人从军是一项纯粹的负担，他们的支出只能靠战场的战利品和自己家庭的保障。

纳税也是庇里阿西人必须承担的负担。据公元前 4 世纪的希腊史学家伊弗鲁斯说：斯巴达的庇里阿西人原先与斯巴达人平等，不要纳税，但后来阿基斯取消了这项特权，强迫他们纳税，赫罗斯城的居民还因此举行了起义。① 柏拉图曾经提到斯巴达社会成员普遍富有，同时需要向王室纳税，这里柏拉图并没有说哪些社会阶层需纳税，处于社会中层的庇里阿西人大概也不会免税的。② 但卡特利奇似乎认为庇里阿西人并不纳税，或这一点并不是很重要。但他们可能需要以个人为单位，以特殊的经济活动为基础，向国家缴纳钱款或其他税负。③ 有关庇里阿西人的税负我们现在不清楚其税额有多大。

庇里阿西人必须服劳役。我们前面说到的斯巴达的行军中间有许多手工业者跟随，随时提供武器的维修和生产。这些人很可能也是庇里阿西人或以庇里阿西人为主。另外，庇里阿西人还有一些家庭世代从事厨师、吹笛手等职业。我们知道，斯巴达人主要从事军事训练和从军打仗，那么公餐团中烧饭做菜等这些活动也势必会落在庇里阿西人或黑劳士身上。我们不知道黑劳士是否烧饭，但出于警戒，斯巴达人不会让黑劳士从事这方面的工作，这是可以想象得到的。还有如前述，部分庇里阿西人世代从事吹笛，是职业的吹笛手，而斯巴达军队前方打仗总是伴随着音乐进攻或后退。④ 那么这种吹笛手也主要由庇里阿西人承担。

庇里阿西人还必须缴纳实物。庇里阿西人的生产品如何转移至斯巴达国家和斯巴达人手中我们缺少相应的材料说明。从前述的基那敦暴动和阿吉西劳斯

---

① Strabo, VIII. 5. 4.
② Plato, *Alcib.* 123b.
③ P. Carteldge, *Sparta and Laconia*, p. 180.
④ Thuc. V. 70. Plut. *Lyc.* 22.

行军途中的临时市场可知斯巴达有着简单的市场交易体系，但很难想象斯巴达人所需的所有物品均通过市场采集，我们知道斯巴达的市场经济一直不发达，货币是简单落后的铁质货币，不利于市场交换。① 在这种情况下，我们相信，庇里阿西人还必须向斯巴达政府缴纳各种实物。

总体来说，庇里阿西人可能与一般的普通劳动者一样，必须承担赋税、劳役、实物和军事义务。

值得注意的是，庇里阿西人在经济方面存在明显的贫富差别，不像斯巴达人那样彼此之间比较平均的倾向。斯巴达政府对土地实际上并没有在国家层面上实行严格的控制，斯巴达人为了维护自己的公民身份，自发地通过婚姻生育等措施维护土地的均衡占有，但这种现象在庇里阿西区并没有实行，这种贫富差异不仅在不同地区之间存在，在同一地区内部也存在。前述阿吉西劳士在亚细亚前线用事实证明只有斯巴达的军队是职业军人，不从事其他职业。这说明庇里阿西人中有一部分已经脱离生产。在普拉提亚战役中，斯巴达从庇里阿西人中选出了5000人充当重装步兵，重装步兵需要有全副的装备，其开支非一般人所能承受。这部分人只能是庇里阿西人中的富有者，因此，他们必须从庇里阿西人中挑选，正是因为这种挑选需要时间，他们不像斯巴达人那样随时可以出征，所以只能等到第二天才集合出发。色诺芬把这部分人称为庇里阿西人中"真正的绅士"，他们自愿参加斯巴达军队。②

这些富裕的庇里阿西人可能拥有黑劳士。有材料证明，在庇里阿西区存在黑劳士。在伯罗奔尼撒战争期间雅典先在庇里阿西区厄庇道鲁斯·利姆拉进行劫掠，鼓动黑劳士逃亡，然后他们占领西塞拉岛，将其作为鼓励黑劳士逃亡的据点。西塞拉岛的对岸主要是庇里阿西区，显然，这些逃亡的黑劳士主要来自这些庇里阿西人地区。③ 公元前399年，基那敦曾经被监察官派到奥隆拘捕那些犯罪的奥隆人和黑劳士。④ 奥隆是斯巴达在美塞尼亚地区西部的庇里阿西区。公元前240年埃托利亚同盟对拉科尼亚发动攻击共俘获5000名奴隶，这种攻击包括庇里阿西人地区，也就是说这些奴隶俘虏也有部分属于庇里阿西人

---

① Plut. *Lyc.* 9.
② Xen. *Hell.* V. 3. 9.
③ Thuc. VII. 26.
④ Xen. *Hell.* III. 3. 8.

地区。① 按照卡特利奇的研究，庇里阿西人很可能拥有黑劳士。② 一份属于公元前5世纪的吉提乌姆的铭文显示这些黑劳士似乎不仅仅从事农业生产，这份铭文规定：禁止自由民和黑劳士采石。斯巴达国王一般不会自己破坏传统从事采石等手工业劳动。这些黑劳士应该从属于那些从事采石业的庇里阿西人。另一份材料更直接证明了庇里阿西人可能拥有黑劳士。这是公元前5世纪末期4世纪初期的五块有关释放人口的铭文，铭文的内容是释放黑劳士，显然属于庇里阿西人。

总体来看，庇里阿西人在经济方面从事着农业、园艺业、畜牧业、手工业、商业、航海业等多种职业，其中又以农业为主。庇里阿西人必须承担赋税、军役、劳役和贡赋等负担。庇里阿西人之间存在较为严重的贫富分化，部分富裕的庇里阿西人已经完全脱离生产劳动，而部分庇里阿西人则劳碌终年，却衣食难保。

---

① Poly. IV. 34. 9.
② P. Cartledge, *Sparta and Lakonia*, pp. 179 – 180.

第 五 章

斯巴达人

在古代斯巴达史研究中，斯巴达人这个概念司空见惯，但其准确含义和特征却并非非常清楚。斯巴达人至少有三层含义：一是指古代斯巴达的所有居民；二是处于社会顶层、居于统治地位的、与庇里阿西人和黑劳士并立的古代斯巴达三大社会等级之一；三是指斯巴达人阶层中作为斯巴达公民的人。第一层含义是基于现代民族国家理论上的习惯用法，与古人的用法差异较大。第二层、第三层含义古人已经用之，但两者之间存在一定的差异，简要言之，作为阶层的斯巴达人不分男女老少，而作为公民的斯巴达人只是指斯巴达人阶层中可以服兵役的成年男性。作为斯巴达军队中的特殊组成部分和精锐力量，斯巴达人彼此之间称为"平等者"。然而，尽管古希腊的不少资料反映的是作为斯巴达上层的斯巴达人的情况，但我们对它的了解并不充分，也不清楚，我们还需要进一步研究。

一 斯巴达人与斯巴达公民

作为特定社会阶层的斯巴达人源自斯巴达国家建国初期的民族迁徙和征服。根据古希腊文献，斯巴达人是公元前11世纪前后从北方南下的多利亚人中的一支，他们首先占领斯巴达城并在此定居下来，由此得名。因此，他们属于多利亚人。而庇里阿西人则多属于当地的土著居民，主要是阿卡亚人。后来斯巴达向西扩张，征服同属多利亚人控制的美塞尼亚地区，将美塞尼亚地区的大部分居民和拉科尼亚地区部分在多利亚人扩张时坚决抵抗的阿卡亚人一起降为黑劳士，因此，从种族结构来看，斯巴达人是比较纯粹的多利亚人。

血统是斯巴达人社会阶层的重要维度。斯巴达长期奉行父母双方必须都是斯巴达人的人才可以成为斯巴达人。斯巴达历史上所谓的"处女之子"和诺托伊都表明,在斯巴达要成为斯巴达人,父母双方都必须是斯巴达人。"处女之子"出现于"第一次美塞尼亚战争"后期,有多种说法,一说是斯巴达妇女在得到斯巴达政府的同意之后与黑劳士所生,另一说是斯巴达男子与女性黑劳士所生。安提库斯说在战争期间所生的孩子都是"处女之子",这就意味着前面所说那些拒绝服军役的斯巴达人的孩子都不是全权公民,这些人的特殊之处是他们的父亲曾经是斯巴达人,他们的母亲肯定是斯巴达人。这里可以看到,血统不仅仅是民族学的概念同时还具有政治学的含义,只要子女的父母亲在其出生时不是公民,便不具有正确的血统,不成为公民。"处女之子"因为其父母一方不是斯巴达人不能成为斯巴达公民,参与"第一次美塞尼亚战争"之后的土地分配,几乎酿成起义。① 这意味着斯巴达国家一直没有放弃这种父母双方都需要合法身份的规定。斯巴达国王戴玛拉托斯也因为自己的亲生父亲可能不是阿里斯通而失去王位。② 这与雅典历史上一度授予只要有父母一方是雅典公民的人就可以成为雅典公民不一样。

要成为斯巴达人阶层中的一员具有了血统上的要求就可以了,但要想进一步成为斯巴达的公民却还有很多其他方面的规定性。首先是年龄方面的规定。一般而言,斯巴达男童7岁之后就进入斯巴达国家开设的学校接受教育,直到18岁,斯巴达男童才完成学校教育。根据普鲁塔克的记述,这段时间的教育分为两段,从14岁开始接受正式的准军事化的体育锻炼。18岁之后,他们完成学校教育,一部分人参与"秘密巡行",少数人成为学校管理人员,做更年轻的斯巴达儿童的指导老师或带队老师。按照色诺芬的记述,斯巴达男性年满20岁之后就可以参军。参军是青年男性取得公民身份的第一个符号。所以人们往往会认为20岁是斯巴达公民的起始年龄。

实际上,30岁才是斯巴达公民真正的初始年龄。色诺芬说男性青年20岁之后主要是在军队参加小型、次要的战争,大部分时间从事狩猎,继续培育军事技能,30岁之后才正式参加战斗。普鲁塔克说,斯巴达青年在30岁之后才能参加公民大会,才能到集市上从事买卖活动。参加公民大会是公民权的又一

---

① Strabo. Ⅵ. 3. 2, 3.
② Hdt. Ⅵ. 61 – 70.

个重要象征。而到集市进行买卖也是公民权的重要标志，斯巴达在派罗斯战役后对被雅典释放回来的战俘的一个处罚措施就是取消其自由买卖的权利。柏拉图在构建较为现实的理想国度时说：男子应在 30 岁之后 35 岁之前结婚。[①] 柏拉图最崇拜现实中的斯巴达政治，他在《法律篇》和《理想国》中都把斯巴达作为最好的国度，因此，他的这个年龄标准很可能来自斯巴达的规定。亚里士多德也说斯巴达青年结婚的年龄较大。所以，斯巴达公民真正的起始年龄应该是 30 岁。在公元前 4 世纪，随着斯巴达公民队伍的人数的减少，大量刚刚年满 20 岁的青年也被编为正规军。但这是后来的情况，早期并非如此。

斯巴达人的公民身份一般只维持到 60 岁。按照色诺芬的记述，斯巴达男性一般在年满 60 岁之后就不再服军役了，如果按照军役是公民的主要义务而论，那么 60 岁之后的人不再服军役，也就不可能是合格公民。但按照斯巴达法律，年满 60 岁的男性可以当选为长老会议议员，而且这种议员资格是终生的，那么这些人的公民身份也应该是终身的。不过，这种人毕竟是少数，每年只能递补几位。另外，根据斯巴达土地制度，斯巴达份地数量长期保持稳定，那么这就意味着年老的公民不可能终身占有份地，60 岁停止服军役后他必须把份地传给年轻一代。对一个家庭来说，尽管土地主人发生变化，但土地还在本家庭内部，因此，土地主人身份的更替无关紧要，但对年轻人来说，则是获得公民身份的必要条件。斯巴达的公民身份与份地密切相关。只有占有份地才有收获，才能缴纳公餐税，才具有公民身份。所以，60 岁之后的人绝大多数都退出公民队伍。

这里可以看出斯巴达人人生中的几个主要年龄标志。20 岁，这是斯巴达男性青年成为准公民的年龄标志。30 岁是斯巴达公民的主要标志。60 岁时是大多数斯巴达人退出公民队伍的年龄。只有少数老年人才继续保有公民身份。所以，斯巴达公民队伍的主体是 30—60 岁之间的男性斯巴达人，极少的情况下包括 60 岁以上的男性斯巴达人。

斯巴达人一生的主要职业是从军打仗。整个古代希腊实行的都是公民兵制度，所有的公民都必须从军打仗，都自然是士兵。古代希腊采用的重装步兵的战术，众多士兵身穿沉重的盔甲，排成方阵，整体进退。在这之后方阵中女性是难以立足的，因此，只有那些男性才能充当重装步兵。这也决定了斯巴达人

[①] Plato, *Laws*. 721 b.

阶层中只有那些成年的男性才能成为公民。与此相关，如果有人逃避兵役，或在战场上当逃兵，也自然会因此失去公民权或部分公民权。叙拉古的安提库斯指出：有些没有参加美塞尼亚战争的斯巴达人被降为奴隶，他们就是黑劳士。[①] 这些人因为逃避兵役成为黑劳士。希罗多德也曾经记载，阿里斯托德墨斯因为眼疾从温泉关战场回到斯巴达，回国之后斯巴达人不给他火，斯巴达妇女也拒绝与他说话。[②] 这个人也可能失去了部分公民权。

年龄、性别标准其实还只是自然属性，要成为斯巴达公民还有若干社会规定。首先必须通过斯巴达的教育。斯巴达人阶层的男童不分贫富均享有接受教育的权利，但这个教育特别强调体育，而且训练较为严格，并不是所有的小孩都能通过教育考核。尤其是斯巴达男青年在年满18岁之后要参加成年礼考核，这个考核更为严格，甚至有些血腥，还充满危险。考核的一个环节是参加"秘密巡行"。每个斯巴达青年会在前一年从国家领取少量的食物和简单的武器，潜入黑劳士居住区，野外生存一年，期间要自行解决食物问题，还要杀死至少一位身强力壮的黑劳士，以证实自己具有上战场从军杀敌的能力。杜卡特说斯巴达青年也会到边疆地区驻防。不管怎么样，这个经历充满危险，极具挑战性。另一个环节是在祭祀阿尔特米斯的宗教节日上参加鞭打比赛。经过这样的成年礼考核，最后还要接受公餐团的审议，是否有资格参加公餐团。审议采用投票制，监票人手捧一只碗，收取大家的投票。选票是一只面团，不同意的人将面团捏扁表示反对。可见，并不是所有的斯巴达男子都可以成为斯巴达公民的，学校教育表现不佳，不能通过成年礼考核，公餐团成员不同意，这些都会导致斯巴达人阶层的男童失去公民资格。

斯巴达人成为斯巴达公民还必须具有一定的经济实力，履行一定的经济义务，即足额缴纳公餐税。亚里士多德说：斯巴达的公民权以缴纳公餐税为前提，只有缴纳了公餐税才能享有公民权。[③] 亚里士多德批判斯巴达的政策没有随时代的变化而变化，在公民普遍贫困的情况下，很多斯巴达人因为缴纳不起公餐税而失去公民权，导致斯巴达尽管拥有广阔的土地、众多的人口，却无法保证稳定的公民队伍和军队来源。其实，斯巴达公民还有一项重要的经济负

---

① Strabo, VI. 3. 2.
② Hdt, VII. 231.
③ Arist. *Pol.* 1271b30.

担，即充当重装步兵。由于斯巴达公民必须自备武装从军打仗，而重装步兵所需装备较多，成本较大，因此，置办重装步兵的装备本身就是一项沉重的负担。一旦不能置办，就不能履行军役义务，就会失去公民权。据史料文献记载，公元前4世纪前期，斯巴达的公民人数仅剩1000余人，到公元前3世纪后期，阿基斯改革时有100余户。而当时斯巴达的居民人数其实远远不止此数，之所以如此，非常重要的原因就是斯巴达公民的经济标准一直没有作出合适的调整。

斯巴达公民经济实力的基础是份地。亚里士多德说：古代科林斯的立法家菲登主张在开国时，要使产业的数量等同于公民的人数，而产业的大小则可以不计。① 卡尔西冬的法勒亚首次提出每户拥有相等的产业②，尽管亚里士多德在《政治学》中没有提到斯巴达的平分土地，但普鲁塔克说到莱库古改革时实行土地平分，每一个斯巴达人家庭均获得一份面积均等的份地。他还记录了斯巴达另一位国王波吕多洛斯也曾经平分过土地。普鲁塔克在写《莱库古传》时参照了亚里士多德研究散佚的《拉凯戴蒙政制》，他的这个说法很有可能来自亚里士多德的作品，具有一定的可信度。亚里士多德说斯巴达公民减少的重要原因是妇女干政，而妇女干政的基础是妇女掌握了大量的土地，据说达到斯巴达土地总数的五分之二，也就是说大量的斯巴达公民失去了份地。由此可见，不能纳税、置办军事装备的根本原因在于不能足额占有份地。失去土地也就失去了公民权。

斯巴达人在政治上可以参加公民大会，可以选举各种国家官职，也可以被选为国家官职。这既是公民的权益，也是公民的义务。如果公民不能公正、廉洁地履行公职，他也可能因此受罚而失去公民权或部分公民权。史书记载，吉利普斯的父亲克勒安达里达斯曾经担任斯巴达年幼的国王普罗斯托阿那克斯的监护人，但后来因受伯里克利的贿赂擅自撤军而受到处罚，判处死刑，被迫流亡海外。埃里安说吉利普斯是蒙塔库斯③，就是只享有部分公民权的斯巴达人。克勒安达里达斯正是因为在职期间贪污受贿失去公民身份，害得他的儿子也失去公民身份。希罗多德记载斯巴达国王克里奥布鲁托斯也曾经因为在战场

---

① Arist. *Pol.* 1265b13.
② Arist. *Pol.* 1266a37.
③ Ael. *VH.* XII. 43.

前线贪污战利品而被放逐。另两位国王戴玛拉托斯、克利奥墨涅斯都在国内的政治斗争中或被放逐或被捕入狱，另外，早期斯巴达历史上还有提拉斯不满失去摄政王的政治权利自我漂流到海外殖民的。这些大概都属于在政治生活中因犯罪或争权夺利的斗争失利而失去公民权。

色诺芬还提到斯巴达人失去公民权的条款，即必须实践作为一个公民应有的道德，对于所有满足公民道德要求的人，不论身体强壮与否，不论家境富有与否，都可以得到平等的公民权，否则，就会被剥夺公民权。① 当然，色诺芬这里所用的"道德"要做相对宽泛意义的理解，包括了我们前文所说的教育合格、清廉从政等内容，但色诺芬在作品中还提到言行举止、待人接物等方面的一般意义的道德规范，斯巴达人如果在这些方面有缺失也会因此失去公民权。

综上所述，只要具有多利亚人血统、父母双方是斯巴达人，他就一定是斯巴达人阶层了，但只有年龄在 30—60 岁之间的成年男性、通过了阿高盖（Agoge）考试、具有一定的经济实力、能够履行军事政治义务的人才能成为斯巴达公民，才能成为严格意义上的斯巴达人。

二　斯巴达公民队伍的规模

有关早期斯巴达人数已经没有多少可靠的资料。伊索克拉底说：斯巴达占领拉科尼亚时人数仅仅 2000 人②，这个数据似乎不太可靠。普鲁塔克在记述莱库古分了 9000 份土地的同时，提到古希腊对此有不同的说法，有的说莱库古只分了 6000 份，还有 3000 份是波吕多洛斯分的，有的说莱库古分了 4500 份，波吕多洛斯分了 4500 份。如果普鲁塔克的说法是正确的，莱库古真是斯巴达早期的历史人物，莱库古分配土地这件事真的发生在斯巴达建国之初，而且其数量就是 9000 份，这个说法确实是要打个问号，从公元前 9 世纪到公元前 3 世纪，数百年的时间，公民人数、份地数量一直不变，让人难以置信。这样说来，那些传说倒还有些可信性，至少反映了公民人数不断增加的过程。但

---

① Xen. *Lac. Pol.* X. 7.
② Isoc. *Pan.* 255.

早期的公民人数是否为 4500 人或 6000 人，我们无法断定。柏拉图提到：理想的城邦人数是 5040 人，按照柏拉图对斯巴达的熟悉程度和对斯巴达的推崇程度，而且这个数字与普鲁塔克记述的 6000 份份地较为一致，所以这个数字可能是早期斯巴达某一个较长时段中的公民人数。总之，我们已无法确定早期斯巴达公民的人数。但有一点是肯定的：早期斯巴达公民人数呈现上升趋势。卡特利奇、菲古伊拉都认为，早期斯巴达的公民人数曾经呈现出不断上升的趋势，不过两者的认识稍有差别，卡特利奇认为这个趋势到公元前 6 世纪周期到了顶峰，此后人数开始降低，菲古伊拉则认为到了希波战争爆发的时候，斯巴达公民人数才达到顶峰。但这两位学者都没有说明早期斯巴达公民人数增长的原因。

早期的斯巴达公民人数上升的主要原因，正如亚里士多德所说，是自然繁殖和吸收外来人口。我们不清楚斯巴达是否采取了鼓励生育的措施，但鼓励生育只是对自然繁殖的一种人为干预，并没有改变自然繁殖的基本特征。再者，斯巴达的鼓励生育主要是在公民人口下降的情况下采取的，所以也不是一个常态的政策。如传说"第一次美塞尼亚战争"期间，由于大量成年男性长期离开故土导致生育率下降，于是斯巴达采取政策允许斯巴达妇女与黑劳士同居、生育。因此，从总体上看，笔者认为，这种人为干预处于次要地位，历史文献的记录也较少。

早期斯巴达公民人数上升更主要的原因是吸收外来人口。第一种形式是吸收被征服人口。早期的斯巴达处于不停地扩张之中，扩张战争固然带来斯巴达公民队伍萎缩，存在人为刺激生育的张力，但战争带来的大量新人口也成为斯巴达必须克服和解决的问题，于是有选择地吸收外来人口，充实公民队伍，同时削弱敌对势力，成为斯巴达政府重要的人口政策。最早的实例应该说是斯巴达征服拉科尼亚地区之后，赋予当地人以平等的权利，这些人实际上成为斯巴达的公民。后来据说斯巴达的第二任国王阿基斯剥夺阿卡亚人的平等地位迫使他们纳税，于是他们沦为庇里阿西人。我们不敢肯定所有的原住民都沦为庇里阿西人，但是斯巴达最初的赋予原住民平等权利实际上开启了吸收外来人口的先河，其次既然先赋予权利，再剥夺权利，那么要完全剥夺就不可能，势必有部分原住民依然保持了公民身份。第二种形式是吸收外部迁入的人口。据希罗多德记载，早期斯巴达人曾吸收过米尼埃斯人，据称米尼埃斯人来到斯巴达，自称与斯巴达有着同样的血缘，于是斯巴达同意让他们定居下来，与他们通婚，并将他们分配在自己的部族中，同时分给他们土地。① 希罗多德还说，斯巴达在公元前6世纪末曾经吸收了两位出生于厄利斯的弟兄祭司，因为他们熟悉斯巴达宗教仪式，为斯巴达预言了五次军事胜利。虽然，希罗多德在此还指出，斯巴达从来没有把公民权授予外国人。② 笔者认为，这只是针对后来的斯巴达历史而言，并没有反映早期斯巴达的历史。实际上，这证明斯巴达早期曾经实施过吸收外来公民的政策。

早期斯巴达不断对外扩张，有充足的土地，每次征服之后都可以进行新的土地分配，吸纳新的公民。所以早期的斯巴达公民人数一定增加较快。这个增加的趋势到"第二次美塞尼亚战争"结束时基本到了顶端，在此之后，斯巴达的公民人数的增长放慢了脚步。按照菲古伊拉的说法，古典时期的斯巴达份地数在公元前600年的时候就已经确定下来。在此之后，斯巴达几乎没有再进行过大规模的征服战争，获得土地的速度明显放慢了。唯一值得一提的是对东部提盖亚地区的战争，但这个战争获得的少量土地主要是用作庇里阿西人的份地。③ 因为这个地区邻近阿尔戈斯，斯巴达与阿尔戈斯长期交恶，斯巴达人不可能把自己的家业放在这个危险地带。所以，笔者认为，斯巴达的公民人数的增速在公元前600年左右达到鼎盛，此后可能有所增加，但数量有限。从人口增加曲线看，此后的200年基本属于平台期。

公元前600年之后，斯巴达公民人数达到峰值并基本保持平衡。峰值时期的斯巴达公民人数基本上维持在10000人上下。依据如此，普鲁塔克说莱库古改革时，曾经划分了9000份份地。④ 如前所述，这一数值其实不是发生在莱库古改革时期，但一直保持到公元前4世纪初。⑤ 亚里士多德曾经说，斯巴达的土地可以供养30000名重装步兵，1500名骑兵，但实际上在他繁盛时期只提供了约10000名重装步兵，根据斯巴达一户一人当重装步兵，那么这个10000可能指的就是公民人数。

上述数据得到其他历史材料的证实。希罗多德两次提到在公元前5世纪初

---

① Hdt. IV. 145.

② Hdt. IX. 35.

③ T. J. Figueria, "Population Patterns in Late Archaic and Classical Sparta", *TAPA*（1974 – ）, Vol. 116.（1986）, p. 172.

④ Plut. *Lyc.* 8.

⑤ Plut. *Agis*, 5.

斯巴达的人口，一次是斯巴达流亡国王戴玛拉托斯对波斯皇帝薛西斯的对话，这是在温泉关战役之后，斯巴达国王列奥尼达斯率领 300 名斯巴达士兵奋战至死，薛西斯非常震动，问戴玛拉托斯，斯巴达还有多少这样的士兵，戴玛拉托斯回答还有 8000 名士兵。[1] 从上下文看，这里的 8000 特指斯巴达公民，因为下文他还提到其他的拉凯戴蒙人，但他们与这些士兵不一样，后面这类人肯定是指庇里阿西人。因此，一般认为这里的 8000 就是斯巴达公民的人数。笔者基本赞同，但这个数字并不准确，8000 并不是所有的斯巴达人，而是与牺牲战士相似的那部分公民。这其中最重要的特征就是年龄问题。菲古伊拉称 8000 人包括了从 20—49 岁年龄段的斯巴达人。[2] 但笔者认为，49 岁的年龄上限太高了。希罗多德说列奥尼达斯出征前对所率士兵进行了挑选，希罗多德说的挑选标准是"有子嗣"，但既然是挑选，就不可能不对年龄问题有思考。我们不排除有黄忠那样的高龄勇士，但这毕竟不是普遍现象，通常意义上人的年龄超过 45 岁身手就不可能像年轻人那么矫健。而且古代人的寿命更短，衰落更早，所以，这批勇士的年龄上限划定在 45 岁更合适。因此，笔者认为，这 8000 人年龄段更可能是 20—40 岁或 45 岁。不考虑其他因素，在每个年龄阶梯上约有 320—400 人。那么，30—59 岁间的斯巴达人总数约为 9600—12000 人。也就说，希罗多德提供的这个数据实际上告诉我们当时的整个斯巴达的公民人数应该在 9000—10000 人之间。

第二个证据来自普拉提雅战役。普拉提亚战役中，斯巴达投入的战斗人员有 5000 斯巴达人、5000 庇里阿西人和 35000 黑劳士。[3] 阿尔戈斯在向波斯通报情况时，称斯巴达的 5000 人是壮丁，νεότες（neotes），即年轻人。[4] 菲伊古拉据此推测，这 5000 名壮丁也是 20—49 岁之间的斯巴达公民，进而认为当时斯巴达的公民人数约为 8000 人。他的依据是：第一，当时的斯巴达征兵大致上按三分之二的原则，即最多只征收所有公民的三分之二。第二，斯巴达征兵按照年龄层来征收，所以三分之二又可以指整个兵役适龄公民的年龄跨度的三分之二，斯巴达公民的兵役年龄是 18—59 岁，这样，三分之二的士兵大概

---

[1] Hdt. VII. 234.
[2] T. J. Figueria, "Population Patterns in Late Archaic and Classical Sparta", p. 168.
[3] Hdt. IX. 10, 11, 28.
[4] Hdt. IX. 12.

指 20—49 岁之间的公民。① 但是，笔者认为这个计算方法并不准确。首先，斯巴达公民服兵役的最早年龄不是 18 岁，而是 20 岁（详见下文斯巴达的教育部分），终止年龄是 60 岁。② 整个兵役适龄跨度为 20—59 岁，共计 40 年。按三分之二的标准，以壮丁起始年龄为 20 岁计，壮丁的年龄跨度并不是 20—49 岁，而是 20—45 岁。其次，neotes 所指的年轻人的起始年龄不可能是 20 岁，古希腊语中有两个表示年轻的词语：neotes 和 hebe。但这两个词汇的年龄含义并不一致，色诺芬在《拉凯戴蒙政制》中用后一个词汇表示 20—29 岁之间的青年男性。③ 修昔底德在其著作的第二卷第 21 节曾经使用过前一个词汇，他说：阿基达玛斯率军在阿提卡作战，雅典领导人奉行防御政策，雅典的νεότες非常不满，修昔底德特别指出这部分人没见过雅典领土遭受蹂躏的情景④，雅典领土遭受蹂躏最近的就是萨拉米海战前后，即公元前 479 年，到公元前 431 年伯罗奔尼撒战争爆发，这部分人年龄最大的约有 48 岁。菲伊古拉的 neotes 的上限为 49 岁的估算是正确的，但如果是这样，那么 20—49 岁的年龄跨度就超过了三分之二，大概为了使数据之间勉强一致，菲伊古拉将斯巴达的兵役初始年龄改为 18 岁。但是斯巴达青年在 30 岁之前并没有成为正式的士兵，相对于 hebe，neotes 一词更强调青壮年。另外，在曼提尼亚战役之前，斯巴达曾经将最年长和最年轻的人送回斯巴达，可见在重大战役中过于年轻的士兵并不适合战争的需要。所以笔者认为该词所包含的年龄跨度是 30—49 岁。

　　古希腊各城邦为了国内的政治稳定，往往要在国内保留一支留守军队，外派军队与留守军队的比例大概是 2∶1，这也是对的。但笔者认为，这两支军队的比例不能换算成兵役年龄范围的比例划分。实际上，斯巴达的军团是按照地区或氏族关系征集的，不可能完全按年龄段征集。斯巴达军团的名字往往按照地区命名，如皮塔纳军团、美索亚军团（Mesoates），其名字与斯巴达的两个奥巴完全一致，这说明斯巴达队军团往往以区域原则划分。有学者指出，在公元前 425 年前后，斯巴达实行军制改革，恢复了按照氏族原则划分军团的方法。可以说，斯巴达的军团包含了不同年龄段的人，但此时斯巴达军团主要是

---

① T. J. Figueria, "Population Patterns in Late Archaic and Classical Sparta", p. 168.
② Xen. *Hell.* V. 4. 13; VI. 4. 17.
③ Xen. *Lac. Pol.* IV. 1.
④ Thuc. II. 21. 2.

按村落划分，不可能组建20—39岁、30—39岁、40—49岁的军团。斯巴达每次出征的派出与留守军队的划分不是按照年龄划分，而是按军团划分的，如在曼提尼亚战役中，在开战之前，阿基斯将年龄最长和最小的士兵遣送回国，其余的军队开赴前线，这些战士依然是以军团为编制投入战争的。① 这说明当初在征调军队时不是按年龄而是按军团，斯巴达不可能留守的都是年轻没有战斗经验和年老没有充沛体力的人。如在留克特拉战役失败之后，斯巴达的监察官决定立即征召部队，这次征召可谓举国动员，从兵团看，包括留在国内的两个军团，从年龄看包括20—60岁之间的士兵，尤其值得注意的是，包括了属于已在海外征战的军团的年长的战士。② 当时斯巴达有六个军团，两个留守军团恰恰说明斯巴达的派出兵团占总兵力的三分之二。另外，每个军团在出征时也不是将所有的士兵全部遣派出征，通常55—59岁的人会留在国内。如留克特拉战败之后的这次军事大集结，斯巴达就征调了已经出征的那些军团中留在国内的高龄人，原来出征的那四个军团只征调高于最小从军年龄35岁的人，也就是说55—59岁之间的人尚留在国内。③ 所以，普拉提亚战役的5000人只是总军团中三分之二的军团里、年龄跨度在20年内（30—49岁之间）的士兵。这样，粗略估算，每个年龄的公民人数约为 $5000 \div 20 \times 3/2 = 375$ 人，30—59岁之间的斯巴达公民人数约为 $375 \times 30 = 11250$ 人。这个数字与普鲁塔克、亚里士多德的记录非常接近。

  第三个证据是克利奥墨涅斯在公元前494年与阿尔戈斯之间的塞佩亚战役。这次战争是"第二次美塞尼亚战争"之后，斯巴达发动的最大战争，战争双方势必要竭尽全力。据史料记载在塞比亚战役中，斯巴达获得了巨大的胜利。④ 在这次战役中阿尔戈斯死亡的人数一说是6000人⑤，一说是7777人。⑥ 如果是这样，斯巴达投入战争的兵力不会少于此数。如果以双方兵力相等计，那么，斯巴达投入战争的比例也应该是6000—7000人，如果以三分之二派兵原则，那么当时斯巴达的公民人数也应该是9000—10000人。

---

① Thuc. V. 64, 66.
② Xen. *Hell.* VI. 4. 17.
③ Xen. *Hell.* VI. 4. 17.
④ Xen. *Hell.* VI. 4. 17.
⑤ Xen. *Hell.* VI. 4. 17.
⑥ Plut. *Mor.* 245d.

由此我们认为，峰值时期的斯巴达公民人数应该是10000人上下。这个人数可能维持了一段比较长的时间。

斯巴达维持公民队伍稳定的方法可以参考维持土地占有的方法。如前所述，斯巴达公民身份与其拥有的份地和经济独立紧密相关，失去土地就意味着失去公民权。因此，斯巴达采取了多种措施维持份地数量的稳定。这部分内容见于本书其他部分，不再赘述。但需要补充两点：一是这期间斯巴达停止了大规模补充外来人口。希罗多德说：除了提撒美诺斯兄弟外，世界上没有人成为斯巴达公民。[1] 这大概反映了这一时期斯巴达公民政策的调整。色诺芬也说，"在以前，为了防止与外国人接触导致国民道德堕落，莱库古规定：生活在国外是不合法的"[2]。普鲁塔克在《莱库古传》中也说道：莱库古规定斯巴达公民不允许到国外去，同时也不允许外国公民到斯巴达来。[3] 虽然，色诺芬和普鲁塔克都强调斯巴达的政治制度都是由莱库古制定的，且长期保持不变，但没有根据说这种制度在斯巴达国家建立之后就一直维持不变，笔者认为这种制度更可能是在公元前600年之后逐步形成的。二是斯巴达在特殊时刻还会组织一些海外殖民，输送多余人口。公元前6世纪末，克利奥墨涅斯的族弟多利乌斯曾经组织了一批斯巴达人移民海外，先去非洲利比亚，未获成功，后又转去南意大利、西西里岛。[4] 菲古伊拉估计这次移民人数达1000人。[5]

三　斯巴达公民人数的减少

自公元前5世纪中期，斯巴达公民人数开始减少，在这个过程中出现了两次短时间内的人口急剧减少，公民人数减少对斯巴达的政局产生了重大影响。

---

[1] Hdt. VII. 35.
[2] Xen. *Lac. Pol.* XIV. 4.
[3] Plut. *Lyc.* 27.
[4] Hdt. V. 42.
[5] T. J. Figueria, "Population Patterns in Late Archaic and Classical Sparta", p. 173.

(一) 斯巴达公民队伍的第一次巨减

给斯巴达公民人数带来巨大打击的首先是公元前 465 年的大地震。公元前 5 世纪,希腊世界发生过多次地震,希罗多德、修昔底德都强调地震对希腊世界的影响。希罗多德称公元前 490 年提洛岛的地震是希腊灾难的开始[1],修昔底德则称公元前 5 世纪希腊世界的地震范围和强度是空前的,随后发生多次日食、旱灾、饥荒、瘟疫等,仅在希罗多德、修昔底德的作品中,有记录的地震有公元前 5 世纪初在埃基那发生的地震[2];公元前 490 年的提洛岛地震[3];公元前 480 年的阿提卡地震[4];公元前 479 年,在波提迪亚海域发生地震和海啸[5];公元前 465 年,斯巴达大地震[6];公元前 427 年,雅典、尤卑亚、波奥提亚发生了多次地震;公元前 426 年,优卑亚附近海域再次发生地震,并在奥罗比艾地方引起海啸,一部分陆地沉入海底。[7] 狄奥多罗斯称这次地震导致一些陆地消失,一些沿海城市被毁,洛克里斯地方一个狭长的半岛变成了岛屿。[8] 此后,公元前 424 年、前 420 年、前 414 年、前 412 年又多次发生地震。[9]

地震对人类造成的危害视其发生的地点、强度而不同。公元前 465 年的大地震恰好发生斯巴达人居住相对集中的斯巴达城附近,因此,对斯巴达的危害尤其明显。对于这场灾难的影响有多种说法,普鲁塔克、埃里安说这场地震动摇了泰盖托斯山,斯巴达城只剩下 5 间房屋[10];狄奥多罗斯说斯巴达在这场灾难死亡的斯巴达人达到 20000 人[11];普鲁塔克还提到在地震中,斯巴达青年正

---

[1] Hdt. VI. 98.
[2] Hdt. V. 82 – 85.
[3] Hdt. VI. 98.
[4] Hdt. VIII. 64.
[5] Hdt. VIII. 129.
[6] Thuc. I. 101, 128.
[7] Thuc. III. 89.
[8] Diod. XII. 59. 1 – 2.
[9] Thuc. IV. 52; V. 45, 50; VI. 95; VIII. 6.
[10] Plut. *Cimon*, 16; Ael. *VH*. VI. 7. 2.
[11] Diod. XI. 63.

在体育馆从事锻炼,恰巧一只兔子跑过来,不少青年出来追兔子,从而免遭震灾,而那些年纪较小、跑不快的小孩就在地震中死了。① 按照前两种说法推测,斯巴达死亡人数非常多。如果死亡者的性别年龄分布都比较均衡,那么斯巴达公民将死亡 5000 人,但由于儿童妇女主要在室内活动,所以他们死亡的比例更高一些,也就是说公民死亡人数少于 5000 人,所以地震之后,斯巴达公民队伍应该保持了相当部分。菲古伊拉估算仅仅为 1588 人②,但这个数字大概太低了。实际上,地震之后斯巴达公民队伍依然保持了一定的实力,足以应付内困外忧。如在震后,黑劳士试图乘机进攻斯巴达城,斯巴达人已经武装起来,放弃了进攻企图。另外,地震之后,也没有见到阿尔戈斯、雅典等宿敌趁火打劫。还有,震后美塞尼亚地区爆发起义,斯巴达虽然不能取得彻底胜利,人数占优势的黑劳士仍不能抵挡斯巴达军队的进攻,被迫退守伊托姆山。③ 再者,据说,在还击黑劳士的进攻中斯巴达人一次就损失了 300 人。④ 公元前 457 年,斯巴达曾经派出由 1500 人组成的军队支持多利斯。⑤ 如果按三分之二的派兵原则,那么此时斯巴达的合格公民约为 2250 人。考虑到斯巴达不可能严格按照三分之二原则,可能出于自身安全考虑,会略少于这个比例。那么这时期斯巴达公民人数大约在 2500—3000 人。考虑到 8 年的时间当中,部分斯巴达公民因超龄退出公民队伍,且这部分人在地震中的死亡率较低,一般情况下每个年龄的公民人数为 350 人左右,地震伤亡导致人数下降为 300 人左右,那么这期间大约有 2500 人失去公民资格。再考虑到新公民的补充,这样综合估计,地震之后,斯巴达公民队伍略少于 5000 人。但如前所说,斯巴达这时候的派军比例无法确定,所以大致上可以这么说,地震导致斯巴达公民队伍损失近半,幸存公民人数约为 5000 人。

但是,大地震造成了年轻人和儿童的巨大伤亡,同时,地震也导致育龄人口基数缩小,这些使得斯巴达公民队伍的补充面临巨大困难,公民人数在震后数十年内不断下降。这也导致斯巴达在与美塞尼亚人的战争中随着战事推延,兵力捉襟见肘,难以迅速取胜。斯巴达军队甚至无法战胜据守伊托姆山的黑劳

---

① Plut. *Cimon*, XVI. 5.
② T. J. Figueria, "Population Patterns in Late Archaic and Classical Sparta", p. 190.
③ Thuc. I. 101.
④ Hdt. IX. 64.
⑤ Thuc. I. 107.

士起义者，不得不广泛征求支援者，直至向政治对手雅典伸出求援之手。但如何估计这个变化是比较困难的。大致上我们可以得出如下认识：第一，斯巴达在公元前465—前435年之间的三十年内，公民人数一直处于递减之中。这个过程直到震后新出生的男性成为公民为止。如前所述，地震之时，斯巴达少年正在体育馆内锻炼，地震造成这批儿童死亡殆尽，所以，斯巴达公民队伍得不到有效补充。相反，老年人口逐步增加，并退出公民队伍，斯巴达较早地进入"老年社会"。一方面老年人口退出公民队伍，另一方面公民队伍得不到补充，导致斯巴达公民队伍在这段时间内一直处于下降之中。公元前435年是斯巴达公民人数的最低点。此后斯巴达公民人数开始迅速增加。第二，在这三十年中，斯巴达公民人数经过了缓慢减少到迅速减少的过程。前十年，由于公民队伍得到幸存的20—30岁（在公元前465年的年龄）阶段的青年的补充，而且，这部分人的伤亡情况相对于更年轻的人伤亡较小，因此在这段时间内，减少较为缓和。但之后尤其是后十五年，人口急剧下降，这主要是因为，如前所说，大地震中，斯巴达儿童的伤亡更为惨重，越年轻伤亡越大。

　　导致这期间公民减少的另一个原因就是"第三次美塞尼亚战争"。大约在公元前465年大地震发生之后，美塞尼亚地区就发生了独立运动，"第三次美塞尼亚战争"进入高潮。斯巴达倾尽全力进行镇压，尽管最终斯巴达获得胜利，但也付出了高昂的代价，尤其是公民的生命代价。据说，在还击黑劳士的进攻中斯巴达人一次就损失300人[①]，这对于刚刚遭受地震打击的斯巴达公民队伍来说，无疑是雪上加霜。

　　到公元前435年，地震后的第一代新生儿年满30岁，开始补充到公民队伍中，斯巴达人数开始迅速上升。又由于斯巴达政府采取措施，鼓励生育，婴儿出生率迅速提升，于是斯巴达公民队伍得到迅速补充。但由于伯罗奔尼撒战争的爆发，公民死亡率上升，和新生儿的出生率因战争而下降，所以在战争开始后不久，这一增长趋势开始减缓。总的来说，公民人数并没有恢复到大地震前的水平。

　　公元前435年斯巴达的公民人数到底有多少？我们无法确知，只能借助一些材料大致推断一下。这里我们还要借用公元前457年的数据。如前分析，这一年斯巴达公民总数约为2500—3000人，每个年龄层只有80—100人。这部

[①] Hdt. IX. 64.

分公民在公元前465年属于22—52岁之间，相对更年轻的人而言其死亡率较低。考虑到我们前面说过的婴幼儿的死亡率更高，保守一点估计其死亡率相对于22—52岁的人增加一倍，那么公元前465年0岁儿童的幸存人口只有40人。我们建立一个简单的等差数列，那么在公元前435年的公民人数为 (100+40)×30/2=2100，实际数字可能更少。

斯巴达的这个人口走势对斯巴达国家政治产生了巨大影响。由于公民人数持续减少，斯巴达的兵源面临巨大的危机，斯巴达军队不再是希腊世界最强大的军队。在公元前465年之后，斯巴达在希腊国际政治中一直默默无闻，无所作为。相反，雅典却占尽风头，四处出击，建立起雅典帝国。其中一个重要原因就是斯巴达公民人数的减少，进而导致的军队人数减少。同样我们也容易理解，为什么进入40年代雅典急于发动战争？因为随着斯巴达公民队伍的恢复，斯巴达势必成为雅典地位的挑战者。伯罗奔尼撒战争爆发前夕，伯里克利一再宣称：与斯巴达的战争不可避免，迟早发生，与其等待，不如早日决战[1]这其中人口数量的增长是一个潜在的影响因素，其用意之一在于趁斯巴达公民队伍还没有真正恢复之时战而败之，确保自己的霸主地位。

（二）斯巴达公民队伍的缓慢增加

公元前435年之后，斯巴达的公民人数开始回升。回升的第一个迹象来自修昔底德的介绍。修昔底德在解释伯罗奔尼撒战争的爆发时说过，雅典和斯巴达的许多青年都没有见过战争[2]，他们是雅典和斯巴达国内的好战派，满怀热忱地参加战争。按照修昔底德的说法，雅典的青年因为没有见过领土在受蹂躏的情景，所以迫切要求改变伯里克利陆上防御的策略。[3] 斯巴达的青年可能也是如此，在战前的斯巴达公民大会上，当年的监察官斯森涅莱达斯操纵公民大会使得开战主张得以通过，其中青年主战派的作用至关重要。在这次公民大会上我们注意到一个细节，通常斯巴达公民大会采取呼声表决的方法，但这次大会采用的是站队表决，其中原因在于斯森涅莱达斯企图通过这种方法操纵表

---

[1] Thuc. I. 144, 141; II. 13.
[2] Thuc. II. 8.
[3] Thuc. II. 21.

决，站队将使个人的意见更直接地表现在众人面前。这就意味着在斯巴达公民中主战派和主和派势均力敌，由于年轻人主战派居多，而年长者中主和派居多，当然年轻人中的主和派可能低于年长者中的主战派，所以，年轻人公民在公民总队伍中略少于年长者。笔者估计年轻人在整个公民群体中占40%左右。从公元前465年到公元前431年，其间间隔34年，如果年满30岁的公民才有投票权，那么在公元前465年年满30岁的那批人均已退出公民团体。如果按照没有见过大规模战争为标准，那么这批公民又可分成两部分：一部分出生于公元前478年前，最早在公元前491年，希波战争激战时期10多岁，大地震时30—14岁。这部分人按前面说过的因地震产生的伤亡情况，30—1岁之间的每个年龄层人数从100人向40人递减，那么30—14岁之间大约为（100 + 70）×15/2 = 1275人，14—1岁的则为70人向40人递减的等差数列，总人数约为（70 + 40）×15/2 = 825人。这样，在伯罗奔尼撒战争开始之际，斯巴达公民队伍包括三个集团：希波战争之前出生逃过地震之灾的人，这部分人的年龄在48—60岁，人数约为1275人，减去因超龄退出公民队伍的人大约290人，即大约1000人，这部分人基本属于主和派；希波战争爆发之际出生又逃过地震之灾的人，这部分人的年龄在35—48岁，人数大约为825人，这部分人的主体是主战派；地震之后出生的新公民，这部分人的年龄在30—34岁，这部分人基本上属于主战派。我们姑且将第一类全部算作主和派，第二类中三分之一主和，其余主战，主和派总共有1000 + 825/3 ≈ 1170人。主战派至少不少于主和派，考虑到在公元前431年的公民大会并没有完全否决阿基达玛斯的提议，所以主战派并没有战绝对优势，暂且以双方均等，那么30—34岁之间的公民人数是1170 − 825 × 2/3 ≈ 650人。因此，公元前431年斯巴达的公民总数应该达到约2800人。

由此观之，斯巴达在四年间，公民人数净增600人，平均每年净增加150人。这个增加速度基本上符合亚里士多德所说的斯巴达的人口政策。在大地震之后，斯巴达必然采取一系列措施来增加人口，亚里士多德曾经提到斯巴达鼓励生育的措施①，称：斯巴达立法者希望族类繁衍，鼓励生育，重新制定政策，凡拥有三个孩子的就免除父亲的兵役，凡有四个孩子就完全免除城邦的一切负担。虽然亚里士多德没有明确说明这项政策何时推行，但笔者估计在大地

---

① Arist. Pol. 1270a40.

震之后斯巴达政府一定会制定类似的政策解决人口危机。根据菲古伊拉的估算，0.5%的人口年自然增长率将是合理的高限①，按震后斯巴达人口基数是20000计，那么每年新增人口将是100人，其中包括女性。这个生育率显然不符合历史实际。我们觉得，震后斯巴达的人口出生肯定受到政府的有力干预，生育率将会大大提高，高于自然增长率数倍也是可能的。但是如前所说，随着老年人的去世，斯巴达人的总数和公民总数都在下降，总的人口基数也在降低，人口增长的速度也会随之降低。但总的来说这种快速增长的过程将会持续十年左右，净增加人数约为1500人，到公元前425年，斯巴达公民总数将近4000人。

这个数字可以通过历史资料进行验证。公元前425年，雅典海军占领派罗斯，派罗斯位于斯巴达的南部沿海，曾经是美塞尼亚的居住区。斯巴达为了拔除雅典的据点，不得不从阿提卡撤军，全力收复派罗斯。为此，斯巴达军队决定占领邻近皮罗斯的海岛斯法克特利亚。在收复皮罗斯的斯巴达军队中包括附近的庇里阿西人。据修昔底德记载：他们从全体战士中抽签选出战士，分批派到海岛上，轮流驻守海岛，每次驻守的士兵人数达420人。斯巴达的军队在相当长的时间内由公民组成，我们可以由此推测当时斯巴达公民的人数。

学者们认为，斯巴达的驻军是按照小队建制抽取的，并没有将原有建制打乱。② 首先要了解的是斯巴达军队的整体建制，关于斯巴达军队建制的发展详见下文《斯巴达军队》部分，笔者认为，在公元前425年，斯巴达的军队建置是6个洛库斯——16个潘特科斯提——64个伊诺摩提亚。斯巴达斯法克特利亚战役中的420人是从每个洛库斯抽2个伊诺摩提亚而来，每个伊诺摩提亚约35人。

从上述分析，我们可以推算公元前425年，在皮罗斯集结的军队总人数：$6 \times 16 \times 35 = 4200$人，这支军队是从阿提卡直接撤回的军队，按照三分之二征兵原则，斯巴达尚有三分之一的兵力留在国内，具体数字为1400人，这其中没有包括300名骑士（hippeis），合计当时斯巴达的军队人数为6000人。菲伊

---

① T. J. Figueira, *Ageina: Society and Politics*, New York: Arno Press, 1981, pp. 47 – 49.
② P. Cartledge, *Agesilaos and the Crisis of Sparta*, London: Duckworth, 1987, p. 256; A. Toynbee, *Some Problems of Greek History*, London: Oxford University Press, 1969, p. 356; Lazenby, *The Spartan Army*, Warminster: Aris & Phillips, 1985, p. 45.

古拉根据被俘的士兵中斯巴达与非斯巴达人的比例关系来推测斯巴达人的数量，据修昔底德记载，被俘士兵共计292人，其中斯巴达人120人，由此推算在斯巴达军队中斯巴达人只占41%，他把这个比例同时运用于整个斯巴达军队，推算出斯巴达人只有 6000×41% = 2460 人左右。我们认为这个估算不正确。首先，参加皮罗斯战役的庇里阿西人显然不是按照一定的建制征召的，而是在来到皮罗斯地区临时征集的，由于是在局部地区征招，所以人数不可能太多；其次，按照修昔底德的说法，派往斯法克特利亚岛的420人都有自己的黑劳士①，而在述及战后被俘人员时修昔底德也只是说292名俘虏中有120名斯巴达人，并没有说其他的人是庇里阿西人。我们认为，在这次战役中，庇里阿西人只是在大陆从事辅助性的工作，而在岛屿上只有斯巴达人和黑劳士，其余的被俘人员都是黑劳士，而不是庇里阿西人，我们不能以此得出斯巴达军队中庇里阿西人与斯巴达人的比例。我们认为，斯法科特利亚战役事关斯巴达的生死存亡，他们必然向岛上派出精兵强将，所以，战后他们对被俘人员特别重视，特别急于接回被俘战士②，也就是说，被俘的这批岛上守军全部是斯巴达人。当然，我们并不因此否认斯巴达军队中有不少非斯巴达人，但是我们不同意菲古伊拉依据被俘战士的数字对斯巴达军队中的斯巴达人与非斯巴达人比例的估计，这个估计高估了非斯巴达人的比例。我们认为，皮罗斯战役发生在斯巴达境内，且对美塞尼亚地区安全非常重要，因此斯巴达势必倾尽全力驱逐雅典军队。斯巴达急忙召回在阿提卡和科西拉的军队也说明了这一点。因此，在皮罗斯前线的4200人的军队可以说几乎集中了斯巴达的所有军队，只有少量当地的庇里阿西人。换句话说，当时，斯巴达人的数量应为4000人左右。

从公元前435年到公元前425年，斯巴达公民人数增加约1500人，增加了75%，年增长150人，增长率为5%。这个速度是惊人的。这一时期是斯巴达公民人数高速增长期。这恰好也说明在伯罗奔尼撒战争前夕阿基达玛斯曾经自信地说，"我们在军队人数方面不输于雅典"③，这里阿基达玛斯可能是从发展的眼光看待兵源问题的，不是指当时的斯巴达兵力，但暗含了斯巴达公民人数正在快速增长的事实。

---

① Thuc. IV. 8.
② Thuc. IV. 117.
③ Thuc. I. 81.

此后斯巴达公民人数放慢了增长速度。我们可以用曼提尼亚战役的情况来说明。曼提尼亚战役发生在公元前 418 年，这是我们拥有比较完整数据的战例，我们可以据此推测当时斯巴达的人口状况。曼提尼亚战役是在斯巴达与雅典签署和平条约之后，与邻邦阿尔戈斯之间发生的重大战役，战争在奥瑞斯提昂展开。双方投入的兵力为，阿尔戈斯一方：厄利斯 3000 名重装步兵；雅典 1000 名重装步兵，300 名骑兵；阿尔戈斯 1000 名精锐部队，以及其他士兵（人数不详，在公元前 394 年的涅米亚河战役中阿尔戈斯投入了 7000 名士兵，如果按三分之二的原则，那么投入战斗的士兵将有 4000 多人），曼提尼亚士兵，人数不详，估计有 3000 人①，因在曼提尼亚本土作战，估计这些兵力会全部投入战争；克里奥奈人、奥尼埃人（人数均不详，莱赞比估计为 100—200 人②），合计为 12000 人左右。斯巴达一方集结的军队包括斯巴达军队、阿卡迪亚的赫拉亚人、麦那里亚人、提盖亚人，阿卡迪亚人军队估计有 5000 人③，赫拉亚人、麦那里亚人、提盖亚人的军队约为 2500 人。斯巴达军队人数最多，包括 300 名骑士（hippeis）、600 名斯基里泰士兵，400 名骑兵④，700 名伯拉西达老兵、"新公民"，以及斯巴达正规部队——重装步兵。⑤

对斯巴达重装步兵的估算存在不同的认识。根据修昔底德的记载，斯巴达在战场上的士兵除了斯基里泰人之外，有 7 个洛库斯，每个洛库斯包括 4 个潘特科斯提，每个潘特科斯提包括 4 个伊诺摩提亚⑥，每个伊诺摩提亚排成 4 个纵队，纵军 8 排，合计 32 人。修昔底德特别强调各个伊诺摩提亚横向排开，第一排共有 448 人。这样步兵人数估计为 $7 \times 4 \times 4 \times 32 = 3584$，或 $448 \times 8 = 3584$ 人。如果计入骑士和骑兵，则有 4284 人。加之，斯基里泰士兵、伯拉西达老兵，斯巴达聚集的军队人数总计为 5584 人。

笔者认为，4284 乃是投入战斗的斯巴达军队人数。这个数字事关对当时斯巴达公民人数的推测，所以值得加以讨论。有一种观点认为，修昔底德误解

---

① Diod. XII. 78. Plut. *Lys.* 34.
② J. F. Lazenby, *The Spartan Army*, p. 42.
③ T. J. Figueria, "Population Patterns in Late Archaic and Classical Spart", p. 183.
④ Thuc. IV. 55. 2. 修昔底德在述及斯巴达的排兵布阵时提到骑兵（V. 67）。
⑤ H. Michell, *Sparta*, p. 240.
⑥ Thuc. V. 68.

了斯巴达的军队建制，把摩拉和洛库斯混淆起来。① 有学者据此进一步认为，斯巴达实际的重装步兵就应该是 2×3584＝7168 人。如果再加上 600 名斯基里泰士兵则总数达到 7768 人。② 笔者认为这种观点不正确。首先，波利马科最初并不是摩拉的头领，如希罗多德记载，波利马科就是洛库斯的首领。其次，如我们下文所述，摩拉是在伯罗奔尼撒战争后，大量非斯巴达人进入斯巴达军队，传统的洛库斯建制遭到破坏，斯巴达为了适应新的形势采取了新的建制形式。最后，如果按照这一观点，加上留在国内的六分之一，斯巴达公民人数可能超过 8500 人。这个数字不符合现实，这几乎等同于地震前斯巴达公民的数量，而当时斯巴达远征的征兵原则通常要保留三分之一的士兵，但这次修昔底德明确说斯巴达征调了"全部的武装力量"，显然斯巴达因军队不足没有留下一半兵力。

还有一种错误，认为斯基里泰士兵或伯拉西达老兵是七个洛库斯的组成部分，如菲古伊拉认为伯拉西达老兵组成一个洛库斯，斯巴达重装步兵实际人数只有 3072 人③，这种算法也不对。如前所述，阿尔戈斯一方的兵力约为 12000 人，斯巴达一方的军队总数约为 13084 人，双方基本持平，后者略多。按照实际战争的情形，斯基里泰士兵和伯拉西达老兵是单独编队，且战斗力弱于斯巴达军队，正因如此，阿基斯才在战争初期临时换防，加强左翼战斗力。④ 所以斯巴达需要保持军队人数的优势。如果除去两个洛库斯，斯巴达一方就可能在战斗力上处于劣势。因此，更可能的是，斯基里泰士兵和伯拉西达老兵分别以洛库斯的形式参加战斗，战斗中斯基里泰士兵排在左翼，然后是伯拉西达老兵、"新公民"⑤。

综上所述，公元前 417 年，斯巴达公民人数应该是直接投入战斗的 4280 人，加上被遣送回国、守卫斯巴达本土的六分之一的士兵，约 710 人，总数为 5000 人左右。也就是说，8 年增长了 25%，年增长率为 3%。值得注意的是，"三分之二"的征兵原则在这里并不适用。如前所述，古希腊的军队征调通常只占所有公民人数的三分之二，但斯巴达在曼提尼亚战役中似乎没有遵守这一

---

① A. Toynbee, *Some Problems of Greek History*, pp. 398 – 399.
② T. J. Figueria, "Population Patterns in Late Archaic and Classical Sparta", p. 191.
③ T. J. Figueria, "Population Patterns in Late Archaic and Classical Sparta", p. 188.
④ Thuc. V. 71.
⑤ Thuc. V. 67.

原则。修昔底明确指出：斯巴达征调了包括黑劳士在内的全部武装力量[①]，他还说这是很久以来希腊最有名的城邦之间规模最大的一次战役。[②] 按照修昔底德在其著作开头所说的这种伟大的一个特点是各个城邦倾尽全力。[③] 显然，斯巴达倾尽了全力，其最大的表现是斯巴达没有保留三分之一的兵力。

总体上看，从公元前435年直至公元前404年伯罗奔尼撒战争结束，斯巴达公民人数经过了一个快速回升和较快回升的阶段。前十年，公民人口增加较快，此后增加的速度逐步放慢，但最终没有达到大地震之前的水平。回升主要原因，一个是斯巴达政府采取了鼓励生育的政策。亚里士多德所说的鼓励生育的政策可能就产生于此时。[④] 这种人为政策带来的人口剧增带来两个影响：一是人口中的年轻人增加，如前我们已经指出的，在公元前431年，震后新出生的公民与50—60岁的年长者的人数几乎相等，此后年轻人的比重继续上升，年轻人成为国家政治生活中的重要力量。他们在性格上年轻气盛，政治上尚武好战，伯罗奔尼撒战争的爆发与他们有着密切的关系，这在公元前432年的斯巴达公民大会上有所体现。二是家庭结构发生巨变。原先斯巴达的家庭结构大多是四口之家，但现在为了尽快弥补人口，斯巴达鼓励生育，不少家庭有四个甚至更多个孩子。正如我们在土地制度部分分析的，传统的双子家庭对于维持斯巴达家庭和公民队伍的稳定起到了重要作用，现在多子女家庭带来的份地的分割继承导致了新家庭的土地规模偏小，不足以支付公餐税，进而失去公民权。从人口学的角度看，这种多子女家庭在公元前465—前435年之间大量产生，公元前435年之后，随着子女的成年、成家，缺地家庭逐步产生，并越来越多。这成为制约斯巴达公民队伍进一步增加的重要因素。另一个因素是在地震中年轻人的伤亡超过成年人，导致随着时间的推移，育龄人口基数逐步缩小，最终影响到"新公民"人数。最后一个因素是战争，正如修昔底德所说的，希腊国家都倾尽全力投入战争。战场上的牺牲以及持续性的战争对生育率的负面影响导致了公民人口回升的速度变慢了。所以，纵观公元前5世纪后期，斯巴达的公民人数虽然大幅度上升，但没能恢复到地震前的水平。

[①] Thuc. V. 57, 64.
[②] Thuc. V. 74.
[③] Thuc. I. 1.
[④] Arist. *Pol.* 1270a40.

(三) 斯巴达公民队伍的第二次巨减

伯罗奔尼撒战争结束之后，斯巴达的人口进入新的发展阶段。

在伯罗奔尼撒战争刚刚结束时，斯巴达公民人数与此前基本持平，略有下降。我们所能见到的第一个数据可能来自对雅典三十僭主政治的一种推测。众所周知，雅典的三十僭主政治是伯罗奔尼撒战争结束之后，由莱山德扶持建立起来的。正如怀特海和科兰茨指出的，"三十僭主"实际是模仿斯巴达的元老院制度建立起来的。① 其代表人物克里提亚被公认为是斯巴达"迷"，在雅典他们还模仿斯巴达建立了监察官制度②和三百精兵制度，还有一项重要的政治活动就是重新修订公民册，列于公民册的公民人数是 3000 人。他们的目的是模仿斯巴达建立起"平等人公社"组织。那么这个 3000 人的规模可能就是在莱山德的授意下模仿斯巴达公民人数确定的，也即是说，这时斯巴达的公民人数可能就是 3000 人左右。③

第二个数据体现于基那敦起义时的一段话。公元前 397 年，基那敦秘密发动起义。起义之前，基那敦指着集市上的人对一位后来的告密者说：只有国王、元老、监察官，外加大约 40 人是敌人，"而其他的人都是你的战友，他们超过了 4000 人"④。这里的 4000 被基那敦用来作为区别起义者和非起义者的一个数据。基那敦本人出身于下等公民，斯巴达公民通常都对黑劳士心存芥蒂，不大可能引为同类，视作同盟者，那么这个数字很可能是当时各个等级的斯巴达人的总数。但是，基那敦本人就来自下等公民，这种下等公民在一定意义上已经不再符合传统的公民定义，不能称之为公民。所以，4000 人应该是公民与"新公民"和下等公民的总人数。那么这时，斯巴达合格的公民人数应该是 4000 人减去这部分"新公民"和下等公民。困难在于我们并不知道此时这部分人的数量。考之史料，公元前 418 年的曼提尼亚战役，"新公民"人数至少有 700 人，公元前 413 年，约 600 名"新公民"和黑劳士组成军队远征

---

① Whitehead, D., "Sparta and the Thirty Tyrants", *Ancsc* 13/14, pp. 105 – 130. Krantz, *The Thirty at Athens*, Ithaca; London: Conell University Press, 1982, pp. 64 – 68, 82.

② Lysias, *Against Eratosthenes*, 43.

③ Brock, R. "Athenian Oligarchs. The Number Game", *JHS* (Vol. 109), 1989, pp. 160 – 164.

④ Xen. *Hell*. III. 3. 5.

西西里①；同年由 300 名"新公民"组成的军队开赴阿提卡支援国王阿基斯。②公元前 408 年，斯巴达的拜占庭总督带来的军队中也有庇里阿西人和被释放的黑劳士。③ 公元前 399 年，1000 名被释放黑劳士随提波戎驻扎伊奥尼亚。④ 那么我们估计在公元前 397 年由各种途径上来的新的公民不会少于 1000 人，公民人数则不会多于 3000 人。

公元前 394 年，羊河战役中的数据也大体证明了上述假设。在这一战役中，斯巴达共计投入 6000 名重装步兵，600 名骑兵。⑤ 此外，斯巴达另一位国王阿吉西劳斯还率领了一个摩拉的军队在亚洲征战。⑥ 摩拉是伯罗奔尼撒战争后期出现的新的军事编制。按照色诺芬的记载，当时的斯巴达有 6 个摩拉，按照这个数量，除去在亚洲征战的 1 个摩拉，在羊河战役前线有 5 个摩拉，每个摩拉则有 1200 人左右。据此推测，当时跟随阿吉西劳斯在亚洲征战的一个摩拉应该是 1200 人。如果计入国王卫队，当时斯巴达克提供的军队人数可能是 8000 人。但我们从这个数字无法知道斯巴达人和斯巴达公民的人数，因为在斯巴达军队中已经大量出现了庇里阿西人和"新公民"。公元前 396 年，仅莱山德率领的开赴亚洲的远征军中就有 2000 名被释奴，而斯巴达人只有 30 人。⑦ 我们认为，到这时，斯巴达军队中非斯巴达人数将会大大超过斯巴达人，汤因比认为仅庇里阿西人就会占 60%⑧，还有前述的"新公民"，那么在斯巴达军队中非斯巴达公民比例可能高达 75%，斯巴达人可能是 2000 人左右。

斯巴达公民人数的减少与斯巴达军队的建制规模互为表里，公民人数的减少导致了军队建制的缩小，军队建制的缩小也反映了公民人数的减少。从史料看，这期间斯巴达军队建制明显缩小。首先是每个摩拉的伊诺摩提亚减为 16 个，按修昔底德的建制，每个潘特科斯提应有 4 个伊诺摩提亚，每个摩拉则应有 32 个伊诺摩提亚。按传统建置每个伊诺摩提亚有 35 人，那么每个摩拉则有

---

① Thuc. VII. 19, 58.
② Thuc. VIII. 5.
③ Xen. *Hell*. I. 3. 15.
④ Xen. *Hell*. III. 1. 4.
⑤ Xen. *Hell*. IV. 2. 16.
⑥ Xen. *Hell*. IV. 3. 1, 15.
⑦ Xen. *Hell*. III. 4. 2.
⑧ 汤因比估计庇里阿西人占 60%。A. Toynbee, *Some Problems of Greek History*, pp. 382, 403。

士兵1200人，这正是羊河战役的情形。但色诺芬又明确提出了"每个潘特科斯提有两个伊诺摩提亚"这一建置原则，那么只能说这种情形是后来产生的，反映了斯巴达公民人数的减少。其次是每个伊诺摩提亚的人数减少，仅为28人或25人。① 据普鲁塔克的记载：斯巴达摩拉人数据波利比乌斯等作家是900人，据卡利斯特尼斯是700人，据伊弗鲁斯是500人。② 军队编制的缩减是逐步的，可能最初摩拉的人数从1200人减为900人、700人，公元前390年我们见到每个摩拉只有600人。③ 在公元前371年的留克特拉战役中，按色诺芬的记述，每个伊诺摩提亚只有3列，12排，共计人数是36人，每个摩拉的人数大约为576人。④ 最后的结果是每个摩拉只有500人。这种500人建制的摩拉最迟在公元前377年就已经产生。⑤

再一个值得注意的是，斯巴达军队中的年轻人越来越多。按色诺芬的记述，斯巴达青年年满20岁之后还需要继续接受教育，以培养勇敢精神、服从精神。他们的主要任务是狩猎。经过了一个阶段之后，他们可以担任公共职务。⑥ 普鲁塔克说，斯巴达的教育要持续到"完全成熟的壮年"，又说斯巴达人30岁之下不能到市场上去。⑦ 可见，早期斯巴达青年只有在30岁之后才真正成年成为合格公民，也成为军队中的合格一员。希罗多德记述，在伊诺摩提亚之下还有一个更小的建制单位：希叙提亚（syssitia），即公餐团，普鲁塔克称公餐团的人数是15人⑧，那么每个伊诺摩提亚的人数大约是30人，斯巴达军队通常包括了不同年龄的人，这一30人建制可能反映了斯巴达的伊诺摩提亚的年龄跨度是30岁。但在色诺芬的《希腊史》中我们看到，斯巴达人服兵役的年龄跨度延长了，通常的兵役年龄跨度达到35年，特殊情况下达到40年⑨，阿吉西劳斯说他为斯巴达服役40年⑩，斯巴达军队中出现了以年龄划分

---

① T. J. Figueria, "Population Patterns in Late Archaic and Classical Sparta", p. 201.
② Plut. *Pelop.* 1.
③ Xen. *Hell.* IV. 5. 11f.
④ Xen. *Hell.* VI. 4. 12.
⑤ Diod. XV. 32.
⑥ Xen. *Lac. Pol.* 4. 7.
⑦ Plut. *Lyc.* 24，25.
⑧ Plut. *Lyc.* XII. H. Michell, *Sparta*, p. 236.
⑨ Xen. *Hell.* VI. 4. 17.
⑩ Xen. *Hell.* V. 4. 13.

战斗小组的情形，如以第一个十年组（20—30 岁）或十五年组（20—35 岁）组建的战斗小组。① 这说明，此时斯巴达 20—30 岁之间的青年也被正式军队投入战斗。由此可见，公元前 4 世纪，斯巴达人的数量更加短缺。

在战场上，斯巴达的排兵布阵已经捉襟见肘。方阵战术是古代希腊基本的战术。传统的方阵是 8 排，如公元前 424 年底比斯与雅典的战争、公元前 418 年的曼提尼亚战役、公元前 414 年的雅典西西里远征军与叙拉古军队的决战，雅典、斯巴达这些传统强国的军队都是 8 排纵深。② 大概在公元前 5 世纪后期，希腊出现了大纵深的布阵方式，公元前 421 年，底比斯首先排出了纵深达 25 排的方阵③，修昔底德多次提到底比斯派出 1000 人的精锐部队，估计这就是 25×40 的新型方阵。公元前 419 年，曼提尼亚也派出了一支人数达 1000 人、训练有素的军队进攻斯巴达，估计这也是接受了最新战术的军队。④ 在此次军事变革中底比斯的这支部队也出现在曼提尼亚战役中，但在这次战役中斯巴达只能排成 8 排纵深的方阵。在西西里战役中，叙拉古排出了纵深 16 排的密集方阵，而雅典军队只有 8 排纵深。⑤ 估计 8 排纵深是传统的布阵方式，也是在兵力不济的情况下不得不采取的布阵方式。但直至公元前 371 年，斯巴达在留克特拉战役中只能排出 12 排纵深的方阵。

公元前 371 年的留克特拉战役集中反映了斯巴达人数的短缺。战前国王克里奥布罗托斯率军远征中希腊，此次出征的军队有 4 个摩拉，年龄跨度则达到了 35 岁，战争过程中，斯巴达的伊诺摩提亚排成 3 行，12 排，共计 36 人。这种排阵方式大致上反映了征兵的方法。留在国内的还有两个摩拉，其人数建制大致与出征的摩拉一致。那么此时斯巴达军队的总人数大概是 6（摩拉）×2（洛库斯）×4（潘特科斯提）×2（伊诺摩提亚）×36＝3456 人，外加 300 名骑士和骑兵，骑兵总数未见记录，但在公元前 394 年的羊河战役中阿吉西劳斯曾经聚集了 700 名骑兵。⑥ 这样总数约为 4500 人。但问题是这时的斯巴达军队已经不再纯粹由斯巴达人组成，而是吸收了大量非斯巴达人。色诺芬记

---

① Xen. *Hell.* II. 4. 32; III. 4. 23; IV. 4. 15, 16; IV. 6. 10.
② Thuc. IV. 94; V. 68; VI. 67.
③ Thuc. IV. 93.
④ Diod. XII. 79.
⑤ Thuc. VI. 67.
⑥ Xen. *Hell.* IV. 2. 16.

载，在留克特拉战役之后，一名军官视察战场，称只有 700 名战士参加了战斗。① 如果以三分之二的原则征调这支远征军，那么斯巴达当时的公民人数约为 1000 人。亚里士多德称，底比斯入侵之时，斯巴达能够出征打仗的公民人数已经不足 1000 人②，此言信矣！

留克特拉战役之后，斯巴达的公民队伍已经基本瓦解。色诺芬记载，此战斯巴达共计牺牲 1000 人，其中斯巴达人 400 人。③ 狄奥多罗斯更称斯巴达牺牲 4000 人④，估计这个数字存在统计标准的不同。⑤ 不管怎么说，对只有 1000 人的斯巴达公民队伍来说，一次牺牲 400 人其打击无疑极大。留克特拉战役之后，底比斯军队进入拉科尼亚，斯巴达已经无法组织军队抵抗，不得不释放奴隶，而且一口气释放了 6000 人，可见公民人数之奇缺。

第二次公民队伍的萎缩主要是由于经济因素。经济因素的直接原因是公民缴不起公餐税，深层次原因是公民失去土地。失去土地的原因：一是商品经济的畸形繁荣。在伯罗奔尼撒战争后期，斯巴达从战败国掠得了大量财富，如征服雅典之后，斯巴达一次性掠回 470 塔兰特的钱财。这些战利品导致流通货币猛增，贫富分化加剧，普鲁塔克对此有很好的阐述，他说："在阿基斯统治时期，金银货币首次大量涌入斯巴达，随之产生了对财富的贪婪和渴求。摄政王莱山德从战争中带回了大量的金银，同时也给斯巴达带来了对奢侈品和财富渴望。"⑥ 贫富分化导致许多家庭失去土地，进而失去公民资格。二是多子女家庭对土地的分割继承。鼓励生育是斯巴达为了应对人口危机制定的，这项政策带来了公元前 431 年之后斯巴达人口快速增加。但斯巴达实行财产分割继承，导致有限的份地在子女之间分割成小块，亚里士多德说许多公民因此日益陷入贫困⑦，进而失去公民权。三是《厄庇泰德土地法》的通过带来了土地的私有化，促进了土地的集中。《厄庇泰德土地法》颁布于公元前 400 年前后，其主要内容是：允许一个人在世前将房产和土地馈赠给他希望的任何人，或在去世

---

① Xen. *Hell.* VI. 4. 15.
② Arist. *Pol.* 1270a30.
③ Xen. *Hell.* VI. 5. 29.
④ Diod. XV. 56. 4.
⑤ T. J. Figueria, "Population Patterns in Late Archaic and Classical Sparta", p. 207.
⑥ Plut. *Lyc.* 30, *Agis*, 3.
⑦ Arist. *Pol.* 1270b1.

后，以遗嘱的形式赠送给任何他希望的人。① 这项法律实际上承认了土地的私有化，承认了土地的转让和买卖。这为土地的集中提供了方便之门。此后土地大量集中，越来越多的斯巴达公民失去土地，同时也就失去了公民权。所有这些导致了斯巴达公民人数第二次急速减少。

四 晚期斯巴达缓解人口危机的对策

公民人数减少直接导致斯巴达军队战斗力下降，这对斯巴达国家的影响是巨大的。为了应对人口数量危机，斯巴达采取了一系列的对策。

一是鼓励生育。鼓励生育是最自然也最容易想到的，斯巴达长期禁止不将公民权授予他人，因此，鼓励斯巴达人阶层多生育是对自身阶层特权影响最小的对策，也成为最早实施的对策。笔者认为，它可能在公元前5世纪大地震之后就开始实施。因为在这之前，斯巴达为了维护斯巴达人阶层自身的特权曾经用杀婴、弃婴、借妻、租妻、共妻等多种手段控制家庭人口数量。② 而最早记录鼓励生育政策的是亚里士多德，按照亚里士多德的记述，当时的斯巴达规定：凡已有三子的父亲可以免服兵役，要是生有四子，就完全免除城邦的一切负担。③ 亚里士多德生活在公元前4世纪，《政治学》一书也写于公元前4世纪，尽管亚里士多德把这一法律归于古代的立法者，但实际上很可能在斯巴达第一次人口危机时才开始实施。

但是，这一法律并没有真正解决斯巴达的公民短缺问题。究其原因，在于斯巴达公民资格中的经济标准。古代斯巴达实行析产继承，所有子女均有权继承父母遗产，包括土地。子女增多必然导致参与遗产继承的人数增加，新家庭、"新公民"的田产必然减少，最终必然有部分人不能足额缴纳公餐税。而根据斯巴达的公民身份认证制度，所有的准公民如果没有足够的经济实力，不能缴纳公餐税就不能成为正式公民。因此，鼓励生育的政策没有起到稳定公民队伍、增加公民人数的效果。

---

① Plut. *Agis*, 5.
② 参见拙文《古代斯巴达的土地占有稳定性研究》。
③ Arist. *Pol.* 1270a40.

二是授权。授权政策与下文所说斯巴达社会的向上流动相关，其政策举措其实是一样的。但这些政策的主要目的是解决人口危机和兵源枯竭的问题。授权政策覆盖的主要是黑劳士、外邦人。黑劳士因其人口多，是最常见的授权政策的实施对象。黑劳士往往通过立功、赎买的政策获得部分权益，外邦人则要通过阿高盖教育考核或其他途径获得一定的公民权。但是，这一政策存在如下缺陷，首先，因为获得公民权存在前提，如参军、立功、受教育等。斯巴达战士必须自备武装，因此，一批家境贫寒的黑劳士和失去公民权的斯巴达人无法通过此途径获得释放，而接受斯巴达教育也不是所有的下层成员都拥有此种机会。因此，能够被释放的只有少部分人。其次，这些人大多是在满足条件之后才获得自由身份，因此，即使有机会参军或接受教育也不是所有的人都能达到要求。如战场上表现欠佳、牺牲等都不能获得授权，只有那些幸存下来的、表现勇敢的人才能获得授权。另外，古典时期斯巴达教育比较残酷，部分人也会因为教育不合格不能获得公民权。最后，这些人并没有获得完整的公民权，他们实际上属于二等公民，对斯巴达政权的认可度并不高，组建的公民兵往往没有受到严格的军事训练，战斗力也不强。如前文多次说到的公元前370年的招募是突发性的临时招募，这些黑劳士显然没有接受过阿高盖的严格训练，公元前222年克利奥墨涅斯的招募同样如此，因此，克利奥墨涅斯从中选出2000人继续军事训练，但最终还是在塞勒西亚战役之后失败。[①]

三是授地，即分配土地。授权政策各种缺陷的核心是它以低等级社会成员具有一定的经济实力为前提，在全社会成员普遍贫困化的情况下，这种政策必然破产。公元前3世纪斯巴达开始了新的解决人口危机的尝试。公元前3世纪中后期被称为斯巴达的"改革时代"。这一世纪的后半段斯巴达连续发生了三次改革。这三次改革都是围绕如何壮大公民队伍、强化军队实力、恢复斯巴达昔日国际地位。前两点其实就是人口政策问题。

阿基斯改革是改革年代的第一次改革。阿基斯四世于公元前244年即位，当时他只有20岁，但他立志实行改革、拯救斯巴达。阿基斯提出两项改革举措：平分土地和取消债务。每一位公民的债务全部被取消，所有位于佩拉那河流附近到泰盖托斯山之间、马利亚半岛到塞拉西亚（位于拉科尼亚北部）之间的土地被分为4500份，这一地区之外的土地被分成15000份。前者主要分

[①] Plut. *Agis*, 23, 28.

给斯巴达人，后者分给庇里阿西人。如果斯巴达人不够则从庇里阿西人和外邦人中择优挑选一部分人，他们的条件是受过自由人的良好教育，身体强壮，年富力强。① 这部分人显然成了新的斯巴达人。

克利奥墨涅斯改革是第二次。阿基斯改革仅仅持续了三年就被反对派剿灭。公元前236年，克利奥墨涅斯继位，他继续进行改革，其改革举措与阿基斯四世相似，尤其是在人口政策方面。他免除债务人的债务，没收土地归全民公有，然后平均分配，同时对那些被放逐的人也分给土地，并设法帮助他们回国。没有公民资格的外邦人通过测试，那些最强壮的人则成为斯巴达公民。克利奥墨涅斯显然大大增加了公民的数量，以致公民人数超出了原先的估计。②

克利奥墨涅斯本身对阿基斯充满崇拜，决心模仿前贤继续改革，因此，两位国王的政策具有很多相似性，其中最大的相似性在于通过授予失去土地的斯巴达人以土地，这样一方面坚持了传统的公民财产资格要求，同时也解决了他们的经济问题和公民资格的前提。进而，这种方法还维护了斯巴达人等级的特权地位。与此前的政治家相比，阿基斯四世和克利奥墨涅斯三世对吸收黑劳士似乎不感兴趣，而是吸收受过斯巴达式教育、身强力壮的庇里阿西人或外邦人。

授地政策是在斯巴达人大量破产的背景下实施的。阿基斯四世改革前夕，斯巴达贫富分化加剧，国家财富集中在少数人手中，公民队伍急速解体，登记在册的公民户数只有700个，其中只有100户拥有土地，其余的没有家产，也没有公民权。③ 700户公民并不是就血统标准而言，而是就经济、政治标准而言，在700户之外还有大量具有斯巴达血统的人。斯巴达社会除了传统的斯巴达人和黑劳士、庇里阿西人的矛盾之外，又加上了富裕的斯巴达人和贫困的斯巴达人之间的矛盾，对于新时期的政治家来说，采取有效政策，化解斯巴达人阶层内部的矛盾，不啻为一项具有较高社会认同的政策选项。

但是客观而言，阿基斯和克利奥墨涅斯的政策仍然存在巨大的缺陷，即顽固维护等级制度。他们坚持血统原则，优先赋予斯巴达人等级以获得土地、免除债务、获得公民权的特权，甚至在国内斯巴达人人数不足的情况下，召回失

---

① Plut. *Agis*, 8.
② Plut. *Cleo.* 10, 11.
③ Plut. *Agis*, 5.

去土地、流亡海外的斯巴达人。他们刻意打击黑劳士，早在公元前 5 世纪后期，斯巴达就实行过比较开明的人口政策，授予部分黑劳士以公民权或部分公民权，这对于缓解黑劳士与斯巴达人和斯巴达国家之间的矛盾无疑具有重要意义。但是，在阿基斯和克利奥墨涅斯的改革措施中，黑劳士显然被排除在外，他们在庇里阿西人人数不足的情况下，宁可吸收外邦人，却不肯授予黑劳士土地，允许其获得公民权。他们担心黑劳士的大规模流失会影响斯巴达人的利益，因而加强了对黑劳士的控制。正如前文指出的，恰在此时，黑劳士的社会地位降到最低点。

当然，这一人口政策还是取得了一些成就，集中表现为斯巴达公民人数一度有所上升，依靠这样一支公民队伍，斯巴达国力也有所增强。如克利奥墨涅斯时期，斯巴达国力迅速提升，军队战斗力大增，一度征服了弗瑞、迪麦、朗贡、佩利涅、阿尔戈斯等地，菲涅乌斯、彭特勒乌姆、曼提尼亚、特洛伊曾、厄庇道鲁斯、赫尔米奥涅亚等地则投靠了斯巴达。克利奥墨涅斯的改革措施曾经受到希腊世界的欢迎，伯罗奔尼撒各国甚至计划拥戴克利奥墨涅斯为阿卡亚同盟的盟主，由他来推行改革。

四是释放，即直接授予公民身份。公元前 207 年，纳比斯成为斯巴达的最高统治者，再次实行改革。纳比斯的人口政策与以前相比有很大的差异，其最大的特色就是超越等级制度，通过授予黑劳士土地的方法，扩充公民队伍，解决公民短缺。与此同时，对传统的斯巴达特权等级则无情打击。据李维记载：纳比斯曾经解放奴隶以增加人口，曾经给穷人分配土地。[①] 波利比乌斯称他释放奴隶，将他们主人的妻子、女儿许配给自己的拥护者的头领和雇佣军士兵、盗贼。[②] 波利比乌斯称他全部消灭那些幸存的王室成员，驱逐那些财富和祖先声望都很杰出的公民[③]；狄奥多罗斯称他有选择地消灭了那些最优秀的拉凯戴蒙人，从四面八方招募了最卑鄙龌龊的人来保护他的统治，结果，神庙抢劫者、窃贼、海盗、死刑犯会聚斯巴达。[④]

相比阿基斯、克利奥墨涅斯的政策，纳比斯的人口政策具有更明显的优

---

① Livy, XXXIV. 31. 14, 32. 9.
② Poly. XVI. 13.
③ Poly. XIII. 6.
④ Diod, XXVII. 1. 8.

点。当时的斯巴达社会，斯巴达人已经成为极端腐朽没落的阶层，解决斯巴达政治困境的希望只能寄托在解决占人口绝大多数的以黑劳士为代表的赤贫阶层身上。恰恰在这一点上，纳比斯毅然放弃了恢复斯巴达人阶层的努力，转而将那些赤贫的社会成员培育成支撑新政权的公民队伍。纳比斯的这一政策更能缓解社会张力，防止黑劳士暴动，扩大斯巴达国家的政治基础。获得"自由"、成为公民的希望使得黑劳士成为斯巴达政治的重要支持力量。阿基斯和克利奥墨涅斯的人口政策尽管可以取得成效，但是，斯巴达人阶层的人数毕竟有限。他们的改革转瞬即逝，迅速失败与此也许不无关系，因为他们没有得到更广泛的支持，政策的受益面过于狭窄。

但是，纳比斯并没有彻底满足黑劳士的要求，也没有放弃对黑劳士的歧视政策，公元前195年，就有一部分黑劳士密谋逃亡，但是遭到纳比斯的镇压。① 事实上，纳比斯没有全部释放黑劳士，斯巴达社会的黑劳士和奴隶人口依然很多。公元前188年，腓勒波蒙攻入斯巴达城，一次就卖出了3000名黑劳士。② 3000人并不是斯巴达城内所有的黑劳士，但仅仅斯巴达城内就有如此之多的黑劳士，那么整个拉科尼亚地区的黑劳士就更多了。最终，纳比斯的改革还是失败了。

纵观斯巴达为解决公民短缺采取的种种政策，从解决兵源枯竭的角度看，取得了部分成功。通过授地、授权、全面释放，许多黑劳士、外邦人在斯巴达的政治地位获得明显的提升，他们成为新时期斯巴达军队的重要来源。但从解决斯巴达公民队伍人口短缺的角度看，这些制度最终都归于失败。究其原因，笔者认为，在于没有真正克服作为公民准入制度基础的等级制度，没有明确取消公民的经济标准，改革没有真正聚焦公民队伍本身，而是聚焦兵源问题。无论是鼓励生育，还是释放黑劳士（包括奴隶）、重分土地、吸收外邦人，其主要目的在于解决斯巴达的兵源短缺问题。作为人口政策制定者没有能超越自身的狭隘观念，公民准入的门槛没有降低。斯巴达人口政策一直没有超越等级制度的底线，而是以维护斯巴达人（也是公民群体）的特权地位为目的，作为社会人口主要组成部分的黑劳士依然被排斥在公民群体之外。

正如有学者指出的，黑劳士制度是斯巴达国家政治称雄的社会基础，黑劳

---

① Livy, XXXIV. 27.

② Paus. VIII. 51. 3.

士同样是解决斯巴达政治困境的关键。晚期斯巴达政治家意识到了黑劳士在解决公民短缺问题中的特殊地位，也围绕此问题采取了一些措施。但这些措施却难以逾越等级制度，彻底解决"黑劳士问题"。在公元前4世纪，只有少数黑劳士被释放，而且没有获得完全的公民权，他们获得的土地主要位于偏远、贫瘠的地区。阿基斯和克利奥墨涅斯的人口政策虽然突出分配土地，但只有具有斯巴达血统的人才有资格分得土地，公民权只向具有一定经济实力的黑劳士开放，而且获释的黑劳士享有的权利更少。纳比斯的人口政策虽然最激进，获得解放的黑劳士获得了全部公民权，但获得解放的黑劳士在整个黑劳士群体中的占比依然有限，在整个无产者阶层中的占比更低。所以，这些政策只能部分解决斯巴达的人口问题，而不能彻底解决斯巴达的社会矛盾。彻底解决斯巴达的公民队伍短缺的问题必须仰仗于废除黑劳士制度，废除等级制度，废除公民身份的经济的、血统的先决条件。然而，在罗马征服斯巴达之前，这样的政治家终究没有出现！

第 六 章

斯巴达社会的平等、分层与社会流动

古代希腊罗马的不少作家常常把斯巴达与雅典作比较，认为它们代表了古代希腊两种不同的社会模式、生活模式和政治模式，在对比中雅典自然而然成为财产私有、政治民主、社会贫富不均的代表，而斯巴达则成为财产公有、政治集权和社会平等的象征，于是，斯巴达社会"平等"的形象更加深入人心，同时斯巴达社会平等的程度也被不知不觉地放大了。据说，古代斯巴达人常常自称为"平等人"（homoioi）。按照一般常理，任何一个社会都会出现社会分层，这种分层可以刺激人们不断追求"幸福"的心理，激发社会的活力。斯巴达社会果真与众不同吗？

一 斯巴达人阶层的平等问题

如前所述，斯巴达社会事实上很明显地存在黑劳士、庇里阿西人和斯巴达人三个阶层，斯巴达是不是一个平等社会一目了然，但学者常常误将斯巴达人阶层自称"平等者公社"的概念放大，运用到整个希腊社会，致使人们产生误觉。这个问题本身不难反驳。学者所说的斯巴达的平等实际上是指斯巴达人阶层内部的平等。但问题的关键是斯巴达人阶层内部真的是平等的吗？

客观地说，古代斯巴达人阶层的生活具有平等的某些特征，如早期所有的斯巴达家庭在土地分配中都能得到一份面积相等的土地，古典作家所说的斯巴达的平等更多的基于此一特征。另外，所有的斯巴达人都无须从事生产劳动，所有斯巴达人的孩子都有接受国家免费教育的权利，斯巴达的儿童教育不分贫富，以同样的标准实施教育。① 大部分成年男子都加入公餐团过集体生活，在公共食桌上每人的面前放的食物都一样，大部分斯巴达人都作为重装步兵方阵的一员。亚里士多德说斯巴达人在衣食方面贫富不分，富人穿的服装也是穷人穿得起的极为朴素的服装，修昔底德也说：拉栖代梦人衣着简便，即使是富人也尽可能按平民的方式生活，在体育运动中公开地脱掉衣服，实行裸体竞技运动。② 所有这些都说明在斯巴达人中存在一定的平等成分。然而，具有了这些特征之后的斯巴达人阶层内部就一定平等吗？

按照现代社会理论，平等应该主要表现为经济收益和政治权益的平等，在农业经济时代，经济收益的平等更主要表现为占有土地数量和土地出产数量的平等，而占有土地数量则是主要的指标，政治权益不仅仅表现为参与国家政治活动的权益，同时还表现为享有公共资源的权利，接受国家义务教育无疑就是政治权益平等的一种表现。然而，就在这两方面，斯巴达人阶层内部其实并不存在真正的平等。

经济方面，据普鲁塔克记述在莱库古改革之前，斯巴达就存在严重的经济不平等③，修昔底德说在莱库古改革之前斯巴达是希腊世界治理得最差的城邦，这里的"治理差"应当包括经济领域的社会治理。古风时期的斯巴达国王阿里斯通的第三任妻子就是来自一个有钱人家的孩子④，斯巴达国王不可能娶庇里阿西人的女性，更不可能娶一位黑劳士妇女为妻，因此这位有钱人当是斯巴达人。公元前480年，温泉关战役前夕，斯巴达选了两个首富家族的成员——斯帕提亚斯、布利斯代表斯巴达去抵偿被斯巴达杀死的两个波斯使者。⑤ 色诺芬在述及莱库古建立公餐团时说，莱库古限定饭量，使人们既不吃得过饱，也不至于进食太少，但有些富人还可吃一些小麦面包，调剂饮食。⑥ 公元前4世纪，斯巴达人内部的经济不平等更加严重。亚里士多德还指出斯巴

---

① Arist. *Pol.* 1294b22 – 26.
② Thuc. I. 6.
③ Plut. *Lyc.* 8 – 11.
④ Hdt. VI. 61.
⑤ Hdt. VII. 134.
⑥ Xen. *Lac. Pol.* 5. 3.

达有些人家产甚巨，有些人颇为寒酸①，许多人因为缴不起公餐税而失去公民权。② 色诺芬说到公元前4世纪斯巴达的富人养马，但为了逃避战争危险，招募穷人代其出征。③ 养马需要有较大的投入，是富人的标志。据说斯巴达国王阿吉西劳斯曾经让他的妹妹养马参加比赛以证明战马只是标志一个人的财富而不是品德。④ 斯巴达显然不是人人都富得养得起马，希罗多德说埃瓦戈拉斯是斯巴达唯一一个率领同一个赛车队连续三次获得奥林匹克驷马赛车冠军的人。⑤ 修昔底德说到有一位名叫阿克西劳斯的斯巴达人两次获得赛车冠军，他的儿子尼卡斯曾经参加奥林匹克马车竞赛并获得胜利。⑥ 阿克西劳斯家庭显然比较富裕，尼卡斯曾经在吉姆诺派迪亚节日上用私款款待了那些来自外乡的客商。⑦ 斯巴达波吕比达斯的儿子瑙克利德斯曾经因为过着奢侈的生活而发胖，并因为太胖而被审讯，斯巴达强令他必须改变生活方式，否则将他驱逐出境。⑧ 斯巴达人在克莱佛节（The Clever）的晚宴之后常常有一顿消夜，卡利阿斯说：为参加者提供额外的饮食，这份饮食常常由一个或几个富人提供。⑨ 摩尔皮斯称富人们提供食物，而穷人则提供芦苇、灯芯草或月桂叶，以便分发食物。⑩ 由此可见，斯巴达人内部其实并不存在真正的平等，不过相对而言，公元前4世纪及其之后，斯巴达社会的不平等现象更为严重。

斯巴达人经济平等更为重要的证据是斯巴达实行土地国有制，国家把土地连同土地上的住户（一般认为这些住户就是黑劳士）平分给各个斯巴达人家庭，各个家庭只有使用权，没有所有权，斯巴达国家禁止土地出售、转让，这样每个斯巴达人家庭长期拥有彼此同等数量的土地。其实这样的情况在古代斯巴达的历史上并不存在。客观来说，古代斯巴达确实存在平分土地的现象，比

---

① Arist. *Pol.* 1270a15 – b6.
② Arist. *Pol.* 1271a26 – 37, 1272a12 – 16.
③ Xen. *Hell.* VI. 4. 10 – 11.
④ Xen. *Ages.* IX; Plut. *Ages.* 20; *Mor.* 212b; Paus. III. 8. 1 – 2, 15. 1, 17. 6.
⑤ Hdt. VI. 103.
⑥ Thuc. V. 50; Xen. *Hell.* III. 2. 21.
⑦ Xen. *Mem.* I. 2. 61.
⑧ Ael. *VH.* XIV. 7; Athen. 550d.
⑨ Athen. 140e.
⑩ Athen. 140f.

如希罗多德说斯巴达在远征提盖亚的时候带着绳子准备丈量土地进行分配。①伊索克拉底更为详细地介绍了斯巴达分配土地的方式：土地分别在斯巴达人集团和非斯巴达人集团内部分配；斯巴达人分得的土地数量远远多于非斯巴达人，且土质更肥沃；斯巴达人内部实行平均分配，每个斯巴达公民（或家庭）都可以分得相等的一份；非斯巴达人分得的土地只能满足日常生活所需。② 波利比乌斯也提到斯巴达平均分配土地，没有人占有比别人多的土地③，普鲁塔克也有类似的记载。④ 但是，我们看到，斯巴达历史上存在多次的土地分配。从提盖亚的案例可知，在早期斯巴达，几乎每次战争之后都会进行土地分配，战后分配土地实际上是给予从军打仗士兵的报酬。这样，如果某个家庭多次参加战争就有可能多次分配得到土地，某些家庭因为成年男性残疾、生病，或绝嗣，就不能参加战争，参与土地分配。因此，尽管斯巴达实行平均分配土地，但并不能保障每个家庭拥有相等的土地。普鲁塔克记录斯巴达历史上莱库古和波吕多诺斯两人都曾经进行过土地分配，笔者认为，这可能是斯巴达历史上两次由国家出面组织的大规模土地再分配。笔者同样认为，斯巴达历史不可能只有两次，至少在公元前3世纪又组织过两次土地分配。如果不是土地占有出现不平等，就不可能出现多次分配土地的现象。另外，斯巴达实行析产继承和男女平等继承的原则，不同家庭完全可能会因为子女数量不同导致新家庭的土地占有不平均。至于公元前5世纪及其之后，斯巴达的土地集中和不平均亚里士多德在《政治学》中已经有明确的记载。⑤ 因此，古代作家一直津津乐道的土地平均分配可能存在，但平均占有其实并不存在。

在政治领域同样存在不平等。斯巴达的两个国王之间就存在门第差异，阿基亚德家族要高一些。⑥ 可想而知，其他的家族之间也会有这样的情况。希罗多德说代表斯巴达去波斯军营抵偿被斯巴达杀死的两个波斯使者的斯巴达年轻人所属家族不仅经济富裕同时也是地位崇高。⑦ 有迹象表明斯巴达存在着权

---

① Hdt. I. 66.
② Isoc. Pan. 177 – 179.
③ Poly. VI. 45 – 46, 48. 2 – 3.
④ Plut. Mor. 226b.
⑤ Arist. Pol. 1270a21 – 30.
⑥ Hdt. VI. 51, 52.
⑦ Hdt. VII. 134.

贵。如克利奥布鲁斯和森纳里斯既是波奥提亚和科林斯的"朋友",又是公元前421年的监察官,正是这两人在任监察官时为了破坏斯巴达与雅典的和约,劝科林斯和波奥提亚与阿尔戈斯结盟。① 斯巴达的恩迪乌斯家族也类似,它和雅典的阿尔西比阿德斯属于朋友关系,阿尔西比阿德斯是恩地乌斯家族的姓。② 按照伊索克拉底的说法,至少在公元前550年,雅典就有了阿尔西比阿德斯这个名字。③ 这说明,这两个家族早已建立了密切的联系。值得注意的是,恩迪乌斯也是监察官。而雅典的叛将阿尔西比阿德斯曾经受到斯巴达国王阿基斯的厚爱,允许其在王室内生活,甚至与王后传出绯闻。这种关系已经超出了一般的政治关系,暗示着在斯巴达恩迪乌斯·阿尔西比阿德斯家族与王室有着特殊的关系。亚里士多德在分析斯巴达的政治制度时说:两王满足于政制给他们带来的荣誉,勋阀贵族满足于长老会议可以发表自己的意见,而人民大众则满意于人人都有选为监察官的机会。④ 显然,斯巴达存在贵族阶层,且把控着长老会议。

斯巴达社会还会因为其他原因产生不平等。如斯巴达军队中的骑士(Hippeis)就是一个特殊的集团,它既是斯巴达军队的精锐,又是国王的卫队,出征时紧随国王身边,30岁之后他们中还会产生5位特殊的官员——阿伽托伊吉(Agathoergi)。⑤ 骑士的产生据色诺芬说是由监察官依据人品在年满20岁的年轻男子中先选出3名最优秀的,称作希帕格里泰,再由希帕格里泰分别选出100名骑士。⑥ 希派斯是斯巴达社会具有特殊公共职能的群体。普鲁塔克还记述了一位奥运选手为了在战场上站在国王身边⑦,拒绝贿赂,竭尽全力参加比赛,最后获得冠军。⑧ 这些人都具有特殊的社会身份,也都具有特殊的社会地位,他们可能是因为承担特定公共职能使其社会地位高于其他社会成员。

斯巴达人中还有懦夫和英雄群体。懦夫往往是战场上的逃兵,或竞技运动

---

① Thuc. V. 37, 38.
② Thuc. VIII. 6.
③ Isoc. 16. 25.
④ Arist. *Pol.* 1270b24.
⑤ Hdt. I. 67.
⑥ Xen. *Lac. Pol.* IV. 4.
⑦ Plut. *Lyc.* 22. 由于希派斯(Hippeis)在战场上通常在国王身边,因此,此处所指实即参加希派斯。——笔者注
⑧ Plut. *Lyc.* 22.

中的失败者，斯巴达在阿尔特米斯祭祀活动中有一个"鞭笞"仪式，这种仪式到"改革时代"发展为鞭笞比赛。最初的鞭笞可能是与窃取祭台上的食物有关，司礼者用鞭子驱赶窃食者。挨到鞭子的人不能出声喊疼，否则会被视为懦夫，遭到鄙视。色诺芬说，在斯巴达没有人会与怯懦者一起进餐，一起举行球类比赛；在合唱表演之时，懦夫会被安排在最不起眼的角落；在街上，懦夫必须靠边行走给人让道，如果他碰巧占着个座位，他还必须给别人甚至是比他辈分低的人让座；在家里，他必须养那些与自己有亲戚关系的老姑娘，正是因为他才使她们嫁不出去；他不可神情愉悦地四处闲逛，也不能像名声清白的人一般行事，否则就会受到强者的责打。① 与懦夫相反，斯巴达在战后往往要评选"最勇敢奖"和"次勇敢奖"，每个奖别一般两人，如在温泉关战役之后，斯巴达就评出了狄耶涅凯斯和阿尔弗优斯与玛尔罗兄弟②；普拉提亚战役之后，斯巴达为谁是最勇敢的人进行了争论，最后选定波希多纽斯、菲罗基昂和阿蒙法列图斯③。获奖者会被人们簇拥着游行，备享荣耀，如雅典名将泰米斯托克利在萨拉米战役之后就在斯巴达受到隆重的礼遇④，尽管底米斯托克利是雅典人，但本国人也应该享有类似的礼遇。

斯巴达社会中严格的等级秩序蜚声希腊。斯巴达士兵绝对服从于他们的长官，斯巴达儿童还在学校的时候就绝对听命于他们的队长⑤，长大之后斯巴达公民是希腊世界最知道服从的⑥，色诺芬说斯巴达人对官员和法律最顺从，即使是显要人士也对官员表现出最高的敬意。⑦ 斯巴达的长辈、老年人也备受尊重。斯巴达每一位做了父亲的人都可以像管教自己的孩子那样管教别人的孩子，那些知道自己拥有这种权力的人必定会悉心管教别人的孩子。⑧ 斯巴达的年长者如果没有公务在身常常到健身房等地督察、指导少年。⑨ 阿基斯波利斯

---

① Xen. *Lac. Pol.* IX. 5.
② Hdt. VII. 226, 227.
③ Hdt. IX. 71.
④ Hdt. VIII. 124.
⑤ Plut. *Lyc.* 17.
⑥ Plut. *Lyc.* 30.
⑦ Xen. *Lac. Pol.* VIII. 1, 2.
⑧ Xen. *Lac. Pol.* VI. 1, 2.
⑨ Plut. *Lyc.* 24. Xen. *Lac. Pol.* V. 8.

以弟师兄为其赢得了色诺芬的赞誉。① 斯巴达的长老会议是由 28 名年满 60 岁的长者外加两名国王组成。柏拉图等人曾经羡慕斯巴达老人崇高的社会地位。色诺芬说：斯巴达的公餐可以使晚辈向长辈学习，长老会议使长老们获得了比那些身强力壮的男子更多的尊重。② 普鲁塔克也提供过这方面的材料：在一次奥林匹亚赛会上，一位老人四处寻找座位，无人让位，当他走向斯巴达人的坐席时，所有的斯巴达青年都站起来让座。③ 希罗多德称：在斯巴达，年轻人遇到年长者要避到一旁让路，年长者走近时，年轻人要从座位上站起来。④ 可见在斯巴达具有浓厚的尊敬长者的文化传统。

总而言之，斯巴达人阶层内部并不存在通常所说的平等。所谓的平等只是古典作家想象出来的"理想国"。

二 斯巴达社会的分层问题

一般认为，斯巴达社会分为黑劳士、庇里阿西人和斯巴达人三个阶层。然而事实上，斯巴达的社会分层远比这个结构复杂。前文研究黑劳士的时候已经指出，斯巴达社会其实还存在奴隶，从一般的世界历史的情形看，奴隶在斯巴达社会的人数不会少，但由于史料匮乏，后人难以获得较为丰富的认识。

除了奴隶阶层，斯巴达社会还存在其他社会阶层，这些阶层见于史料文献的有：下等公民、被释放黑劳士、蒙塔库斯、诺托伊、归化民等。

"下等公民"古希腊语写作 hypomeiones（或音译为"赫波麦奥尼斯"），该词只是在色诺芬《希腊史》中出现过一次，由 hypo 和 damos 组成，意为"下等公民"。由于史料缺乏，我们对它的情况几乎无从理解。按照色诺芬记录的顺序：黑劳士、"新公民"，下等公民、庇里阿西人。⑤ 这个顺序似乎是从低到高排列的，果真如此，那么下等公民将仅次于庇里阿西人。所以，从这个角度看，下等公民很有可能是从公民队伍中沦落而来的。色诺芬说基那敦是非

---

① Xen. *Hell.* V. 3. 20.
② Xen. *Lac. Pol.* V. 5，X. 2.
③ Plut. *Mor.* 235c，237c - d.
④ Hdt. II，80.
⑤ Xen. *Hell.* III. 3. 6.

平等人，亦即非斯巴达人。在起义秘密泄露之后，监察官决定派基那敦到奥隆带回罪犯，他以前也曾帮监察官完成过类似的工作。① 虽然雅典的奴隶充当警察，但这种执行外勤的活动似乎不太可能委托给奴隶做。基那敦说他的目的是要建立没有下层人的社会，他应该是结合自己的处境产生这样的雄心壮志的。史书记载基那敦身体健壮、心如磐石，显然他似乎接受过良好的斯巴达式教育，即阿高盖教育。② 史书还说斯巴达会采取措施消灭那些身体强壮的黑劳士，综上所述，基那敦不大可能是黑劳士。而是下等公民的代表。

"蒙塔库斯"（Monthakes）在古希腊史书中的记述同样较少，该词的字面意思较难理解。费拉库斯还说莱山德就是其中的一员。埃利安也说：卡里克拉提达斯、吉利普斯、莱山德都是蒙塔库斯。③ 前文提到，吉利普斯可能受父亲受贿之累，沦为蒙塔库斯，莱山德则是由于出身贫寒家庭。④ 据说他的父亲祖上属于赫拉克勒斯家族，但不是王族。所以其社会地位虽不十分显赫，但也是较高。但他从小就生活在贫困之中。⑤ 公元前479年，斯巴达派任的希腊联军海军统帅利奥提奇达斯上推七代以上都是国王，显然他本人可能就因为第七代祖先犯罪沦为只能担任海军统帅，与莱山德相似。⑥ 这里我们看到，蒙塔库斯似乎是那些父亲或远祖因为各种原因犯罪受罚由原先的公民沦落而成。洛兹、米歇尔都认为：蒙塔库斯就是奴隶或黑劳士。⑦ 这样的推论并不准确。

尽管这两个阶层的人从标准的斯巴达人阶层中沦落了，但是他们显然也不同于其他的社会阶层，这突出表现为他们在政治生活中享有其他阶层人员无法享受的权益。比如基那敦可以直接带领士兵承担抓捕罪犯的行动，吉利普斯则承担了援助叙拉古的重任，莱山德、卡里克拉提达斯都曾经担任斯巴达的海军统帅，一度权倾一方，莱山德的势头甚至盖过国王，亚里士多德则说海军统帅成为斯巴达的第三个王室。这种获取较高社会地位和政治权利的机会是其他社会阶层不可能享有的。

① Xen. *Hell.* III. 3. 9.
② Xen. *Hell.* III. 3. 5.
③ Ael. *VH.* XII. 43.
④ Plut. *Lys.* 2.
⑤ Plut. *Lys.* 2.
⑥ Hat. IX. 131.
⑦ D. Lozte, "Mothakes", *Historia*, 11 (1962), p. 426; H. Michell, *Sparta*, p. 89.

"归化民"希腊语写作 Trophimoi，意为归化斯巴达的外邦人，也可音译为"特罗菲摩伊"。这个概念仅见于色诺芬的笔下。色诺芬在叙述阿吉西劳斯远征奥林托斯时说道：在跟随阿吉西劳斯出征亚洲的军队中，有 30 名斯巴达人，许多来自庇里阿西阶层的志愿者、社会上层的成员、非法子女，还有属于斯巴达的"归化民"①。撇开名称之争，斯巴达的"归化民"其实为数不少。早期如希罗多德记述的米尼埃斯人的合并。② 后来，斯巴达历史上还有在美塞尼亚地区安置来自阿尔戈斯的亚辛人、瑙普利亚人的举措，这些人都成为斯巴达的"归化民"。后期斯巴达历史上这种大规模安置外来居民的例子逐渐少了，但接纳外来人口的例子并不少见。如色诺芬及其家人就是其中之一。色诺芬定居在斯巴达，他的两个儿子都接受了斯巴达教育，一个在进攻雅典的战斗中牺牲，一个在留克特拉战役中牺牲。③ 据说阿吉西劳斯曾经在菲鲁斯推行阿高盖教育制度，菲鲁斯的公民人数达到 5000 人，阿吉西劳斯听从菲鲁斯流亡者的请求围攻菲鲁斯，菲鲁斯城中的流亡者的朋友和亲属逃出来，阿吉西劳斯将他们按阿高盖制度组织起来接受训练和教育，最后从中征召了 1000 名士兵补充自己的军队。④ 据说在公元前 243 年，阿基斯曾经招募了许多这种来自外国的年轻人充实军队。⑤ 我们所知道的具体有名字的人除上述色诺芬的儿子外⑥，还有福西昂的儿子佛库斯⑦，据说佛库斯热衷于赛马，为了不使其道德堕落，福西昂将他送到斯巴达与斯巴达青年一起接受教育和训练。⑧ 另外马其顿国王曾经说要将自己的儿子送到斯巴达学习。这些来自其他城邦的人员很多都成为斯巴达的公民，加入斯巴达军队。

"诺托伊"在本书婚姻制度部分有叙述，这里不作详细叙述。"诺托伊"的希腊语写作 notoi，可译作"私生子"，它与斯巴达历史上的"处女之子"一样，是斯巴达一系列非法婚姻或没有得到国家认可的婚姻所产生的国家不承认

---

① Xen. *Hell.* V. 3. 9.
② Hdt. IV. 145.
③ Diogenes Laertius, II. 52–54.
④ Xen. *Hell.* V. 3. 16f.
⑤ Plut. *Agis*, 8.
⑥ Diogenes Laertius, II. 54.
⑦ Plut. *Phocion*, 20.
⑧ Plut. *Phocion*, 20.

其政治身份的人。

被释放黑劳士实际是指获得部分自由的黑劳士。零零星星地释放黑劳士可能早就存在，但为数不多。在黑劳士大起义中，斯巴达曾经以授予自由为名，暗杀了2000名黑劳士。这实际上借了"释放"之名，说明在这之前，释放黑劳士是存在的。但批量释放则是伯罗奔尼撒战争之后的事情。最早的实例是公元前423年伯拉西达远征色雷斯的时候，招募了700名黑劳士，远征结束后全部释放。① 这批黑劳士应该在出征之前就得到了"释放"的承诺，公元前421年，这批黑劳士被带回斯巴达之后他们立即获得了自由。② 迄今所知时间较早、规模较大的是公元前370年，在底比斯军队大举入侵的情况下，斯巴达一下子释放了6000余名黑劳士。③ 还有黑劳士凭借自己的经济实力获得解放。如在皮罗斯战役中，斯巴达政府以授予自由号召黑劳士参与战争，为被围困在斯法克特利亚岛的士兵偷运食物。④ 那么事后，这些黑劳士中的一部分可能被释放。公元前3世纪后期，克利奥墨涅斯改革时（公元前228—前219年）为了筹集资金，允许黑劳士用5明那的钱赎买自由，短时间内就筹集了500塔兰特。在公元前4世纪，"被释放黑劳士"经常参加斯巴达军队，参与了斯巴达多次军事行动。这方面情况在本书其他地方已有叙述，不可赘述。被释黑劳士很可能拥有一份属于自己的土地。公元前421年，随伯拉西达远征的黑劳士回国后被允许根据自己的意愿选择居住地，最后被安置在与厄利斯靠近的列普利昂⑤，这种安置可能包含了授予土地。此后，被释放黑劳士多次参加斯巴达军队，甚至作为主力，没有独立的足够的经济实力显然不可能。

这些社会阶层在不同的历史时期在斯巴达总人口中所占的比重，以及这些阶层的相对比重都不同。比如，早期的被释放黑劳士的绝对数量和相对数量都比较少，相反，私生子、"处女之子"可能比较多。早期因贫沦落的下等公民比较少，后来则比较多。

值得注意的是，色诺芬在记述基那敦密谋暴动时对其同伴介绍的具有起义意愿的社会阶层时，并没有说到上述这么多阶层，除了黑劳士、庇里阿西人之

---

① Thuc. IV. 80.
② Thuc. V. 34.
③ Xen. *Hell*. VI. 5. 28, 29.
④ Thuc. IV. 26.
⑤ Thuc. V. 34.

外，他只说到了"新公民"和下等公民两个阶层。笔者认为，色诺芬的介绍同时暗示了四个阶层的相对社会地位递增的变动趋势。其中下等公民是由公民群体中的部分人丧失公民权或部分公民权外，他们因其特殊的身份地位略低于庇里阿西人，而其他的蒙塔库斯、诺托伊都因其祖上低下的社会地位将其固化在社会的下层，地位更低于下等公民，他们与那些本没有公民身份的黑劳士、归化的外邦人一起构成了"新公民"，他们的社会地位介于下等公民与黑劳士之间。

三　斯巴达社会的阶层流动

通过前文的叙述，我们可以看到斯巴达社会其实形成了一个非常复杂的社会分层体系。斯巴达的这些阶层之间不是封闭的、僵化的，而是存在流动性。首先是向上流动。奴隶有可能获得释放，米隆曾经提到斯巴达有很多被释放的奴隶，他提到的有"被释放者""无主人的人""驾驭者""海上主人"等。[1]

黑劳士有机会提升社会地位应该是斯巴达最特殊的一道风景线。黑劳士获得地位提升的途径很多。一是婚姻。据说"第一次美塞尼亚战争"期间，斯巴达人口急剧减少，为了不让敌人发现这一情况，他们派黑劳士与丈夫战死的斯巴达妇女结合。这些黑劳士后来因为他们取代那些战死的斯巴达战士，与斯巴达妇女结婚，并生下子女而成为斯巴达公民，但他们显然不同于真正的斯巴达公民。[2] 这是通过婚姻途径提升社会地位的方式。二是立功。更多的黑劳士通过为斯巴达国家服务，立下显赫功劳而获得向上流动的机会。这种形式主要产生于公元前5世纪后期。黑劳士参加战争最初出现于希波战争之中。在普拉提亚战争中有35000名黑劳士走上战场。公元前465年大地震之后，黑劳士曾经利用机会发动起义，斯巴达人与黑劳士的关系一度比较紧张，处处防范黑劳士，斯巴达也不可能释放黑劳士。但大地震大大减少了斯巴达的人口，在面对国内外的军事威胁时斯巴达军队感到力不从心。于是他们不得不改变对待黑劳士的方式，采取又打又拉的方式。鼓励黑劳士为国奉献，对立下赫赫战功的人

---

[1] Athen. 271f.

[2] Athen. 271c.

授予他们自由，分给他们土地。史料所见第一次这类举动是公元前425年皮罗斯战役，可以想见，当时一定有不少黑劳士因此获得自由。公元前424年，伯拉西达一次性征召了700名黑劳士士兵出征卡尔西冬。公元前421年，他们被克里阿利达斯带回，安置在与厄利斯接壤的边界处——列普利昂。这是第一次批量释放黑劳士。被释放的黑劳士可以参军，公元前413年，斯巴达选拔了一批优秀的黑劳士和"新公民"一起前往西西里。① 在公元前370年，斯巴达在面临重大危机时以参战卫国为条件释放了6000名黑劳士。② 三是赎买。黑劳士还可以通过赎买的方式获取自由，克利奥墨涅斯三世改革时，有6000名黑劳士以每人5明那的价格赎买了自由。四是释放。公元前207年，纳比斯改革中大力实施这种释放政策，一批黑劳士直接获得公民身份，成为纳比斯政权的决定支持者。

韦尔莱茨依据修昔底德的记述推测，被释放的黑劳士可能成为农民，独立拥有土地，被国家安置在特定地区，免除了黑劳士所承担的那些义务，不需要向斯巴达人缴纳租税。③ 被释放黑劳士还可以担任一定的公职。据色诺芬记载，约在公元前395年，底比斯使节曾经在雅典的公民大会上说：斯巴达任用黑劳士为海外总督。④ 这里的黑劳士应该是那些在战争立下战功获得释放、得到重用的黑劳士。在斯巴达的职官体系中，海外总督尽管派驻在海外，但他毕竟是拥有较大政治权利的公职人员。

在斯巴达的外邦人可以获得一定的政治权利。外邦人在他邦往往只有自由，没有政治权利，但在斯巴达，有些外邦人会因为顺利通过阿高盖教育或立下战功获得政治权利。希罗多德曾经记载说米尼埃斯人迁居斯巴达，被吸收为"新公民"⑤。这个记述具有一定故事性。较为具体的案例当属色诺芬。色诺芬率领追随小居鲁士叛乱的希腊雇佣军回到小亚，在那里他投靠斯巴达军队，参与作战。后来色诺芬就在斯巴达定居，并拥有一个自己的庄园和一些奴隶，算是归化民中的代表。⑥

---

① Thuc. VI. 19.
② Xen. *Hell*. VI. 5. 29.
③ R. F. Willetts, "The Neodamodeis", *CP*, Vol. 49, No. 1. (Jan., 1954), p. 28.
④ Xen. *Hell*. III. 5. 12.
⑤ Hdt. IV. 145.
⑥ Diogenes Laertius, II. 52 – 54.

下等公民和蒙塔库斯也可以因为功劳得到提拔和重用。前述的吉利普斯、莱山德都是有力的证据,战功显赫和能力出众者升值可以成为斯巴达社会举足轻重的任务,就像莱山德那样。

庇里阿西人也可以因为战功卓著得到提拔。公元前 412 年,在伊奥尼亚战争中,一位庇里阿西人被任命为一支由十三艘舰船组成的海军小分队的首领,支援列斯堡。[1] 在追随小居鲁士的斯巴达雇佣军中,担任副手的可能就是庇里阿西人。[2]

但在向上运动的类型中,很少有人可以成为享有全权的斯巴达人。希罗多德说提撒门努斯和他的兄弟是仅有的两位成为斯巴达公民的外邦人。[3] 这种说法尽管比较夸张,但斯巴达长期将公民权视为禁脔,拒绝施舍给别人,确实是不争的事实,斯巴达确实很少见到有低等级或外邦人成为斯巴达全权公民的记录。斯巴达没见过米太亚德、底米斯托克利式的外邦人或父母单方是本邦公民的人成为高级官员的案例。[4] 正因如此,斯巴达的全权公民人数在公元前 4 世纪之后就处于持续减少的情况中。

另一种流动类型是向下运动。前面说到斯巴达很少有人上升为全权的斯巴达人,但斯巴达人会因为多种原因沦为下等公民。亚里士多德曾经批判斯巴达的公餐制,认为公餐制的税负太重,使不少人负担不起,斯巴达公民队伍因此而缩小,言下之意,许多斯巴达人因为缴不起公餐税退出了公民团体。这部分人很可能就成为下等公民。斯巴达青年接受完阿高盖教育之后进入公餐团,在进入公餐团时还必须接受公餐团现有成员的投票表决,其中不排除有某些人不能获得通过,从而失去成为公民的机会,沦为下等公民。[5] 普鲁塔克记载说,吉利普斯的父亲克勒安达里达斯曾经担任斯巴达年幼的国王普罗斯托阿那克斯的监护人,但后来因受伯里克利的贿赂擅自撤军而被判处死刑,被迫流亡海

---

[1] Thuc. VIII. 22.
[2] Xen. *Anab.* I. 4. 3; V. 3. 4.
[3] Hdt. IX. 35.
[4] 米太亚德虽然祖上是雅典人,但在庇西特拉图时代就迁到科尔松尼斯,他本人在伊奥尼亚起义失败之后才回到雅典,但成为雅典的十将军之一,指挥了马拉松战役。底米斯托克利的母亲据说是色雷斯人或卡利亚人。
[5] A. Toynbee, "The Growth of Sparta", *JHS*, XXXIII (1913), p. 261.

外。① 这里，克勒安达里达斯作为国王的监护人显然是全权的斯巴达人，但因犯罪而受到处罚，吉利普斯可能因此而受连累，沦为蒙塔库斯。还有斯巴达人因为犯罪或不肯履行义务被剥夺权益的。斯特拉波转引的安提库斯的说法：美塞尼亚战争爆发后，部分没有参加战争的公民被判处为奴隶，又称黑劳士，他们在战争期间所生的子女被称为"处女之子"（Partheniae），同时也丧失了部分公民权。② 还有一些个案表明全权斯巴达人会因为犯罪或政治斗争失败被剥夺公民权。如公元前5世纪初的斯巴达著名国王克利奥墨涅斯、公元前5世纪中期的国王普雷斯托阿纳克斯、公元前4世纪初的国王波桑尼阿斯都曾经被放逐、拘捕，克利奥墨涅斯甚至在狱中自杀身亡。笔者认为，这些第一代的非法婚姻的子女和失去部分公民权的斯巴达人共同组成了下等公民。而他们的第二代、第三代及以下的子裔则组成了蒙塔库斯、诺托伊，其地位进一步下降，成为"新公民"的组成部分。

庇里阿西人的地位也可能下降。史书记载"第三次美塞尼亚战争"结束之后，斯巴达政府和起义者签署条约，斯巴达政府允许起义者带领妻子儿女和私有财物离开斯巴达，如果不离开被抓捕之后就会沦为奴隶。这些起义者中相当大的一部分是庇里阿西人。可见，庇里阿西人也可能因为暴动叛乱失去权益。伊弗鲁斯提到斯巴达建国初期曾经剥夺原先享有与自己平等权利的土著居民的权利。此例已见前文，不再赘述。尽管伊弗鲁斯称这些"享有平等权利的人"是黑劳士，被征服的赫罗斯居民成为奴隶，但一般按照对斯巴达居民结构的划分，这里所谓的黑劳士应该是庇里阿西人，而奴隶则是黑劳士。③ 这可以说是庇里阿西人被人为剥夺权益导致地位下降的早期案例。不过在后来的历史上，关于庇里阿西人地位下降的记述比较少，既然斯巴达人都可能出现向下流动的现象，庇里阿西人地位沦丧作为一种社会现象肯定会存在。

不同阶层之间的流动是一个社会稳定的重要机制。在柏拉图构思的理想国中，所有国家成员分成四个等级，同时四个等级之间又可以流动，上层的人一旦心灵受到玷污就必须下降到下层，下层社会成员一旦心灵优美、纯洁就应该

---

① Plut. Per. 22.
② Strabo. VI. 3. 2.
③ Strabo, VIII. 5. 4.

提拔到社会的上层。这样，社会就可以长期保持稳定。① 同样，在斯巴达，社会阶层之间的流动性一直存在，这为释放社会不满、化解社会矛盾、更新社会肌体具有重要的作用。尽管在公元前 6 世纪至公元前 5 世纪大部分时间内，社会流动较少，但流动的大门一直没有关闭。公元前 5 世纪后半期，正是通过社会流动，斯巴达军队的兵源才得到保障，这一方面弥补了公民人数不足的弊端，同时又缓解了黑劳士等社会下层的不满。这对维护斯巴达社会内部的稳定，维持斯巴达的霸主地位至关重要。在公元前 4 世纪前半期，斯巴达社会传统的公民队伍已经消解殆尽，由斯巴达人组成的公民人数只有 3000 人左右，但斯巴达依然能够组织大规模的对外征服，这里的关键就是依靠这些具有不完全公民身份的社会阶层。

但这些阶层与传统的公民队伍本身有着巨大的不同。首先，他们缺少传统的那种对国家的忠诚与勇敢的精神。这些人大多来自黑劳士、外邦人，他们在身体强壮、战争素质方面可能不逊于传统公民，但他们长期处于斯巴达的控制和压迫之下，不可能对斯巴达国家产生深厚的情感，他们参加斯巴达军队的主要目的是获得经济上的收益，改善自身的处境。其次，他们成为城邦体制的埋葬者。与罗马共和后期的老兵一样，他们与军事将领之间有着密切的关系，在这些半公民身份的人员中产生的海外总督、海军将领大多通过委任制任职，与国王和军事统帅之间形成了紧密的私人关系。在这些人群中形成了自上而下的垂直体制，这是一种集中的、集权的社会机制，与斯巴达传统的人与人之间相对平等的横向机制截然不同。

尽管如此，应该承认，社会流动机制为斯巴达的社会稳定，尤其是为斯巴达渡过公元前 5 世纪后期的危机，维持公元前 4 世纪前期的霸权地位做出了重大贡献。社会流动机制促进了斯巴达社会结构的转型，新的公民队伍通过这一机制逐步产生，并最终取代了斯巴达的传统公民队伍。

---

① Plato, *Laws*. 415a – c.

第 七 章

古代斯巴达的婚姻与私生子

性爱是人类的自然天性，但性爱却不可能不披上社会性的外衣，呈现为婚姻。正因如此，性爱的果实有些为社会所接纳，有些则为社会所排斥。那些被排斥的果实被统称为私生子。私生子自古就有，尽管在社会法律的制约下，它的总数不多，却是永恒存在的社会成员，他们的生存状况间接反映着整个社会的生存状况。私生子为我们打开一扇窗口去认识一个社会、一个时代。

古代希腊的历史文献直接或间接记录了很多有关私生子的生活状况，尤其是雅典。[1] 由于史料相对充分，私生子现象早已引起人们的关注，但斯巴达却因为史料相对缺乏没有得到重视，目前笔者所见仅有密希尔在《斯巴达》一书中有简单研究，但他主要是依据斯特拉波的史料研究了作为斯巴达私生子代表的"处女之子"，侧重于静态描述"处女之子"的社会地位，而没有动态地研究它产生的原因、类型、影响等重要问题。[2] 这些正是我们全面认识古代斯巴达的私生子所必须了解的。

一 古代斯巴达的婚姻制度

私生子简单讲是由非法婚姻产生的后代，因此了解私生子必须先了解婚姻

---

[1] 关于雅典私生子的研究主要有：A. R. W. Harrison, *The Law of Athens, the Family and Property*, Oxford: The Darendon Press, pp. 61–68; D. M. MacDowell, "Bastards as Athenian Citizens", *CQ*, Vol. 26, No. 1 (1976); P. J. Rhodes, "Bastards as Athenian Citizens", *CQ*, Vol. 28, No. 1 (1978); S. C. Humphreys, "The Nothoi of Kynosarges", *JHS*, Vol. 9 (1974).

[2] H. Michell, *Sparta*, pp. 85–88.

制度。古代斯巴达的婚姻制度似乎比较独特，借妻、让妻、共妻的现象比较突出，以致人们认为当时的斯巴达没有通奸的现象。① 似乎斯巴达的婚姻是随意的、无规则的。其实不然，斯巴达对婚姻也有不少规定，看似随意的两性关系同样受到制止。基那敦起义密谋泄露之后，斯巴达假装派他前往奥隆抓捕黑劳士，同时还指示他抓捕当地一位漂亮的女性，据说她正在引诱派驻在那里的拉凯戴蒙人。② 如果斯巴达的婚姻百无禁忌，斯巴达压根就不需要抓捕那位女性。那么斯巴达的婚姻方面有哪些规定性呢？由于没有直接的史料，我们只能从有限的史料去推测。

首先，婚姻必须得到家长或国家的同意。希罗多德说：一个未婚的女继承人在其父亲没有把她嫁出去的情况下，斯巴达国王有权决定将她嫁给谁。③ 这句话实际上透露出两个信息，女孩出嫁由父亲决定，父亲不在则由国王决定。斯巴达国王克利奥墨涅斯曾经把自己的女儿嫁给自己的弟弟④，这种隔代的婚姻就女方来说显然是由其父亲一手操办的。实际上，儿子的婚姻也由父亲决定，最经典的例子就是公元前3世纪斯巴达国王列奥尼达斯铲除推行改革的国王阿基斯，强迫阿基斯的妻子嫁给自己的儿子，尽管这位王子当时还没有到结婚的年龄，但为了获得阿基斯遗孀的财产，他禁止她嫁给别人，直至儿子成年。⑤ 可见，父亲在子女婚嫁方面拥有绝对的控制权。另外，国王决定实际上体现了公权力对婚姻的干预，而这种公权力似乎不完全体现为国王，还有监察官。大约在公元前6世纪中期，国王阿那克桑戴里达斯的第一任妻子久婚无子，以致影响王位的继承，于是，监察官强烈要求阿那克桑戴里达斯离婚重娶，但阿那克桑戴里达斯加以拒绝，最后，监察官被迫允许他同时娶两位妻子。⑥ 那么这个婚姻决定权显然在监察官之手。总体来看，至少斯巴达人的婚姻必须得到国家的认可。

与雅典相比，斯巴达的婚姻制度略有差别。在雅典，女孩婚前父亲去世，往往由兄弟或男性近亲安排婚嫁，希罗多德没有提及在斯巴达如果女孩有兄弟

---

① Plut. *Lyc.* 15. 9, 10.
② Xen. *Hell.* III. 3. 8.
③ Hdt. VI. 57.
④ Hdt. VII. 205.
⑤ Plut. *Cleo.* 1.
⑥ Hdt. V. 39, 40.

或男性近亲的情况下怎么办。斯巴达公民为了控制家庭人口数量往往控制生育数量，家中子女常常为两个，除了两个女孩、两个男孩之外，在一男一女的情况下，只有男孩大于女孩且成年才可以主持妹妹的婚礼。而在斯巴达，女孩一般16—18岁出嫁，男孩一般在30岁才成为正式公民，因此，男孩要大于妹妹10多岁才可能主持妹妹的婚姻。另外，斯巴达是比较集权的国家，国家对公民的控制严于雅典，将家长去世之后的家庭委托于近亲似乎不太合理。因此，斯巴达的婚姻大概主要由父亲和国家控制，也就是说必须得到家长或国家的同意才算合法。

　　借妻是古代斯巴达特有的婚姻习俗。借妻的形式很多，大致上分为借出和借入两种。借生又分为两种情形：一是妻子离开自己的家庭，到别的男人家为他人生育。波利比乌斯说：如果一个人已经生了足够多的子女，就可以把妻子赠给别人，并且这是一件非常普通而又值得尊敬的事[1]；二是允许妻子留在自己的家内，帮其他需要生子的家庭生育孩子。这种形式还带有借夫的特点，色诺芬和普鲁塔克都曾经说到这种情形：有时一个长者婚娶一位年轻的妻子，长者可能因为各种原因（主要是年龄原因）失去了生育能力，此时老夫们接纳那些他敬佩的体格健全、品德高尚的人，让他们为自己生子，这些孩子将由自己抚养。借入大致有三种情形，第一种是一些不想要妻子却又想要孩子的独居男子可以选择一位出身高贵、家庭幸福的女子，在得到女方丈夫同意之后，让她们为自己生育孩子。第二种是有的丈夫希望为自己的孩子找到更多的兄弟，于是借人妻子为自己生育更多的孩子。这些孩子可以成为这个家庭的成员，分享这个家庭的声望，但却不能分享这个家庭的财产。[2] 第三种是一位受人尊敬的男子，爱慕一位已经生下健美孩子且又举止端庄的他人之妻，只要得到妇女的同意，就可以得到她的欢心。[3] 但是，这种借妻的关键是丈夫必须同意。

　　斯巴达的婚姻制度同样遵循家族利益优先的原则，一般实行族内婚。菲洛曾经比较雅典和斯巴达的婚姻制度，称斯巴达立法家莱库古允许同母异父的兄弟姐妹之间的通婚，但禁止同父异母的兄弟姐妹之间通婚，而雅典梭伦的立法

---

[1] Poly. XII. 6b.
[2] Xen. *Lac. Pol.* I. 7 – 10.
[3] Plut. *Lyc.* 15.

正相反。① 菲洛生活在公元前 20 年至公元 50 年，他的记述可能反映了公元前 4 世纪及其之后的情形，当时斯巴达经过伯罗奔尼撒战争，男子死亡很多，妇女改嫁再婚的情况一度非常普遍，于是，同母异父的兄弟姐妹较多，同母异父的兄弟姐妹之间的婚姻比较普遍。历史上斯巴达同父异母的兄弟姐妹之间的通婚可能也是存在的，但我们目前缺少直接的证据。

为了维护家族利益，斯巴达还存在一妻多夫制。波利比乌斯说：斯巴达有一种世代流传的传统，三个或四个男人可以合娶一个妻子，如果他们是兄弟，人数还可以更多，所生孩子为大家所共有。② 波利比乌斯认为，这种制度可以保证在长期战争、男子长期在外征战的情况下，这个国家的生育率不致严重降低。同样，三四个亲兄弟合娶一个妻子，也可以保证在其他兄弟出征或阵亡的情况下，这个家庭不致绝嗣，从而稳固家庭，同时还有控制生育率，增强兄弟情感的作用，在亲兄弟和堂兄弟之间缔造一种中间型的同母异父的弟兄情义，增强家庭的凝聚力，防止家庭破裂。

为了维持家族利益甚至还会有父女辈之间的代际婚姻和祖孙之间的隔代婚姻。如公元前 6 世纪的国王阿那克桑戴里达斯二世就娶了亲姐妹家的女儿③，这份材料出自希罗多德之手，希罗多德本是雅典的历史学家，那么这里的"亲姐妹"更可能是同父同母或同父异母的姐妹。而另一位国王克利奥墨涅斯一世的女儿则嫁给了自己的叔叔、克利奥墨涅斯的同父异母的兄弟列奥尼达斯。④ 又一位国王利奥提奇达斯把自己与第二位妻子所生的女儿嫁给了与第一位妻子所生儿子的儿子。⑤ 这三个例子同时带有同父异母的印记，尽管是不同代际之间通婚，但女方的父亲和丈夫都是同父异母的兄弟，这可以进一步印证笔者前面提出的假设，即在古风时代斯巴达婚姻中的同父异母的兄妹之间的禁忌并不存在。

这些家族内部兄弟姐妹之间及家族内部不同辈分之间的婚姻，实际上是为了维护家族的稳定，同时也是为了维护家族的利益，防止家族财富外流。尽管色诺芬、普鲁塔克都竭力夸颂斯巴达婚姻制度摆脱了物欲、性欲的玷污，但实

---

① Philo, *On Special Law*, 3, 4, 22.
② Poly. XII. 6b.
③ Hdt. V. 39.
④ Hdt. VII. 205.
⑤ Hdt. VI. 71.

际上斯巴达婚姻仍然不能免俗,物质利益仍然是斯巴达人缔结婚姻时经常考量的要素,以致斯巴达婚姻生活中存在着明显的贵族嫁豪门的倾向。国王阿里斯通的第三任妻子的遭遇颇能说明问题,据说这位妻子的父母都是富人,先嫁给了阿格图斯,后又被阿里斯通设法夺走。[①] 公元前 3 世纪,力主改革的斯巴达国王阿基斯四世的祖母是斯巴达最富有的人。[②] 阿基斯改革失败被杀之后,另一位国王列奥尼达斯又强迫阿基斯的妻子嫁给自己还没有成年的儿子——克利奥墨涅斯,这位妻子继承了阿基斯的祖传家业,其财富显然非同小可。

实际上,不仅是豪门集团逐步形成了相对封闭的婚姻集团,就是斯巴达人群体也形成了相对封闭的通婚集团,禁止与其他阶层通婚,尤其是与黑劳士阶层的通婚。尽管我们没有直接相关的文献记载,但我们可以通过其他记述发现这一规定。前面多次提到的"处女之子"的来源表明,无论是斯巴达妇女与男性黑劳士,还是斯巴达男子与女性黑劳士,他们的后代都不能享有公民权。这样的规定实际上在斯巴达人和黑劳士之间划出了一道不可逾越的鸿沟,意味着这样的婚姻都是非法婚姻。与黑劳士的婚姻如此,斯巴达人与庇里阿西人之间的婚姻可能也受到制约。前述基那敦的例子中涉及的女性就是奥隆当地的一位女性,奥隆属于庇里阿西区,那么这位漂亮女性很可能也是庇里阿西人,如果她是斯巴达人,斯巴达政府似乎也无理由抓捕了。

总之,斯巴达的婚姻一般情况下实行男长女少,婚姻必须得到家长和国家的同意,必须维护家族和家庭的利益,斯巴达限制斯巴达人与下层人之间的婚姻。

二 非法婚姻与私生子的产生

私生子是在合法婚姻之外出生的儿童。在厘清斯巴达有关婚姻的相关规定(尽管这种规定许多不是成文规定)之后,我们可以审视非法婚姻有哪些表现。

可用来检视非法婚姻的最好案例就是古代斯巴达的"处女之子"

[①] Hdt. VI. 61–62.

[②] Plut. *Agis*, 4.

（Partheniae）。"处女之子"被视为非法婚姻的结果，因此古典文献关于其来源的描述也就是非法婚姻的形式。关于"处女之子"的由来古代记述不少，但大致上分成两个类型。第一种说法是公元前5世纪末的叙拉古作家安提库斯和公元前4世纪本都的赫拉克利德斯。安提库斯在介绍了美塞尼亚战争爆发之后拉凯戴蒙人把那些没有参战的人宣布为黑劳士之后，接着说：斯巴达把所有在远征期间出生的儿童都宣布为"处女之子"，并且剥夺了他们的公民身份。① 与赫拉克利德斯的说法相似，他说："当拉凯戴蒙人与美塞尼亚人作战期间，他们不在家里，但其妇女却生了一些孩子。父亲们怀疑这些孩子不是他们自己的，并把他们称为'处女之子'。"② 据称美塞尼亚战争期间，所有斯巴达男子都到前线，这些留守的斯巴达妻子大概不会有机会接触斯巴达男子，所以，吴寿彭先生推测是斯巴达妇女与奴隶的后代。③ 另一位史学家色奥彭普斯（Theopompus）对此做了补充性描述。他说：美塞尼亚战争期间，很多斯巴达人牺牲了，幸存者担心敌人发现他们人数减少，因此就安排部分黑劳士代替牺牲者与他们的遗孀结合，这些黑劳士被称为"epeunacti"④。意为 receive into one's bed，中文意思大概为"代替丈夫的人（替夫奴）"。

这里，"处女之子"产生的原因相似：尽管他们的母亲是斯巴达人，但父亲不是。但第一则、第二则史料反映的婚姻可能是没有得到国家许可的婚姻，是斯巴达妇女私自与黑劳士私通所生，而第三种说法则明确说国家许可这种结合，但其所生孩子依然因为父亲的黑劳士身份沦为私生子。

第二种来源是伊弗鲁斯提供的，他说：第一次美塞尼亚战争拖延十年，出征的将士为誓言所累不能回国，把自己的妻子留在后方，由于没有男子无法生育，国家处于缺少男子的危险中，于是，他们派出了军队中最强壮的、最年轻的士兵，因为这些年轻人和誓言没有关系，他们和已经成年的人一起参战的时候还是孩子；他们命令这些人与年轻女子同居，这样少女们就能怀孕生子；他们的孩子被称为"处女之子"⑤。类似的说法在波利比乌斯、查士丁和哈利卡

---

① Strabo. VI. 3. 2.
② W. L. Newman, *Politics of Aristotle*（Vol. IV），Oxford：The Clarendon Press, 1902, p. 368. 原文为希腊文，中译文由徐晓旭提供，特致感谢！
③ ［古希腊］亚里士多德：《政治学》，吴寿彭译，商务印书馆1997年版，第260页，注释1。
④ Athens. 271c.
⑤ Strabo. VI. 3. 3.

纳苏斯的狄奥尼索斯的作品中均有提及。①

生产"处女之子"的第二种婚姻与前一种婚姻有一个最大的区别，即后者的父母双方都是斯巴达人，但何故这些孩子依然还是"处女之子"？这里安提库斯的叙述给我们提供了启示，即"战争期间"，战争期间与非战争期间的一大差别是国王率军在外，希罗多德在述及斯巴达国王特权时提到国王有权处置未婚女继承人的婚姻问题②，也就是说，国王、家长在女性婚姻中至关重要，得不到他们现场认可的婚姻都是非法的。换句话说，所有婚姻都必须得到国家公权力的许可，否则即为非法婚姻。

斯巴达人与庇里阿西人的婚姻也可能属于非法婚姻。因为，基那敦密谋造反事件中曾经发生过一位奥隆地区的美女被捕事件，原因是她引诱派到当地的拉凯戴蒙人，老少通吃。奥隆地区是斯巴达的一个庇里阿西区，这位美女当为庇里阿西人。庇里阿西人一般都居住在庇里阿西区，没有资格担此重任，这位被派到奥隆的应该是斯巴达人。在斯巴达一夫二妻、离婚改嫁、再嫁的事件在历史上时有记载，如国王阿那克桑戴里达斯就娶了两位妻子，国王阿里斯通就与第二位妻子离婚，娶了第三位妻子。如果这位庇里阿西美女与斯巴达人之间不是存在婚姻的壁垒，完全可以钻斯巴达制度的空子，何至如此反复"勾引"，将自己变成罪犯？色诺芬还特别说明，这样的事件以前监察官经常派"基那敦"们去做。也就是说，这样的抓捕、这样的案件常常有，这样的禁忌也一直存在。

斯巴达人与外邦人之间的通婚也是被禁止的。最经典的例子见于普鲁塔克的《阿基斯传》。当时国王列奥尼达斯反对阿基斯改革，支持改革的监察官莱山德援引"禁止赫拉克勒斯的后代与外国妇女生育"的禁令，剥夺了列奥尼达斯的国王身份。③ 据说这是一个古老的法律。到底有多古老，实行于什么时候？难以精确确定。普鲁塔克、色诺芬说是莱库古制定的。④ 希罗多德说在希波战争前夕斯巴达吸收厄利斯人提撒门努斯及其兄弟为公民，此前斯巴达很少

---

① Poly. XII. 6b. Justin, *Epitome of Pompeius Trogus' Philippic Histories*, III, 4, 3. Dionysius of Halicarnassus, XIX, 2 – 4.

② Hdt. VI. 57.

③ Plut. *Agis*, 11.

④ Plut. *Lyc*. 27. Xen. *Lac. Pol*. XIV. 4.

吸收外邦人。① 至少在希波战争发生时期，斯巴达有了此类禁令。修昔底德和色诺芬还将此禁令称为《侨民法》，主要内容就是禁止外邦人来斯巴达居住，斯巴达人到外邦旅行。② 修昔底德还提到斯巴达禁止学习、模仿外邦人的生活方式。③ 可见，与外邦人的婚姻是被禁止的，他们所生的后代属于私生子。

第五种是常见的婚外情。据说阿基斯四世的妻子提麦娅曾经与流亡斯巴达的阿尔西比阿德斯私通，这种私通显然不被承认，尽管提麦娅没有被休弃，但他们生下的孩子利奥提奇达斯始终得不到阿基斯的承认，直到阿基斯晚年，提麦娅经过不断的哀求和哭诉，阿基斯才承认利奥提奇达斯是自己的孩子。又如，斯巴达国王戴玛拉托斯的不合法身份有一种可能性就是他母亲与马夫偷情所生。④

第六种则是超越规定过度娶妻。尽管斯巴达存在借妻、一夫多妻、一妻多夫等制度，但正常情况下一个男子只能娶两名妻子。据希罗多德记载，斯巴达国王阿里斯顿娶了两位妻子都没有儿子，最后他不得不再娶第三位妻子，但是他为了娶第三位妻子休弃了第二位妻子。身为国王为了获得合法继承人不得不娶第三个妻子，但不得不为娶第三个妻子而休掉第二个妻子，这说明斯巴达男子可能只能娶两个妻子。色诺芬曾经说到有些斯巴达人希望为自己的孩子找到更多的兄弟，这些兄弟可以成为这个家庭的成员，分享这个家庭的声望，但却不能分享这个家庭的财产。⑤ 这里的"更多"使人很容易想到第三个、第四个妻子，而这些多余的孩子"不能分享这个家庭的财产"说明这样的"婚姻"不合法。

第七种情形则是非婚生子女。由于斯巴达人可以娶两个妻子，可以有两次甚至更多次婚姻，这就不能排除再婚妻子或第二位妻子不知不觉中与前夫已经怀孕、但在新的婚姻中生育。这种孩子往往不能获得合法地位。如斯巴达国王戴玛拉托斯就可能是他母亲在与前夫离婚之前怀孕，但在再婚期间生产的。因此，他的父亲阿里斯通认为他不是自己的孩子。后来，戴玛拉托斯竟因为当初阿里斯通的这番话丢失了王位。在这种情况下，从法律角度看，两次婚姻都是

---

① Hdt. IX. 35.
② Thuc. I. 144. Xen. *Lac. Pol.* XIV. 4.
③ Thuc. I. 95, 132.
④ Hdt. VI. 68, 69.
⑤ Xen. *Lac. Pol.* I. 7 – 10.

合法的，但第二次婚姻中产生的这类孩子却属于私生子，不能享有全权。

还有一种情形虽没有实例，却也见于文献，它出自斯巴达的流亡国王戴玛拉托斯的叙述。戴玛拉托斯被驱逐流亡波斯后，受到波斯国王大流士的厚待，大流士晚年面临选择继承人的困难。当时，大流士有七个儿子，第一位夫人育有三子、第二位夫人育有四子，两位夫人所生的长子都强烈要求继承王位。戴玛拉托斯根据斯巴达的王位继承原则，指出应该选择第二位夫人所生的长子——薛西斯，因为第一位夫人所生孩子是在大流士成为国王之前生的，不具有国王血脉，不能继承王位。王室如此，普通公民家庭也会如此。公民身份地位发生变化，不同人生阶段的不同婚姻状况下生育的后代的地位和权益也随之变化，有些子女获得的权益大，而另一些权益小。这些权益小、地位低的子女也属于私生子阶层。

所有不合法婚姻的后代都属于私生子。在古代斯巴达，有一个词用来特指这类非法生育的，即"partheniae"。partheniae的本意是"处女之子"，实际的意思是未经合法婚姻生育的孩子。这类人的独特之处是他的父母亲有一方是斯巴达人，亚里士多德在说明"处女之子"时称他们是"斯巴达公民（homoi）的儿子"[1]。

公元前4世纪，出生于雅典、后迁居斯巴达的色诺芬还用了另一个概念指称非法婚姻产生的下一代，即前文所说的诺托伊（nothoi）。色诺芬描述的阿吉西劳斯的军队中有一特殊的类别：kai notoi twn spartiatoon，字面意思为"非正室所生的斯巴达人""与外室或女奴所生的斯巴达人"。米歇尔理解为"非法子女"[2]，罗伊卜丛书译作"黑劳士妇女所生的子女"[3]。这里，前面的几种理解比较合适，罗伊卜本的译法过于狭窄了。但从语用学的角度分析，诺托伊与"处女之子"依然存在区别。古典作家在叙述"处女之子"时都是指斯巴达历史上的那次具体事件，即"处女之子"暴动。包括亚里士多德也是将其与塔林顿殖民联系在一起。从这个角度看，"处女之子"是指第一代非法婚姻所生的孩子。但色诺芬在使用的时候则是将"诺托伊"作为一个特殊的社会

---

[1] Arist. *Pol.* 1306b29.
[2] H. Michell, *Sparta*, p. 90.
[3] Xenophen, *Xenophon* II, ed. By G. P. Goold, Loeb Classical Library, Cambridge & Massachusetts: Harvard University Press, 1997, p. 59.

群体，他们不仅包括了第一代私生子（"处女之子"），还包括他们的孩子、后裔，他们组成了斯巴达社会特殊的社会阶层，而且更主要的是后者。斯巴达是一个阶层壁垒相对较严的社会，"处女之子"的后代没法上升为全权公民，但又区别于父母或祖上与斯巴达人毫无关系的人。私生子除非出现如古典作家所说的那种特殊情况，才可能一次产生人数众多的群体，否则短时间内全社会的私生子数量有限，不足以形成特殊的社会阶层。因此，诺托伊是历史上与斯巴达人有关的非法婚姻所产生的子裔累积而成的特殊社会阶层。

三　私生子的权益和地位

私生子因为其出生不符合国家的法律规定和社会的传统习惯，出生之后成为社会的另类成员，被排斥在公民群体之外，难以享受到相应的社会权利。

私生子显然被剥夺了很多重要的权利。首先，没有财产继承权。如前所述，借妻现象的存在使得许多现代法律看来属于私生子的人也成为合法的子女，这主要是那些旨在获得合法继承人的借妻行为产生的后裔，但是有些人则是打着借妻的旗号谋取其他利益，色诺芬委婉地称为有些妻子想控制两个家庭、有些父亲想为子女寻找更多的兄弟。这样的借妻产生的后代则属于私生子，色诺芬明确指出：他们没有财产继承权。① 公元前4世纪初，阿基斯二世的妻子与他人私通所生的私生子利奥提奇达斯就因此失去了继承家庭财产的权利。② 美塞尼亚战争期间发生的"处女之子"起义也是因为在征服美塞尼亚之后，没有资格参与新占土地的分配。③ 亚里士多德在提到"处女之子"起义时说"处女之子"得不到平等的公民权利，这其中就包含了经济权益。

其次，私生子的政治权利也受到严重限制。最有代表性的是戴玛拉托斯和利奥提奇达斯。戴玛拉托斯就是因为克利奥墨涅斯揭露他是私生子使其在担任国王16年之后失去了王位。利奥提奇达斯尽管已经被其父承认为自己

---

① Xen. *Lac. Pol.*, I. 10.
② Plut. *Ages.* 4.
③ Strabo, VI. 3. 3.

的儿子，但是，在其父去世之后仍然被剥夺了王位继承权。最终，由他的叔叔阿吉西劳斯取代他继任国王。上述两位都是身居王室的特殊私生子，而对大量普通私生子来说是否同样不能享有普通公民所享有的公民权，我们缺少直接的材料，只能做适当的推测。斯巴达公民在出生之后都需要接受氏族长老的体格检查，合格者才被接纳成为未来公民的人选，长大之后还要接受斯巴达教育，即使是在自立门户之后还必须缴纳公餐税，才能享有公民权。但私生子因为其父母的婚姻关系不合法不大可能接受长老的体检。更主要的是斯巴达对遗产继承有特殊规定，斯巴达国家长期重视维持公民队伍的稳定，竭力采取措施防止地产分割、买卖，为此，斯巴达采取了多种措施限制家庭人口数量，在这种情况下，大概只有合法的斯巴达儿子或女儿有权继承遗产，私生子不可能有遗产继承权。遗产继承应该是斯巴达公民最主要的经济权益，而前文所引，亚里士多德宣称"处女之子"没有平等的经济权益。这样，私生子因为没有自己的地产无力支付公餐税，也就不可能成为全权公民。

但私生子因为是斯巴达人的后代，他们又不同于庇里阿西人、黑劳士人及其后代，他们享有的权益高于后者。斯巴达的第一代私生子可以和尚属斯巴达人阶层的生父或生母生活在一起。史书记载斯巴达最早的私生子是墨伽彭特斯，他是由一位女奴与墨涅拉奥斯所生。他就生活在斯巴达王宫当中，当特勒马科斯到达斯巴达时，墨涅拉奥斯正在为墨伽彭特斯举行婚礼。[①] 斯巴达历史上著名的"处女之子"事件中的私生子出生之后也一直与生母居住在一起，直至美塞尼亚战争结束。公元前5世纪末，王子利奥提奇达斯据说是流亡者阿尔西比阿德斯与王后私通的结果，阿基斯一直不肯承认利奥提奇达斯是自己的儿子，一直到晚年，才承认利奥提奇达斯是自己的孩子。看来阿基斯一直认为利奥提奇达斯是私生子，但并没有将他赶出家门，而是长期生活在生母身边。斯巴达国王戴玛拉托斯出生之后曾经被其父王阿里斯通怀疑为私生子，但他也一直生活在王室之内，这与后世的私生子动辄被遗弃显然不同。

既然生活在亲生父母身边，无论是亲生父母还是养父母，就必须对私生子的身体健康、教育、婚姻负责。我们没有见过文献记载养父母如何为私生

---

① Ody. IV. 1-14.

子治疗疾病，但斯巴达显然有很多私生子健康活到成年，以致能够成为军队的特殊组成部分。斯巴达的军队一般都要经过特殊的斯巴达教育，私生子可能有机会接受这类教育。不过，这一点还不能得到直接资料的证实。

私生子成年之后，不管父亲是否亲生似乎都要为他完成婚姻大事。如前述私生子墨伽彭特斯就由墨涅拉奥斯为他举行婚礼，而且与他同时结婚的还有他同父异母的姐姐赫耳弥俄涅。比较特殊的是私生女的婚姻。公元前3世纪的斯巴达国王列奥尼达斯娶了一位波斯女子，按斯巴达的法律，她所生的子女都是私生子。但列奥尼达斯的女儿却嫁给了王室成员克里奥布鲁托斯，而这位女婿后来竟然驱逐了岳父，成为斯巴达国王。这里，女性私生子可以与斯巴达正式公民结婚，且不会对丈夫的政治命运和政治权益带来消极影响。

部分私生子有可能成为公民。这种情况一般是因为该家庭没有合法男性继承人。这时，国家可能会通过指定继承人的形式解决家长空缺的问题。赫拉克利德斯解释"处女之子"时称，因为当时斯巴达发生人口危机，允许牺牲者的遗孀选择黑劳士为夫。这种举措本身具有维护家庭稳定、增加人口和兵源的功能，这些"处女之子"如果将来不能成为公民很难维持该家庭的稳定，也很难实现增加人口和兵源的目的。希罗多德还说斯巴达国王全权负责各个家庭领养新成员。① 这里的领养新成员就带有为这个家庭寻找新家长的功能，其中不排除包括长期生活在家中的私生子。如阿基斯二世晚年承认私生子利奥提奇达斯为自己的儿子，大概就属于这种领养。罗马时期的作家菲洛（Philo）曾经提到：斯巴达的同母异父的兄妹之间经常缔结婚姻关系。② 这种婚姻关系同样具有维持家庭稳定的作用，其中不乏私生子，因此，这一规则为私生子成为新家长、"新公民"提供了可能。

私生子如果通过与全权公民结婚，她的下一代可能成为全权公民。前文所引列奥尼达斯的女儿嫁给一个王室成员，在忽略新娘是否私生的同时，显然还有一个潜在的前提，即女性私生子与正式公民结婚，其后代拥有公民权。否则，斯巴达公民会因此放弃新娘。

但是，并非所有的私生子都能够上升为公民。有些家庭本身就有合法继

---

① Hdt. Ⅵ. 57.

② Philo, *On Special Law*, 3, 4, 22.

承人，这时，私生子是不可能成为合法公民的。另外，古代斯巴达的成文法不发达，许多社会行为都靠习惯或传统调节，这就使得许多社会现象成为多种利益博弈的结果。例如，阿基斯二世晚年，私生子利奥提奇达斯已经得到阿基斯的承认，但他的叔叔阿吉西劳斯在莱山德的支持下霸占了他的家产，夺取了他的王位。阿基斯四世死后，他的孩子年幼，他的遗孀带着幼子被迫嫁给了另一王室的小王子克利奥墨涅斯。

这些没有机会成为正式公民的私生子如何生存呢？在史书中见到的有两种：一是像当年的"处女之子"那样出海殖民；二是像色诺芬提到的那样，参军打仗，但是由私生子组成的军队其重要性或军事价值比不上斯巴达人士兵。色诺芬提到公元前381年远征奥林苏斯的那支军队，这支军队是在斯巴达公民大量减少，难以单独组军的情况下组建起来的，其中包括志愿者、庇里阿西人、富有阶层人士、异邦人，还有私生子。[①] 因此，私生子可能以辅助士兵或兄长随从的身份加入斯巴达军队。第三种方法尽管带有推测的成分，但也是可能的。那就是在家中帮助家长打理家产，这种形式在中世纪的欧洲并不少见。众所周知，每个斯巴达人家庭都有一份由众多黑劳士耕种的份地。这份土地远离主人居住地，斯巴达人自己主要从事军事训练，并不亲自打理地产，然而，地产总是要管理的，而且这个管理者还需要与主人有密切的关系，私生子似乎比较合适。

总之，在古代斯巴达，私生子主要是由于斯巴达公民与低等级的斯巴达居民和外邦人的后代。私生子一般情况下不享有公民权，只有在特殊的情况下才可能上升为公民。作为私生子，他们的政治、经济权益受到限制，但因为其生父、生母或祖上的身份关系，他们的社会地位高于黑劳士，与庇里阿西人相当或略低。私生子作为特殊的社会成员成为斯巴达社会管理必须考虑的力量。

① Xen. Hell. V. 3. 9.

第 八 章

斯巴达土地制度研究

土地是古代世界的核心问题，也是斯巴达经济的核心问题。对斯巴达历史发展的认识必须建立在对土地制度的准确全面认识的基础上。由于材料问题，斯巴达土地制度的材料非常有限，这给认识斯巴达土地制度带来了巨大的困难，正如窝尔班克所说："斯巴达的土地占有问题是斯巴达所有模糊不清的制度中最莫衷一是的。"[1]目前学术界对斯巴达土地问题的争论主要围绕三点：土地的分配、土地的继承和土地的转让。其中，土地的分配是争论最多的。

综合目前的研究成果，争论的焦点在是否实行过土地分配，是否由国家主持进行土地分配，是否是平均分配。目前学术界的观点大致上分为三派，一派全面否定，代表人物有格罗特[2]、琼斯[3]、弗雷斯特[4]、卡特利奇[5]、霍德金森[6]等，格罗特指出：平分土地是阿基斯时代的历史虚构[7]，琼斯称其是"公元前4世纪晚期创造的传说"[8]。另一派则持赞同意见，代表人物有汤因比[9]、

---

[1] F. W. Walbank, *A Historical Commentsry on Polybius* (I), Oxford: Clarendon Press, 1957, p. 728.
[2] Grote, *A History of Greece* (II), London: Routledge, 2000, pp. 392 – 420.
[3] A. H. M. Jones, *Sparta*, Oxford: Blackwell, 1967, pp. 40 – 43.
[4] W. G. Forrest, *A History of Sparta*, 950 – 192 B. C., London: Hutchinson, 1968, p. 51.
[5] P. Cartledge, *Sparta and Lakonia*, *A Regional History* 1300 – 362 BC, pp. 165 – 169.
[6] S. Hodkinson, "Land Tenure and Inheritance in Classical Sparta", *CQ*, Vol. 36, No. 2 (1986), pp. 389 – 390; *Property and Wealth in Classical Sparta*, pp. 65 – 112.
[7] Grote, *A History of Greece* (II), pp. 392 – 420.
[8] A. H. M. Jones, *Sparta*, p. 43.
[9] A. Toynbee, *Some Problems of Greek History*, pp. 201 – 202, 223 – 235, 301 – 309.

哈蒙德、克里姆斯①、菲古伊拉②、大卫③、麦克唐维尔④等。如大卫认为，波利比乌斯同时认定伊弗鲁斯、色诺芬、卡利斯特尼斯、柏拉图都持有同样的观点，这就证明这种土地制度尤其历史真实性。⑤ 菲古伊拉认为，波利比乌斯、普鲁塔克的材料是可信的。⑥ 第三派观点认为存在土地分配，但不是平均分配，如米希尔、王敦书。米希尔认为，既然斯巴达公民成为职业的军人，他们就必须从国家领取一定量的有黑劳士的份地，否则无法履行军事义务，但是"古代斯巴达有过平均占有土地的事吗？答案显然是没有"⑦。王敦书先生指出："当然，这种土地分配，并不绝对平均，大概一般氏族成员之间大致相等，而军事首领、氏族部落的长老和贵族则可能取得或占有较多的土地。"⑧下面，我们将从两个方面回答上述问题。

一 斯巴达历史上的土地分配问题

(一) 斯巴达历史上确实存在土地分配

反对斯巴达历史上确实存在土地分配的学者的依据大致来自三点：一是记述大多来自公元前4世纪之后的伊弗鲁斯、波利比乌斯、普鲁塔克材料，而早期的作家，如希罗多德、修昔底德、色诺芬、亚里士多德等均未记载。二是后期的材料大多受公元前3世纪斯巴达改革运动的影响，具有平均主义的特征，与斯巴达历史不符。三是几乎所有的记述都将早期土地分配归之于莱库古，而

---

① K. M. T. Chrimes, *Ancient Sparta*, pp. 286 – 287, 397.
② T. J. Figueria, "The Nature of the Sparta Kleros", in T. J. Figueria ed., *Spartan Society*, New York: Aron Press, 1981, pp. 47 – 77.
③ Ephrain David, *Sparta between Empire and Revolution*, 404 – 243B. C., New York: Aron Press, 1981, pp. 46 – 48.
④ D. W. Macdowell, *Spartan Law*, pp. 89 – 110.
⑤ Ephrain David, *Sparta between Empire and Revolution*, 404 – 243B. C., pp. 46, 69.
⑥ T. J. Figueria, *Spartan Society*, pp. 47 – 77.
⑦ H. Michell, *Sparta*, pp. 205, 207.
⑧ 王敦书：《斯巴达早期土地制度考》，《贻书堂史集》，第392页。

莱库古本人是否存在颇具争议。

但考之于历史,未必竟然。首先,虽然波利比乌斯、普鲁塔克等人距古希腊较远,但它们所引用的材料大多来自古典时代(公元前4世纪之前)。众所公认,波利比乌斯在提出自己有关斯巴达土地平分的观点时提到了柏拉图、色诺芬等人,这说明,波利比乌斯对古典材料是熟悉的。据菲古伊拉考证,普鲁塔克的材料出现了许多古典时代的习惯用法,如表示平等的词语与公元前6—前5世纪的诗人提奥格尼斯一样,这说明他对古代材料非常熟悉,而不是偏信公元前3世纪的宣传材料。①

其次古代有关早期斯巴达分配土地的记述并非只见于波利比乌斯、普鲁塔克等较晚的作家,在古代柏拉图、伊索克拉底等人已有记载,柏拉图在《法律篇》中介绍多利亚人当初南下伯罗奔尼撒建立最初的国家时说,通常当立法者提出土地改革或取消债务时,都会遭到激烈的反对,但在多利亚人中间,"土地的分配没有什么争执,也没有积累下来的债务负担"②。这里,柏拉图明确提到斯巴达历史早期的土地分配,但他没有说是否平均分配。伊索克拉底说:斯巴达那些"聪明"的统治者在内部建立起独一无二的平等与民主,与此同时,他们将大多数人降到庇里阿西人的地位,给他们戴上与奴隶一样的精神枷锁。然后,他们开始分配土地,他们每一个人都有权拥有相等的一份,他们自己尽管只占少数,却占有了不仅最肥沃而且多于任何希腊人所占有的土地。但是,对普通人民大众,他们只分给最贫瘠,经过艰辛劳动才能勉强糊口的土地。③

至于希罗多德、修昔底德、色诺芬等人未提及此事,尤其是希罗多德提到了莱库古改革,却未提及平分土地一事,这主要是由于当时人们认识历史的方法问题。我们知道古希腊的历史主要目的不是记述历史,而是认识历史的规律。在公元前5世纪至公元前4世纪,古希腊的思想文化发生重大转向,主要从伦理道德的角度解释历史,这种思想首先体现于苏格拉底,同时这种思想也影响到史学代表人物是修昔底德。因此它们主要是从道德沦丧的角度选择材

---

① T. J. Figueria, *Spartan Society*, pp. 47–77.
② Plato, *Laws*, 684d–e.
③ Isoc. *Pan.* 177–179; *Archi.* 20.

料，经济生活自然不会受到它们的重视。①

亚里士多德的材料是人们研究古代希腊不可缺少的，但亚里士多德也没有直接提到斯巴达的平分土地这一制度，这确实令人费解。笔者认为，亚里士多德首先是政治学家，而不是历史学家，其代表作《政治学》更是政治学的开山之作，他主要研究的是他所生活的时代，因此，他所提及的制度主要是他的那个时代存在的制度。② 但这些制度本身都有其发展演变的过程，而我们很难在他的作品中看到这一过程。其次，我们在亚里士多德学派的另一位作家赫拉克利德斯的散佚遗篇中见到了这一方面的材料。赫拉克利德斯在其著作《论政制》中说："对拉凯戴蒙人来说，出售土地被认为是不光彩的，而对于古老的份地甚至是非法的。"据王敦书先生研究，赫拉克利德斯有关雅典部分大多摘自亚里士多德的《雅典政制》，很可能其斯巴达部分也摘自亚里士多德的《拉凯戴蒙政制》，那么赫拉克利德斯的上述断言就可能是亚里士多德的研究成果，换句话说，亚里士多德也认识到斯巴达存在份地。③

王敦书先生从斯巴达自身的历史发展对早期斯巴达分配土地的历史可能性进行了研究。他认为，早期斯巴达人在南下定居拉科尼亚时尚处于比较落后的原始社会的末期，经济以畜牧业为主，过着半游牧的生活，私有制刚刚萌芽。在定居下来之后，它们逐步转向定居的农业生活，这时它们可能将征服的土地在氏族部落成员之间进行分配。他赞同哈蒙德的意见，认为这些迁入者吞并了最好的地区，然后每个家庭被分配一块不可转让的土地，对土地的占有是成为公民身份的保证，也是作为公民的一种权利。④

总体来看，早期斯巴达确实实行过土地分配。分配的形式大致有三种：战争之后平均分地、"新公民"产生之际的授地、出于政治目的安置外来人口。前一种形式最重要，也最复杂，后两种形式比较简单，我们先加以介绍。早期斯巴达通常由于各种原因吸纳外来人口成为公民，亚里士多德说：传说斯巴达往古的列王常常授予外来人以公民权，因此虽然经历长期的战争，并不感觉人口短缺。⑤ 土地是城邦体制下公民的经济保障，没有土地就不可能成为合格公

---

① T. J. Figueria, *Spartan Society*, p. 54.
② Douglas W. Macdowell, *Spartan Law*, pp. 92 – 93.
③ 王敦书：《斯巴达早期土地制度考》，《贻书堂史集》，第 389 页。
④ 王敦书：《斯巴达早期土地制度考》，《贻书堂史集》，第 392 页。
⑤ Arist. *Pol.* 1270a35.

民，因此吸纳"新公民"同时要授给他们土地。如前文所说米尼埃斯人来到斯巴达，斯巴达吸纳了米尼埃斯人，与他们通婚，同时分给他们以土地，这显然是吸纳"新公民"之际的授地。① 伯罗奔尼撒战争时期，斯巴达为了扩充兵源，大量吸收黑劳士入伍，其中部分人被吸收为"新公民"，这些人最后都得到安置，其中跟随伯拉西达远征色雷斯的黑劳士，与部分"新公民"一道，被安置在拉科尼亚与厄利斯的边境地区列普利昂。② 在古典时期，许多外邦人崇拜斯巴达的强盛，把子女送到斯巴达接受教育，其中部分人被吸收为希腊公民，他们也被分配以特定的资产。③

另外，古希腊城邦在国际争端中通常采用提供土地等方法诱逃对方人口、分化对方盟友的策略削弱对方，如雅典曾经诱逃斯巴达的黑劳士，将其安置在瑙帕克都斯。④ 公元前431年，雅典驱逐了埃基那人，斯巴达鉴于埃基那曾经帮助自己镇压黑劳士起义，又是雅典的仇敌，于是接纳了他们，将其安置在提里阿。⑤ 这种安置势必包括分配土地，但这种分配可能是整体安置，而对内部的具体分配不会作太多的干预，因而可能存在较大的不公。

对斯巴达历史与社会发生了更重要影响的是战争之后的分地，这种分配往往是针对全体公民的分配。诚如王敦书先生所言："斯巴达在国家形成和发展的过程中向外扩张，不断直接并吞新的土地成为国家或公民们的公地，又不止一次地将公地分给公民个人作为份地。"⑥ 早期斯巴达的对外战争与土地有着密切的关系，比如"第二次美塞尼亚战争"，提尔泰乌斯在残诗《优良政治》中说道：当时的人民困于兵燹，要求重新分配土地。⑦ 普鲁塔克在《斯巴达人名言录》中曾经记述波吕多洛斯率军进攻美塞尼亚前，有人问他："他是否是去进攻自己的弟兄。"他说不是，而是前往还没有分配的土地。⑧ 显然这场战争的重要目的就是获得新土地。希罗多德在记述斯巴达征服提盖亚的时候说到

---

① Hdt. IV. 145.
② Thuc. V. 4.
③ Plut. *Mor.* 238e.
④ Thuc. I. 103.
⑤ Thuc. II. 27.
⑥ 王敦书：《斯巴达早期土地制度考》，《贻书堂史集》，第400页。
⑦ Arist. *Pol.* 1306b37－1307a2.
⑧ Plut. *Mor.* 231e.

斯巴达在出征时带着量绳。斯巴达在征服之前曾经到德尔菲神庙求取神谕，神谕说："我要把提盖亚送给你们，要你们在那里踏足而舞。并要你们用绳索来测量肥沃的田野。"斯巴达听信了神谕，带着枷锁和测量土地的绳索，但最后战争失败，斯巴达人被俘，被迫戴上自己带去用以拘捕提盖亚人的枷锁。① 带着量绳显然说明斯巴达在战争之后将进行土地分配。

接受份地的对象除了斯巴达人外还包括庇里阿西人。据普鲁塔克记载，莱库古将"剩余的拉科尼亚土地分成 30000 份，分给庇里阿西人"②，阿基斯改革中则给 15000 个庇里阿西家庭分配了土地③。部分学者否认斯巴达历史上有土地分配，自然也否定了庇里阿西人曾经参与土地分配这一事实。庇里阿西人是斯巴达社会中的特殊阶层，他们与斯巴达人一起称为拉凯戴蒙人，他们在战争中往往与斯巴达人军队混合编制④，他们可以与斯巴达人一起殖民⑤，可以担任斯巴达的使者⑥，可以作为舰长指挥斯巴达海军作战⑦。在普拉提亚战役中，庇里阿西人的数量与斯巴达人一样多，可以说，庇里阿西人是斯巴达军队的重要组成部分。庇里阿西人特殊的政治地位正是建立在坚实的经济基础上，这个基础就是由斯巴达国家授予的一定数量的土地。因此，无论是从史料记载还是现实的庇里阿西人的政治地位分析，庇里阿西人必定参加了斯巴达的土地分配。但是，庇里阿西人的份地在面积上肯定小于斯巴达人的份地，斯巴达人的土地由黑劳士耕种，而庇里阿西人的份地主要是自己耕种。

(二) 斯巴达早期的土地分配体现了平均主义的特点

早期斯巴达的土地分配是否是平均分配？有关斯巴达土地平均分配的材料主要来自波利比乌斯和普鲁塔克。波利比乌斯说："斯巴达制度的独特性据说首先是土地制度，根据斯巴达的土地法，没有人能够拥有比别人多的土地，所

---

① Hdt. I. 66.
② Plut. *Lyc.* 8.
③ Plut. *Agis*, 8.
④ G. L. Cawkwell, "The Decline of Sparta", *CQ*, Vol. 33, No. 2 (1983), pp. 386–388.
⑤ Thuc. III. 92.
⑥ Thuc. VIII, 6.
⑦ Thuc. VIII, 22.

有的人必须占有一份数量相等的公地（希腊文为 politikes koras，英文译作 public land 或 civic land）。"①波利比乌斯在另一处说："我觉得，就维持公民内部的团结、维护拉科尼亚地区内部的安全、保证斯巴达公民的自由而言，莱库古的立法以及它所体现的远见卓识实在令人敬佩，以致人们不得不认为他所创建的制度来自神。因为平均分配土地和俭朴的公餐可以在公民的日常生活中培育节制美德，并使公共财富作为整体免遭内部纷争的危害，同时又可以在艰苦和危险中培育人们的勇敢与坚韧的品格。"②

普鲁塔克在《莱库古传》中说："莱库古的第二个异常果敢的政治措施是重新分配土地。……他说服了同胞将所有的土地变成了一整块，然后重新加以分配，劝说他们彼此在划一的、生计上完全平等的基础上生活在一起，单凭美德去博取功名……他言行一致，将剩余的拉科尼亚的土地分为 3 万份，分给了庇里阿西人，即当地的自由民；将属于斯巴达城邦的土地分成 9000 份，分给了同样数目的真正的斯巴达人。"③

波利比乌斯和普鲁塔克均生活在公元前 3 世纪之后，④ 这一世纪斯巴达发生过几次政治改革⑤，它们有一个共同内容，就是没收贵族土地，进行平均分配。部分学者认为波利比乌斯和普鲁塔克所谓的莱库古土地改革均来自 3 世纪改革运动时期的政治宣传，不具有可信度。⑥ 更有的学者认为莱库古改革的大量史料来自公元前 3 世纪的史学家费拉库斯⑦，或来自赫尔米普斯⑧，费拉库斯可能鉴于阿基斯计划分 4500 份份地和斯巴达失去了几乎占一半国土的美塞尼亚、希罗多德和亚里士多德的有关古代斯巴达公民人数的记录，人为推断出莱库古的土地改革。但近代有些学者研究之后认为他们的材料来自公元前 4 世

---

① Poly. VI. 45–46.
② Poly. VI. 48. 2–3.
③ Plut. *Lyc.* 8.
④ 波利比乌斯生活在公元前 200—前 118 年，普鲁塔克大约生活在公元 46—126 年。
⑤ 公元前 243—前 241 年阿基斯四世（公元前 244—前 241 年在位）改革，公元前 229—前 222 年克利奥墨涅斯三世（公元前 235—前 219 年在位）改革，公元前 207—前 192 年纳比斯改革。
⑥ 参见 Grote, *A History of Greece* (II), pp. 392–420。
⑦ Hodkinson, "Land Tenure and Inheritance in Classical Sparta", *CQ*, Vol. 36, No. 2 (1986), p. 382.
⑧ Plut. *Lyc.* 5, 23.

纪。① 尽管如此，他们仍然认为波利比乌斯和普鲁塔克的材料不可信。霍德金森在继承前人观点的基础上指出，普鲁塔克在《莱库古传》和《阿基斯传》中的观点自相矛盾：前者称土地由国家分配，后者称土地由父亲传给儿子，他认为波利比乌斯的材料来自公元前4世纪末的伊弗鲁斯，伊弗鲁斯的材料有来自公元前4世纪前期的流亡国王波桑尼阿斯的宣传册子，波桑尼阿斯是为了攻击政治对手而创作，因而不具有可信性。②

但是，波利比乌斯、普鲁塔克并不是对古典材料一无所知，其实他们的观点大多建立在古典材料的基础上。波利比乌斯本身出身于希腊贵族家庭，受过良好的教育，并因其知识渊博被罗马贵族聘为家庭教师，为了写作《通史》他或出入罗马档案馆，或外出寻访。他广泛研究了克里特、迦太基、曼提尼亚、斯巴达等古代国家的制度，在研究斯巴达时他提到了伊弗鲁斯、色诺芬、卡利斯特尼斯、柏拉图等四位作家，并称他们为古代最有学问的思想家③，这说明他对早期斯巴达历史的认识并非没有考虑到古典材料。因此，轻易断定波利比乌斯轻信史料，疏于考订是不准确的。大卫认为，仅仅凭波利比乌斯同时列举了这四位作家，并且四位作家的观点一致，就证明这种土地制度有其历史真实性。④ 有人说波利比乌斯关于斯巴达的认识主要来自伊弗鲁斯⑤，事实并非如此。按波利比乌斯在上下文中的意见，这四位作家更侧重于政治制度，这与波利比乌斯的记载不谋而合。波利比乌斯曾经转录了伊弗鲁斯对克里特制度的认识，这里伊弗鲁斯更重视克里特的公餐制、全民皆兵制度，认为这样就使贫富处于平等的地位，显然这种对平等的理解与波利比乌斯的认识大不一样，波利比乌斯更强调土地制度的平均特色，他认为这是他自己的一大发现。应该说，这是波利比乌斯在占有古典材料的基础上对斯巴达历史的进一步认识。显然，这一认识与柏拉图的"平均分配土地"也不一样，柏拉图只是说斯巴达历史的早期曾经实行过土地的平均分配，而波利比乌斯则深入制度层面。所以

---

① A. H. M. Jones, *Sparta*, p. 43.
② S. Hodkinson, "Land Tenure and Inheritance in Classical Sparta", *CQ*, Vol. 36, No. 2 (1986), pp. 381 – 382.
③ Poly. VI. 48. 2 – 3.
④ Ephrain David, *Sparta between Empire and Revolution*, 404 – 243 B. C., pp. 46, 69.
⑤ S. Hodkinson, "Land Tenure and Inheritance in Classical Sparta", *CQ*, Vol. 36, No. 2 (1986), p. 381.

这是波利比乌斯自己的发现，波利比乌斯也颇为自负。①

波利比乌斯的发现也许受到了公元前3世纪斯巴达改革运动的启发，但并不是对这一运动的简单移植。波利比乌斯对克利奥墨涅斯的评价极低，认为他是天生的僭主。②但波利比乌斯对莱库古的评价极高，认为是天神。③我们知道克利奥墨涅斯改革中一项措施就是平分土地。如果斯巴达古代（或者说莱库古）没有实施这项措施，而克利奥墨涅斯违背了传统旧制，擅作创新，那么波利比乌斯大概不会放过这样的机会去抨击克利奥墨涅斯的。波利比乌斯对此的沉默表明在波利比乌斯看来这一措施并没有违背传统制度，无从抨击。

学术界肯定普鲁塔克的也不乏其人。哈蒙德认为《莱库古传》中的大瑞特拉就来自亚里士多德已散佚的著作《拉凯戴蒙政制》一书。④玛拉斯科认为普鲁塔克有关阿基斯和克利奥墨涅斯传改革的材料也来自亚里士多德的《拉凯戴蒙政制》。⑤菲古伊拉认为，普鲁塔克在介绍莱库古平分土地时所用的表示平等的词与公元前5世纪的希腊诗人提奥格尼斯的措辞一样⑥，这说明，普鲁塔克对古典时期的史料比较熟悉，言下之意，普鲁塔克的材料是可信的。

其实，鉴于普鲁塔克对古典材料的熟悉，认为普鲁塔克不经自己的思考，转抄赫尔米普斯的作品，难免给人牵强附会之感。事实上，普鲁塔克本身就记录了有关斯巴达份地数量和发展过程的不同说法，他在介绍完莱库古的9000份份地后接着说：有人说莱库古只在斯巴达人中分配了6000份，另外3000份是波吕多洛斯后来添加的。还有人说波吕多洛斯和莱库古各分配了4500份。⑦他还就莱库古改革之所以成功和梭伦改革之所以失败进行过比较，认为前者的成功在于"重分了土地、使人们在生活方式上平等划一"⑧。他在比较莱库古与努马时又指出，两者在培养人民的节制品德时采取的办法不一样，前者采用

---

① Poly. VI. 48. 2 – 3.
② Poly. II. 47. 3；IV. 81. 14；IX. 23. 3；XXIX. 8.
③ Poly. VI. 48. 2 – 3.
④ N. G. Hammond, "The Lycurgean Reform at Sparta", *JHS*, Vol. 70 (1950), p. 42.
⑤ Marasco, "Aristotele come fonte di Plutarco nelle biografie di Agide e Cleomene", *Athenaeum*, 56 (1978), 170ff. 霍德金森认为此说经不起推敲（Hodkinson, *Land Tenure and Inheritance in Classical Sparta*, p. 384）。
⑥ T. J. Figueria, *Spartan Society*, p. 49.
⑦ Plut. *Lyc.* 8.
⑧ Plut. *Solon*, 16.

了平分土地，而后者没有。① 这说明他对古代材料是熟悉的，土地问题已经成为普鲁塔克解释历史的主要因素，因此，他对希腊历史上的土地问题必然有着深入的了解。9000 份份地实际上是古典时期斯巴达公民人数的一种反映，按照菲古伊拉的研究，公元前 5 世纪初，希波战争开始时斯巴达公民人数大概是 10000 人②，这对普鲁塔克来说已经比较熟悉，完全无须抄袭别人。菲古伊拉还指出：普鲁塔克对黑劳士、税收等的记载都具有较高的可信度③，比如，普鲁塔克对斯巴达税收的记录与公元前 4 世纪末的亚里士多德派哲学家狄卡伊阿库斯的记录基本一致④，这也可以为有关土地制度记述的可信性提供佐证。

笔者认为，我们不仅可以从史料本身证明波利比乌斯和普鲁塔克材料的可信性，还可以从其他方面来分析。首先，从其他作家的材料看，亚里士多德学派的赫拉克利德斯曾经记述斯巴达的土地分为份地，这一说法很可能就是来自亚里士多德。⑤ 至于亚里士多德在《政治学》中没有提到斯巴达的土地分配，笔者认为主要原因在于莱库古是个传说中的人物，而《政治学》是比较客观讲究真实性的著作，所以他没有以此作为例证。柏拉图、犬儒派、斯多亚学派都曾经有土地公有、平分土地的说法，尤其是柏拉图对斯巴达的土地分配已经有所了解。所以，早期斯巴达历史上曾经实行过平分土地绝不是空穴来风。卡特利奇、霍德金森等学者提出，既然实行土地平分，怎么会发生贫富不均呢？他们认为普鲁塔克在《莱库古传》中的土地分配是按照出产多少而不是按面积大小分配的，因此，不存在平分土地。这其实是个误解，普鲁塔克只是说分得的土地足以支付标准量的税负，这只是从一个角度暗示了份地面积，并没有说就是按照这一方式分的。另外，平分土地不一定就贫富划一，土地占有者可以因为经营不善而逐步贫困下去。

从改革本身看，固然阿基斯等人的改革需要打着古人的旗号，那么这个古人必然能够帮助其有效减小改革的阻力，否则他们是无须浪费精力的，甚至还会弄巧成拙，授人以柄。但我们发现，无论是阿基斯还是克利奥墨涅斯，他们

---

① Plut. *Lyc. & Numa*. 2.
② T. J. Figueria, "Population Patterns in Late Archaic and Classical Sparta", pp. 165–213.
③ T. J. Figueria, *Spartan Society*, pp. 50, 52.
④ Athen. 141c.
⑤ 王敦书：《斯巴达早期土地制度考》，《贻书堂史集》，第 389 页。

的反对派都没有抓住这一把柄,这说明在当事人看来,他们的这个说法是无法否认的。另外,克利奥墨涅斯的改革力度很大,态度也很坚决,他虽然借着莱库古的旗号,废止了违背莱库古制度的监察官,但他取消双王制度,并没有要打着恢复莱库古旧制的旗号,因此,如果历史上没有平分土地,他也没有必要无中生有,假借莱库古。再者,据波利比乌斯记载,费拉库斯确实是克利奥墨涅斯改革团体的主要成员,如果有关莱库古平分土地的说法来自他的捏造,那么阿基斯改革中的平分土地来自什么呢?

从斯巴达自身的历史看,如前所述,确实多次实行过土地分配,最后一次大规模分配土地也许在"第二次美塞尼亚战争"结束之际。而且,早期斯巴达历史本身带有较多原始公社成分,其土地分配虽有差别,但差别势必不会太大。再者,第一次、第二次美塞尼亚战争,斯巴达都投入了巨大的人力、物力,可以说举国上下,所有公民,无一例外,这种战争的果实自然也应该为所有的参加者共同享有。"第二次美塞尼亚战争"前夕,土地问题已经成为斯巴达社会共同关注的问题,战争之后,平民的地位大大提升,斯巴达建立起代表平民利益的监察官制度。那么,在大量获得土地的情况下,在全国范围内实行比较平均的土地分配是很有可能的。这样的改革虽然在以后没有实行过,但却深深印刻在斯巴达历史记忆的深处。公元前3世纪末的改革中实行的土地改革正是在这一历史记忆的启迪下进行的,而对莱库古推行平分土地的宣传正是对这一已经淡漠的历史记忆的强化。

卡特利奇和霍德金森指出,古代斯巴达历史上一直存在贫富差距,因此,斯巴达不可能存在土地的平均分配,也不可能存在土地的平均占有。[1] 也许正是出于这种考虑,米希尔认为斯巴达历史上不存在土地的平均分配。但是我们认为,这种观点存在逻辑上的漏洞,平均分配土地并不意味着持久地平均占有土地,平均占有土地也不意味着经济地位的整齐划一。斯巴达的土地分配出去之后,国家几乎无法继续控制,那么在后来的历史过程中,土地占有的不平衡将越来越严重,美塞尼亚战争期间的土地问题就是这样引起的。这种不平衡笔

---

[1] P. Cartledge, *Sparta and Lakonia*, p. 165; S. Hodkinson, *Property and Wealth in Classical Sparta*, pp. 76–81.

者认为主要是因为土地的析产继承引起的。① 再者,如麦克唐维尔指出的,平均占有土地也会因为经营的好坏出现经济上的差距。②

(三) 斯巴达分出的土地基本不受国家控制

学术界有一种观点认为斯巴达土地属于国有制,即在分配之后,依然接受国家的严格控制。笔者认为这种观点是不正确的。这种观点的第一个依据是斯巴达的土地是在公民出生后由国家授予的,其史料根据是普鲁塔克在《莱库古传》中的一段记述:斯巴达的"父亲不能按照自己的意愿抚育后代。孩子生下后,做父亲的需将他送到一个叫作勒斯克的地方去,部族里的长者在那里代表国家检查婴儿。如果孩子强壮结实,他们就命令父亲抚养他,并将 9000 份中的一份分给那个婴儿;如果孩子瘦弱畸形,他们就把他丢在所谓的阿波特泰去,即泰盖托斯山脚下一个峡谷似的地方"③。卡特利奇说这句话反映了斯巴达国家特殊的土地分配行为④,王敦书先生倾向于卡特利奇的意见,认为这意味着斯巴达国家对土地的直接控制,是斯巴达土地国有制的最直接的证明⑤。奥利瓦也认为,这份材料表明,斯巴达公民要获得土地必须经过国家批准,这证明斯巴达公民不是土地的所有者,而是租用者,土地属于斯巴达国家或公民集体。⑥ 菲古伊拉也认为《莱库古传》所述的继承方法是政治性继承,表明了国家对土地继承的干预,因为进行婴儿体检的氏族长老代表国家。⑦

笔者认为,这些观点都不正确,如果这是国家特殊的分配土地形式,那么势必国家要控制一定数量的空闲份地,如果要使这种授地日常化、长期化,只

---

① 关于斯巴达的土地继承,阿叙尔认为实行的是单一继承人制度,但霍德金森认为实行的是析产继承,本人赞同霍德金森的观点。Hodkinson, *Land Tenure and Inheritance in Classical Sparta*, pp. 381 - 382。

② Douglas W. Macdowell, *Spartan Law*, p. 92.

③ Plut. *Lyc.* 16.

④ P. Cartledge, *Sparta and Lakonia*, p. 167.

⑤ 王敦书:《斯巴达早期土地制度考》,《贻书堂史集》,第 404 页。

⑥ Pavel Oliva, *Sparta and Her Social Problems*, p. 37.

⑦ T. J. Figueira, *Spartan Society*, p. 50.

有规定公民只能终身占有，死后必须归还土地。① 但我们在史书上没有见到这样的记录，现有的关于终身占有、死后归还的观点都是从上引材料推测而来的。如果是政治干预下的世袭继承，那么这种干预就没有实际意义，实际上就是世袭，无须画蛇添足。实际上，这段材料再结合其他史料我们可以认为，古代斯巴达的土地实行世袭制，国家对分配出去的土地没有支配权。在上引材料中，关键是"将9000份里的一份分给那个婴儿"。这里"9000份里的一份"不是实指，而是取其象征意义，即它是公民身份的保证和象征。斯巴达青年在30岁时才成为真正的公民，在30岁之前他们没有公民身份，也就不可能享有土地。事实上，斯巴达不可能在他刚刚出生时就授予他份地，否则，斯巴达的家庭数量和份地数量将会以较快的速度增加，但这与普鲁塔克观察到的历史不符。普鲁塔克曾经说斯巴达的制度500年没变②，修昔底德也说斯巴达的制度到他生活的时代历经400余年不变③。另外，9000分份地不可能部分闲置，专待新生儿出生。所以，授予9000份土地中的一份，其实是对其政治生命的承认，并不是当时就真的授地。在普鲁塔克的认识中，斯巴达的份地和家庭数量是不变的，那么这位身体合格的未来公民一旦成年之后，他的土地从何而来呢？那只能是属于本家庭的份地。所以，这种土地实际是世袭继承的，与国家干预无关，即使有那也是象征性的，没有实际意义。

这种观点的第二个依据是斯巴达国家长期控制着土地，限制土地买卖和遗赠。这一点在下文"斯巴达土地制度稳定性因素（二）"部分还会详细叙述。这里只强调一点，早期斯巴达的限制土地买卖其实比较脆弱。他们主要是通过不成文法，借助于社会舆论和传统习惯，将土地买卖视作"不光彩"的行为。古典文献中提到"出售古老份地是非法行为"这种比较刚性的限制其实是成文法，应该是在土地集中影响到斯巴达的强盛、为防止土地的进一步集中而制定的，出现得比较晚。"借助于社会舆论和传统习惯"使得斯巴达国家对土地的控制并不是非常有效。

亚里士多德在《政治学》中有关斯巴达土地制度的一段话：斯巴达规定

---

① H. Michell *Sparta*, pp. 205, 207ff; Pavel Oliva, *Sparta and Her Social Problems*, pp. 36 – 37; W. G. Forrest, *A History of Sparta*, p. 135; T. J. Figueira, "Mess Contribution and Subsistence at Sparta", *TAPA*, Vol. 114 (1984), pp. 87, 96.

② Plut. *Lyc.* 29.

③ Thuc. I. 18.

每一个公民所有的土地都不能买卖，但同时他又许可各人可以凭自己的意愿将自己的财产赠送或遗赠给任何人。① 卡特利奇和霍德金森据此认为斯巴达的土地在一开始就是私有地。笔者不同意他们的观点。任意赠送或遗赠土地的制度并不是很早就实施的，实际上这一制度开始于公元前5世纪末4世纪初的《厄庇泰德土地法》，该法规定土地持有者可以凭自己的意愿，将土地赠送或遗传给自己属意的任何人。② 大卫指出：亚里士多德只是研究他生活的那个时代的斯巴达，所以他没有明确区分这两个规定的制定者。③ 此论信矣，因为至少《政治学》一书不是一部史学著作，而是政治学作品，他无须去分别现实生活中各种制度产生的时间。但这并不是说在《厄庇泰德土地法》之前，斯巴达的土地就没有遗传继承。从《政治学》的上下文看，这里激烈反对的是对族外的土地转移，从而导致了公民队伍的萎缩，也就是反对"任意"转让，这正是《厄庇泰德土地法》最关键的地方。普鲁塔克在《阿基斯传》中明确说，斯巴达的家产父亲可以传给儿子。④ 另外，亚里士多德还告诉我们，斯巴达的妇女也可以继承土地等家产。⑤ 有人认为这是土地私有化之后的规定，其实，正如霍德金森告诉我们的，这也是一项古老的制度。⑥ 因为，《厄庇泰德土地法》并没有涉及妇女继承土地问题，可以推断，斯巴达妇女继承土地是一项古老的制度。在斯巴达男性公民迅速死亡的情况下，斯巴达妇女不断再婚，加快了土地的流动和集中。《厄庇泰德土地法》的颁布进一步加剧了这一趋势。可见，在《厄庇泰德土地法》颁布之前，斯巴达的土地可以在家族内部遗传继承。也就是说，斯巴达的土地在分出之后就不再回收，而是由各个公民世袭占有。按照亚里士多德的观点：转让和遗赠的权利是私有权的一种表现⑦，早期斯巴达土地恰恰具有可继承性，这说明斯巴达国家对土地的控制并不严格。

这种观点的第三个依据是柏拉图和伊索格拉底对斯巴达分配土地的记述。

---

① Arist. *Pol.* 1270a17.
② Plut. *Agis*, 5.
③ Ephrain David, *Sparta between Empire and Revolution*, 404 – 243 B. C., p. 79ff.
④ Plut. *Agis*, 5.
⑤ Arist. *Pol.* 1270a21 – 30.
⑥ S. Hodkinson, "Land Tenure and Inheritance in Classical Sparta", *CQ*, Vol. 36, No. 2 (1986), p. 393.
⑦ Arist. *Rhe.* 1361a21f.

霍德金森认为，柏拉图、伊索克拉底只是说斯巴达曾经进行过土地分配，但没有提到反复分配土地，借此否定斯巴达历史上实行过土地分配。① 笔者认为，柏拉图和伊索克拉底的记述只是说明斯巴达很长时间没有实行过土地分配。如前所述，斯巴达全面的分配土地通常只出现于征服之后，对于柏拉图、伊索克拉底来说，斯巴达最近的全面分地要追溯到两百年前的"第二次美塞尼亚战争"，在美塞尼亚战争之前，斯巴达首先在拉科尼亚地区东征西讨，征服了不少土地，但在彻底征服美塞尼亚之后，斯巴达的国力发展到顶点，有限的公民队伍再也无法支持规模越来越大的征服战争。所以，在"第二次美塞尼亚战争"之后，基本上停止了对外征服，有些对外战争也没有取得理想的成就，更没有带来大片的领土。比如提盖亚战争，持续数十年，虽然获得胜利，但仍然没有能够完全控制。从此，斯巴达走上了结盟的道路，借助良好的国际氛围维持内部对黑劳士的统治与剥削。事实上，在"第二次美塞尼亚战争"之后，文献确实没有记载斯巴达进行过全面彻底的土地分配，菲古伊拉正确地指出：斯巴达的份地绝大多数都产生于公元前600年之前。②

正是由于这种授出不收回的分地方法，造成斯巴达的份地分为古老份地和新授土地两种类型。如前所言，赫拉克利德斯曾经提到斯巴达人的份地分为两种，其中有一种叫"古老的份地"。波利比乌斯曾经提到斯巴达公民人人拥有一份数量相等的公地。③ 普鲁塔克曾经提到：斯巴达新接纳的公民不得出售当初分配的财产。④ 学术界对这些概念的认识莫衷一是，但在承认斯巴达实行过土地分配的学者中几乎都同意，斯巴达的土地分为三类，一类是从空间上分，一部分在拉科尼亚，一部分在美塞尼亚；一类是从时间上分，一部分在"第二次美塞尼亚战争"之前分得，另一部分在此之后分得；再一类是从政治意义分，一部分是作为公民必需的土地，由国家授予，不得转让，另一部分则是自己购置或开垦的土地，可以继承、转让。⑤ 菲古伊拉的观点与上述观点不

---

① Hodkinson, "Land Tenure and Inheritance in Classical Sparta", *CQ*, Vol. 36, No. 2 (1986), pp. 378 – 406.
② T. J. Figueria, "Population Patterns n Archaic and Classical Sparta", p. 172.
③ Poly. VI. 45 – 46.
④ Plut. *Mor.* 238f.
⑤ H. Michell, *Sparta*, p. 205; Douglas W. Macdowell, *Spartan Law*, pp. 93 – 94; Ephrain David, *Sparta between Empire and Revolution*, 404 – 243 B. C. , pp. 46 – 48.

同,他认为斯巴达的份地分布在所有可耕土地上[①],笔者认为,此论更具有可取性,因为既然斯巴达公民的人生都已经全面国家化,他们的生活也全面军事化,他们已经完全脱离了生活活动,那么他们就不可能有时间去经营额外的土地,斯巴达国家势必把所有的耕地政治化。大卫认为,位于拉科尼亚的、分配在先的、作为公民身份保障的土地是合一的。笔者认为此论有其道理,但也有其不足,因为不仅仅是位于拉科尼亚的份地,位于美塞尼亚的份地同样是公民身份的保障,它们都是支付公餐税的物质基础。对这一问题的展开研究不属于这里的重点,但我们可以得出这样的认识,斯巴达的土地在分出之后是不再回收的,这样才形成了"古老"与"非古老"份地、拉科尼亚之内与拉科尼亚之外份地之分。之所以有这种区分,关键是原先的土地在分配之后,在新一轮的土地分配中,没有全部取消,重新分配。反过来,斯巴达古老份地的存在恰恰证明斯巴达土地的分配有先有后、分配之后不再回收的原则。

总之,斯巴达历史上确实实行过具有平均主义特色的土地分配,分配的对象主要是斯巴达人和庇里阿西人。但土地在分配之后不再回收,这导致斯巴达国家权力几乎失去了对这一土地的有效控制。这表明,斯巴达的份地不是典型的国有制,具有较多的私有制的特征。这种分配主要是在对外征服获胜,取得大面积新土地的时刻进行的。早期斯巴达曾经进行过多次土地平均分配,最后一次大规模的平分土地发生在"第二次美塞尼亚战争"之后不久。但是,平分土地成为斯巴达重要的政治遗产,保存在成为斯巴达历史记忆的深处,并成为晚期斯巴达战胜危机的政治选择。

二 古代斯巴达的土地占有的稳定性问题

普鲁塔克在《阿基斯传》中曾经说道:斯巴达的份地数量长期保持不变,家庭数量也长期稳定。希罗多德也告诉我们在希波战争初期,斯巴达的公民约8000人,普鲁塔克说莱库古改革时分配了公民份地9000份,亚里士多德说斯巴达历史上的公民人数曾经达到10000人左右,斯巴达参加普拉提亚战役的公

[①] T. J. Figueria, "Mess Contribution and Subsistence at Sparta," *TAPA*, Vol. 114 (1984), p. 87.

民兵5000人，按照2/3的征兵原则①，那么公民人数约为7500人，所以总体看，古代斯巴达公民人数至少在古典时期是比较稳定的。公民稳定的背后是份地的稳定，因为斯巴达的公民权与公餐税密切相关②，而公餐税的基础又是份地，斯巴达公民不参加劳动，全部由在份地上劳动的黑劳士缴纳，没有份地就无人纳税，也就不能承担公餐税。修昔底德在研究了斯巴达的历史之后指出，斯巴达的制度长期保持不变，由此我们也可以作出一个推论：斯巴达的份地也长期保持稳定。③ 传统认为斯巴达实行土地国有制，定期实行土地再分配，但新的研究认为斯巴达的土地在根本上实行的是土地私有制。④ 笔者认为这一观点是可取的。但土地私有极易导致土地集中，为什么斯巴达的土地占有长期保持稳定呢？这一问题似乎还没有引起持土地私有观点的学者们的注意。

(一) 斯巴达土地制度中的不稳定性因素

研究斯巴达土地占有的稳定首先要关注导致斯巴达土地占有不稳定的因素。⑤

这种不稳定性因素主要包括如下几个方面：第一，斯巴达土地一经分配就不再收回重新分配。斯巴达的土地分配主要是针对新征服的土地，已经分配出去的土地很少有收回再重新分配的。"第二次美塞尼亚战争"之后，斯巴达几乎没有新征服土地，这使得斯巴达的土地分配先于停顿。

第二，斯巴达的土地是可以继承的。普鲁塔克在《阿基斯传》中说：在家产传承的过程中，莱库古时期规定下来的家庭数量一直保持不变，父亲将遗产传给儿子。在某种程度上，这种连续性和平等性抵消了这个国家在其他方面的一些不足。⑥ 在《莱库古传》中则说道：斯巴达儿童出生后如果体检合格，

---

① T. J. Figueria, "Population Patterns in Late Archaic and Classical Sparta", p. 168.
② Arist. *Pol.* 1270a36.
③ 当然，稳定并不是固定不变，而是说波动的幅度很小。——笔者注
④ S. Hodkinson, *Property and Wealth in Classical Sparta*. S. Hodkinson, "Land Tenure and Inheritance in Classical Sparta", *CQ*, Vol. 36, No. 2（1986）.
⑤ 严格说来，后文要分析的稳定性机制的缺陷也是不稳定性因素，但相对而言，这里所说的几个因素可以直接导致土地的集中。
⑥ Plut. *Agis*, 5.

斯巴达国家"就命令父亲抚养他,并将9000份里的一份分给那个婴儿"①。这里的关键是"9000份地中的一份"。一方面是对其政治生命的承认;另一方面也意味着在父亲去世之后他可以继承这份土地。

第三,斯巴达国内存在以继承、馈赠为幌子的土地变相买卖。希罗多德记述斯巴达国王有一特权就是主持接纳养子②,为什么要接纳养子?如果死后土地归公,那么接纳养子就失去了意义,也无须兴师动众,让国王主持仪式。实际上由于前述斯巴达土地实际上存在继承原则,养子也可以继承土地,因此,接纳养子就不是个人的行为,而是事关国家公民队伍稳定,需要由国王亲自主持。公元前4世纪斯巴达的土地馈赠更加频繁,前文所述的《厄庇泰德土地法》开启了自由馈赠和遗赠的土地转移形式,它包含了向家庭或家族之外转移土地的可能性,扩大了土地转移的范围。阿吉西劳斯在公元前4世纪初继承斯巴达王位,他曾经将其继承的原属阿基斯的一半遗产送给他母亲的亲属③,这个事件就发生在《厄庇泰德土地法》颁布之前。

第四,斯巴达妇女有权继承土地,且可以将土地带到夫家。最早述及女性继承权的是希罗多德,他说:斯巴达国王有权决定一位未婚的女继承人应当嫁给什么人,如果他的父亲没有将她嫁出去的话。④ 这就告诉我们女性可以继承遗产。亚里士多德则明确提到斯巴达女性可以继承土地,他说:"斯巴达女性可以继承家产,同时又盛行厚嫁的习惯,因此全国五分之二的土地都属于妇女。所以,最好是立法制止陪嫁的行为,或把陪嫁数额限制在适度的范围内。但事实上,一位公民可以把继承产业的女儿嫁给任何他喜欢的人,如果他去世时没有对女儿的出嫁作出安排,那么他所安排的监护人就可以按照自己的意愿作出安排。"⑤ 这里告诉我们,斯巴达女性可以继承土地,而且可以把这些土地作为嫁妆带走。

第五,斯巴达的继承制度是男女有份的析产继承制度。阿叙尔、大卫等学者认为,斯巴达长期实行的单一继承人继承制度,直到《厄庇泰德土地法》

---

① Plut. *Lyc.* 16.
② Hdt. Ⅵ. 57.
③ Xen. *Ages.* Ⅳ. 5; Plut. *Ages.* 4.
④ Hdt. Ⅵ. 57. p. 205.
⑤ Arist. *Pol.* 1270a21 – 30.

颁布①，但这一观点遭到霍德金森的反对。② 事实上，女性可以继承财产，并导致全国土地占有不均，这表明斯巴达的土地是可以分割继承的。亚里士多德曾经批评斯巴达鼓励生育的政策，称鼓励生育的政策不利于财产的均衡，多子的家庭田地区分得更小，许多公民必然因此日益陷于贫困。③ 色诺芬在谈到借妻制度时说：这些同母异父的兄弟就不会分享他的财物了。④ 言外之意，如果是亲兄弟那么就会发生分享财产的事件。这些告诉我们：斯巴达实际上实行的是析产继承制度。

第六，土地一经分出就不再收回，这使得斯巴达的土地实际上控制在私人的手中，为土地的转移提供了条件。土地世袭和析产继承则会因为子女数量的不同带来土地占有的差异。女性继承土地且把土地作为嫁妆，则直接导致了土地的流动。这三个因素其实又直接受制于子女人数，如果子女数量有限，比如只有一男一女，那么对一个家庭来说，嫁出一个女儿与娶进一个媳妇，对占有土地的数量并没有根本的影响，户均占有的土地实际处于动态平衡之中。

总而言之，斯巴达土地占有不稳定的关键是土地与财产私有和家庭结构的不稳定性与家庭成员的流动性。斯巴达土地占有之稳定正是建立在对这些因素制约的基础上。

（二）斯巴达土地制度稳定性因素之一——特殊的婚姻生育制度

斯巴达婚姻制度的主体是一夫一妻制。希罗多德在提到斯巴达国王阿那克桑戴里达斯得到长老会议的特别批准娶了第二个妻子后，评论说：他从此便有了两个妻子、两个家，这样的事在斯巴达是从来没有过的。⑤ 这表明斯巴达的一夫多妻是在特殊情况下的特例。一夫一妻制使核心家庭成为社会的基本单位，土地的授予也以核心家庭为单位，因此维持土地占有的稳定就转化为维持

---

① D. Asheri, "Laws of Land Inheritance, Distribution of Land and Political Constitutions", *Historia* (12), 1963, p. 5; Ephrain David, *Sparta between Empire and Revolution*, 404-243 B. C., p. 221, n. 49.
② S. Hodkinson, "Land Tenure and Inheritance in Classical Sparta", p. 393.
③ Arist. *Pol.* 1270b1-4.
④ Xen. *Lac. Pol.* I. 9.
⑤ Hdt. V. 39-40.

核心家庭和核心家庭数量的稳定。为此，斯巴达社会采取了一系列的措施。

首先是人口控制政策。前文所述，斯巴达对新生儿实行体检制度，这实际是新增人口的控制，国家可以通过掌握健康标准决定婴儿的生死。如果要保持家庭数量稳定，最佳情况是每户生两个孩子，且为一男一女。从现有的技术来看，斯巴达主要控制男性子裔，但如果从维护家庭数量的稳定来看，女性也不能例外。因为家庭数量的稳定必须建立在男女数量大致均等、两性比例稳定的基础上，一旦两性关系不稳定，如果只是控制男性数量而女性数量畸多，那么一夫一妻制的家庭制度势必会遭到破坏。但我们不知道斯巴达是如何控制女婴的，古代世界通常有弃婴杀婴的习俗，前述的婴儿体检制度实际是一种变相的弃婴制度，所以斯巴达可能存在某种形式的针对女婴的弃婴杀婴制度。通过人口控制，斯巴达的人口出生率维持在较低的水平。亚里士多德曾说：斯巴达的立法者希望族类繁衍，鼓励生育，曾经制定制度，凡已有三子的父亲可以免兵役，要是生有四子，就完全免除城邦的一切负担。[1] 如果仅仅是比正常生育率高一点，斯巴达政府大概不会给予如此丰厚的奖励，另外，这种奖励生育的制度更可能是公元前 465 年大地震导致斯巴达人口骤减之后采取的。也就是说，斯巴达家庭通常只生一个男孩。为了维持家庭数量的稳定，女孩也可能只有一个。我们知道，公元前 5 世纪斯巴达公民人数尽管不一致，或 8000 人[2]，或 9000 人，或 10000 人[3]，但这个数量变化并不大。而且，据普鲁塔克介绍，9000 份份地的制度早在莱库古改革时就已制定下来，那么可以推知，在古典时期前半期以及更早的时期，斯巴达的公民人数是比较稳定的。

弃婴杀婴毕竟是一种不人道的方法，斯巴达社会更多是采取抑制生育的婚姻生育制度。如晚婚晚育制。色诺芬说：斯巴达男子通常在完全成熟后才可以结婚，认为只有这样才能生出健康合格的儿童[4]，按照色诺芬的看法，男子 18 岁才进入青年期[5]，这个年龄不一定就是完全成熟，而按照斯巴达的制度，青年 30 岁才成为全权公民，才可以当选公职，所以这个完全成熟的年龄标志很可能就是 30 岁。如果我们取比较稳妥的估计，也应该是在 25 岁之后。普鲁塔

---

[1] Arist. *Pol.* 1270a40. pp. 141, 87.
[2] Hdt. VII. 234. p. 551.
[3] Arist. *Pol.* 1270a30 – 40.
[4] Xen. *Lac. Pol.* I. 6.
[5] Xen. *Lac. Pol.* IV. 1.

克记述说斯巴达女子不是在幼小而不宜结婚的年龄，而是在她们的大好年华、丰满成熟的时候，那么这个年龄可能在 16—18 岁。柏拉图在《法律篇》中建议男子在 30—35 岁间结婚①，亚里士多德建议男子结婚的年龄在 37 岁前后，女子在 18 岁前后②。柏拉图、亚里士多德的推荐结婚年龄当然不是斯巴达的实际情况，但柏拉图对斯巴达比较推崇，而亚里士多德是柏拉图的学生，他们这种晚婚观念可能就来自斯巴达。据研究，古代希腊人的寿命普遍较短，男子约为 44 岁，女子则为 36 岁，柏拉图、亚里士多德的建议婚龄也不符合斯巴达乃至古代希腊的现实。但是，从总体上看，斯巴达公民的结婚年龄在希腊世界偏晚。③ 据研究古代地中海世界的男子通常在 20 岁左右结婚，而女性通常早于男性，在 18 岁之前基本全部结婚④，结婚较早的如克里特男子 18 岁，女子 12 岁。如此看来，斯巴达的婚育年龄是希腊世界比较晚的。由于婚龄推迟，其生育年龄也就缩短了，这可以大大制约斯巴达的出生率。

　　斯巴达制度中新婚夫妇的生活方式也不利于生育。色诺芬说莱库古为了限制夫妻间过度的性生活，规定如果丈夫被人发现进入或离开妻子的房间，那是一件令人羞耻的事件。⑤ 而据普鲁塔克讲，斯巴达青年采用一种类似抢亲的方法，男子获得配偶后只能短期在一起，此后就要回到公餐团队，只有在晚上才能偶尔偷偷溜回去过夜，还要提防娘家人发现。⑥ 普鲁塔克说斯巴达青年在 30 岁之后才可以到市场上去采购家用物品，也就是说斯巴达青年在 30 岁之后才能过上真正的家庭夫妻生活。长期的分居生活一方面迫使斯巴达青年推迟结婚年龄；另一方面也迫使已婚夫妇推迟生育年龄，从而限制了人口出生。

　　此外，前述斯巴达特殊的婚姻制度也许与限制人口出生和土地流转有关。如允许那些不想要妻子、却又想要孩子的人借妻生子可以起到防止子女过多，规定部分家庭希望为自己的孩子找到更多的兄弟，这些兄弟可以成为家庭成员

---

① Plato, *Laws*, 721b. 王晓朝：《柏拉图全集》第三卷，第 481 页。
② Arist. *Pol.* 1335a25.
③ A. Toynbee, *Some Problems of Greek History*, p. 305.
④ Hainal, "*European Marriage Patterns in Perspective*", in D. V. Glass and D. E. C. Eversley (eds.) *Population in History*: *Essays in histoeical Demography*, pp. 101 – 143. S. Hodkinson, *Property and Wealth in Classical Sparta*, p. 370.
⑤ Xen. *Lac. Pol.* I. 5.
⑥ Plut. *Lyc.* 15.

却不能分享这个家庭的财产，这可以起到防止过度析产。① 又如家族内部的通婚、兄弟多人共妻则可以防止家族内部的财产，包括土地，转入其他家庭。

除了子女过多之外，还有一种极端情况，即家中无子。家中无子的最大危害是导致家族土地随着女子的婚嫁而流失。斯巴达对此也有安排，希罗多德说：一个女孩子，如果她的父亲没有把女继承人嫁出去，只有国王才有权决定这位未婚的女继承人嫁给什么人。这种情况出现的前提是父亲去世，家中无子或有子年幼，长女的出嫁事关家庭的稳定和份地的完整，于是这样的事件由国王直接干涉。家中无子的窘境也可以通过收养义子解决，这种情况也必须接受国王的干预。显然一旦没有继承人，斯巴达通过国家指定继承人的方法来解决家产继承的问题，防止出现家族中断，份地流动的情形。被指定或被收养的男子很可能来自多子家庭，这样又可以防止这类家庭因析产导致新的家庭土地匮乏。

由此看来，斯巴达的婚姻生育制度对土地的转让构成了较强的制约。在这些制度中，人口检查制度可以说是斯巴达国家人为制定的政策，而其他的特殊婚姻制度更可能是在日常生活中逐步形成的，因为我们没有见到斯巴达制定特殊的婚姻政策的记载。对于斯巴达公民来说，只有有了一定数量的土地之后才能交付公餐税，只有缴纳了公餐税才能成为全权公民。为了维护公民身份，斯巴达人不得不采取措施遏制因为子女过多带来的土地缩小，那些特殊的婚姻形式也只是在特定的情境中才被使用。因此，这种方法更多的是斯巴达公民处于维护自身利益的目的做出的自发选择，而不是国家的主动规定。

(三) 斯巴达土地制度稳定性因素之二——限制土地买卖和转赠

在公民自发维护土地稳定的同时，斯巴达国家也采取了某些政策来维护土地的稳定，这就是限制土地买卖和转赠。亚里士多德说：在早期的某些城邦中，还有这样的法律绝对禁止出卖古老的份地。② 这可能就包括了斯巴达。因为在另一处他有一段特别针对斯巴达的记述：立法者规定公民出卖既有的土地是不光彩的，但他又允许人民凭自己的意愿将财产馈赠或遗传给自己中意的其

---

① Xen. *Lac. Pol.* I. 7–10.
② Arist. *Pol.* 1319a10–15.

他人。这里，前半句应该指斯巴达社会的一般情况，产生的时间也比较早，"不光彩"表明这只是一种传统习惯，不具有法律的强制性。但逍遥学派的另一位作家赫拉克利德斯提到：在斯巴达，出售土地是不光彩的，而对于古老的份地甚至是非法的。如前所述，赫拉克利德斯有关斯巴达的材料可能来自亚里士多德已经失传的《拉凯戴蒙政制》，换句话说，亚里士多德也可能认识到斯巴达禁止买卖土地。普鲁塔克提到，外邦人被吸收成为斯巴达公民后，禁止出售其当初分得的财产。① 土地是公民身份的基础，分得土地应该是获得公民身份的重要标志，所以，"当初分得的财产"中应该包括了土地。那么这种禁令就包含了禁止土地买卖的内容。我们推及早期历史，斯巴达政府为了稳定公民队伍，也必然要禁止土地的转让。希罗多德记述斯巴达国王有一种特权，即管理公路②，公路既是交通设施，同时也是一种地界，公路的改变意味着土地的改变，所以斯巴达国王的这一特权可能意味着对土地转让的控制。

　　早期斯巴达可能也禁止馈赠行为。亚里士多德在研究他所生活时期的斯巴达财产分配状况时，赞许斯巴达限制土地的买卖，但对允许馈赠的法律给以批评。如前文我们分析的，这项法律就是《厄庇泰德土地法》。亚里士多德对《厄庇泰德土地法》的评论一方面表明在该法案颁布之前，斯巴达允许家庭内部的土地继承，同时也表明斯巴达反对家族外部的土地转让。

　　从前述引文可见，斯巴达禁止土地买卖和转让采取了成文法和不成文法两种形式。古代希腊虽然是法制比较发达，但真正成文的法律毕竟比较少，许多法律都是不成文法。亚里士多德在《政治学》中就区分了成文法和不成文法，但指出它们具有同样的法律效率。③ 从前面的引文可知，有些土地买卖行为被定性为"不光彩"，这显然是采用了不成文法，依靠的是社会舆论或传统习惯的力量，有些买卖行为被定性为"非法"，或被禁止，这种禁止大概采用了成文法的形式。

---

① Plut. Mor. 238f. 该内容见于普鲁塔克的《斯巴达政制》，原文的排列比较奇怪，在第22条讲述的是斯巴达如何吸收外邦人为公民，第23条主要讲的是斯巴达公民之间的财产可以互相借用。但就在第23条前加上了一句："禁止买卖任何东西。"这句话不属于第23条，与第23条的内容也没有逻辑联系。但又与第23条的内容作为一个完整的段落。笔者认为，这可能是注释者的误读，实际应该与上文联系起来，指禁止买卖"新公民"在获得新身份时分给他的财物。

② Hdt. VI. 57.

③ Arist. Pol. 1287b5 – 9.

从法制发展的一般过程看，通常是先有不成文法后有成文法，古代希腊也不会例外。由此我们可以推知，这些禁止土地买卖的法律早期也主要是不成文法，后来才逐步制定了成文法。亚里士多德笼统地称斯巴达的"立法者规定每一个公民所有的土地不得作任何买卖"，而在他之后近两百年的赫拉克利德斯则把这种禁止分为两种形式："不光彩的"和"非法的"，更晚的普鲁塔克则说"禁止出卖当初的部分"，其意思与赫拉克利德斯的"出卖古老份地是非法的"相似。我们不能说亚里士多德所说的禁止全部是成文法，而在这之后反过来又采用了不成文法。一般来说，禁止某种行为的法律大多是在现实生活中这类行为已经存在，且危害到既存秩序时才被制定。所以，笔者认为，用成文法来制止土地买卖馈赠可能出现于古典时期的中后期，当斯巴达公民人数减少，份地被抛荒，货币猛增之时。尽管如此，斯巴达的土地买卖趋势还是阻挡不住，《厄庇泰德土地法》正是对这一趋势的妥协。总之，斯巴达在较长的时间内主要依靠不成文法来禁止土地买卖。

(四) 斯巴达土地稳定机制的缺陷

应该看到，上述的保护性机制也存在许多弊端。首先，如上所述，斯巴达在较长的时间内主要依靠不成文法来禁止土地买卖，实际上就是依靠社会舆论和传统习惯。这种制约机制的缺陷在于，对违法行为缺少强有力的制裁措施，当形势发生变化时，人们可以完全抛开这些制约。早期这种制约机制之所以能够取得成效，关键在于斯巴达的社会经济，特别是商品经济，相对落后。最具说服力的是，斯巴达的货币是比较原始的铁质货币。铁质货币体积庞大，不易流通，而且易生锈不易保存。尽管货币的出现说明了斯巴达的商品经济有一定的发展，但铁质货币的流通说明斯巴达的商品经济在希腊世界是比较落后的。另外，斯巴达家庭普遍比较贫困，据普鲁塔克的记述，斯巴达人普遍家中缺少豪华的家具，人人衣着也非常简单。所有这些使得斯巴达的家庭没有足够的财富添置田产。但是在伯罗奔尼撒战争结束之后，斯巴达打败雅典，掠得了大量的财富，人们滋生了对财富的贪欲，斯巴达开始走向衰落。正是在极端落后的商品经济条件下，仅仅靠"不光彩"这样的舆论力量才能收到制约效果。

其次，靠婚姻制度维持人口的稳定、家庭的稳定，进而防止土地的转让，这种制约只能为制止土地转让提供脆弱的基础。它的主要支撑点在一夫一妻制、低出生率、性别比例均衡和稳定的婚姻。如果这些原则遭到破坏，那么土地稳定的基础就不复存在。这些制度大都是自发形成的，没有得到国家权力的维护，极易遭到破坏。如据希罗多德记载，在公元前6世纪末，一夫一妻制就因为王位继承人问题遭到破坏。① 如果这一原则被破坏，部分家庭就可以通过多娶妻聚集大量的土地。又如抛开社会因素，维持一夫一妻制的前提是男女比例平衡。一旦性别比例被打破，或严重失衡，势必会造成普遍的一夫多妻，或多次再婚，由婚姻带来的土地集中就会变得非常普遍。一是向有条件娶多名妻子的个体集中；二是向有条件多次再婚的个体集中。而且，结婚次数越多的人，越容易获得再次婚姻的机会，因为他（或她）通过两次或多次婚姻聚集了更多的土地，获得了经济上的优势。斯巴达本身的人口出生率较低，抗击意外情况的能力较差，一旦发生疾病、战争或自然灾害，人口大量死亡，就会发生性别比例失衡，导致一夫一妻制家庭遭到破坏。

正是由于这些弊端的存在，体现了平均倾向的斯巴达土地制度并没有完全杜绝社会的贫富差别。事实上，反映早期斯巴达贫富不均、土地矛盾的材料时有所见。提尔泰乌斯就提到在美塞尼亚战争前夕，斯巴达人民困于兵燹，要求重新分配土地。② 此间的"处女之子"事件的背后也可能包含了土地危机。据斯特拉波记述，在"第一次美塞尼亚战争"之后，斯巴达瓜分了美塞尼亚的土地，"处女之子"的公民权却没有得到尊重，于是，他们与黑劳士一起密谋起义，斯巴达人则建议他们出去殖民，并答应如果不能找到满意的去处，回来后他们将被分给土地。③ 这说明了"处女之子"事件本身与土地必然存在某种联系。希罗多德的作品中的材料更多，如阿里斯通的第三位妻子就是有钱人家的女儿。④ 希波战争前夕，斯巴达为了回避与波斯的冲突，选出两位"出身高贵而又富有"的斯巴达青年作为使者，准备抵偿为斯巴达杀死的两位波斯使者。⑤ 色诺芬还提到斯巴达的某些富人可以向公餐团提供特别的小麦面粉面包。⑥

---

① Hdt. V. 39–40.
② Arist. *Pol.* 1306b37–1307a2.
③ Strabo, VI. 3. 3.
④ Hdt. VI. 61.
⑤ Hdt. VII. 134.
⑥ Xen. *Lac. Pol.* V. 3.

到了古典时期，斯巴达遭遇了四次大的社会震荡：希波战争、"第三次美塞尼亚战争"、公元前465年大地震、伯罗奔尼撒战争。这些震荡导致男性公民死亡率大大提高，进而导致女性在一生中可能会发生两次、三次甚至更多次的婚姻，这也就导致了亚里士多德所说的斯巴达妇女拥有全国五分之二土地的状况。① 同时也势必出现了亚里士多德所说的鼓励生育的制度，子女的增加暂时解决了兵源危机，但带来家庭人口规模的失衡，有的家庭只有两名子女，有的家庭有三四名，甚至更多，多子家庭自然会在遗产继承时因析产而产生土地占有数量下降，导致土地占有不均衡。因此到了公元前4世纪，斯巴达的土地平均占有的格局遭到彻底的破坏。

总而言之，古代斯巴达土地制度中包括了稳定性因素和不稳定性因素。稳定性因素包括限制土地买卖和馈赠，旨在控制家庭规模和继承人数量的婚姻生育制度等，不稳定性因素主要有土地一经授出不再收回、土地的可继承性和继承时的析产继承等。在早期，稳定性因素较好地发挥了特殊的历史作用，这使得斯巴达土地占有长期保持着比较公平的格局。但是，稳定性因素本身存在诸多的缺陷，平均占有土地的格局一直处于缓慢的变化中，随着历史环境的变化，自公元前4世纪，斯巴达土地开始迅速向少数人手中集中。

---

① Arist. *Pol.* 1270a21.

第 九 章

斯巴达的税收制度

税收制度是一个国家制度体系的重要组成部分。有关古代斯巴达税收制度的材料流传到现在的不多，因此，学者们大多对此没有给予足够的重视。西方学者霍德金森在其名著《古典时期斯巴达的财产与财富》一书中曾经研究过黑劳士缴纳的到底是定额租还是分成租[1]，另一位社会史学者菲古伊拉在研究斯巴达公餐制时提到：斯巴达公民向公餐团缴纳的税额较多，超过了单个人的消费需求，公餐税实际是一种财产再分配形式。[2] 总体来看，但目前直接研究斯巴达税收制度的似乎还没有。由于税收制度的重要性，我们不能对此熟视无睹。笔者试图在现有材料和前人研究成果的基础上，对斯巴达的税收制度，及其对斯巴达的民生的影响进行初步的探讨。

在正文之前我们首先将古典文献中斯巴达税收的相关材料辑录如下：

1. 他们（斯巴达成年男性）15 个人组成一个单位，人数或有多少，同一公餐团的人，每人每月交 1 麦狄姆诺斯（Medimnus）的大麦，8 科奥斯（Khoes）的酒，5 明那（Minna）的干乳酪，2 明那的无花果，为了购买鱼肉这样的美味，再交很少一点钱。除此以外，任何人在用第一批收获的果品献祭时，或者是带着猎取的野味回家时，都要送上一份给他就餐的食堂。[3]

2. （莱库古将拉科尼亚的土地分成相等的份额，分给斯巴达人和庇

---

[1] S. Hodkinson, *Property and Wealth in Classical Sparta*, pp. 125–131.
[2] T. J. Figueira, "Mess Contribution and Subsistence at Sparta", *TAPA*, Vol. 114 (1984).
[3] Plut. *Lyc.* 12.

里阿西人，斯巴达人的）每份土地足可以每年为每个男子生产 70 麦迪姆诺斯，为他的妻子生产 12 麦狄姆诺斯大麦，还有相应数量的酒和油。莱库古觉得对于他们来说这样规模的份额应该是充裕的了，因为他们只需要足够的粮食增加力气和促进健康。①

　　3. 黑劳士为其主人耕种土地，缴纳赋税，其数量早已制定。②

　　上述三段材料均出自普鲁塔克的文献，前两则出自《莱库古传》，后一则出自《道德论集》。普鲁塔克生活在公元 40—126 年，但他的材料大多出自古希腊作家，现在公认普鲁塔克的《莱库古传》使用了大量亚里士多德以及亚里士多德学派作家的材料。他的《道德论集》中许多材料，包括有关斯巴达部分的材料都是为其写作《名人传》准备的。普鲁塔克为此付出了艰辛的劳动，他不仅收集了古人的文献材料，还曾经到斯巴达进行过调查，所以普鲁塔克的材料具有较高的学术价值。③ 由于缺少足够多的材料佐证，所以普鲁塔克的材料成为我们了解斯巴达税收制度的主要材料。

　　4. 每个公餐团成员必须向公餐团交三个阿提卡标准的半麦迪姆诺斯的大麦，11 或 12 科奥斯的酒，除此之外还有一定量的奶酪和无花果，为了购买肉食，还要交 10 埃基那奥波尔的货币。④

　　这段材料是雅典尼乌斯转述的，狄卡伊阿库斯在《混合政体》（或曰《三元政体》，*Tristatesman*）中写的一份材料。狄卡伊阿库斯是亚里士多德的学生，曾经在斯巴达生活过⑤，因此他的记述也具有较高的可信度，但与前述普鲁塔克的材料一样，我们无法确定这段材料反映的是哪个时段的情形。

---

① Plut. *Lyc.* 8.
② Plut. *Mor.* 239e.
③ N. M. Kennell, *Gymnasium of Virtue Education & Culture in Ancient Sparta*, Chapel Hill; London: University of North Carolina Press, 1995, pp. 22-24.
④ Athen. 141c. 实际上就是 1.5 麦迪姆诺斯，原文如此。——笔者注
⑤ Simon Hornbilower and Antony Spawforth, *The Oxford Classical Dictionary*, Oxford: Oxford University Press, p. 464.

5. 如驴一般背负沉重的负担，向主人缴纳生活必需品，相当于其土地产出总量的一半。①

这段材料是公元2世纪的罗马作家波桑尼阿斯转述的，斯巴达诗人提尔泰乌斯的残诗。提尔泰乌斯是公元前7世纪希腊诗人，曾经参加过斯巴达的"第二次美塞尼亚战争"。据说当时斯巴达被美塞尼亚起义军打得大败，提尔泰乌斯写了不少诗篇来鼓舞斯巴达人民的士气，上述残诗可能就是其中一首的片段。

6. 斯巴达征服美塞尼亚之后，他们控制了美塞尼亚所有财富的一半。②

这则史料见于埃里安的《历史杂集》。埃里安出生于亚平宁半岛上拉丁姆地区的普雷尼斯特，生活于公元170—235年。《历史杂集》近似于文献材料的摘录和读书笔记，但这一材料的出处我们无从得知。

一　古代斯巴达税收制度的特点

从上述材料我们可以看出斯巴达的税收制度具有如下特点。

第一，斯巴达税收实行分层次的两级征收。第一级是黑劳士向主人缴纳，黑劳士常居于斯巴达公民的份地上，他们为主人耕种土地，同时缴纳土地上的收获以及其他出产，我们称之为份地税。按普鲁塔克的记述，这一税种是按份地征收，与份地上的家庭和居民数无关。份地税由黑劳士向其主人、斯巴达公民缴纳，缴纳的方式不详。古代斯巴达没有健全的官僚体制③，也缺少固定的税收官僚队伍。剩下两种最可能的方式一是临时性派人征收，有学者认为斯巴达所谓的库普提亚制（秘密警察制度）可能是一种复杂的黑劳士管理制度，

---

① Paus. IV. 14, 4-5.
② Ael. *VH*. VI. 1.
③ Hodkinson, "Land Tenure and Inheritance in Classical Sparta", CQ, Vol. 36, No. 2 (1986).

平常斯巴达在黑劳士生活区不设常设官吏,但每年定期或不定期派人下乡巡游,既是视察地方治安,也是收取应纳之租税。如此则其征收类似中世纪罗斯的"索贡巡行"。二是由黑劳士自己送交,类似大化革新后的日本班田农民,自己将应缴租税送交到指定地点,同时承担途中所需一切开销。这两种方法都不见明确的史料记载,无法肯定。相对而言,前者更具可信性。

第二级是斯巴达公民向公餐团缴纳,我们可以称之为公餐税。斯巴达男性公民在成年之后(20岁)就进入公餐团,过上职业军人生活,30岁之后成为正式公民,可以参加公民大会。亚里士多德说,斯巴达公民只有在缴纳公餐费用后才能成为全权公民,倘使交不出就要被取消公民身份①。由此可以推知,在成为全权公民之前,斯巴达人无须缴纳公餐税,一旦成为全权公民就必须缴纳公餐税,一旦缴纳公餐税也就自然成为全权公民。进而,笔者认为,公餐税是在斯巴达人年满30岁,成为正式公民之时开始缴纳。由于斯巴达把土地分给各个家庭,每个家庭的家长成为公餐团的当然成员,公餐税是以斯巴达公民家庭为单位缴纳,间接地也是以份地为单位缴纳。斯巴达国家没有自己的独立财政制度,国王阿基达玛斯公开宣称:斯巴达没有公款,也没有私人向国家提供捐助②,亚里士多德说:斯巴达公共财政不好,税额不能足额征收,握有土地的公民不肯自觉缴税,国库空虚③。因此,斯巴达国家的开销主要由公民直接承担。公餐团生活既是国家政治生活的组成部分,又具有军事价值,按照古代希腊世界的惯例,公民服兵役必须自己承担军备开销。由此,公餐税实际是由斯巴达公民对斯巴达国家所承担的一种税负。

值得注意的是,斯巴达公民向公餐团缴纳的税项、数额和黑劳士向主人缴纳的内容不完全一样。这方面的材料有两份(见前文),它们所记载的税项基本一样:大麦、酒、奶酪、无花果、货币。在这些项目中,奶酪、无花果、货币不见于黑劳士的税项,而黑劳士向主人缴纳的油这里则没有发现。但油作为一种基本调味品,应该是公餐团饮食中不可缺少的,另外,橄榄油也是斯巴达人体育竞赛时必备的涂抹身体的物资,所以油不见于第二级税收令人费解。另外,普鲁塔克与狄卡伊阿库斯提供的税单也有少许不同。普鲁塔克指出斯巴达

---

① Arist. *Pol.* 1271a35, 1272a15.
② Thuc. I, 82; 142.
③ Arist. *Pol.* 1271b10 – 17.

第九章　斯巴达的税收制度　181

人必须向公餐团缴纳野味，即必需缴纳部分狩猎所得，这一税项不见于狄卡伊阿库斯的记述。我们认为普鲁塔克的这一记述具有较高的可信度，须知据色诺芬记述，狩猎在斯巴达人中是一项重要的活动，不仅仅是经济活动，更是军事活动和身份的象征，斯巴达经常在和平时期举行狩猎活动以培养和增进战争技能。①

在这一级税收过程中，还有一点需要说明，即普鲁塔克和狄卡伊阿库斯所提供税额不一致。这可能是两人所用材料采用的度量衡标准不一致导致的。狄卡伊阿库斯告诉我们，收税的度量标准是阿提卡制，而普鲁塔克用的是斯巴达标准。我们没有直接的材料无法妄加断论，但两种度量标准的币制确实比较明确的，即 1 : 1.5。②

第二，斯巴达税收以实物税为主。无论是份地税还是公餐税，其税项主要是实物，且以生活必需的食物为主。在可见的两份税单中都提到"需缴纳少量货币"，狄卡伊阿库斯更明确说是 10 埃基那制奥波尔的货币。这一货币税在整个斯巴达税收制度中并不具有重要意义，首先，货币税只出现于公餐税中，在份地税中并没有出现，普鲁塔克说斯巴人"把赚钱的事全部交给他们的奴隶和黑劳士"③，也许货币只是由一些特殊的从事工商业的黑劳士赚取的。其次，货币税额在整个税额中所占比重极小，如果把各种公餐税税项全年所缴额度折算成一种税项（小麦），那么公餐税的全年额度是 1270 公斤，而 10 埃基那奥波尔的货币约为 14 阿提卡奥波尔，根据公元前 415 年的市场价格，可折算成每月小麦 16 公斤，一年则为 192 公斤，相当于总额的 15%。最后，货币税的出现可能比较晚。我们知道斯巴达经济长期处于自然经济状态，货币经济非常落后。据普鲁塔克记述，莱库古在改革时取消了贵金属货币，铸造难以携带的铁币。柏拉图在《法律篇》中也提倡取消和限制货币，我们知道柏拉图在《法律篇》中所勾画的理想国带有较多的斯巴达色彩，这种状况大致上反映了早期斯巴达的情形。斯巴达货币的广泛流行是在伯罗奔尼撒战争结束之后，大量的外国货币流入斯巴达，之后斯巴达融入东地中海世界当中，这时在希腊世界一度通行的埃基那币制被斯巴达所接受。所以缴纳少量货币即使不是

---

① Xen. *Lac. Pol.* IV. 7.
② T. J. Figueira, "Mess Contribution and Subsistence at Sparta", *TAPA*, Vol. 114 (1984), p. 89.
③ Plut. *Lyc. & Numa*, 2.

肯定出现于伯罗奔尼撒战争之后，也不会早太多的时间。

值得注意的是，各个税项的重要程度并不一样。大麦、酒显然是最重要的，而奶酪、无花果、肉食、货币则不太重要，且随着时间的不同其项目和数量可能会适当调整。前两项的数量规定非常肯定明确，除了计量标准不一样，普鲁塔克和狄卡伊阿库斯记述的数量也完全一样。而后面几项其数额占整个税收总量的比重较小，且税额时有变化，普鲁塔克的税单中对奶酪、无花果的数量规定非常明确，而对肉食、货币的规定就比较模糊，狄卡伊阿库斯的税单中对无花果、奶酪的规定很模糊，而对货币的规定比较明确，肉食根本未提。

第三，斯巴达税收是分成制与定额制合一。关于税收形式文献提供了两种，一是分成制，见于波桑尼阿斯转述的提尔泰乌斯的残诗和埃里安的《历史杂集》，税率是50%。二是定额租，普鲁塔克和狄卡伊阿库斯记述得非常清楚。学术界对到底是分成租还是定额租存在分歧。

学者首先围绕作为分成地租的主要依据——提尔泰乌斯残诗展开争论。反对者认为，提尔泰乌斯的残诗用作史料，至少有两点值得质疑：第一，这是一篇诗作，而不是史学作品，更不是档案文献，50%的税率不具有可信度；第二，该诗写于公元前7世纪，大体上反映了第一次美塞尼阿亚战争之后美塞尼亚人的特殊处境，是否能反映整个，至少包括古典时期的古代斯巴达经济状况，值得怀疑。另外，不少西方学者认为提尔泰乌斯所说的50%的税额太高。在这种税率下很可能黑劳士无法积聚财富，也就无法支付5明那的赎身款。因此，他们认为斯巴达的税收主要是定额地租，定额租为黑劳士开垦荒地，积蓄财产提供了内在动力和法律空间。如果提尔泰乌斯所说的分成地租曾经存在过，那也只是存在于特定的时段内，主要是在美塞尼亚刚刚被征服时，作为战胜者对战败者带有惩罚性的经济剥夺。①

但是，赞成者认为提尔泰乌斯的诗作的史学价值不可否认。哈比奇特说波桑尼阿斯虽然在史学研究方面乏善可陈，但在收集资料方面却值得称道。他对收集的资料往往是原样转载，并没有加以人为修改，进一步说，他记录的提尔泰乌斯的诗歌具有较高的可信度。② 但哈比奇特没有回答作为诗人的提尔泰乌斯的文学作品是否具有史学价值的问题。辛格尔认为，征收50%的动产是希

---

① A. Powell, *Athen and Sparta*, p. 249; S. Hodkinson, *Property and Wealth in Classical Sparta*, p. 129.
② 参见 P. Hodkinson, *Property and Wealth in Classical Sparta*, p. 127。

腊古风时期在战争之后比较普遍的现象[1]，如《荷马史诗》两次提到将全部的财产分成两半。[2] 笔者认为，虽然提尔泰乌斯是文学家，但在当时的历史条件下，提尔泰乌斯不可能对黑劳士或美塞尼亚人的状况作过多的夸张，因为黑劳士的状况对斯巴达人来说已经非常熟悉，过多地夸张反而会引起反感从而达不到鼓舞士气的目的。罗马作家埃里安认为斯巴达征服美塞尼亚之后控制了该地区一半的财产，换句话说，税率是50%。我们无法断定埃里安重复了提尔泰乌斯的内容，因此，这份材料在一定程度上可以佐证提尔泰乌斯的说法。

部分学者认为分成地租只存在于斯巴达历史的早期，他们认为美塞尼亚战争之后，作为一种惩罚性的经济剥夺，50%的税率是可以理解的，但随着美塞尼亚地区的黑劳士化，税收制度也发生了变化。这一观点有一个理论前提，即分成地租与身份相对自由的劳动者结合在一起。他们实际上借用中世纪欧洲的农奴制来理解斯巴达的历史，他们认为，斯巴达的黑劳士制度有一个发展演变的过程，典型意义的黑劳士制度（奴隶型的黑劳士）在"第一次美塞尼亚战争"前后没有建立起来。杜卡特认为这一制度建立于公元前5世纪60年代的大地震之后[3]，基希勒认为形成于"第二次美塞尼亚战争"之后。[4] 在黑劳士奴隶化之前，至少在美塞尼亚被征服的早期，当地居民还相对自由，所以可能实行分成地租。但是，霍德金森、卡特利奇则对此提出疑义，霍德金森指出：没有可靠的证据说明黑劳士的经济状况曾经发生过重大的变化。[5] 在提尔泰乌斯的残诗中就已经把斯巴达人称作美塞尼亚人的主人。卡特利奇指出：没有古典材料证明拉科尼亚的黑劳士与美塞尼亚的黑劳士的社会地位有什么差别。[6] 霍德金森还从经济学的角度指出：在生存经济时代，分成地租更为人们所欢迎，为了防备荒年，人们宁可接受较高的税率，也不愿采用定额地租。[7] 在他们看来，古代斯巴达长期实行税率在50%左右的分成地租。辛格尔就明确指

---

[1] H. W. Singor, "Spartan Land Lots and Helot Rents", p. 43.
[2] *Ild.* XVIII. 508–512; XXII. 114–121.
[3] Ducat, *Les Hilotes BCH Supplément XX*, pp. 60, 141. 类似的观点又见于 Plut. *Lyc.* 28。
[4] Kiechle, *Messenische Studien*, pp. 57–62.
[5] S. Hodkinson, *Property and Wealth in Classical Sparta*, p. 127.
[6] P. Cartledge, *Sparta and Lakonia*, p. 97.
[7] S. Hodkinson, *Property and Wealth in Classical Sparta*, pp. 129–130.

出这种制度至少在古典时期仍在沿用。①

还有学者认为,斯巴达同时使用了多种地租形式,其中只有部分人缴纳分成地租。他们的依据主要是对波桑尼阿斯转录的提尔泰乌斯的希腊文诗歌的不同理解。前述材料4的末句希腊文原文是: ἥμισυ πάνθ' ὅσσων καρπὸν ἄρουρα φέρει。这里的关键是对ἥμισυ πάνθ' ὅσσων这一词组的理解。据研究,πάνθ'一词不符合希腊文文法,很难理解,必须对其加以修正,但如何修正却产生了不同意见。一种修正方法是将πάνθ'修正为πάντός, 或πᾶν, 它们与ἥμισυ一起就理解为"总体的一半"②。这种方法删减了原有的字母,为部分学者所不取。另一修正意见是将πάνθ'分为两个词πᾶν θ'③,麦克唐维尔据此将它们与ἥμισυ一起理解为"有的缴一半,有的缴全部"④。如果是缴全部那就不存在定额地租的问题,与同时代或稍晚的时代相比较,这部分人就是完全意义上的奴隶。这种观点告诉我们: 分成地租只在部分范围内使用。

斯巴达赋税的实质必须置于斯巴达的整个制度体系中考虑。根据普鲁塔克的记述,斯巴达税收制度的基础是斯巴达独特的土地制度。斯巴达国家主要实行形式上的土地国有制,在此基础上又将土地分为两大类: 斯巴达人的土地和庇里阿西人的土地。这些土地都平均分成若干份,交给斯巴达人或庇里阿西人,每个家庭一份,是为份地 (ἥμισυ)。斯巴达人的份地全部由黑劳士耕种,公民自己基本不从事耕作。黑劳士必须向主人缴纳收成,但缴税不是以个人或家庭为单位,而是以份地为单位。有学者指出斯巴达份地不是以面积为准而是以出产为准,因为不同的土地肥沃程度不一样,其产量也不一样,有时相差较大。据说莱库古有一次看到田野里收获的谷物整整齐齐、大小一样地堆放在一起,非常高兴,称整个拉科尼亚看起来像刚刚把田地分给诸兄弟的大家庭。⑤ 笔者认为,如果仅仅依据这一点就认定斯巴达每一份地的出产相等,或几乎相等,这样似乎太草率。但综合各方面情况看,斯巴达的土地制度具有平均性,

---

① H. W., Singor, "Spartan Land Lots and Helot Rents", p. 43.

② G. P. Goold (ed.), *Elegy and Iambus* (I), The Loeb Classical Library, Cambridge, Mass.: Harvard University Press, 1982, p. 67.

③ Rocha - Pereira (ed), *Pausaniae Graeciae Descriptio*; S. Hodkinson, *Property and Wealth in Classical Sparta*, p. 127.

④ Douglas W. Macdowell, *Spartan Law*, p. 33.

⑤ Plut. *Lyc.* 8.

至少从理论上，每一份地的收获量不会有太大差别。既然每份份地的面积、收获量基本一致，而每一个份地缴纳的实物又彼此相同，这就使得定额地租和分成地租的区别失去了意义，因为按分成法征收的数量与按定额法征收的量基本相同。以定额记，则每份份地每年须缴纳82麦迪姆诺斯的麦子，一定量的酒和油。以分成记，则税率大约为50%。① 当然，具体的数量是不是50%可以存疑，准确一点说应该是50%左右。

总之，斯巴达税收具有分级征收、实物税、以土地为基准征收和分成制与定额制相结合的特点。

二 斯巴达税收下的公民生活问题

我们认识斯巴达的税收制度不仅仅是为了认识制度层面的规定，更主要的是认识税收制度所体现的民生问题。在两种税收中，份地税对斯巴达民生问题影响最大，一是它涉及公民和黑劳士两个阶层；二是它标志着公民的主要收入和黑劳士的主要支出。这里我们主要评估一下在特定税收制度制约下，斯巴达公民的生活水平。

因为斯巴达公民已经脱离生产，份地税成为斯巴达公民的总收入，对它的评价必须结合斯巴达公民最主要的社会支出来考虑。我们都知道，斯巴达公民所承担的主要负担是军役。从提尔泰乌斯遗留下来的作品看，早在公元前7世纪，斯巴达就建立起重装步兵方阵制度。重装步兵通常配备有保护主要器官的大型盾牌、胸镜、头盔，还有保护臂、腹、腿、胫、膝、腓、脚等部位的盔甲。除了这些防御性的装备外，进攻性的武器也是不可缺少的，通常是长矛、投枪、各种长短剑。② 此外还有统一的军服。所有这些负担，至少在公元前5世纪后期之前，都由公民自己承担，它们构成了公民的重要负担。③ 这些负担并非普通成员所能负担，梭伦改革时曾经把雅典公民分成四个等级，年收入在

---

① N. Luraghi & S. E. Alcock, *Helots and Their Masters in Laconia and Messenia: Histories, Ideologies, Structures*, p. 200.

② P. Cartledge, *Hoplites and Heroes Sparta's Contribution to the Technique of Ancient Warfare*, pp. 13–15.

③ S. Hodkinson, *Property and Wealth in Classical Sparta*, pp. 221–225.

200—300麦迪姆诺斯的第三等级需配置重装步兵，年收入在200麦迪姆诺斯以下的第四等级则要提供轻装步兵或水手，换句话讲，只有年收入达200—3200麦迪姆诺斯才有能力提供重装步兵。

那么每个斯巴达公民家庭的年收入是多少呢？他们是否能够提供重装步兵呢？根据普鲁塔克的记载，每一份份地必须每年向男性主人缴纳70麦迪姆诺斯，向主妇缴纳12麦迪姆诺斯大麦，还有相应数量的酒和油。我们不知道酒和油是多少，但可以依据公餐税作一个简单的推理。公餐税只是份地税的一部分，斯巴达人除了必须留下足够的谷物外，还必须留下一定数量的酒、无花果、奶酪和油，乃至货币等以供家庭开销。我们不能想象只有成年男性公民才能享受这些物品，而其他年长或年幼的男性，以及所有的女性都不能享受这些物品。从斯巴达份地数量长期保持稳定来看，斯巴达家庭的理论人数为6人，即祖孙三代，每代男女各一人，据此在家庭消费的人数约为5人。[①] 考虑到性别、年龄等影响消费能力的因素，我们假定份地税中一半的酒、油、奶酪等缴给公餐团，一半留作家庭消费。这样，我们就可以推知每个斯巴达家庭的总收入。

菲古伊拉曾经对酒、油等进行过折算。[②] 这里，我们也借用他的方法。他按公元前415年左右的阿提卡市场价格折算，12克奥斯的酒售价是5德拉克马，而每麦迪姆诺斯的麦子售价是6德拉克马，每月所交酒约为5/6麦迪姆诺斯的麦子，一年则有10麦迪姆诺斯的麦子。奶酪和无花果的价格因为没有古代希腊的价目表作参考，参考公元286年罗马戴克里先大帝的价格饬令，分别折算为每月缴麦子11公斤和2公斤，每年则为134公斤和24公斤，合计约为160公斤，以每麦迪姆诺斯40公斤计，约合4麦迪姆诺斯。这里菲古伊拉没有将拉科尼亚计量标准换算成阿提卡制，一般来说拉科尼亚制与阿提卡制的换算比例是1∶1.5[③]，那么，酒、油等则为21阿提卡制的麦迪姆诺斯小麦。10埃基那奥波尔的货币可折算成每月小麦16公斤，一年则为192公斤，约合5阿提卡制的麦迪姆诺斯麦子。以上总计26阿提卡制的麦迪姆诺斯麦子。如果

---

① 根据后文第八章的分析，斯巴达家庭一般两个孩子，三代同堂，则这里假定为6人，因成年男性在公餐团就餐，所以在家消费人数为5人。

② T. J. Figueira, "*Mess Contribution and Subsistence at Sparta*", *TAPA*, Vol. 114 (1984), pp. 93–94.

③ T. J. Figueira, "*Mess Contribution and Subsistence at Sparta*", *TAPA*, Vol. 114 (1984), p. 89.

上交的部分占黑劳士上交总额的 1/2 的话,那么这一笔总量约为 52 麦迪姆诺斯。考虑到斯巴达交的是大麦的半制成品,其中必有损耗,我们计为 10%,那么 82 麦迪姆诺斯的麦子实际可能需要 90 麦迪姆诺斯麦子。① 这是拉科尼亚制,折算成阿提卡制则为 135 麦迪姆诺斯。这样,斯巴达人一家的年收入按阿提卡标准,大概在 187 麦迪姆诺斯。比雅典第三等级的下限标准还少 13 麦迪姆诺斯,他们只能算勉强达到了第三等级的标准,为了维持必需的开支,斯巴达公民只能过着清贫的生活。

　　菲古伊拉曾经指出:公餐税远远多于单个斯巴达公民的生活消费,其中部分通过公餐活动的形式转移支付给了黑劳士②,公餐团实际是再分配组织,似乎斯巴达税收使斯巴达公民的生活非常富足。从上面的研究可以得知,这是不可能的,但我们必须进一步研究。首先,在缴纳公餐税之后,斯巴达公民所剩的主要是 48 麦迪姆诺斯的大麦,约合 1378.4 公斤小麦。古代地中海世界的人均消费可从希罗多德的一份材料推知,公元前 480 年波斯军队入侵希腊是人均口粮一天 1 科尼克斯(khoinix)麦子(puros,即小麦,wheat),根据希罗多德所述当时波斯军队有 5283220 人,以此标准计每天要消耗 110340 麦迪姆诺斯的口粮,那么科尼克斯与麦迪姆诺斯的比例关系大致上就为 110340/5283220,大约为 1:47(亦即 1 科尼克斯约为 1/47 麦迪姆诺斯),如果把他们的口粮按月计则为 30×(1/47)麦迪姆诺斯(大约为 5/8 麦迪姆诺斯,约 0.63 麦迪姆诺斯)。如果按 1 麦迪姆诺斯的小麦约为 40 公斤,那么每月消费约为 25 公斤,一年消费约为 300 公斤。③ 这里希罗多德并不是从波斯军队的军粮供应规定作出这个推测的,而是为了文学的需要,从希腊世界通常情况来说的,如此看来,在古代的地中海世界 300 公斤小麦大概就指一个人一年的正常口粮,这个标准与上述的最低人均年消费基本一致。按现代人的估计人均年最低消费小麦约为 250 公斤。因此,不考虑其他任何因素,份地税的剩余大概可以供养 5 位成年人。如前所述,斯巴达家庭的理论成员数为 6 人,除一人在

---

① 菲古伊拉将斯巴达税收中的 alphita(aiphita 意为大麦,大麦粉)按 1 麦迪姆诺斯折算成 0.72 麦迪姆诺斯小麦,他同时提到另一个折算标准,即 1:1。这里笔者以 1alphita(大麦)= 1wheat 进行折算,这样虽然结果高于另一个标准,但这是斯巴达公民收入的上限,对本书的结论更有说服力。另外,1 麦迪姆诺斯阿提卡制的小麦重 40 公斤。

② T. J. Figueira, "Mess Contribution and Subsistence at Sparta", *TAPA*, Vol. 114 (1984).

③ Hdt. VII. 182.

公餐团用餐外，其余均在家庭生活，如果我们考虑到年龄性别等因素，大概会有所结余，但所余并不太多。

我们还要考虑到，每个斯巴达家庭还有一些仆人，还要准备军事装备，那么家庭内部的结余是非常有限的。再看公餐税，菲古伊拉将公餐税的所有税项和税额都折合成小麦，总共合计约1270公斤①，表面看来，公餐税额确实超越了斯巴达公民的消费能力。但是，斯巴达与雅典不一样，商品经济不发达，按普鲁塔克的说法，斯巴达很长时间内使用铁质货币，不仅与地中海生产几乎隔绝，国内的商品经济也非常落后，他们的军事装备只能靠自己生产。色诺芬曾经提到公元前4世纪初，阿吉西劳斯率军在亚洲打仗，停战期间阿吉西劳斯将斯巴达军队组成一个 polis，polis 中有 agora（市场），有各种手工业者，如铜匠、木匠、铁匠、皮革工、油漆工，他们的主要任务是生产武器。②这些产品并不是通过市场交换到需要者的手中，阿吉西劳斯为士兵发报酬仍然以发奖品（athlon）的形式，那么可以想象，这些手工业者的产品也是被斯巴达人无偿剥夺，然后斯巴达人再以一定量的实物作为补偿。可见，这些在军营中工作的工匠并不是独立的生产者，而是在另一种场合接受剥削的手工业生产者。按雅典的情况，只有年收入在200麦迪姆诺斯的人才能提供重装步兵，可以想象重装步兵的装备必定比较昂贵，换句话说，这些装备的生产需要投入较多的劳动。斯巴达在公民年收入只有187麦迪姆诺斯的情况下能够维持一支稳定的重装步兵，其根本原因就在于他们控制了生产过程，无须支付市场利润。所以，不是公餐税返回给了黑劳士，而是斯巴达通过公餐团补充了生产力的不足。

现在，我们再来研究税收制度对黑劳士的影响。在古代斯巴达，黑劳士不仅仅活跃在生产领域，但我们这里主要研究在份地上进行农业生产的黑劳士，因为这部分黑劳士是份地税的直接承担者。这里首先要研究一份份地上黑劳士家庭的数量。传统观点一般根据希罗多德的每个斯巴达公民战士有7个黑劳士做随从士兵的材料，得出这样的结论：每一份地上有7户黑劳士。③斯塔尔

---

① T. J. Figueira, "The Demography of the Spartan Helots", In N. Luraghi & S. E. Alcock, *Helots and Their Masters in Laconia and Messenia: Histories, Ideologies, Structures*, p. 208; T. J. Figueira, "Mess Contribution and Subsistence at Sparta", *TAPA*, Vol. 114 (1984), p. 92.

② Xen. *Hell*. III. 4. 17 – 18; *Ages*. I. 25 – 26.

③ 这种观点的依据是希罗多德在记述普拉提亚战役时提供的，他说每个斯巴达战士带着7名黑劳士轻装步兵。

(Starr)认为,古希腊的农业生产水平是5—6个人才能生产出足以养活一个城里人的剩余粮食,如果这样,那么每一份地上的黑劳士家庭数势必超过两个家庭,约为3—6个。① 但最近菲古伊拉提出新的观点。按菲古伊拉的测算:要完成规定的份地税,必须要3.3—4公顷的粮田和0.47公顷的葡萄田作为常耕田。如果按50%的份地税税率计,不考虑休耕因素则一块份地的面积至少要有6.5—9公顷,其中粮田为6.6—8公顷,葡萄田为0.96公顷。如果我们考虑到休耕因素,那么一份份地大概为13—18公顷。根据当时米洛斯的材料,每公顷麦田需要47个男子工作日(其中30个成年男子工作日),每公顷葡萄田需要118个男子工作日(其中106个成年男子工作日)。那么6.6—8公顷的麦田约需310.2—376个男子工作日,其中成年男子工作日为198—240个,0.96公顷葡萄田约需113.28个男子工作日,其中成年男子工作日约为101.76,合计约为423.48—489.48个工作日,其中成年男子工作日为299.76—341.76。菲古伊拉认为,考虑到古代的交通、劳役、衣物制作、房屋维修等因素,每个成年男性黑劳士的实际的年劳动日约为166个②,那么每个份地上约需要两个成年男性黑劳士,两个未成年男性,也即每份份地上大约有两户黑劳士。③ 但菲古伊拉的观点过于科学化了。相对于这种计算,更应该重视古典材料的历史信息。尽管人们依靠希罗多德的材料简单得出每一份份地有7户黑劳士这种做法不正确,但可以结合当时情况重新估算。希罗多德这个数据的背景希波战争时期希腊世界举国抗战,斯巴达人与黑劳士1:7的配置只是战争年代的特殊情况,不具有普遍性,但可以理解为,斯巴达充分征调了黑劳士,但斯巴达公民人数一般维持在10000人左右,当时斯巴达只派出了约一半的斯巴达人,因此,平时斯巴达人户数与黑劳士户数应该是1:3.5左右。也就是说,每份份地上有3.5户黑劳士。依据上述数据,每个黑劳士家庭的年收入只为斯巴达公民的1/3.5,即53.4麦迪姆诺斯,约200公斤小麦,只占当时地中海最低消费标准的三分之二,远远低于雅典第四等级的收入标准的上限。因此,如果仅仅依靠份地上的收入,黑劳士的生活水准无疑很低。

---

① 参见廖学盛《廖学盛文集》,上海辞书出版社2005年版,第232页,注11。
② T. J. Figueira, "Mess Contribution and Subsistence at Sparta", *TAPA*, Vol. 114 (1984), p. 105.
③ 以上数据来自菲古伊拉的论文"Mess Contribution and Subsistence at Sparta",但家庭数量系笔者推论。

但斯巴达的税收制度使黑劳士的经济地位得到一定程度的承认，也就是规定税负之外的收入在实际上成为黑劳士的合法收入，这为黑劳士利用一切机会积聚财富提供了法律依据。另外，尽管份地上的户数较多，但这也为黑劳士赢得了更多的可以自我支配的劳动时间，这种可支配时间大约为每户 75 个劳动日。黑劳士可以利用这个时间，以及起早熬夜人为增加劳动时间，私下种植休耕地和田间荒地，为自己创造财富。正因如此，黑劳士才有经济能力为斯巴达国家提供轻装步兵，在阿基斯改革时期才有那么多黑劳士有经济能力赎回人身自由。总体来看，黑劳士从份地上获得的收入只占自己总收入的一小部分。也正是因为这样，黑劳士才能够在相当长的时间内保持了政治上的相对稳定，从"第二次美塞尼亚战争"到公元前 369 年，我们只见到一场大规模的黑劳士起义，即公元前 465 年大地震之后的黑劳士起义。

由此观之，斯巴达税收制度使斯巴达公民维持着基本的生活水准和履行社会义务的基本能力。斯巴达税收虽然是黑劳士的沉重负担，但它在一定程度上承认了黑劳士经济权利，为黑劳士积聚财富提供了法律依据，也使斯巴达的社会分化得到一定程度的缓和。总之，斯巴达税收制度稳定了斯巴达公民以及黑劳士阶层，成为斯巴达的社会稳定和国家强盛的经济保障。

综上所述，尽管现在我们所掌握的有关斯巴达税收的材料非常有限，但我们依然可以据此对斯巴达税收有一个大概的认识。古代斯巴达的税收分为份地税、公餐税两种形式，融分成制、定额制于一体。斯巴达税收制度稳定了斯巴达公民以及黑劳士阶层，为斯巴达的稳定和强盛提供了制度保障。

第十章

斯巴达社会文化水平再评价

国内外学术界对古代斯巴达的文化生活和文化水平一直评价不高。他们一般认为古代斯巴达是军国主义国家，受军国主义政策的影响，斯巴达的教育以培养职业军人为目的，一味重视体育锻炼和军事训练，导致文化教育缺失，全社会文化生活枯萎，文化水平低下，成为"文化沙漠"。但是，只要我们仔细阅读古典文献就会发现，这种印象其实不对，古代斯巴达的文化成就虽然不像雅典那么显著，但也绝不是文化沙漠，斯巴达公民并不是大字不识的文盲。

一 斯巴达并不是文化沙漠

关于斯巴达普遍的文化水平，柏拉图有这样的评论：斯巴达和克里特是最古老、最多产的哲学之家，那里的智者多于世界上其他任何地方，斯巴达人在哲学和演讲方面受到的教育是最好的……一旦进入谈话的关键时刻，他（指任何一位斯巴达人）就会像一名优秀的弓箭手那样一箭中的。柏拉图批评说："有许多人无视这样的事实：斯巴达人在理智方面的爱好胜过体育方面的爱好。"虽然柏拉图具有明显的亲斯巴达倾向，他的这段话也不无夸大之嫌，但他揭示了一个现实，斯巴达文化不是一片空白。

虽然古代斯巴达重视体育教育，但也没有放弃文化教育。斯巴达儿童在7岁时就进入公立学校接受正规教育，学校教育包括文化教育与体育锻炼两个部分，文化教育也不仅仅是灌输军人品德，同样有阅读、书写等方面的教育。普鲁塔克指出：斯巴达非常关心儿童的教育，经常派长老到操场上去关注他们体力和智力的竞赛。① 正因为这样，斯巴达人在青少年时期就学会了谈话辛辣而优美，言简而意赅。② 这种言简意赅、一语中的的谈吐正说明斯巴达人富有智慧。整个斯巴达社会对知识、智慧都比较重视，希罗多德说："戴玛拉托斯曾由于自己的许多成就和本身的智慧而博得了赫赫声名。"③ 阿那克桑戴里达斯原配的儿子多里欧斯的道德和才能比克利奥墨涅斯更杰出，他本以为凭此可以当上国王。④

人们或许夸大了斯巴达教育的体育特征和军事性质。色诺芬在《回忆苏格拉底》中借伯里克利之口提到雅典与斯巴达的最大区别在不尊重老人、不重视身体锻炼、不服从领袖，但没有提到斯巴达的体育锻炼是为了战争。⑤《拉凯戴蒙政制》一书中说到斯巴达的体育馆中长老们负责监督人们的锻炼是否重视身心的和谐。在柏拉图的《法律篇》中，有的地方认为斯巴达体育训练的重点是战争，但有的地方又认为体育活动的目的在于培育国民的节制美德。公元前396年，阿吉西劳斯在亚洲前线举行体育竞赛，裁决的标准不是战争队形等与战争有关的活动，而是身体状况。⑥ 普鲁塔克说：斯巴达男性一生中用于军事训练和公共事务的时间主要是在青年时代而不是终生。而且，青年时代主要训练忍耐力、坚强、竞赛心理、服从和集体活动，这些活动与军事似乎没有直接关系，虽然这些素质是战争所必需的，但这些训练本身与战争并不直接相关。⑦ 亚里士多德说：过去斯巴达的胜利并不在于他们训练的方法有什么特长，仅仅因为他们的对手对于少年完全没有训练。⑧ 这句话又显示出斯巴达的教育制度没有特别之处，只是在少年时期体育训练比较刻苦。普鲁塔克、色诺芬的记述都没有提到使用武器的体育锻炼。只有一处色诺芬提到模拟战争，但那只是少数骑士（Hippeis）的活动。

古代斯巴达的文化生活丰富多样，尤其体现在诗歌和音乐方面。古代斯巴

---

① Plut. *Lyc.* 17.
② Plut. *Lyc.* 19.
③ Hdt. VI. 70.
④ Hdt. V. 42.
⑤ Xen. *Memorabilia*, III. 5. 15.
⑥ Xen. *Hell.* III. 4. 16.
⑦ Plut. *Lyc.* 16 – 18.
⑧ Arist. *Pol.* 1338b24 – 29.

达确实没有出现柏拉图、亚里士多德那样的思想家，埃斯库罗斯、索福克勒斯那样的悲剧家，也没有出现菲迪亚斯那样伟大的建筑师，甚至在音乐和诗歌方面也没有出现流传千古的名家，但这一切并不能说明斯巴达的文化生活就是一潭死水。

斯巴达的诗歌主要是赞美诗、讽刺诗、战争诗和节奏感比较明显的进行曲。① 实际上，在整个古风时期和古典时期前半叶，斯巴达是希腊世界诗人们向往的地方，一些希腊著名的诗人都曾经到斯巴达活动。相传克里特诗人塔勒塔斯帮助斯巴达创立了吉姆诺派迪亚节，将克里特诗歌传到斯巴达，并创作了大量的诗歌。② 泰尔潘达是公元前7世纪中期到6世纪初期列斯波斯岛的著名音乐家，斯巴达曾经聘请他到斯巴达传授音乐。公元前676年，泰尔潘达在斯巴达的卡奈尔节上的诗歌比赛中获胜。泰尔潘达把东方的音乐带到了斯巴达，据说，泰尔潘达在斯巴达表演时的琴弦比斯巴达传统琴弦多了一根，被监察官砸坏了琴。③ 吕底亚诗人阿尔克曼与泰尔潘达同时期，斯巴达曾经聘请他来斯巴达创作合唱歌曲，《少女之歌》就是在斯巴达创作的著名作品。在"第二次美塞尼亚战争"期间，提尔泰乌斯又来到斯巴达从事文化活动。因此，照弗格森说："公元前580年以前，斯巴达是诗人和艺术家的家乡。"④ 莫里则指出"第二次美塞尼亚战争"之后，斯巴达曾经出现过文化的繁荣。⑤

事实上，即使是在公元前580年之后，斯巴达的文化生活仍然比较丰富。开俄斯的著名诗人西蒙尼德斯曾经为温泉关牺牲的斯巴达将士创作。在公元前6世纪，西西里诗人斯特西考鲁斯曾经在斯巴达度过一段温馨的时光，他把阿伽门农说成是斯巴达的英雄⑥，麦伽拉诗人提奥格尼斯也曾经在被流放的时期在这里度过一段短暂的时光⑦。公元前5世纪的希腊著名诗人品达曾经为斯巴达国王写过作品。生活在公元前460—前370年的米利都音乐家提摩特乌斯也

---

① E. N. Tigerstedt, *The Legend of Sparta in Classical Antiquity*, p. 26.
② Simon Hornbilower and Antony Spawforth, *The Oxford Classical Dictionary*, p. 1491.
③ Plut. *Lac. Pol.* 238c. 普鲁塔克说斯巴达传统的琴弦是七根。据斯特拉波说泰尔潘达用七弦琴代替了四弦琴。(Strabo. XIII. 2. 4.)
④ [美] 威廉·弗格森：《希腊帝国主义》，晏绍祥译，上海三联书店2005年版，第44页。
⑤ [英] 奥斯温·莫里：《早期希腊》，晏绍祥译，上海人民出版社2008年版，第163页。
⑥ [英] 奥斯温·莫里：《早期希腊》，晏绍祥译，第253页。
⑦ John V. A. Fine, *The Ancient Greeks*, Cambridge Massachusetts & London: Harvard University Press, 1983, pp. 165 – 166.

曾经来到斯巴达，在卡奈尔节上参加音乐竞赛。[1] 普鲁塔克还曾说到一件逸事，一位云游琴师曾经因为用手指而不用琴拨弹琴而遭到监察官的处罚。[2] 这件事发生的时间不详，但普鲁塔克在斯巴达之后数百年，估计他不太容易得到遥远历史年代的材料，因此，这位琴师可能晚于提摩特乌斯来到斯巴达。阿里斯托芬在公元前411年上演的喜剧《利西斯特拉》结尾处告诉我们：雅典青年男女为了感谢神灵，跳起了常在优拉托斯河边表演的歌舞。[3] 由此可见，即使是在公元前5世纪，斯巴达的文化生活也不是一潭死水。

斯巴达音乐更是蜚声希腊世界，被誉为"用音乐和节奏征服了每一个人"。音乐与斯巴达人的日常生活密切相关。在吉姆诺派迪亚节日中，斯巴达人由老、中、青三个歌队组成的方队轮番演唱。品达则说：那儿（可能是举行节日的场所）有元老院议事的地方，有青年出奇制胜的标枪，有舞蹈、歌唱还有欣喜欢畅。[4] 斯巴达虽然没有哲学家，却有自己的音乐家，如斯彭德。[5] 柏拉图的学生赫拉利德斯和亚里士多德的学生亚里斯托克尼斯都对斯巴达的音乐充满敬佩。[6] 斯巴达诗歌中的某些作品一直保存在普鲁塔克时代。[7] 普鲁塔克称斯巴达的音乐蕴含激情，风格古朴，毫无矫揉造作，能够振奋精神，唤起热忱，其主题皆是严肃的教诲，大多是赞扬为斯巴达献身的人们，谴责贪生怕死之徒。[8]

斯巴达音乐本身也形成了不同的风格，主要有佛里基亚和多利亚两种。相对而言，佛里基亚音乐更为古老，佛里基亚位于亚洲，与吕底亚毗邻，其音乐相传与佩罗普斯一起传入斯巴达。[9] 多利亚音乐是在佛里基亚音乐的基础上发展起来的。柏拉图认为多,利亚风格的音乐尤其适合表现沉着应战、蔑视困

---

[1] Paus. III, 12, 10. Athen. XIV, 636e; Plut. *Inst. Lac. Pol.* 238c.

[2] Plut. *Apoph. Lac.* 233f.

[3] 优拉托斯河是纵贯拉科尼亚的河流，优拉托斯河边的舞蹈则是指斯巴达表演的舞蹈。这说明当时斯巴达的歌舞在雅典也大受欢迎。——笔者注

[4] Plut. *Lyc.* 21.

[5] Plut. *Lyc.* 28.

[6] E. N. Tigerstedt, *The Legend of Sparta in Classical Antiquity*, Vol. 1, Uppsala: Almqvist & Wiksell, 1965, p. 42.

[7] Plut. *Lyc.* 21.

[8] Plut. *Lyc.* 21.

[9] Athen. 625f – 626a.

难、奋不顾身、视死如归和谦虚谨慎、从善如流的品格[1]，亚里士多德对此持赞同的观点[2]。另一种备受柏拉图诋毁的吕底亚音乐实际上也在斯巴达流传，泰尔潘达就比较偏爱吕底亚音乐[3]，很可能就是他带来了吕底亚音乐，同时带来了演奏吕底亚音乐的特殊乐器——八弦琴。直至公元前 5 世纪，提摩特乌斯还在用八弦琴演奏，这说明吕底亚音乐一直在斯巴达小范围内流传。科莫提认为，斯巴达是公元前 7 世纪希腊世界最重要的音乐中心[4]，韦斯特甚至认为斯巴达是古代希腊的音乐中心。[5]

二 古代斯巴达人不完全是文盲

人们通常认为，古代斯巴达人是职业军人，由于斯巴达的教育重点在培养合格的职业军人，疏忽了文化教育，斯巴达人的文化水平必然低下，他们都是不谙文化的一介武夫。其实不是。大量的史实表明，斯巴达公民普遍都会文识字。

作为特殊公民的斯巴达国王都有一定的文化，据希罗多德说，斯巴达国王负责向公民宣读德尔菲神谕。[6] 没有文化国王就无法宣读。流亡国王戴玛拉托斯曾经将波斯即将入侵希腊的消息刻在木板上，再在木板上封上蜡传递给斯巴达。[7] 列奥尼达斯在前线曾经收到薛西斯的劝降信，允诺扶植他做希腊的统治者，但他回信说："对我来说，为希腊而死胜过做希腊的最高统治者。"[8] 色诺芬称，阿吉西劳斯曾经写信给伊奥尼亚、爱奥尼亚、赫勒斯滂地区的居民，要求他们派军队到以弗所前线。[9] 普鲁塔克还记述道，阿吉西劳斯一次在胜败攸

---

[1] Plato, *Rep.* 399a.
[2] Arist. *Pol.* 1342a30.
[3] Athen. 635d.
[4] G. Commotti, *Music in Greek and Roman Culture*, trans. R. V. Munson, Baltimore and London: Johns Hopkins University Press, 1989, p. 17.
[5] M. L. West, *Ancient Greek Music*, Oxford: Clarendon Press, 1994, pp. 334, 336–337.
[6] Hdt. VI. 57.
[7] Hdt. VII. 239.
[8] Plut. *Mor.* 225c.
[9] Xen. *Ages.* I. 14.

关的时刻为了鼓励士兵,在手心逆序写了"victory"一词。① 阿吉西劳斯的儿子阿基达玛斯曾经在科诺尼亚战役之后这样回复马其顿国王菲利普:"如果你量一下你的身影,它并不比战前更长。"这句话很有文学味道和哲学味道,显然不是一个未受教育的人能写出来的。在入侵阿卡迪亚过程中,阿基达玛斯写信给发兵支持阿卡迪亚的厄利斯说"阿基达玛斯致厄利斯,'安静是件好事'"。"安静是件好事"是公元前6世纪佩里安德的话语,这说明阿基达玛斯二世对希腊古文化比较娴熟。②

斯巴达的将领也具有一定的文化知识。在希波战争初期,斯巴达将领波桑尼阿斯多次与波斯将领、波斯国王密信联系,这些信肯定都是波桑尼阿斯自己所写,他不可能把私通波斯这样的事情交给一个奴隶去做,也不可能把波斯国王的信件交给其他人读给他听,他还曾经在献给德尔菲的香炉上刻下铭文。③ 公元前410年,明达鲁斯的助手、海军副帅希帕格里泰斯曾经写信给斯巴达政府,通报海军失败、明达鲁斯战死的消息。④ 希波克拉提达斯曾经写信给卡利亚的总督,卡利亚总督当时受到一个斯巴达人的来信,这个斯巴达人参加了一场暴动密谋,希波克拉提达斯回信说:"如果你希望对自己有利,就杀死他;如果你不希望这么做,那就将它赶出自己的辖区,因为这个人从品德上是个胆小鬼。"⑤ 此后的著名将领莱山德也同样会文识字,在进攻底比斯的会战中,莱山德曾经写信给当时的国王波桑尼阿斯,要求他从普拉提亚进攻敌军,并约定在哈利阿图斯会师。⑥ 莱山德在占领雅典之后,派吉利普斯押送战利品回国,为了防止贪腐,莱山德在钱袋里面悄悄放了清单,致使派吉利普斯贪污的劣迹败露。⑦

值得注意的是,斯巴达的下层公民也具有一定的文化水平。前文所说莱山德出身赫拉克利特族裔,但并非王室成员,而且出身贫困,显然他属于下层公

---

① Plut. *Mor.* 214e – f.
② Plut. *Mor.* 218a, 219a.
③ Thuc. I. 128 – 129, 132.
④ Xen. *Hell.* I. 1. 23.
⑤ Plut. *Mor.* 222a – b.
⑥ Plut. *Lys.* 28.
⑦ Plut. *Lys.* 16.

民。① 据称"第二次美塞尼亚战争"期间，曾经有斯巴达士兵把写有自己的名字和父亲的名字的木板挂在武器上。亚里士多德曾经提到斯巴达普通公民在去世之前通常会立下遗嘱②，不少人还签署了地约，将土地抵押给富人。基那敦是斯巴达的下层公民，但他显然会文识字，因为在事情败露之后，监察官派他前往奥隆抓捕罪犯时，他先到长老会议手中领取公文，公文上写着抓捕人员的名单③。

斯巴达妇女也不是毫无知识。柏拉图在《法律篇》中提到斯巴达实现强制性的体育和音乐教育，妇女也不例外地必须接受这种教育。斯巴达妇女还要学会部分医学知识，学会教育儿童。④ 普鲁塔克曾经提到两位斯巴达母亲写信给前方言行不检点的儿子，劝说他们要好自为之。⑤ 音布里克曾经列举了多位斯巴达女毕达哥拉斯主义者。⑥

斯巴达知识分子可能不仅掌握希腊文化，还了解东方文化。修昔底德记述斯巴达与波斯之间曾经有过书信往来，波斯的信使恰巧被底米斯托克利俘虏，这封信是用亚述文书写的，底米斯托克利还是通过随身秘书翻译出来才读懂。在斯巴达势必也有类似的人才。⑦ 看来，斯巴达的文化水平也与此相当。

部分斯巴达知识分子不仅会文识字，还能写出具有一定思想深度和文化水平的作品。其中代表性的有基伦、莱山德、提波戎、国王波桑尼阿斯等。基伦是古代斯巴达知识分子的代表，大约生活在公元前6世纪⑧，被称为"古希腊七贤"之一，与梭伦、泰勒斯等人齐名。

据说莱山德曾经为了使自己当选国王提出更改斯巴达国王世袭制度，改用选举制，并为此撰写了论文申述自己的主张，莱山德在世时撰写了不少著作，

---

① Plut. *Lys.* 2.
② Arist. *Pol.* 1270a28.
③ Xen. *Hell.* III. 3. 8.
④ Plato. *Laws*, 806a.
⑤ Plut. *Mor.* 241d – e.
⑥ Iamblichus, *On the Pythagorean Life*, Liverpool: Liverpool University Press, 1989, p. 170.
⑦ Thuc. IV. 50.
⑧ 希罗多德称他与庇西特拉图的父亲是同时代人，拉尔修称他在第52届奥运会时已经是一位老人，第56届奥运会那年，即公元前565年曾经当选为监察官。（Hdt. I. 59；Diogenes Laertius, I. 68 – 73.）

普鲁塔克称这些著作在他死后在他家中被发现①，其数量不在少数，因为它们都已编撰成册。部分著作涉及盟国关系的处理原则。他的演说词具有相当高的文化水准，普鲁塔克称他的这篇演说词极尽强辩狡黠和煽动蛊惑之能事。②

亚里士多德曾经提及一位作家——提波戎，称他是研究斯巴达政治制度人群中的一员。他们已经从理论上认识到斯巴达政治制度以"战争和克敌制胜"为目的，并认为这是斯巴达建立霸业的主要原因。③ 这一思想与柏拉图在《法律篇》中的观点一致，也许柏拉图正是吸收了他们的思想。提波戎在史书中记述很少，色诺芬在《希腊史》中提到一位同名的军事将领，在公元前400年曾经作为海军统帅率大军远征伊奥尼亚，公元前391年在科林斯战役中再次率军远征伊奥尼亚，最后遭波斯军队伏击身亡。④ 这两位提波戎很可能就是同一人。

公元前4世纪初的斯巴达国王波桑尼阿斯的文化水平也不可小觑。波桑尼阿斯与莱山德有矛盾，在底比斯战役中，波桑尼阿斯因为未能按期赶到约定的会师地点导致莱山德兵败身亡，斯巴达缺席审判波桑尼阿斯死刑，波桑尼阿斯逃到提该亚。在这里，波桑尼阿斯写了关于莱库古改革的论著，重新阐述了莱库古改革的内容。⑤ 可惜这本书已经失传，我们无法看到其著作。

公元前3世纪的索斯比乌斯是迄今所知唯一一位斯巴达语言学家。他具有渊博的知识，对斯巴达的历史、风俗传统等进行了系统的研究，可惜这些书全面散佚。但从别人的记述中可以推知，他大概写了六本专著，分别涉及斯巴达的历史、风俗、制度以及对阿尔克曼等人的评价。文献显示，索西比乌斯曾经利用了提迈乌斯、厄拉托斯提尼斯等人的著作，这些著作表明，在他之前和同时代，已经有不少知识分子对斯巴达展开研究，这些研究为斯巴达自身的文化建设作出了特殊的贡献。⑥

阿里斯托芬在戏剧《马蜂》中还提到一位女诗人——克奈塔格娜。可惜

---

① Plut. *Mor.* 212c, 239f.
② Plut. *Lys.* 30. 奈波斯记述了一种传说，称莱山德的政治演说词是别人代为起草。此说不一定可信。Nepos, *Lys.* 3.
③ Arist. *Pol.* 1333b10ff.
④ Xen. *Hell.* III. 1. 5；IV. 8. 17；IV. 8. 18 – 19.
⑤ Strabo, VIII. 5. 5.
⑥ Terrence A. Boring, *Literacy in Ancient Sparta*, Leiden：Brill, 1979, pp. 55 – 57.

我们对她的详细情况了解太少。前文提到的斯巴达自己的音乐家——斯彭德也可算是其中主要的一位。①

三 对斯巴达文化水平的基本评价

但是，对古代斯巴达的总体文化水平也不可估计过高。斯巴达历史上产生的文化人数量很少，成果也不够显著。前文提到一些音乐家、政治家虽然曾经创作了一些作品，但是这些作品没有能够流传至今，这表明斯巴达知识分子的文化成果历经时代的洗礼之后，逐步被人们所遗忘，显然不及柏拉图、亚里士多德，甚至不及阿那克萨戈拉、恩培多克勒等思想家，后者的作品历经岁月蹉跎仍然流传至今。斯巴达社会虽然以诗歌和音乐著称，但在诗歌方面也没有出现本土的著名诗人，至少没有出现像阿尔克曼、阿基洛科斯、阿尔凯奥斯那样的抒情诗人，也没有出现埃斯库罗斯、索福克勒斯那样的戏剧诗人。

斯巴达的文化水平显然有自身的侧重点，它与雅典相比有其特殊性。如前所述，斯巴达的文化主要体现在诗歌和音乐方面。即使在这方面他们也不重视培育自己的诗人和音乐家，而是满足于欣赏诗歌与音乐，享受诗歌与音乐带来的愉悦和美感。在斯巴达活动的诗人与音乐家都是来自其他城邦，如提尔泰乌斯祖籍是爱琴海的岛国，后移居雅典，阿尔克曼来自小亚的萨迪斯，泰尔潘达来自累斯博斯，西蒙尼德斯是开俄斯诗人，斯特西考鲁斯是西西里诗人，提奥格尼斯是麦伽拉人，品达则是底比斯人，提摩特乌斯是米利都音乐家。

斯巴达人对演讲显然也感兴趣，但是他们追求的风格不同于雅典。虽然普鲁塔克也声称莱山德的著作有极强的说服力，极具蛊惑力，但总体看斯巴达的演讲追求的是简洁实用。普鲁塔克归纳斯巴达的教育特点：只学到够用而已②，柏拉图在《普罗塔哥拉篇》中称斯巴达人才华出众，常常能一语中的，而且用语简洁、准确，与他谈话的人大多为其演讲所吸引，就像无助的婴

---

① Plut. *Lyc.* 28. 5.
② Plut. *Lyc.* 16.

儿。① 普鲁塔克也说斯巴达人的谈话辛辣而优美，言简而意赅。② 与雅典人的演讲不同，斯巴达人厌恶长篇大论。③ 斯巴达人的这种特点体现在修昔底德的作品中，我们可以看到，在修昔底德的作品中，发表长篇演讲的都是雅典人，而斯巴达人的演讲大都比较简洁，即使是在伯罗奔尼撒战争即将爆发之际，斯巴达国王阿基达玛斯的演讲也远远不及伯里克利的演讲的长度，其演讲技巧也不及伯里克利。当然，斯巴达也不乏一些演讲才华出色的人，如修昔底德就称伯拉西达"绝对不是一位拙于言辞的人"④。

斯巴达对数学、天文、医学等自然科学知识不感兴趣。同时代的智者希庇亚对此有切身的体会，希庇亚曾经向苏格拉底介绍了他对斯巴达教育的认识。在斯巴达人们对雅典所盛行的教学内容毫无兴趣，在雅典人们追求演讲才能、追逐辩论才华、崇尚数学天文等实用知识，而斯巴达人则崇尚增进美德，他们教育的内容都是古代英雄和人的谱系、城邦的历史。⑤

虽然人们在古希腊哲学史的园地中没有看到斯巴达人，但这并不意味着斯巴达人对哲学不感兴趣。在音布里克撰写的《毕达哥拉斯哲学家传记》中，他列举了五位斯巴达妇女，三位斯巴达男子⑥，据音布里克说，毕达哥拉斯还去斯巴达研究过当地的法律，毕达哥拉斯显然在斯巴达不会一个人独来独往。⑦

虽然古代斯巴达文化没有雅典那样的文化高峰，但似乎也没有文化低谷，在整个斯巴达的历史上，斯巴达似乎没有明显的文化衰落。我们在古风时期看到大量的外国诗人在斯巴达活动，在古典时期前半期仍然看到这样的现象。古风时期有如提尔泰乌斯、阿尔克曼、泰尔潘达、斯特西考鲁斯，古典时期有西蒙尼德斯、提奥格尼斯、品达、提摩特乌斯，而到了公元前 4 世纪初，莱山德、提波戎、波桑尼阿斯等都有较高的文化水准。在"第二次美塞尼亚战争"

---

① Plato, *Protagra*, 342d – e.
② Plut. *Lyc.* 19.
③ Plut. *Lyc.* 20.
④ Thuc. IV. 84.
⑤ Plato, *Greater Hippias Major*, 284a – 286b.
⑥ Iamblichus, *On the Pythagorean Life*, p. 267. 转引自 P. Cartledge, *Spartan Reflections*, p. 115. Moore, K. R., "Was Pythagoras Ever Really in Sparta?", *Rosetta* 6, 2009, p. 16。
⑦ Iamblichus, *On the Pythagorean Life*, p. 25.

期间，普通的斯巴达士兵可以写出自己的名字，而到了古典时期，部分斯巴达妇女则依然能写信，而像基那敦、莱山德这些来自下层公民的人也能写作。

综上所述，对古希腊文化水平要有一个客观的评价：斯巴达固然没有像雅典那些产生一批彪炳千古的作家、历史学家、思想家，但斯巴达也不是知识贫乏、普遍愚昧的国家，更不是文化沙漠。斯巴达古风时期不是，古典时期也不是文化沙漠。[①] 斯巴达虽然没有自己的诗人、作家，但斯巴达人的文化水平也不是仅仅停留在会读会写的水平，斯巴达社会的文化生活并不枯燥乏味，在境外文人的参与之下，斯巴达的文化生活曾经名噪一时、蜚声希腊世界。

---

① 卡特利奇认为斯巴达在公元前500年之前不是文化沙漠是片面的，这虽然矫正了过去的错误认识，但还不够全面。（见［英］P. 卡特利奇《斯巴达人》，上海三联书店2010年版，第85页）

第十一章

斯巴达军队

在古代希腊，斯巴达以其强大的重装步兵蜚声希腊世界，甚至驰名亚洲。但是，斯巴达的军制、兵种都有着复杂的内容，斯巴达军队随着历史的发展也在不断革新，公元前5世纪末，就是因为斯巴达创立了强大的海军，才能够战胜雅典。本部分主要研究斯巴达军队的发展和变革，兼及斯巴达军队的构成。

一 军团组织：洛库斯、摩拉

这里的军团不是具体的军事编制，而是指斯巴达历史上两个最大的军事单位：洛库斯和摩拉。关于斯巴达的军制，目前有三个比较集中的材料，分别来自希罗多德、修昔底德和色诺芬。

希罗多德和修昔底德的材料表明斯巴达的最大军事单位是洛库斯。希罗多德在提及历史上的莱库古改革时称：莱库古创立了一切有关战争方面的制度，如 enomotia（伊诺摩提亚）制度、tricadas（特里卡达斯）制度[1]，他还提到斯巴达有一个以村落组织皮塔纳命名的军团组织——洛库斯。[2] 洛库斯——伊诺摩提亚——特里卡达斯——希叙提亚这是希罗多德提供的早期斯巴达的军事编制。修昔底德在述及曼提尼亚战役时，提到了另一种比较严格的斯巴达军事指挥官体系，国王（king）——波利马科（polemarchon）——洛库哥（Lochage）——潘特科斯特（Pentecoster）——伊诺摩塔科斯（enomotarch-

---

[1] Hdt. I. 65.
[2] Hdt. IX. 53.

es)——伊诺摩提的士兵（Enomoty）。① 他同时提到了斯巴达的主要军事编制：洛库斯（Lochos）——潘特科斯提（pentecosty）——伊诺摩提亚（enomotia）。② 两个体制相对照，洛库哥（Lochage）是洛库斯（Lochos）的指挥官，潘特科斯特（Pentecoster）是潘特科斯提（pentecosty）的指挥官，伊诺摩塔科斯（enomotarches）是伊诺摩提亚（enomotia）的指挥官。显然，修昔底德的作品中，洛库斯——潘特科斯提——伊诺摩提亚是斯巴达三个级别的军事编制单位。

色诺芬在《拉凯戴蒙政制》中提到了另一种比较严格的军事编制：摩拉（共计六个，由波利马科指挥）——洛库斯（每个摩拉四个，由洛库哥指挥）——潘特科斯提（由潘特科斯特指挥，每个洛库斯两个）——伊诺摩提亚（由伊诺摩塔科斯指挥，每个潘特科斯提两个）。③ 在色诺芬提供的材料中，摩拉是最大的军事单位，洛库斯则是次级军事单位。

这些材料在学术界引起了对斯巴达军制的争论。色诺芬是古代希腊世界著名军事家和军事学家，他参加过万人远征，曾经担任万人远征队的指挥官，因此对军事组织比较敏感。晚年他居住在斯巴达，而且与斯巴达国王阿吉西劳斯关系密切，因此，对斯巴达的军事制度也比较了解。大家对色诺芬的记述也因此一般不加怀疑。参照色诺芬的记述，结合修昔底德的质疑，人们对洛库斯的性质产生了诸多的观点。

第一种观点认为，色诺芬在《希腊史》前半部多用摩拉，但在最后一章却使用洛库斯一词，因此，两者实际上是一回事。这种观点其实禁不住推敲的。因为，色诺芬明显地把洛库斯和摩拉作为两种军事组织提及。

第二种观点认为，摩拉自古就是最高军事组织，洛库斯从属于摩拉。如弗雷斯特就认为，摩拉是基于奥巴建立起来的军事组织，而洛库斯是基于胞族建立起来的。每个奥巴有三个胞族，这样，每个摩拉有三个洛库斯。④ 弗雷斯特观点的缺陷是，既然洛库斯是以血缘关系为基础的军事组织，那么它的名称也应该体现这两个原则，但资料证明，斯巴达军团是按照奥巴而不是胞族命名

---

① Thuc. V. 66.
② Thuc. V. 68.
③ Xen. *Lac. Pol.* XI. 4.
④ W. G. Forrest, *A History of Sparta*, 950 – 192 *B. C.*, p. 46.

的，目前我们至少知道两个军团的名称与奥巴的名称完全一致，一是前面希罗多德所说的，皮塔纳军团；另一个是亚里士多德提到的美索亚军团。而铭文证明，这两个名称同时又指斯巴达的两个奥巴。

第三种观点认为，洛库斯自古就是最高军事组织，直到公元前5世纪末才发生变化，摩拉成为最高军事单位，洛库斯成为次于摩拉的第二层级的军事组织，如米歇尔。他认为，色诺芬在《希腊史》中公元前404年才提及摩拉，因此，公元前5世纪末才产生摩拉组织。

笔者赞同第三种观点。其依据一是在修昔底德的作品中明确将洛库斯作为最高组织，而摩拉则是色诺芬提到的，而且，色诺芬也只是在述及公元前5世纪末的历史时才提到这一组织。虽然希罗多德在述及莱库古改革时没有提及洛库斯这一组织，但笔者认为，希罗多德在其著作的第一卷只是简单列举莱库古改革的内容，并没有想详细介绍莱库古的改革举措。希罗多德显然知道斯巴达的洛库斯组织，所以在述及普拉提亚战役时提到了这一军事组织。二是军团命名的依据是奥巴，按照大瑞特拉，在莱库古改革中，斯巴达按照血缘原则和地缘原则进行了新的行政划分。地缘组织即奥巴。奥巴也成为斯巴达的基本行政单位，而且其重要性应该超过了血缘组织。众所周知，在国家组织建立之前，血缘组织是社会成员划分的基本原则，随着国家组织的产生，地缘关系开始成为主要的行政划分标准。在大瑞特拉中，如果奥巴还是一个不重要的行政单位，也就无须通过神谕的形式使其获得合法性。显然，笔者认为，在奥巴和费伊拉的关系上，奥巴更重要。基于此，以奥巴命名的洛库斯是更重要的军事组织，也是最大的军事组织。

但是，有多少个洛库斯呢？弗雷斯特基于奥巴从属于部落的观点，认为有九个洛库斯。按照斯巴达部落组织的三三制原则，斯巴达有三个部落，每个部落有三个胞族，每个胞族又按照属地原则成为一个奥巴，这样共计有九个胞族，九个奥巴，也就有九个洛库斯。[1]

尽管学界关于奥巴的数量存在不同的观点[2]，笔者更赞同弗雷斯特的说法。根据大瑞特拉，斯巴达被分成奥巴和菲伊拉，菲伊拉是部落组织，奥巴是地缘组织，如何将两者统一起来，最好的方法就是将胞族属地化，用地域管理

---

[1] W. G. Forrest, *A History of Sparta*, 950–192 B. C., p. 46.

[2] 参见拙著《古代斯巴达政制研究》，第186—192页。

的办法处理胞族事务，从而弱化血缘关系对国家政治的影响。也就是说，一个胞族就变成一个奥巴。

因此，早期斯巴达军队中洛库斯是最大的军事编制组织，其数量最初与奥巴数或胞族数一致，共计9个，但后来有所变化，或增多或减少。

但是，色诺芬明确记述，摩拉是斯巴达最大的军事组织。他在《拉凯戴蒙政制》中明确指出，斯巴达有6个摩拉，其指挥官是波利马科，每个摩拉有4个洛库斯，由洛库哥指挥。① 与色诺芬的记述不同，修昔底德在曼提尼亚战役中对斯巴达的参战部队也进行了详细的叙述，在这个介绍中，修昔底德没有说到摩拉。曼提尼亚战役对斯巴达来说至关重要，斯巴达也投入了全部力量②，如果有摩拉这个军事组织，它是不可能不被投入战斗的，修昔底德也不可能不加以记述。这说明，在修昔底德时期，斯巴达还没有摩拉这个军事组织。但令人迷惑的是，在曼提尼亚战场上出现了波利马科这一官员。在色诺芬的记述中，波利马科是拥有实权的摩拉的指挥官，有权直接指挥军队。但在修昔底德的记述中，波利马科则是跟随在国王身边的高级官员，他无权直接指挥军队，可以代表国王向洛库斯的指挥官发布指令。③ 按照雅典的制度，波利马科是城邦层面的军事最高官员，即军事执政官，只是在有具体军事行动时才外出率军作战，不直接指挥军队，直接指挥的是将军。修昔底德提到波利马科此时也应该类似于雅典的波利马科，因此，修昔底德提到波利马科这并不能证明斯巴达当时就产生了摩拉这一组织。在色诺芬的《希腊史》记述中，直到公元前403年才开始使用摩拉④，所以，米歇尔认为，斯巴达的摩拉只是在这个时候才出现。笔者基本赞同米歇尔的观点，但不敢苟同他将摩拉的出现时间具体到公元前404年的说法，严格来说，公元前5世纪末产生的说法更为准确。

摩拉的产生意味着斯巴达军制的巨大变化。摩拉制下军团士兵的成军依据不再是奥巴。因为，如前所述，奥巴本身是地缘因素和血缘因素的结合体，相对于此前完全依据血缘因素的历史时期来说，它是一种进步，因为它包含了地缘因素。但奥巴制中的血缘因素又妨碍了纯地缘因素发挥作用，进一步限制奥

① Xen. *Lac. Pol.* XI. 4.
② Thuc. V. 64.
③ Thuc. V. 66.
④ Xen. *Hell.* II. 4. 31.

巴制中的血缘因素就需要继续打破奥巴制的影响。在公元前 4 世纪初的科林斯战争中我们看到奥巴原则被打乱了。公元前 390 年，科林斯战争进入关键期，阿吉西劳斯率领斯巴达军队进攻庇里乌斯港，留下军中所有的阿米克莱地区的士兵及其他部分军队驻守莱彻乌姆。其时适逢许阿肯托斯节，来自阿米克莱的士兵按惯例均需回去参加节日，守军指挥官波利马科率军护送这批士兵回国，途经科林斯，在这里遭到伊菲克拉特率领的轻骑兵的伏击，牺牲 250 名士兵。① 这时，如前所述，摩拉已经产生，波利马科是摩拉的最高指挥官，他显然率领自己所部军团留守莱彻乌姆，节日来临之际，他率部将自己军团中的阿米克莱地区的士兵送回去。这里，显然，那些参与护送的士兵不是阿米克莱的，阿米克莱是人们通常所说的五个奥巴之一，因此，他所率的这个军团不是按照奥巴的原则集体组军。可见，斯巴达这时已经打破按地域组建军队的惯例。

如果说奥巴对应的是胞族，洛库斯的社会基础从血缘关系的角度看就是胞族，那么，摩拉的基础则是比胞族组织更高一级的部落。在色诺芬所述的军事序列中，摩拉是高于洛库斯的军事编制单位，摩拉的指挥官是波利马科，参照修昔底德所述的指挥官序列，波利马科也是比洛库斯指挥官更高一级的军事长官。很明显，摩拉是在修昔底德所说军事编制基础上新设的一个更高层次的编制单位。在洛库斯建制依然保存的情况下，最合理的解释只有摩拉建立在更大、更高层次的社会组织之上。这从雅典波利马科职位的历史也得到佐证。雅典最初设置波利马科职务是在古风时期梭伦改革之前，当时的雅典社会还没有实现以村落为主要行政区的政治体制改革，还是以四个部落为基础。因此，波利马科一职本身与部落之间的关系紧密。也就是说，斯巴达军团建制的基础可能回到了部落基础上。

斯巴达军团建制基础的回归看似一种倒退，其实不然。因为到了公元前 5 世纪，斯巴达的部落制度中的血缘关系本身已经大大淡化了。斯巴达洛库斯建制的基础回归到部落更主要的是因为斯巴达公民人数的减少。这种减少使得斯巴达人阶层对斯巴达国家军队的控制减弱。以前，斯巴达人组成的军队是整个斯巴达军队的主体，是斯巴达军队中战斗力最强的，但现在不同了。正如前文指出的，到公元前 400 年前后，斯巴达公民总人数约为 3000 人，如果组织成

---

① Xen. *Hell*. IV. 5. 10–11.

9个洛库斯，每个洛库斯仅350人左右，与此前的1000人相比相差太多，战斗力也相差太多。为了补充洛库斯的人数，就不得不或者吸收非斯巴达人，或者打破奥巴的限制，减少斯巴达人洛库斯的总数，以保证每个洛库斯的人数，同时在纯斯巴达人洛库斯之外新设洛库斯。不管怎么说，这些都会导致斯巴达人阶层对斯巴达军队的控制减弱，尤其是对新设的非斯巴达人的洛库斯。于是，斯巴达在形式上恢复了军队中传统的部落组织，在部落组织的基础上组建军队，将所有的洛库斯编入摩拉中，依据部落组织，斯巴达可以在摩拉层面上选择出身于斯巴达人阶层的人担任官职，无形中降低了洛库斯的地位，同时降低了那些非斯巴达人洛库斯指挥官在斯巴达军队中的地位。至此，斯巴达军队制度看似倒退，其实，它完全按照政治和军事的需要组织军队，管理公共生活[1]，是适应时代需要的一种调整。

摩拉制的建立本身也经过了一个发展过程。摩拉建立的前奏是洛库斯数量的增加。我们现在大致上可以恢复洛库斯逐步增加的过程。在公元前425年的皮罗斯战役中，斯巴达驻守斯法克特利亚岛的士兵是420人。[2] 这些士兵是用抽签方法产生的。在这种战争中，斯巴达不会以个人为单位抽选士兵，大概率是以一定的军事编制来抽选，那么这种抽选的基本单位应当是伊诺摩提亚。[3]根据修昔底德所记公元前418年曼提尼亚战役时的军事编制规模，伊诺摩提亚的士兵人数是32人，如果加上指挥人员大约是35人。汤因比正是以35人为标准推算当时抽签方法的，汤因比没有说明确定人数规模的依据，但他的说法并非臆想。皮罗斯战役发生在斯巴达本土，且在美塞尼亚南部沿海，对斯巴达来说非常重要，当时斯巴达不仅撤回了进攻阿提卡的军队，同时还征集伯罗奔尼撒地区的军队。可以想见，斯巴达自己的军队应该全部投入了战争，也就是所有的军团都集中过来了。这样，在斯法克特利亚岛上的守军由12个伊诺摩提亚组成，而这12个伊诺摩提亚则来自12个军团。但当时斯巴达采用的还是洛库斯军团制。12个洛库斯意味着在传统的9个斯巴达人洛库斯之外增加了3个，它带来的一个问题就是难以与传统的洛库斯对应于胞族协调起来，意味着洛库斯的组建开始脱离奥巴－胞族原则。

---

[1] A. Toynbee, *Some Problems of Greek History*, p. 381.
[2] Thuc. IV. 8.
[3] A. Toynbee, *Some Problems of Greek History*, p. 376.

在公元前418年的曼提尼亚战役中，按照修昔底德的说法，斯巴达把全国的拉凯戴蒙人和部分黑劳士全部投入了战斗。① 曼提尼亚战役是斯巴达与阿尔戈斯同盟之间的一场大决战，战场就在斯巴达的北部边疆，阿尔戈斯也与斯巴达毗邻，当时的雅典已经无力也不愿直接与斯巴达开战，因此，斯巴达可以孤注一掷，倾尽全力与阿尔戈斯进行一场生死决战。另外当时的执掌实权的阿基斯急于为自己洗雪耻辱，也有意发动一场倾国之战。所以，这里修昔底德特别指出，斯巴达调用了所有的斯巴达人。也就是，斯巴达的所有军官团都出动了。斯巴达还征调了随伯拉西达出征北部希腊并获得释放的黑劳士，及其他已经获释的黑劳士。在开赴前线的途中，约占全部兵力六分之一的人回到斯巴达。但这些军队并不构成一个完整的军团，因为他们只是军队中最年轻和最年长的人员，显然他们是从每个伊诺摩提亚中选出的。就这样，最后投入战斗的军团数是7个②，其中包括被释放的黑劳士，也就是说真正的拉凯戴蒙人军团只有6个。6个军团同样面临着与洛库斯对应于胞族的传统洛库斯建军原则难以协调的问题，同样意味着洛库斯的组建脱离奥巴-胞族原则。

值得注意的是，6洛库斯与6摩拉在建制数量上实现了趋同。还值得注意的是，曼提尼亚战役中，后来作为摩拉军团统帅的波利马科也出现了，在修昔底德的作品中这是第一次提及，而在希罗多德作品及修昔底德作品前面部分虽多次提及斯巴达军队、斯巴达军事指挥官，但均未提及此官职，因此，此官职应该是在曼提尼亚战役之时或前不久建立的。曼提尼亚战役前夕，斯巴达国王阿基斯因为指挥不力，在调集大批军队及盟军的情况下，对阿尔戈斯作战未能获胜，斯巴达曾经对阿基斯的军事指挥系统做出了"史无前例"的改革，修昔底德只提到成立了十人委员会，协助国王指挥作战。③ 有理由相信，斯巴达同时实行了军团制改革，将以前的12洛库斯缩减为6洛库斯。这一调整可能还有一个原因，即最高指挥部直接面对12名军团指挥官，人多想法多，不易协调，影响效率，同时12军团制也使得每个军团的人数减少，影响军团的独立作战能力。

基于此，曼提尼亚战役前后，斯巴达的洛库斯建制原则已经与后来的摩拉

---

① Thuc. V. 64.
② Thuc. V. 68.
③ Thuc. V. 63.

趋于一致，即建立在部落制的基础上，可能是将后来的两个洛库斯合成一个，但是不同的是，军团的实际指挥官还不是波利马科，波利马科还是国王身边的军事方面的助手，他们可能还是十人委员会的成员，因为后来色诺芬曾经说过波利马科与国王同吃同住。① 落库哥还是洛库斯的指挥官。当然，洛库斯的名称还没有改为摩拉。

至此，我们基本上可以勾勒出斯巴达军队制度的演变过程，早期是以奥巴-胞族为基础的洛库斯军团制，公元前5世纪中期，由于公民人数减少，斯巴达军队逐步变成以部落制为基础的摩拉军团制。这个改变最迟在公元前426年就已经发生了，到公元前5世纪末最终完成。

修昔底德曾经猛烈批判希罗多德错误地认为斯巴达存在皮塔纳军团，基于以上分析，修昔底德的批判其实不成立。修昔底德对斯巴达军团制度的深入了解应该是在公元前426年他担任将军及之后他被流放期间获得的，因此，在修昔底德的认知中，斯巴达的军团没有建立在奥巴基础上，也就没有什么皮塔纳军团了。修昔底德并不是认为斯巴达不存在洛库斯，而是认为斯巴达没有以地域原则组建、以地名命名的军团。修昔底德没有历史地看斯巴达军团的发展。

随着军团制的变化，斯巴达军队的次级战斗组织也发生了变化。早期斯巴达军制是洛库斯——伊诺摩提亚——特里卡达斯（tricadas）——希叙提亚（syssitia）。② 希叙提亚通常称为公餐团，按照普鲁塔克的记述，在莱库古改革中，希叙提亚的人数是15个人。③ 虽然，普鲁塔克在记述阿基斯四世改革时说到，公餐团的人数是200—400人④，笔者认为，200—400人制的希叙提亚是阿基斯改革时新制定的，而不是斯巴达的传统制度。特里卡达斯的字面意思是"三十"，因此，一般认为，这个军事单位的人数应该是30人。但是这个军事组织只见于希罗多德的《历史》。如果特里卡达斯的编制是30人，那么这就是由两个希叙提亚组成。但每个洛库斯、伊诺摩提亚包括几个伊诺摩提亚或特里卡达斯制度不得而知，如果按照每个特里卡达斯包含两个希叙提亚这种二进制，那么伊诺摩提亚应该由两个特里卡达斯组成，人数是60人。一个洛

---

① Xen. *Lac. Pol.* XIII. 1.
② Hdt. I. 65.
③ Plut. *Lyc.* 12.
④ Plut. *Ages.* 8.

库斯有两个伊诺摩提亚，约 120 人。那么按照斯巴达公民总人数一般维持在 10000 人左右，斯巴达大约有 90—100 个洛库斯。这种建制是不可能的，因为，洛库斯太多不能形成集中指挥，会大大妨碍军事行动的效率。

　　转型时期的洛库斯军团制则呈现为洛库斯——潘特科斯提——伊诺摩提亚三级。特里卡达斯消失了，但新建立了潘特科斯提。按曼提尼亚战役的斯巴达军制，6 个洛库斯，每个洛库斯有 4 个潘特科斯提，每个潘特科斯提有 4 个伊诺摩提亚。潘特科斯提的字面意思是"五十、五十分之一"，笔者理解，这个"五十"不是指士兵人数，而是指潘特科斯提的数量。古代希腊有依据内部结构称呼特点组织的做法，如克里斯提尼改革中的三一区（trittyes）。因此，潘特科斯提这一名称表明斯巴达共有大约 50 个潘特科斯提。然而，有趣的是，在曼提尼亚战役中，只有 24 个潘特科斯提，因此，此时的潘特科斯提建制已经过了改革，不是原生态的。潘特科斯提最初应该产生于皮洛斯战役前夕，随着 12 洛库斯制度的建立而产生，每个洛库斯下设 4 个潘特科斯提，合计 48 个。按照前面所述每个伊诺摩提亚 35 人的规模，又如前面推算的，至公元前 425 年斯巴达的公民人数仅 4000 人，往前再倒退两年，即皮洛斯战役前夕，斯巴达公民人数当为 3500 人左右，斯巴达应该可以组建 100 个伊诺摩提亚，则每个潘特科斯提有 2 个伊诺摩提亚。至曼提尼亚战役前后，斯巴达的洛库斯军团减为 6 个，每个洛库斯有 4 个潘特科斯提的制度没有变化，但每个潘特科斯提拥有的伊诺摩提亚增加为 4 个。全斯巴达有 96 个伊诺摩提亚，这个数量似乎维持了很长一段时间，直到色诺芬时期仍然保留。

　　公元前 4 世纪，至色诺芬写作《拉凯戴蒙政制》时，斯巴达的摩拉制军团正式产生，斯巴达军团制演变为摩拉——洛库斯——潘特科斯提——伊诺摩提亚。每个摩拉有 4 个洛库斯，每个洛库斯有 2 个潘特科斯提，每个潘特科斯提有 2 个伊诺摩提亚。[①] 斯巴达共有 6 个摩拉，24 个洛库斯，伊诺摩提亚的数量仍是 96 个。但在公元前 370 年之后，由于美塞尼亚地区独立，斯巴达的公民人数继续减少，洛库斯的数量开始减少。色诺芬在《希腊史》最后一卷两次提到斯巴达的 12 个洛库斯。[②] 最后一卷的历史发生于公元前 362 年。据此，笔者认为，虽然在美塞尼亚独立之后，斯巴达不可能马上承认失败，做出军制

[①] Xen. *Lac. Pol.* XI. 4.
[②] Xen. *Hell.* VII. 4. 20；VII. 5. 10.

上的调整①，但公民队伍的贫困化和萎缩则是无法抗拒、无法回避的事实。这样，到公元前4世纪中期，虽然摩拉、洛库斯、潘特科斯提、伊诺摩提亚这些组织依然存在，但实际的军队数量却几乎减半了。

由此观之，古代斯巴达的军制大致上经过了五个阶段：

大约公元前5世纪中期之前的军制是：洛库斯（总数约9个）——伊诺摩提亚——特里卡达斯——希叙提亚（每个特里卡达斯2个希叙提亚）。

公元前5世纪后期的军制是：洛库斯（总数约12个）——潘特科斯提（每个洛库斯4个潘特科斯提）——伊诺摩提亚（每个潘特科斯提2个伊诺摩提亚）。

公元前5世纪末期的军制是：洛库斯（总数为6个）——潘特科斯提（每个洛库斯4个潘特科斯提）——伊诺摩提亚（每个潘特科斯提4个伊诺摩提亚）。

公元前4世纪前期军制变为：摩拉（总数为6个）——洛库斯（每个摩拉4个洛库斯）——潘特科斯提（每个洛库斯2个潘特科斯提）——伊诺摩提亚（每个潘特科斯提2个伊诺摩提亚）。

公元前4世纪中期的军制是：摩拉（总数为6个）——洛库斯（每个摩拉2个洛库斯）——潘特科斯提（每个洛库斯2个潘特科斯提）——伊诺摩提亚（每个潘特科斯提2个伊诺摩提亚）。

二 基层军事组织：伊诺摩提亚

无论是希罗多德还是修昔底德、色诺芬，都提到伊诺摩提亚是斯巴达重要的军事单位。与特里卡达斯（tricadas）和潘特科斯提不同，这两个军事单位的名称都意指数量，前者意为三十，后者意为五十，而伊诺摩提亚的字面含义则是"誓言"，意指按照某一誓言组成的军事组织。伊诺摩提亚的这一含义意味着这一军事组织的组建比较灵活，人数可多可少。这也意味着这一组织在斯巴达军制的地位比较特殊。

在希罗多德的记载中，伊诺摩提亚在斯巴达早期的军队中是仅次于洛库斯

---

① A. Toynbee, *Some Problems of Greek History*, p. 376.

的军事组织。根据两个希叙提亚组成一个特里卡达斯的原则,可以推测,两个特里卡达斯组成了一个伊诺摩提亚。但到了公元前 5 世纪后期,皮洛斯战役前夕,在洛库斯和伊诺摩提亚之间出现了新的军事单位——潘特科斯提。随着潘特科斯提的建立,伊诺摩提亚的军事地位下降了,沦为第三层级,也是最下层的军事单位。从此,伊诺摩提亚一直作为基层战斗组织。

伊诺摩提亚作为基层战斗组织延续了特里卡达斯编制规模,即其人数也保持在 30 余人。但与特里卡达斯由两个 15 人的公餐团组成不同,它是基于征兵方法直接形成的。据色诺芬在《拉凯戴蒙政制》中说:斯巴达是按年龄征兵。① 色诺芬在《希腊史》中多次提到斯巴达的军事行动按照 5 年或 5 的倍数为单位组织士兵发动冲击②,在述及留克特拉战役之后斯巴达紧急征兵时还提到斯巴达远征佛西斯时只征召了 35 年军龄以下的公民。③ 因此,斯巴达可能通常以 5 年为一个年龄组,一般一次征召 6—7 个年龄组,这样,一般每个伊诺摩提亚 30—35 人。特殊情况下,斯巴达征调 8 个年龄组,这样伊诺摩提亚的人数可达 40 人。斯巴达还可能打破 5 年一组的规则,使得出征的伊诺摩提亚的人数不是 5 的倍数,如曼提尼亚战役中,伊诺摩提亚的人数是 32 人④,留克特拉战役中的人数是 36 人。⑤

斯巴达公民理论上直到 60 岁都有义务当兵打仗。如阿吉西劳斯曾经以自己从达到服役年龄到现在已经超过了 40 年为理由,要求免除兵役,虽然最终斯巴达同意了他的请求,但并不是因为年龄偏大,而是因为担心他出征导致各国内僭主派崛起。⑥ 留克特拉战役之后,斯巴达征召那些军龄达到 40 年的人从军。

但征召 40 年军龄的例子比较少,目前所看到大概有公元前 418 年的曼提尼亚战役和留克特拉战役失败之后的征兵。如前所述,曼提尼亚战役中无论是就战役发生的地点,还是指挥官国王阿基斯个人的意愿斯巴达都有理由全员征兵,修昔底德提供的数据也证实了这一点。根据修昔底德的记述,斯巴达本来

---

① Xen. *Lac. Pol.* 11.2.
② Xen. *Hell.* II.4.32, III.4.23, IV.5.14, 16, IV.6.10, VI.4.17.
③ Xen. *Hell.* VI.4.17.
④ Thuc. V.64.
⑤ Xen. *Hell.* VI.4.12.
⑥ Xen. *Hell.* V.4.13.

准备出兵提盖亚，但后来改变计划转向曼提尼亚，于是先遣送回了最年轻和最年长的战士，约占总数的六分之一，最后投入战斗的斯巴达的方阵排列是4列8排32人，如此推测，这支斯巴达军队当初征调的年龄跨度是40年。留克特拉战役之后，斯巴达陷入危机，此时斯巴达的军队大多已外出征战，于是只好将留守的两个军团含40岁的人，以及其他军团出征时没有征召的40岁的士兵全部集中起来。①

修昔底德和色诺芬的材料还提供了斯巴达军队方面的其他信息。如斯巴达公民平时就已经编入各个军团中，这样才会出现其他军团出征时留下部分（过于年老或年轻的）士兵在家。当军队出征时，斯巴达国家往往要确定哪几个军团出征，这样才有整建制的军团留守后方，修昔底德曾经说到斯巴达出征境外往往只征调三分之二的兵力，从色诺芬记载的留克特拉战役时的情况看，确实如此，当时的斯巴达有6个军团（摩拉），留下2个。但修昔底德的记述并不一定准确，因为其他出征的军团有可能不是全员出征，还会留下一些比较年轻或年老的人。斯巴达征兵出征时还要确定征兵的年龄段，这样才有色诺芬说的出征的那些军团还留下了35年军龄以上的士兵，也才有修昔底德所说的在转征曼提尼亚时让过于年老和年轻的人回国。

征调出征的士兵先组成伊诺摩提亚，再按建制规则组合到特殊的潘特科斯提和洛库斯或摩拉中。作战时，伊诺摩提亚是基本的作战单位，他们排成作战方阵，然后一个伊诺摩提亚、一个伊诺摩提亚依次连接下去，组成整个战线，也就是整个作战方阵。如曼提尼亚战役就是这样，所有的方阵横向排开，横排人数达448人，而纵深只有8排。

当伊诺摩提亚排成方阵时，它的行数和列数往往不确定。如曼提尼亚战役中排成4列8排，公元前397年，德尔西里达斯在小亚与波斯军作战时，方阵的纵深也是8排，列数不清楚。8排是早期斯巴达布阵的常用规则，但后来，随着底比斯推行大纵深方阵战术的兴起，斯巴达也采取这一战术，伊诺摩提亚的布阵也向着少列数多排数方向改变，如在留克特拉战役中，斯巴达就排成了3×12的方阵。

---

① 色诺芬在这里还提供了斯巴达军队方面的其他信息。如斯巴达公民平时就已经编入各个军团中；当军队出征时，斯巴达国家往往确定两个原则：一是哪几个军团出征；二是征兵的年龄段。一般情况下过于年老或年轻的人不参加军队。

方阵排列的规则不甚清楚，但按照色诺芬所说的，年满 20 岁的青年主要是作为辅助军队，他们上战场的主要目的是熟悉战场、熟悉战争，所以，这些年轻人很可能排在后面。这样方阵的后方成为薄弱之处。

为了防止敌军从背后攻击或力争绕到对方背后，方阵通常会横向伸展，这时，方阵的纵深会自动减少，后排的士兵会填补前面因为横向伸展留下的空当，有时还会成建制地抽调军队执行运动作战的任务。①

在实际战斗中，伊诺摩提亚还常常会被打散，执行临时性的军事任务。最常见的就是承担追击或阻击任务。这时，通常以五年组为行动单位，抽调士兵。公元前 403 年，国王波桑尼阿斯和大将莱山德围攻雅典的庇里乌斯港，在撤军途中曾经遭到雅典军队的追击，波桑尼阿斯命令骑兵和军龄在 10 年内的士兵加以还击。② 公元前 390 年，斯巴达驻守莱彻乌姆的守军在护送阿米克莱籍士兵回国后返回莱彻乌姆时，遭到科林斯军队的追袭，斯巴达军团司令就命令军龄在 10 年内的士兵追击敌人。但这次追袭并没有达到目的，敌人的轻骑兵在斯巴达步兵赶来之前就逃跑了。当斯巴达军队折返时他们再次进攻，斯巴达指挥官又命令军龄在 15 年内的士兵追袭。③ 公元前 389 年，阿吉西劳斯率军与阿卡纳尼亚作战，两军对垒，阿吉西劳斯命令军龄在 15 年内的士兵追击敌人，然后再派骑兵进攻。④

这些士兵不可能随意追击，势必需要重新组成临时战斗小组，如果维持原有军事编制，那就会形成若干 10 人、15 人的战斗小组，作战时就会混乱一片，削弱战斗力。因此这些人有可能重新组成临时性的伊诺摩提亚，进而组成新的、临时性的潘特科斯提或洛库斯或摩拉。在这种情况下，伊诺摩提亚也不可能再去排成方阵而是使用运动战战术，完成追击或阻击任务。恰恰在这时，伊诺摩提亚展示了灵活的特点。

总之，伊诺摩提亚是斯巴达军队的直接战斗单位，其组建的方式灵活，在斯巴达军队的排兵布阵中具有特殊的意义。

---

① Thuc. V. 71; Xen. *Hell.* IV. 2. 20.
② Xen. *Hell.* 2. 4. 32.
③ Xen. *Hell.* 4. 5. 14, 16.
④ Xen. *Hell.* 4. 6. 10.

三 斯巴达海军

　　历史上斯巴达以其陆军强大而著称，但是在斯巴达的历史上，尤其是在公元前5世纪末4世纪初，斯巴达打败雅典再次称霸希腊的历史进程中，海军发挥了不可替代的作用。可以说，没有强大的海军斯巴达就不可能打败雅典，重建霸权。

　　早期的斯巴达海军在整个斯巴达的军队体系中不甚重要。公元前6世纪末伊奥尼亚地区的希腊城邦举行反波斯的起义，请求斯巴达帮忙，但遭到斯巴达的拒绝。[1] 拉尔森分析其原因时认为，关键在于斯巴达还不能支配盟国，因为斯巴达的陆军强、海军弱，要支持就必须有海军运送军队，而海军船只主要由科林斯和厄基拉控制，斯巴达无力征用。[2] 尽管在公元前525年，斯巴达曾经与科林斯一起进攻萨摩斯，萨摩斯是当时爱琴海上最强大的国家，但斯巴达自己可能并没有战舰，而是由科林斯提供，而且这场战争持续了约40天，无果而终。[3]

　　公元前482年，波斯大军压境，战争一触即发。希腊各邦在科林斯集会，准备成立反波斯联盟。在联盟大会上，众人对斯巴达的最高统帅权和陆军指挥权无异议，但海军统帅权却为叙拉古、雅典等邦觊觎。[4] 斯巴达的海军指挥权之所以受到挑战，究其原因，就在于其海军实力不济。公元前480年在萨拉米海战时，斯巴达仅提供了战舰10艘[5]，这为此前的尴尬局面提供了注释。希波战争期间，斯巴达并没有吸取教训，建立海军，相反，米卡列海战胜利之后，斯巴达交出了战争领导权，退出了战争。[6] 海军建设也没有提上议事日程。此后，斯巴达发生大地震和第三次黑劳士起义，一直忙于稳定国内局势，也无力建立海军。因为缺少海军，斯巴达只能眼睁睁地看着雅典称霸爱琴海，

---

[1] Hdt. V. 50, 51.
[2] Jakob A. O. Larsen, "Sparta and the Ionian Revolt", *CP.*, Vol. 27, No. 2 (Apr., 1932), p. 141.
[3] Hdt. III. 47, 56.
[4] Hdt. VII. 160, 161.
[5] Hdt. VIII. 1.
[6] Hdt. VIII. 3; Plut. *Arist.* 7.

而雅典凭借其海军甚至开始侵扰伯罗奔尼撒半岛,斯巴达对此也无能为力,雅典借助海军占领了尼塞亚、佩盖、特洛伊曾和阿卡亚等地区。①

公元前431年,伯罗奔尼撒战争爆发后,斯巴达要求自己的各个盟国大规模建造舰船,总量要达到500艘。② 然而这个目标没有实现,直到公元前430年,斯巴达及其盟军远征扎金苏斯,战舰只有100艘。③ 须知,在斯巴达联盟中有号称希腊第三海军强国的科林斯,其战舰才区区100艘,而当时仅雅典的战舰就有200多艘,这说明作为盟主的斯巴达其战舰何其少,其海军何其弱。

弱小的海军使得斯巴达在与雅典的争夺不断遭到失败。公元前429年,斯巴达接受安布拉吉亚人的申请,组织海军征服阿卡纳尼亚。当时斯巴达只派出了数艘军舰。在这次海战中,斯巴达的海军显然训练无素,不谙海战战术,被雅典的海军打得大败。④ 公元前428年,斯巴达接受列斯波斯的要求,决定由海路进攻阿提卡,以迫使进攻列斯波斯的雅典海军撤军,但雅典没有撤回进攻列斯波斯的军队,而是组织了一支100艘战舰的海军进行防御。斯巴达在同盟国海军没能及时赶到的情况下,竟无法获胜。这说明斯巴达的海军竟然无法战胜只有百艘战舰而且是临时由外邦人和低级公民组成的雅典海军。可见斯巴达海军的弱小。⑤ 公元前427年,斯巴达决定派兵直接支持叛变雅典的密提林,但斯巴达只派出了42艘战舰。⑥ 斯巴达的海军显然不足以应对雅典的海军,最后,这支脆弱的海军只能灰溜溜地撤军了。⑦ 在这次远征失利之后,斯巴达觉得必须加强其海上力量⑧,决定派军干预科西拉的内部革命。昔日当科西拉投靠雅典,科林斯竭力怂恿斯巴达干预科西拉时(在公元前435/4年),斯巴达似乎毫无兴趣,现在,斯巴达忽然全力干预,竭力扶植亲斯巴达集团掌权。显然其中的根本原因是科西拉的海军在希腊世界是首屈一指的。但这次,斯巴达也只派出了53艘军舰。⑨

---

① Thuc. I. 114, 115.
② Thuc. II. 7.
③ Thuc. II. 66.
④ Thuc. II. 80, 81.
⑤ Thuc. III. 16.
⑥ Thuc. III. 26.
⑦ Thuc. III. 33.
⑧ Thuc. III. 69.
⑨ Thuc. III. 76.

但到公元前 425 年，斯巴达海军有所发展，拥有 60 艘战舰①，在局部战场已经可与雅典媲美。当雅典海军进攻斯法克特利亚时，斯巴达被迫将原先用于其他战场的 60 艘战舰紧急调往前线。这说明斯巴达的海军虽然还不够强大，但已经发展起来。修昔底德称斯法克特利亚战役中善于陆战的斯巴达在进行一场海战，而善于海战的雅典则在进行一场陆战。② 然而这支海军还不足以与雅典海军抗衡，最终没有能维持自己的存在。皮罗斯战役结束后，斯巴达的战舰被雅典全部抢走，斯巴达几乎一艘不剩。③ 雅典人只派了 60 艘战舰 2000 名重装步兵就肆意蹂躏斯巴达沿海地区，甚至斯巴达主要的对外窗口西塞拉岛也被雅典占领，而斯巴达对此毫无办法，只是将重装步兵布置在国内各地实施防御，几乎将整个沿海地区都让给了雅典，坐视雅典人在他们的沿海地区大肆破坏。④

软弱的海军成为斯巴达战胜雅典的致命缺陷，斯巴达政府采取措施建立海军，其中一个主要举措是要求盟国缴纳贡金，自己直接建造战舰。此前斯巴达政府要求各盟国自己建造并向盟军战舰，但公元前 413 年，斯巴达国王阿基斯除了要求各个盟国建造 100 艘战舰外，同时迫使盟邦交纳款项建造战舰，斯巴达一次就建造了 25 艘。⑤

除了自己建造战舰，斯巴达海军得以强大的主要措施之一是抓住时机与海军强国叙拉古建立同盟关系。叙拉古的海上力量在希波战争时期就在希腊世界首屈一指，有目共睹，正因如此，它才在缔结反波斯联盟中提出海军指挥权的要求。但这个要求遭到雅典、斯巴达的反对，叙拉古也因此拒绝参加斯巴达领导的反波斯联盟，两国的关系也随之降至冰点。公元前 415 年，雅典发动西西里远征，叙拉古成为雅典打击的首要目标，在初战失败之后，叙拉古急于寻求国际援助，而雅典的宿敌斯巴达则是自己潜在的盟友，于是他们派人到斯巴达寻求建立联盟；而对斯巴达来说，雅典一旦征服叙拉古、控制西西里岛，不仅自身实力大大增强，而且会对斯巴达形成两面夹击之势。因此，叙拉古和斯巴

---

① Thuc. IV. 2, 8.
② Thuc. IV. 14.
③ Thuc. IV. 23.
④ Thuc. IV. 53 – 56.
⑤ Thuc. VIII. 3.

达开始靠近，斯巴达的海上力量得以进一步强化。① 公元前 412 年，斯巴达、叙拉古联合海军出现在爱琴海上，有意思的是，这支海军中叙拉古的战舰有 20 艘，斯巴达战舰只有 10 艘左右，但指挥官却是斯巴达人。② 斯巴达终于有了一支有一定实力、由自己指挥的海军。

斯巴达的措施之二是与波斯联合，借助波斯的经济援助建立海军。雅典远征西西里失败后支持波斯地方总督叛乱，激怒波斯，于是波斯的伊奥尼亚地区总督提撒弗利斯和赫勒斯滂地区总督法拉巴佐斯奉命相继派人与斯巴达联系，商讨加强军事合作，同时答应给斯巴达以经济援助，法拉巴佐斯甚至直接带着 25 塔兰特的巨款前来商谈。③ 提撒弗利斯则承诺给船员发放薪水，每人每月 1 阿提卡德拉克马，后减为每人每天 3 奥波尔，另外提供 5 艘战舰的人员工资。④ 公元前 411 年，双方又商定：波斯方面为斯巴达的战舰支付薪饷，直到波斯的海军到来为止，此后波斯为斯巴达提供贷款，借款在战争结束之后归还，波斯海军将与斯巴达海军协同作战。⑤ 公元前 407 年小居鲁士就任沿海总督之后，小居鲁士出于国内夺权的需要进一步加强了与斯巴达的政治联盟，小居鲁士一次赠送给莱山德 500 塔兰特，同时他还夸口，如果资金不足将提供自己的私有财物，包括自己的镶金座椅。⑥ 公元前 405 年，小居鲁士回国争夺王位，他把自己辖区的收税权、自己的财产全部交给莱山德。⑦

借助盟国的支持、波斯的资助，斯巴达的海军迅速强大起来。公元前 413 年，斯巴达的舰船数量达到 40 艘。⑧ 公元前 407 年，莱山德去见小居鲁士的时候率领的海军战舰达到 70 艘。⑨ 公元前 406 年，斯巴达的海军数量猛增到 140 艘⑩，斯巴达海军也因此达到鼎盛状态。公元前 405 年，莱山德在赫勒斯

---

① Thuc. VIII. 26.
② Thuc. VIII. 26，31.
③ Thuc. VIII. 5，6，8.
④ Thuc. VIII. 29.
⑤ Thuc. VIII. 58.
⑥ Xen. *Hell.* I. 5. 3 – 4.
⑦ Xen. *Hell.* II. 1. 14.
⑧ Thuc. VIII. 6.
⑨ Xen. *Hell.* I. 5. 2.
⑩ Xen. *Hell.* I. 6. 3.

滂地区拥有的战舰达到200艘①，次年，围攻雅典的海军战舰达到150艘。②

借助这支海军，斯巴达征服了赫勒斯滂地区、爱琴海诸岛，打败了雅典，摧毁了雅典长城。在征服地区推翻了原先的政治制度，建立起从属于斯巴达的十人制政府，在雅典建立了听命于斯巴达的三十寡头政制。普鲁塔克说：莱山德被委任为海军大将后，来到小亚细亚，他召集各城邦的政治人物在以弗所聚会，会上宣传他的十人制政府的主张，敦促他们在各自的国家建立政治派别，积极参与国家政治活动，承诺如果他们支持他，一旦雅典帝国被推翻，他们将有机会剥夺民主派的权力，自己登上权力顶峰。③他在借助小居鲁士的力量控制小亚之后，在众多城邦建立起十人制政府。④可以毫不夸张地说，海军是斯巴达霸业的基础，斯巴达的强盛正是随着海军的强大而建立起来的。

身为海军统帅，莱山德实际上是斯巴达海军的象征，他的声威同时显示了海军在斯巴达国家的特殊地位。莱山德的显赫地位引起了国王波桑尼阿斯的猜忌⑤，公元前403年，波桑尼阿斯和莱山德在围攻庇里乌斯港前线竟互相钩心斗角⑥。莱山德的声威也引起了另一位国王阿吉西劳斯的嫉妒，公元前396年，莱山德随阿吉西劳斯来到小亚前线，当地的城邦统治者纷纷向莱山德请愿，俨然无冕之王。这引起阿吉西劳斯的不满，阿吉西劳斯借故把莱山德赶到赫勒斯滂地区。⑦莱山德的声威足以影响斯巴达的国家政治，国王阿吉西劳斯就是在得到莱山德的支持之后才得以登基的。阿吉西劳斯本是已故国王阿基斯的弟弟，而阿基斯去世后留下一个儿子——利奥提奇达斯。当时斯巴达传说利奥提奇达斯是阿尔西比阿德斯的私生子。莱山德借口利奥提奇达斯血统不纯，剥夺了他的继承权，而扶植阿吉西劳斯即位。⑧由此可见，莱山德声威之显赫，亚里士多德称：斯巴达的海军统帅可以与国王分庭抗礼，俨然第三个王室。这种特权地位常常引起斯巴达的内讧，这就难怪曾经有人批评这一

---

① Xen. *Hell.* II. 2. 5.
② Xen. *Hell.* II. 2. 9.
③ Plut. *Lys.* 5.
④ Plut. *Lys.* 13.
⑤ Xen. *Hell.* II. 4. 29.
⑥ Xen. *Hell.* II. 4. 35 – 38.
⑦ Xen. *Hell.* II. 4. 7 – 10.
⑧ Xen. *Hell.* III. 3. 1 – 3.

制度。①

莱山德其实还不是斯巴达海军势力之巅峰，莱山德之后阿吉西劳斯时期才是斯巴达海军势力登峰造极之时。公元前395年，斯巴达国王阿吉西劳斯被斯巴达任命为海陆军统帅，同时管辖陆海军事事务和殖民地的管理。②

强大的海军给斯巴达带来了极高的声威和巨大的财富。依靠强大的海军斯巴达控制了赫勒斯滂海峡，并向经过海峡的来往商船征税，税额是来往商船货物的十分之一。这一税收曾经是雅典的重要经济来源。③ 随着雅典和斯巴达海军的此消彼长，斯巴达控制了赫勒斯滂海峡，收税权自然转归了斯巴达。依靠强大的海军斯巴达控制了小亚部分地区、亚得里亚海沿岸、西西里岛、南意大利等地区，并向这里的城邦强行征收贡赋。在伯罗奔尼撒战争开始的时候，斯巴达本没有向各邦收税，但在公元前413年，开始征收造船款，此后赋税不断加重。公元前4世纪初，斯巴达各地的总督每年征收的赋税总量就达到1000塔兰特。虽然总督不是海军统帅，但在海军的威慑下各盟邦不得不臣服，没有海军，总督征收不到如此多的财富。可以说，斯巴达海军是斯巴达帝国的基石，是斯巴达强大的保障。

然而，在这之后，斯巴达海军开始衰落。衰落的主要原因是斯巴达与波斯交恶。交恶的原因有三：一是小居鲁士去世。公元前407年，斯巴达与小居鲁士结成政治联盟，在小居鲁士争夺王位的过程中，斯巴达依然支持小居鲁士，甚至派军队直接参与其事。公元前401年小居鲁士战死，从此，斯巴达与新的波斯皇帝阿塔薛西斯关系极度恶化。二是波斯的希腊政策，这一政策的核心是实行羁縻政策，采用外交手段使希腊处于不断的战争之中，互相削弱，并专注于希腊世界内部的事务，无暇顾及与波斯的冲突，从而确保小亚地区的统治稳定。伯罗奔尼撒战争结束之后，斯巴达成为希腊世界最强大的城邦，也自然成为波斯遏制的对象。三是伯罗奔尼撒战争胜利之后，斯巴达野心膨胀，试图建立帝国霸业，一方面粗暴对待希腊各邦，迫使其交付纳贡，干涉内政；另一方面远征小亚，在公元前396年公开挑起了与波斯的战争。在这种情况下，波斯转而支持雅典等斯巴达的敌对城邦，公元前395年，阿尔戈斯、科林斯、底比

---

① Arist. *Pol.* 1271b35.
② Xen. *Hell.* III. 4. 27.
③ Xen. *Hell.* I. 1. 22.

斯、雅典、曼提尼亚等组成联盟，共同对付斯巴达，科林斯战争爆发。

衰落的第二个原因是斯巴达海军面临波斯海军的有力竞争，并在这场竞争中败北。波斯人最初是游牧部落，波斯统治区大多属于农耕世界，航海业本不发达，海军也一直落后。征服东部地中海地区之后，虽然波斯对海军的需要日益迫切，但在西部地区，埃及是波斯关注的中心，这里多次举行暴动起义，陆军对于埃及战争比海军更具有意义，所以，海军建设也没有提上议事日程。因此，在与希腊的冲突中，波斯一直受制于落后的海军，公元前491年的远征就因为海军受损而夭折，此后，雅典多次利用海军支持埃及起义。这些既是波斯支持斯巴达组建海军的初衷，也使得波斯想方设法拥有自己的海军。公元前397年，波斯从腓尼基和塞浦路斯征调了300艘战舰，组建了自己的海军。为了提高海军战斗力，波斯聘请雅典流亡将领科农作为统帅。公元前394年，斯巴达海军统帅皮山大率领120艘战舰与科农率领的波斯海军在克尼多斯发生决战。① 在这场战斗中，斯巴达败北，皮山大阵亡。② 斯巴达海军遭到沉重打击，迅速衰落。

衰落的第三个原因是斯巴达海军的战略地位下降、管理机制混乱。科林斯战争爆发后，斯巴达面临的军事威胁主要来自希腊本土，陆战成为双方的主战场。海军相对于陆军的战略地位下降了。斯巴达海军的管理机制混乱加剧了斯巴达海军的衰落。斯巴达海军统帅的选任采用了委任制和短任期制。委任制固然可以迅速提拔有用人才，处理危机，但也易造成任人唯亲，庸才当道。公元前395年，阿吉西劳斯被迫从小亚撒军，委任无能的连襟皮山大为海军统帅，就是最典型的例子，正是在皮山大的指挥下斯巴达海军遭到毁灭性的打击。短任期制还造成了斯巴达海军指挥的混乱。斯巴达海军统帅的任期只有一年，早在公元前406年，莱山德就因为任期限制不得不辞去统帅职务，莱山德一怒之下退回了小居鲁士的资助，使得接任者一筹莫展，斯巴达海军也在战场上失败。③ 阿吉西劳斯兼任陆、海军统帅，本可缓解管理机制的危机，但第二年因为科林斯战争爆发又不得不回国另任统帅。皮山大死后，斯巴达频繁更换海军统帅，使得海军建设没有持久的策略。斯巴达海军从此一蹶不振。

---

① Xen. *Hell*. III. 4. 28.
② Xen. *Hell*. IV. 3. 10 – 13.
③ Xen. *Hell*. I. 1 – 34.

公元前388年,斯巴达水手一度因为薪饷拒绝服役。① 同一年,海军副帅尼科洛科斯率领了32艘战舰围攻雅典海军,最后反被雅典海军包围。② 卸任的高尔哥帕斯回国时只带了12艘战舰,最后全部覆没。③ 公元前387年,海军统帅安塔尔希达斯争取到波斯地方总督提里巴佐斯的支持,开始努力重建斯巴达海军,一度控制赫勒斯滂海峡,但这支包括来自叙拉古的、俘虏的雅典的战舰共计80多艘④,与莱山德时期的海军不可同日而语。此后十多年我们没有见到海军统帅。公元前376年、前375年、前374年,波利斯、尼科洛科斯、姆那斯普斯先后任海军统帅,但海军的规模继续缩小。公元前375年,海军统帅尼科洛科斯率领55艘战舰进攻雅典海军,试图解救科西拉。色诺芬告诉我们,还有来自安布拉西亚的5艘战舰没有赶上战斗。显然,既有的55艘战舰也不全是斯巴达战舰。⑤ 公元前374年,姆那斯普斯担任海军统帅,率领海军进攻雅典控制的扎金苏斯,这支海军也只有60艘战舰。而且这支海军是由来自科林斯、琉卡斯、安布拉西亚、厄利斯、扎金苏斯、阿卡亚、厄庇道鲁斯、特洛伊曾、赫密翁、哈利亚等11个城邦的战舰组成。⑥

事实证明,斯巴达海军不仅不能控制海外领地、威慑希腊本土,甚至不能履行保家卫国的职责。公元前375年、公元前374年的这两次战役都是在希腊本土,科西拉位于亚得里亚海上,扎金苏斯位于伯罗奔尼撒半岛西部。这两次战役斯巴达战舰与雅典相当,前次战役雅典战舰60艘,而斯巴达55艘,后一次战役双方都是60艘战舰,而雅典本身的水手不足,只能到处招聘。尽管如此,斯巴达两次都失败了,姆那斯普斯也喋血疆场。⑦ 此后,雅典海军不断壮大,公元前372年,战舰数达到90艘。⑧ 凭借这支海军在斯巴达边境示威⑨,而这支海军在伯罗奔尼撒周围遇到的竟然是来自罗德斯、叙拉古的战舰,而不

---

① Xen. *Hell*. V. 1. 13.
② Xen. *Hell*. V. 1. 7, 25.
③ Xen. *Hell*. V. 1. 6, 10 – 12.
④ Xen. *Hell*. V. 1. 28.
⑤ Xen. *Hell*. V. 4. 65.
⑥ Xen. *Hell*. VI. 2. 3 – 4.
⑦ Xen. *Hell*. V. 4. 65;VI. 2. 23.
⑧ Xen. *Hell*. VI. 2. 38.
⑨ Xen. *Hell*. VI. 2. 27.

是斯巴达的舰队①。

海军的衰落既是斯巴达衰落的结果，也加速了斯巴达的衰落。斯巴达武力不能继续在海上争雄，只能在陆地上与敌周旋。这种局面似乎又回到了伯罗奔尼撒战争的初期。那时，斯巴达缺少海军，无力防守海疆，导致皮罗斯和西塞拉的失手，大批黑劳士逃亡，斯巴达政局为之震撼，只能派军队从陆路侵扰阿提卡地区，并与新崛起的底比斯竞争。

由于缺少了海上财富，斯巴达的国力不断削弱。海上财富的丧失加重了斯巴达公民的贫困化，越来越多的公民因为贫困失去公民权。公民队伍的萎缩直接导致城邦的衰落。公元前4世纪前半期是斯巴达公民减少最快的时段。具体情况已如前述。终于，公元前371年，斯巴达国王克里奥布鲁托斯率领的军队在中希腊的留克特拉地区与底比斯军队发生激战，斯巴达大败，国王在战斗中牺牲。次年，美塞尼亚独立。斯巴达沦为希腊世界的二流国家，无力称雄海洋，斯巴达海军统帅的辉煌也一去不复返了。皮之不存，毛将附焉！

从斯巴达海军的发展史看，斯巴达海军兴起于伯罗奔尼撒战争中期，它的兴起是斯巴达国力发展的转折点，它也是斯巴达霸权的基础。总结斯巴达的海军史，可以得出这样的结论：海军强则国家强，海军弱则国家弱。

四　希派斯制度

在斯巴达的军队中有一支非常特殊的军队——hippeis，hippeis 一词的词根意为"骑马的人"（horseman），该词因此经常被译作"骑兵"。但是，hippeis 在实际战斗中常常不是骑马作战，而是像重装步兵那样步行作战，修昔底德称之为"所谓的骑兵"②。公元前4世纪的希腊历史学家伊弗鲁斯指出：斯巴达骑士的设置模仿自克里特，但他们没有马。③ 可见，在古典文献中，hippeis 有时用来指那些不骑马的特殊重装步兵，有时又指那些骑马作战的士兵。现代作

---

① Xen. *Hell.* Ⅵ. 2. 35, 36.
② Thuc. Ⅴ. 72.
③ Strabo, Ⅹ. 4. 18.

家又习惯于把前者称作国王卫队。① 显然，hippeis 并不是一个简单的问题。现在西方学者中，菲古伊拉和莱赞比对此曾经做过专门的研究，但并没有对它的特征、职能、性质等问题作出专门的研究，也没有明确地回答骑士是不是国王卫队的问题。克里姆斯则认为骑士是斯巴达的最高阶层②，将其作为类似罗马史上的骑士（equites）。我们认为"不骑马的 hippeis"是一个独特的社会群体，难以用后世的学术概念表达，因此，最佳的办法是将其音译为"希派斯"。

(一) 希派斯的性质

希派斯是听命于监察官的武装力量。关于斯巴达希派斯队伍的组建，色诺芬的叙述比较全面。按照色诺芬的叙述，监察官任命三位希帕格里泰，他们每人再从年满 20 岁的年轻人中挑选 100 名希派斯。③ 由此看来，希派斯由监察官控制。在基那敦密谋暴动的时刻，由于叛徒告密，监察官迅速采取措施拘捕基那敦，但监察官没有在斯巴达城内抓捕基那敦，而是将基那敦诱骗至城外，采取的对策就是指使基那敦带人前往西部的庇里阿西区——奥隆逮捕罪犯。在这当中有一个细节，那就是监察官指示基那敦到最年长的希帕格里泰那里领取几名年轻的希派斯。实际上，监察官早已告知希帕格里泰即将跟随基那敦的人员，而这些希派斯也被预先告知其实际任务是中途逮捕基那敦。就这样，基那敦起义被破灭了。④ 这个故事的细节告诉我们，监察官对希派斯拥有较大的控制权。修昔底德说到监察官有权监督出征在外的国王，甚至可以将他们拘捕入狱，如果仅仅靠两位监察官自己似乎不可能完成此行动，监察官必须有一支听从于自己的力量，这支力量应该就是希派斯。

希派斯具有较强的平民性和公开性，且每年更新。按照色诺芬的记述，希帕格里泰在挑选希派斯时必须说明选择和拒绝的理由，而在挑选之后，那些没有被挑中的人则会因为竞选失败而处处与那些入选的希派斯竞争。⑤ 普鲁塔克

---

① 参见［古希腊］修昔底德《伯罗奔尼撒战争史》，徐松岩译，第 305 页注 2。
② K. M. T. Chrimes, *Ancient Sparta*, pp. 227, 229.
③ Xen. *Lac. Pol.* 4. 3.
④ Xen. *Hell.* 3. 3. 4 – 11.
⑤ Xen. *Lac. Pol.* IV. 3 – 4.

说，斯巴达男孩长到 12 岁之后，就会有自己的同性恋伙伴，这些同性恋伙伴并不是出于变态的性取向，而是一种特殊的一对一的教育制度。斯巴达的长老们也经常到健身馆和体育场观看他们的体力和智力的竞赛。① 可以想见，斯巴达的青年到了二十岁加入希派斯时，这些同性恋伙伴和长老们肯定不会不闻不问、袖手旁观的。他们必定要关心整个过程，关心自己的同性恋小伙伴是否入选，因为这对他们来说毕竟是一件非常荣耀的事情。②

众所周知，斯巴达的监察官一年一任。那么，每一届监察官就任之后，很可能都会任命希帕格里泰，重新挑选希派斯，因此，斯巴达的希派斯也很可能一年一任。经过这种反复挑选，希派斯不太可能全部由贵族子弟担任，其中相当部分是普通公民子女。加之，监察官本身主要出自平民，这种出身平民的官员不可能主持一个完全由贵族子弟组成的军队的挑选工作。因此，这些士兵具有很强的平民性。正因如此，阿基塔斯称：Hippagretai（希派斯长官）和 Kouroi（希派斯）代表了民主因素。他认为斯巴达的政治制度由四种因素组成，其他的三种因素分别是国王代表的专制因素、长老会议代表的贵族因素、监察官代表的寡头因素。③ 尽管克里姆斯依据斯特拉波转引的伊弗鲁斯的材料认为希派斯属于特权家庭，但是，克里姆斯显然误解了伊弗鲁斯的原意，伊弗鲁斯的意思是希派斯是一种公职。另外，色诺芬在《希腊史》中曾经说到斯巴达的希派斯是由富人提供的④，但这里色诺芬所指的是骑马作战的骑兵而不是特殊社会身份的希派斯。反过来，希派斯大多出身平民。

希派斯由优秀年轻人组成，拥有特殊的社会地位和极高的社会声誉。古典作家几乎都称希派斯是由年轻人组成的。如色诺芬称他们是从年满 20 岁的人中挑选出来的。普鲁塔克说底米斯托克利取得萨拉米海战胜利之后，得到斯巴达政府的嘉奖，其中一项荣誉就是由一支 300 名年轻人组成的队伍护送其出境。⑤ 来自斯巴达殖民地塔拉斯的公元前 5 世纪的毕达哥拉斯哲学家阿基塔斯在论述斯巴达政治制度时用 Kouroi（意即年轻人）指称希派斯。但他们对这批年轻人的年龄上限却没有直接的说明。希罗多德说每年从退役的希派斯中选

---

① Plut. *Lyc.* 17.
② Plut. *Lyc.* 18.
③ S. Hodkinson & A. Powell, *Sparta and War*, p. 66.
④ Xen. *Hell.* VI. 4. 11.
⑤ Plut. *Themis.* 17.

出五名阿伽托伊吉，但不能据此将他们理解成一般斯巴达公民的退役年龄——60岁，因为这五位阿伽托伊吉还要继续履行国家委任的职责。笔者赞同菲古伊拉的观点，他们的最大年龄应为 30 岁。菲古伊拉的依据是：按色诺芬的观点，希派斯是从被称为赫彭特（hebontes）的年轻人群体中选择产生的，渡过这一年龄段之后，他们就可以担任国家公职。按照普鲁塔克的观点，斯巴达男性年满 30 岁之后就可担任国家公职，就不再是赫彭特了。另外，普鲁塔克曾经提到一位名叫派达瑞托斯的斯巴达青年参加希派斯选拔的故事①，修昔底德的作品中记述公元前 413 年勒翁之子派达瑞托斯曾经担任开俄斯总督②。普鲁塔克还提及开俄斯人去斯巴达指控派达瑞托斯，派达瑞托斯的母亲为此还写了一封信给儿子。③ 这两人当为一人，派达瑞托斯竞选希派斯当在担任总督之前，我们见到不少斯巴达公民先后担任过总督、海军统帅、海军副帅等职务，但没有见过担任这些职务之后再担任希派斯。这个材料可以补充说明希派斯是比较年轻的。

  从 20—30 岁的年轻男性群体中挑选出来的这批战士是斯巴达社会的佼佼者。色诺芬在记述希派斯制度建立的主要目的时也是说这样可以在斯巴达青年中建立一支道德竞赛机制，进一步增强斯巴达青年的道德水平。④ 这从侧面告诉我们，希帕格里泰在挑选希派斯时依据的主要是道德。按照色诺芬上下文提供的材料看，这里的道德或优秀的主要标准不仅仅是勇敢、善战。作为斯巴达青年中的杰出分子，作为未来的战士，他们除了具有军人必需的勇敢、善战、服从纪律外，他们还必须在其他方面具有道德楷模的作用，如身体的强壮、身手敏捷、吃苦耐劳、熟悉历史、言语简练、尊敬老人、为人谦恭等。派达瑞托斯据说在竞选希派斯过程中失败了，但他却笑容满面地走开了，当监察官问他原因时，他回答说：他庆幸城邦有了 300 名比他优秀的人。⑤ 监察官在选择之后的随访似乎证明了色诺芬的叙述的正确性。普鲁塔克说，国王前进杀敌时身边总是跟着一位奥林匹克赛会的冠军，有人曾经想贿赂一位斯巴达选手，被这

---

① Plut. *Mor.* 241e.
② Thuc. VIII. 28.
③ Plut. *Mor.* 241e.
④ Xen. *Lac. Pol.* 4. 2.
⑤ Plut. *Lyc.* 25；*Mor.* 231b.

位选手拒绝了，他的回答是"当我杀敌时，将站在国王的前面"①。

这样的一群人在斯巴达政治生活中也享有较高的地位。伊弗鲁斯指出：斯巴达的希派斯是一种公职。② 尽管伊弗鲁斯的材料只是孤证，缺少其他材料的佐证。但它透露出一种历史信息：希派斯的政治地位比较高。希罗多德记载斯巴达每年要从退役的希派斯中选出五位阿伽托伊吉（意为善行者，即表现最优秀的人），到国家指定的地方去。③ 我们理解，阿伽托伊吉是一种特殊的官职，而不是一种临时的差遣，他们履行的是国家委派的特殊任务。斯巴达的官职大多是一年一任，如监察官、海军统帅等。所以，阿伽托伊吉也是在特殊的年份任即退役之后的第一年担任的一种特殊官职。阿伽托伊吉直接从希派斯中挑选产生，而不是从所有公民中挑选产生，这实际告诉我们：希派斯在斯巴达政治生活中拥有一定的特殊地位。另外，从我们下文即将分析的，希派斯是国王卫士的来源，承担着很多社会管理的功能，这样也都使希派斯在当时的斯巴达社会享有较高的社会地位。

综上所述，希派斯是由一批杰出的斯巴达男性青年组成的、由监察官直接掌控的、具有较高政治地位的特殊军事力量。

(二) 希派斯与国王卫队

学者一般认为希派斯是国王卫队，其实这观点难以成立。笔者认为，国王卫队顾名思义应该具备两个基本特点：一是主要职能是护卫国王，尤其是在战争中他们应该尽可能跟随在国王周围保卫国王；二是听从国王指挥。按照这样的观点，我们考察史料，真正符合这两个要求的是曼提尼亚战役。据修昔底德记载，在拉凯戴蒙人阵线的中央由一支300人组成的希派斯，他们紧随在国王阿基斯左右。④ 这支军队显然具有极强的战斗力，他们打败了阿尔戈斯的精锐部队和克里奥奈人、奥尼埃人、雅典人。但是，这支军队是否为国王卫队，他们存在的目的是否就是为了保卫国王的安全非常值得怀疑。修昔底德并没有说

---

① Plut. *Lyc.* 22.
② Strabo, X. 4. 18.
③ Hdt. I. 67.
④ Thuc. V. 72.

他们就是为了保卫国王，只是说他们与国王一起战斗。修昔底德在述及投入战斗的整个斯巴达军队时也没有提到这支特殊的军队。另外，据希罗多德记载，斯巴达国王卫队有 100 人①，希罗多德没有明确说明到底是每个国王 100 人，还是两个国王共同拥有 100 人。但按照希罗多德的记述，国王卫队总人数最多是 200 人。无论是 100 人还是 200 人，其总人数与一般认为的 300 名希派斯都不一致。

再一个常用的史料是温泉关战役。温泉关战场上的 300 名勇士其业绩似乎像国王卫队，其人数又与希派斯一致，但并不能证明希派斯就是国王卫队。因为，如前所述，国王卫队的人数并不是 300 人，此外，这里希罗多德特别强调了这 300 人都是有孩子的。② 罗伊卜本的英译者古德利针对这一点在注释中说：如果这里希罗多德称 300 人是有子女的，那么这就与其他地方说的在温泉关只有 300 名斯巴达战士相矛盾。但古德利坚持认为，温泉关战场上的 300 名斯巴达士兵就是国王的卫队，同时也是希派斯。③ 根据斯巴达对年轻夫妇性行为的限制、对斯巴达家庭生育的限制，假如希派斯就是如人们所说的 300 名年轻人，那么这 300 人未必就全部有孩子。由于希罗多德说这 300 人有子嗣，所以，尽管他们与一般认为的国王卫队人数相等，但也不可能是国王卫队。菲古伊拉则认为，参加温泉关战役的 300 名勇士是退役的希派斯，希罗多德如此写是为了凸显希派斯的荣耀。④ 这种观点未免太过牵强，太有想象力了。其实，除了古德利的质疑外，还有一个疑点。希罗多德说这 300 人是列奥尼达斯自己在出征前选出来的。但按照色诺芬所说，希派斯是在监察官的主持下选出来的，而且这样的安排意味着这支部队是常设军队，而不是临时选出来的。列奥尼达斯率领国王卫队根本就不需要临时挑选。再者，如果说希派斯是国王卫队，斯巴达有两位国王，这支卫队需要护卫两位国王，不可能被列奥尼达斯全部带到前线。

在留克特拉战役中，色诺芬似乎提到国王卫队，但他并没有称其为希派

---

① Hdt. VI. 56.

② Hdt. VII. 205.

③ Herodotus, *Histories* (Vol. 3), translated by A. D. Godley, The Loeb Classical Library, Cambridge, Mass.: Harvard University Press, 1981, pp. 520 – 521.

④ S. Hodkinson & A. Powell, *Sparta and War*, p. 62.

斯。① 这支部队是步兵，聚集在国王克里奥布鲁托斯的周围。底比斯军队认识到，只要打败了聚集在国王周围的军队，那么其他的军队就很容易对付了。② 斯巴达的军队也认识到，如果这些在国王面前的战士在战争中不能获得优势，他们就不可能保护国王的性命。显然，这部分军队在整个斯巴达军队中属于战斗力最强大的一部分，这支聚集在国王周围、战斗力极强的军队显然在履行保卫国王的职责，按照通行的观点，它们也被称作国王卫队。色诺芬确实用了"希派斯"一词。但这支军队在国王阵亡之后，在底比斯军队的进攻下竟也溃败逃跑，与温泉关战场上那支视死如归的所谓国王卫队大相径庭。

如果斯巴达确实存在一支以护卫国王人身安全为主要目的的军队，那么国王的出征势必会携带这支军队。但我们发现阿吉西劳斯在公元前396年远征小亚细亚时却只带了30名斯巴达人，其他的军队是2000名被释放黑劳士和6000名盟军。③ 公元前381年，另一位国王阿基斯波利斯远征奥林托斯的时候，也只带了30名斯巴达人，其他的军队包括志愿者、庇里阿西人、异邦人、私生子、富人。④ 因此，希派斯即使是国王卫队，也不是以维护国王生命安全为唯一目的，否则，这两次国王远距离征讨，其生命安全显然更加危险，不会不带这支军队的。这样的军队在战争中也不会离开国王。但是，我们发现，在阿吉西劳斯回到希腊之后，我们没有看到斯巴达政府给他派来新的军队，但却发现在他身边多了一支卫队，而且，按照色诺芬的说法，其中部分人手持长枪，可以想见，可能还有其他兵种的卫队。事实上，色诺芬在《希腊史》中记录了多次国王出征，均没有提到以护卫国王安全的部队的活动，包括前面提到的克里奥布鲁托斯。尽管国王没有带希派斯作为卫队，但他显然从所率军队中临时安排军队作为卫队，否则我们很难理解底比斯人所担心的克里奥布鲁托斯面前的那支军队了。

公元前370年，底比斯入侵斯巴达，斯巴达守军中有300名年轻的重装步兵，埋伏在廷达柔斯的神庙内。⑤ 他们没有骑马，因为在后来的冲击中，色诺芬特别提到有骑兵与他们一起冲锋。显然，这300人不是骑兵。300名勇敢的

---

① Xen. *Hell.* VI. 4. 10 – 15.
② Xen. *Hell.* VI. 4. 12，14.
③ Xen. *Hell.* III. 4. 2.
④ Xen. *Hell.* V. 3. 8，9.
⑤ Xen. *Hell.* VI. 5. 31.

年轻战士和骑兵一起冲锋时，底比斯的军队不待他们冲过来，就撤退了，由此可见，这支军队颇具战斗力。① 这 300 名年轻的战士从年龄、人数、所承担的任务和所具备的战斗力看，应该就是希派斯。然而，他们不是跟随在国王的身边，而是作为一支奇兵。

综上所述，希派斯不是国王卫队，斯巴达也不存在成建制的国王卫队。斯巴达国王在国内时，按当时希腊的社会实际，似乎不需要专配一支 300 人的武装保卫其人身安全；在出征时，国王以其特殊的身份肯定会有一支保护力量，但是这支保护力量与希派斯不能画等号。国王卫队中可能有希派斯，但不一定全部是希派斯。希派斯是斯巴达军队中的精锐部队，在排兵布阵时往往会与处于军队核心的国王在一起，它们当然会起到保护军队统帅的功能，但这并不意味着希派斯就是职业的国王卫队。

(三) 希派斯的编制

通常认为，斯巴达希派斯的编制是 300 人。其依据是色诺芬说到在监察官的主持下每年挑选 300 人组成希派斯。

关于希派斯的遴选，色诺芬有过简单的介绍，这已见前文。但他的叙述显然过于简单。希派斯遴选的第一步是希帕格里泰的遴选。但遴选方法不甚清楚。大致上可以肯定的是，希帕格里泰一年选一次，也就是一年一任。斯巴达部分官员的任期与雅典相似，也是一年一任，比较著名的如监察官、海军统帅②，包括这里提到的阿伽托伊吉。那么由监察官遴选的希帕格里泰自然也应该是一年一任。之所以选三位应该是与斯巴达的三部落制对应，即从许罗斯、迪马内斯、帕姆费洛斯三个部落各选出一位。他们不一定是同龄人。色诺芬在叙述平息基那敦暴动时说监察官让基那敦到年纪最大的希帕格里泰那里拿取拟逮捕的人员名单和随行人员。③ 显然，三位希帕格里泰之间有年龄差。而且，基那敦到年龄最大的人那里拿取资料，说明年龄最长的希帕格里泰可能实际地位高于另两位。

---

① Xen. *Hell.* VI. 5. 31.
② 参见拙著《古代斯巴达政制研究》，中央编译出版社 2013 年版，第 13、247 页。
③ Xen. *Hell.* III. 3. 9.

其实遴选最关键的还是希帕格里泰主持的遴选。按照色诺芬的简单叙述，很容易理解为每次都全部重选。其实不然。希帕格里泰主持的遴选大致上包含两方面的内容：一是正常的新增。这主要是因为希派斯达到年龄上限之后正常退出。根据希罗多德的记述，斯巴达的特殊官职阿伽托伊吉就是从退役的希派斯中产生的，这说明希派斯存在退休或退出机制。希罗多德说每年有最年长的5位希派斯退役，退役之后他们成为阿伽托伊吉。这可能是误解。因为，记录最详细的色诺芬说希派斯是赫彭特，该词指的是20—29岁的年轻人。所有达到30岁的年轻人都得退役，由于赫彭特年龄跨度是10年，希派斯又是每年遴选，因此，每个年龄段的人理论上应该是30人（300÷10）。也就是说明，每年有大约30人退役。希罗多德所说的5位阿伽托伊吉应该是从这30人中选出来的。阿伽托伊吉的字面意思就是"行为优秀者"，内含着"遴选"的含义，如果每年只有5位退出，那就没有挑选的余地和必要。基于这种退休机制，斯巴达每年也要从年满20岁的年轻人中新增30位。这是常规的新增、遴选。

还有一种遴选是考核性遴选。新任希帕格里泰还需要对现有的希派斯进行考核，考核不合格的将被清退。在色诺芬含混不清的叙述中希派斯遴选隐含了这方面的信息。如前所述，斯巴达公民队伍在公元前600年之后长期基本稳定在1万人左右，这1万人的年龄跨度大约30年，每个年龄的人大约300人。同样每年新晋的20岁年轻人也在300人左右，但从中产生的只有30名新希派斯，还有大约270人落选。色诺芬说希帕格里泰在遴选完之后需要说明入选和落选的理由[①]，如果对270名落选者都去说明理由完全无此必要，同时这也是一项费时费力的工作。实际上，需要做出落选说明的是那些在考核中不合格而被清退的人。历史文献多次记载斯巴达有些公民因为拒绝赴前线作战，或在作战中表现不勇敢，甚至当逃兵的人最后失去公民权，还有年轻人因为不能接受严格的体育和军事训练，不能通过阿高盖考核而失去公民身份。希派斯尽管是被精心挑选出来的同龄人中的佼佼者，但同样有可能在进步途中落伍。这一部分终将被剥夺希派斯的称号，逐出希派斯群体。因此，希帕格里泰主持的遴选还包括对这部分名额的填补。但针对这部分空额的增补人选是在同龄人中还是在赫彭特群体中不分年龄进行遴选，不得而知。

希派斯群体总人数达300人，它的下面显然还会有更小的组织。对应3个

[①] Xen. *Lac. Pol.* 4. 3.

希帕格里泰，300 人可能分成 3 个战斗团队。战时其中的一个团队作为斯巴达军队的中坚力量，希罗多德说到斯巴达国王在战场上有一支 100 人的精选部队护卫，这应该就是希派斯群体的一个团队。这个团队应该包含了从 20—29 岁的青年。根据色诺芬、普鲁塔克的记述，一般情况下，20 岁之后的年轻人首先是作为观摩者，后者作为辅助军、最后成为主力参与战争。但希派斯中的 20 岁的年轻人肯定是在秘密巡行中表现突出者，他们的战争技能应该已经能满足战场需要，所以可以直接作为精锐部队参与战争。斯巴达军队的最小作战单位早期是特里卡达斯，后来是伊诺摩提亚，希派斯中也应该实行这种制度，但希派斯中的这种战斗连队的成员应该是 3—4 个年龄段，其年龄跨度小于普通的伊诺摩提亚。

斯巴达社会还存在一种特殊的社会组织，即公餐团，公餐团不仅是公民社会性生活的组织，同时也是特里卡达斯的下级组织。所有公民成年后都要进入公餐团，据普鲁塔克绍，这些新进成员要接受旧成员的考核。[①] 因此，一般公餐团的成员年龄跨度在 20—59 岁之间，换句话说，各种年龄的人都有。但隶属于希派斯的公餐团其成员只限于希派斯，其成员年龄只在 20—29 岁之间。由于公餐团的人数更少，它很可能是由同龄人组成的。

(四) 斯巴达希派斯的职能

斯巴达希派斯首先是一支具有极强战斗力的特殊军事力量，具有多重军事职能。在斯巴达军队中，希派斯的中坚力量往往布置在国王的周围，构成斯巴达军队的核心，成为扭转战局的关键。如在曼提尼亚战役中，当斯巴达军队的其他部分均遭到失败时，正是处于阵线中央的希派斯打败了阿尔戈斯军队的中坚力量，扭转了战局。在留克特拉战役中，底比斯军队对围绕在国王周围的斯巴达军队心有余悸，认为只要打败这支军队，战争就一定会取得胜利。我们在前文中指出，希派斯不是国王卫队，但并不是说希派斯就没有护卫国王的责任。但是这种责任主要是因为希派斯在战争上的特殊位置，他们常常被布置在国王的周围，因此，希派斯对国王的护卫是出于士兵对统帅的特殊关系。护卫国王只是希派斯的职能之一，而不是全部。

[①] Plut. *Lyc.* 12.

这支独特的部队常常被派往最危险、最急需的地方。公元前546年，斯巴达与阿尔戈斯为争夺特斯皮埃发生战争，为了避免伤亡，双方商定采用决斗的方式决定胜负。斯巴达和阿尔戈斯各出300名战士，对于斯巴达来说，这300名战士应该就是希派斯。因为在整个斯巴达军队中，这支军队的战斗力最强，既然是决斗，当然是挑最强的士兵，斯巴达似乎无须再去费事挑选士兵。① 希派斯还被用来处理一些突发事件。希罗多德记载，在普拉提亚战役中杀死马尔多尼乌斯的英雄阿里摩涅司托斯后来率领300名战士，在美塞尼亚与美塞尼亚全军的战斗中牺牲。② 这件事显然发生在"第三次美塞尼亚战争"初期。公元前465年，斯巴达境内的黑劳士，尤其是美塞尼亚境内的黑劳士利用斯巴达发生大地震的机会发动起义。这个事件对于斯巴达政府来说是突发事件，于是他们派阿里摩涅司托斯率领一支精锐部分试图扑灭起义的火焰。笔者认为，这300名战士显然不是一般的斯巴达军队，而是具有极强战斗力的特殊部队。但由于斯巴达对美塞尼亚地区起义的规模估计不足，导致这部分希派斯全军覆没。公元前418年，斯巴达派阿基斯皮达斯率300名战士驻守厄皮道鲁斯。③ 这次行动是曼提尼亚战役的前奏，是斯巴达、阿尔戈斯摊牌行动的组成部分，部队需要躲过雅典人的警戒，显然这是一次特殊的、重要的、值得修昔底德特别记录的一次行动，参战人员也应该是希派斯。公元前222年，克利奥墨涅斯四世曾经派希派斯头领达摩特勒斯防守另一条军事要道，这项任务也特别重要，但达摩特勒斯被马其顿过安提戈努斯收买，导致塞勒西亚战役失败。④

希派斯的职能绝不仅仅是军队，它还承担着国内管理方面的某些职能。斯特拉波转引的伊弗鲁斯的描述直接称他们是一种官职，苏达词典中则称希帕格里泰是一种官职⑤，既然如此，作为希帕格里泰部下、绝对听从于希帕格里泰自然也具有某种行政职能。但前两则史料均没有说职能的内容。色诺芬的作品提到它承担着处理国内事务的警察职能。基那敦起义时，监察官指示基那敦到希帕格里泰处领取六七名年轻的希派斯随他一起前往奥隆抓捕罪犯。色诺芬

---

① Hdt. I. 82.
② Hdt. IX. 64.
③ Thuc. V. 56.
④ Plut. Cleo. 28. 普鲁塔克的原文说达摩特勒斯是秘密巡行部队的头领，笔者认为这里的秘密巡行部队就是希派斯。
⑤ Hescyh. S. v. hppagretas.

说，基那敦以前多次执行过类似的指示和任务。① 这件事告诉我们，希派斯不仅是叱咤疆场的军队，同时也是管理国内事务的武装力量，类似于警察。

斯巴达的希派斯可能还执行着征兵征税等政务。公元前387年，阿吉西劳斯远征提盖亚，曾经派希派斯到庇里阿西人区催促他们尽快出兵。② 这里的希派斯不可能是指骑兵，因为在斯巴达的军队中骑兵的地位较低，难以担此重任。另外，在这个时候斯巴达的骑兵大多通过招募形式组建，其中充斥着许多非斯巴达人③，他们没有资格执行这类任务。

斯巴达希派斯可能还担负着某种礼仪任务。据希罗多德记载，萨拉米海战之后，希腊海军获胜的功臣底米斯托克利来到斯巴达，受到隆重待遇，斯巴达对他竭尽赞美之词。在他离开斯巴达回国时，斯巴达派了300名被称为希派斯的战士护送他回国。④ 虽然这里不乏保卫归途安全的作用，但这里希派斯的主要作用是作为一种礼仪，彰显底米斯托克利的荣耀。

综上所述，斯巴达希派斯是通过公开挑选的方式从20—30岁的男性中挑选出来的，直属监察官指挥的特殊军队。斯巴达希派斯都是同龄人中的佼佼者，他们德行过硬、体格健壮、机智勇敢、纪律性强。希派斯是斯巴达军队中战斗力最强的部分。他们在战场上通常聚集在国王周围，不仅起到护卫国王的作用，更是战争胜负的决定性力量。除此之外，希派斯还承担着保障国内社会稳定、征兵和礼仪等公共管理方面的职能。希派斯所具有的特殊而复杂的职能显示出斯巴达国内政治制度的原始性。

五 骑兵与斯基里泰

斯巴达严格意义上的骑兵出现得比较晚。虽然色诺芬称斯巴达的骑兵是莱库古创建的，但他的观点是不成立的。按照色诺芬的记述，莱库古创立六个重装步兵摩拉和骑兵摩拉。我们分不清骑兵摩拉是单独编制的六个摩拉，还是与

---

① 重点号为笔者加。
② Xen. *Hell.* V. 1. 33.
③ Xen. *Hell.* VI. 4. 14.
④ Hdt. VIII. 124.

重装步兵一起共计六个摩拉，如果是合计，色诺芬后来多次提到六个重装步兵摩拉。如果单独计，斯巴达显然没有六个骑兵摩拉。因为一是斯巴达以重装步兵为主要兵种，不可能组建一支与重装步兵同样人数、装备要求更高、支出更沉重的部队。二是按照色诺芬接下来的有关斯巴达军队建制的记述，6个骑兵摩拉军团有4个洛库斯、96个伊诺摩提亚，每个伊诺摩提亚35人计，那么6个摩拉将有3360人。这样多的骑兵在斯巴达的历史上从来没有过。三是装备骑兵需要殷实的家境，如此多的骑兵意味着斯巴达社会的贫富分化必须相当明显，富人集团的人数要相当多，而这种情况在古典时期之前不存在，古典时期后期虽然贫富分化，但没有那么多的富人家。亚里士多德曾经提到斯巴达在以前可以提供1500名骑兵、30000名重装步兵，但实际远没有那么多。所以，色诺芬的这个记述是不可信的。但是，骑兵作为特殊的兵种确实在斯巴达的历史上存在过。

据修昔底德记载，在皮罗斯战役之后，雅典相继占领了皮罗斯和西塞拉，为了应对国内可能出现的暴动与革命，公元前424年，斯巴达召集了一支400人的骑兵和一队弓箭手。[1] 在此之前，斯巴达可能还没有具有战术意义的骑兵部队，如在斯巴达第一次干预雅典的军事行动中，我们只看到雅典方面投入了骑兵，斯巴达大概没有骑兵，不知如何应对，所以第一次战争一触即溃，而第二次克利奥墨涅斯亲自率军，做好了相应准备，轻松击溃了帖撒利亚骑兵。[2] 在希波战争中，我们也没有见到斯巴达骑兵；伯罗奔尼撒战争爆发之际，希腊各国厉兵秣马，结集军队，准备开战，我们并没有见到斯巴达有骑兵，如阿基达玛斯进攻阿提卡的军队、伯拉西达远征的帖撒利亚的军队中都没有骑兵。所以，斯巴达的骑兵应该是在这之后出现的。此后，骑兵的规模不断发展，规模最大的时候可能是在阿吉西劳斯远征小亚时期。虽然，阿吉西劳斯出征时没有带骑兵。但是，赫勒斯滂地区的帕夫那革涅亚国王奥提斯向阿吉西劳斯提供了1000名骑兵[3]，另外，波斯将领斯皮特里戴特斯还提供了一定数量的骑兵。[4] 在围攻法拉巴左斯的驻节地达斯奇雷姆时，阿吉西劳斯投入了700名骑兵；而

---

[1] Thuc. IV. 55.
[2] Hdt. V. 63, 64.
[3] Xen. *Hell.* IV. 1. 3.
[4] Xen. *Hell.* IV. 1. 21.

在希腊本土,阿基斯波利斯指挥的尼米亚战役中,骑兵人数也达到 700 人。①公元前 377 年,阿吉西劳斯进攻波奥提亚时,骑兵总数达到1500 人。② 所以这期间斯巴达的骑兵数量也到顶峰。

但是,与其他国家和城邦相比,骑兵在斯巴达的军队中并不具有明显的优势。我们看到在雅典、帖撒利亚等邦都拥有较多的骑兵,而且常常作为独立的军事力量投入战斗,在前线冲锋陷阵。但这种情况在斯巴达不多见。斯巴达的骑兵多是作为游哨,起警戒作用。色诺芬曾经如是介绍:斯巴达军队驻扎下来之后,通常在周围布置骑兵担任警戒。③ 公元前 395 年,阿吉西劳斯从亚洲撤军,他把骑兵布置在最前面和最后面④,这种布置显然带有警戒的功能。

在撤退的情况下,骑兵可以利用其速度快的特点,在后面起到阻滞敌人,然后快速撤回与主力会合。在公元前 395 年的这次撤退中,阿吉西劳斯后来就把作为前哨的骑兵调防到后面,一起阻滞敌军。在决战中骑兵往往被置于战场的两端,防止敌人的包围和包抄,如公元前 418 年的曼提尼亚战役就是如此布阵。⑤ 在少数情况下而且是在比较晚的时期,骑兵也被排成方阵进行对决。最典型的是在留克特拉战役中,斯巴达和底比斯都把骑兵排在最前面。⑥

总体来看,斯巴达骑兵的重要性不及步兵,甚至不及轻装步兵和雇佣军。骑兵作用低下的关键是训练不足,战斗力不强。色诺芬对此进行过分析,指出:骑兵的马都是由富人提供的,而富人们平时忙于享受、娱乐,不进行艰苦的训练,当战令颁布,才临时拼凑,甚至招募穷人代自己出征。那些出征的将士或没有良好的训练,或没有强壮的身体,和坚定的心志。⑦

但斯巴达的骑兵中有一支装备精良的队伍,被称为斯基里泰军团(Sciritae)。一般认为,斯基里泰军团是由来自斯巴达北部斯基里提斯(Sciritis)的战士组成的。斯基里提斯位于拉科尼亚北部、优拉托斯河上游,有人认为这是斯巴达的一个庇里阿西区,但据希普莱考证,其实不是。Sciritae 与 Sciritis 两

---

① Xen. *Hell.* IV. 2. 16.
② Diod. XV. 32. 1.
③ Xen. *Lac. Pol.* XII. 2 – 3.
④ Xen. *Hell.* IV. 3. 4.
⑤ Thuc. V. 67.
⑥ Xen. *Hell.* IV. 4. 10.
⑦ Xen. *Hell.* VI. 4. 11.

词在拼写上高度相似，这是使人产生误解的根本原因。但是，这种观点面临许多问题，难以成立。

首先，Sciritae 与 Sciritis 在词源上没有关系。据克里姆斯研究，Sciritiae 一词起源于 sciros，该词的意思是坚硬的覆盖物，既可以指地表的面积辽阔的石灰石区域，也可以指石雕、建筑表面的石灰或石膏包装，还可以指奶酪的硬壳、坚硬的皮肤等。这样，斯巴达的 Sciritae 就是指那些防卫装备坚硬的战士。[1]

其次，Sciritae 军团与斯基里提斯地区居民组成的军团没有关系。公元前418 年，曼提尼亚战役前后，斯巴达由于人口问题，庇里阿西人已经大量充实到斯巴达军团中，庇里阿西人不可能单独编组，成为独立的军事单位。在曼提尼亚战役中，斯巴达征调了几乎所有的军队，其中包括了大量黑劳士，自然也包括了庇里阿西人。这些庇里阿西人不可能只来自斯基里提斯地区，这次战役中的庇里阿西人也不可能只有一个军团的人数，斯基里提斯地区征调的军队不可能特殊化，单独组成一个以地名命名的军团。公元前 383 年，优达米达斯率军远征奥林托斯，他率领的军队由被释放的黑劳士、庇里阿西人和斯基里提斯兵组成，总数达 2000 人。[2] 这里，色诺芬既然已经提到一般性的庇里阿西人军队，就没有必要再单独提一个具体的庇里阿西区的军队。再者，Sciritae 与庇里阿西人同时被提及，显然，两者之间有着明显的差异。

实际上 Sciritae 就是骑兵。修昔底德在述及曼提尼亚战役中斯巴达联军的布阵时说到斯巴达的军队布阵，左边是斯基里泰（骑兵），接着是伯拉西达老兵和"新公民"，接下来是各个军团，再向右是各个盟国的军队。最后，修昔底德特别指出，骑兵排在两翼。[3] 显然，左翼的骑兵就是斯巴达自己的骑兵——斯基里泰军团，而右翼的则是盟国的骑兵。色诺芬在《拉凯戴蒙政制》中述及斯巴达驻军设防时，指出白天他们在哨位上安排了骑兵警戒，晚上他们把警戒任务交给了斯基里泰。[4] 如果这里的斯基里泰军团是庇里阿西人军团，那么上下文理解起来就很困难，白天是骑兵，晚上就是庇里阿西人重装步兵。

---

[1] K. M. T. Chrimes, *Ancient Sparta*, p. 378. 但克里姆斯认为斯巴达的 Sciritae 是投石部队，笔者不同意这一推测。

[2] Xen. *Hell.* V. 2. 24.

[3] Thuc. V. 67.

[4] Xen. *Lac. Pol.* XII. 3.

之所以安排骑兵是因为骑兵的速度快，便于通报消息，而忽然改为步兵，似乎与色诺芬所认可的哨兵安置原则不一致。所以，这里的斯基里泰应该是与白天安排的哨兵是同一个兵种——骑兵，但晚上放哨的骑兵装备更精良，自我防护能力也更强、更安全。

严格说来，Sciritae 是装备精良的骑兵。克里姆斯指出，斯基里泰是指那些以兽皮为盔甲的重装步兵。① 笔者不认为斯基里泰属于步兵，但克里姆斯正确地指出了斯基里泰往往以兽皮为盔甲，这种盔甲更适合于骑兵骑马战斗的需要。色诺芬在提到国王在率军行进的过程中，如果前面没有敌人，就布置"斯基里泰士兵，和（καὶ）装备起来的希派斯"走在前面，一旦发生战争，他就下令第一军团右转，直到自己处于军团和军团中间。② 此处"装备起来的希派斯"实际上就是骑兵，色诺芬特别使用"装备起来"是为了区别于前面提到的作为重装步兵的希派斯，而前面的斯基里泰士兵则是指下面要指出的"装备比较精良"的骑兵，而不是庇里阿西人重装步兵。这两部分士兵在前面，起到了巡逻、开道的作用，他们不可能是走在国王前面的步兵军团，否则下文当展开战争队形的时候，他就不可能带领"第一军团"右转，这里的"第一军团"显然应该是紧随在国王身后的军团，不可能是走在国王前面的洛库斯。再者，即使走在国王前面的是仪仗队，国王也不会用一支由庇里阿西人组成的军队。所以，笔者认为这里的"装备起来的希派斯"与"斯基里泰"所指的是同一个对象。在公元前 377 年，斯基里泰战士曾经与斯巴达的骑兵一起爬山追击底比斯军队。这里，斯基里泰与骑兵并置，显然这两者是有区别的；但斯基里泰不可能是步兵，否则他们难以与骑兵一起爬山追击敌人，当底比斯军队转身反击时，他们也难以逃避底比斯步兵的追杀。③ 同年，阿吉西劳斯在进攻波奥提亚时，在他的军队中同时出现了骑兵和斯基里泰，而且斯基里泰被布置在国王的身边，随时听候调遣④，显然它不同于普通的骑兵。

正是因为斯基里泰的装备精良，它们在斯巴达的军队的作用比普通的骑兵（horseman、calvary）重要得多。狄奥多罗斯在叙述公元前 377 年阿吉西劳斯

① K. M. T. Chrimes, *Ancient Sparta*, p. 379.
② Xen. *Lac. Pol.* XIII. 6.
③ Xen. *Hell.* V. 4. 52 – 53.
④ Diod. XV. 32. 1.

进攻底比斯时说，阿吉西劳斯把斯基里泰放在自己身边，用以支持那些处于危机当中的军团。狄奥多罗斯还指出，斯基里泰是经过精心挑选的战士，因而成为扭转战局的主要力量。[1]

综上所述，骑兵从整体上看是斯巴达军队中次于重装步兵的武装力量，它缺少训练，战斗力不强，往往置于战场的两翼，但在斯巴达骑兵中有一支装备精良的部队，人数往往达到600—700人，他们具有较强的战斗力。

---

[1] Diod. XV. 32. 1.

第十二章

斯巴达"军国主义国家"反思

提起古代斯巴达国家的基本特征,大多数人都会将其与军国主义国家画上等号。这几乎已经成为众所公认、约定俗成的观点。迄今大多数近代著名的史学家都一致认为:古代斯巴达是军国主义国家,不同的只是开始年代和具体表现。但是,最近,英国著名斯巴达史专家霍德金森撰文指出:古典时期斯巴达不是军国主义。霍德金森的文章促使人们对"斯巴达是军国主义国家"的观点作进一步的研究。

一 关于"军国主义论"的学术史回顾和反思

其实将斯巴达视作军国主义国家或准(或近似)军国主义国家的是古典作家。

修昔底德是第一个向我们揭示斯巴达作为军国主义国家的某些特征的人。首先,斯巴达在生活方式和服饰方面是整齐划一的,修昔底德称这种"划一"是希腊世界最早的,但修昔底德没有说"何时开始"[1]。在伯里克利的葬礼演讲中他又提到斯巴达的准军营特征和从小培养勇敢品德。伯里克利声称:我们(雅典)与我们的敌人(斯巴达)不一样。我们的城市依靠的是我们公民本真的精神而不是人为的欺骗,正因为这样,我们的大门对世界开放,从来没有对外国人关闭大门,以防止他们向我们学习或窃取我们的信息,尽管敌人的耳目可能从我们的自由政策中获得某些好处。在教育方面,我们的对手从孩提时代

---

[1] Thuc. I. 6.

就施加残酷的训练，以便日后培养出勇敢的品格，而我们完全是随心所欲地生活，但同样地能随时应对面临的各种灾难。① 阿基达玛斯则声称斯巴达人在战争中勇敢、在议事中智慧。②

第一个明确将斯巴达等同于军国主义国家的人是伊索克拉底。在《致阿基达玛斯》中伊索克拉底借阿基达玛斯之口说："无论如何，对所有的人来说，我们都超越了其他的希腊人。这不是因为我们城邦的面积，也不是因为我们城邦的人数，而是因为我们所建立的城邦制度就像一个军营，管理优良，心甘情愿地服从于它的管理者。"③ 在《布希里斯》（Busiris）中伊索克拉底称：拉凯戴蒙人用一种值得尊敬的方式治理国家，这套方式模仿自埃及。例如，所有达到军龄的公民不经国家批准不得出国，公餐制，体格训练法，进而，全部保证生活必需品，严格遵守国家法律，所有人都致力于战争，而不从事其他任何职业。④ 在《泛雅典娜节演讲辞》中伊索克拉底又说斯巴达的教育都是为了战争，斯巴达教育强调体育训练，注重培养勇敢品德和团结一心的精神，这些都是为了战争的需要。⑤

柏拉图则从政制层面进一步指出斯巴达政治具有军事化的特征。柏拉图在《理想国》中称斯巴达政体是荣誉政体（Timearchy）。⑥ 荣誉政体的特征是尊崇统治者、战士阶层完全不从事生产、实行公餐制、统治阶级终生从事体育锻炼和战争。⑦ 他们大部分时间都在从事战争。⑧ 在这种制度的道德体系中，勇敢起着主导作用。⑨ 这种制度下的公民特别好胜、自信，缺乏文化但又喜爱文化，喜爱演讲但自己又不善于演讲，他们不靠能说会道而靠战功和军人素质赢得荣誉和地位，对奴隶严厉，对自由人和蔼，对长官恭顺，爱掌权爱荣誉，喜欢锻炼身体，喜欢打猎。⑩ 在《法律篇》中，柏拉图称：斯巴达的立法与克里

---

① Thuc. II. 39.
② Thuc. I. 84.
③ Isoc. *Archid.* 81.
④ Isoc. *Busiris*, 17–18.
⑤ Isoc. *Pan.* 217.
⑥ Plato, *Rep.* 545a.
⑦ Plato, *Rep.* 547d.
⑧ Plato, *Rep.* 548a.
⑨ Plato, *Rep.* 548c.
⑩ Plato, *Rep.* 548e–549a.

特一样着眼于战争①,其城邦组建得像一支军队,而不像一个城市居民组成的社会②;年轻人从小就过军营生活,接受特殊的教育,使之不仅成为一位好战士,而且适宜管理国家和城镇③。

　　亚里士多德延续了柏拉图的思想。同时他也告诉我们,在古代希腊已经有许多作家把斯巴达称为军国主义国家,或用军国主义来区别斯巴达与其他国家。亚里士多德说斯巴达和克里特的教育制度和大部分法律就是依据从事战争这一目的制定的。④ 斯巴达的政制以战争和克敌制胜、建立霸权统治他族、获取财富为目的。⑤ 斯巴达的整个体制都在培养一种品德——战斗的(或军人的)品德——以保证在战斗中获胜树立霸权。……他们所受的锻炼完全属于军事性质,此外就不具备其他才德了。⑥ 他称斯巴达是好战的民族,因为,所有好战的民族都有好色和放纵妇女的习惯,而斯巴达也有这两个特征。⑦

　　罗马作家也提供了相关材料,但罗马作家的材料更多的是关于教育和社会生活层面的。教育方面,普鲁塔克在《莱库古传》中给我们提供了一个特别重视军事的教育制度:当孩子一进入学校就挑选那些判断力卓越、格斗极其勇敢的人担任队长,上年岁的人则经常鼓励他们进行模拟的战斗和争执,他们对文化知识的学习只学到够用为止,其他一切训练都在于使他们善于服从命令、吃苦耐劳和能征惯战。⑧ 斯巴达人是世界上唯一只有战争才能使他们从备战训练中得到喘息的人。⑨ 在社会风尚方面,狄奥多罗斯告诉我们:斯巴达的懦弱者可能会被逐出国门,流亡海外。⑩ 普鲁塔克也说斯巴达有一项法律:懦弱者不能担任任何官职,不适合获得配偶,也不能为别人介绍配偶。任何见到他的人只要愿意都可以揍他。他们必须穿着粗鄙和肮脏衣物,戴着打上补丁、色彩

---

① Plato, *Laws*, 628e, 633a.
② Plato, *Laws*, 630d – 631a.
③ Plato, *Laws*, 666e – 667a.
④ Arist. *Pol.*, 1324b5 – 9.
⑤ Arist. *Pol.* 1333b5 – 16.
⑥ Arist. *Pol.* 1271b2 – 7.
⑦ Arist. *Pol.* 1269b25.
⑧ Plut. *Lyc.* 16.
⑨ Plut. *Lyc.* 22.
⑩ Diod. XIX. 70.

灰暗的短斗篷，剃一半留一半胡子。① 在音乐方面，按照雅典尼乌斯转引的阿里斯托克努斯的作品说，希腊有三种舞蹈，其中一种是战争舞蹈——菲瑞克（pyrriche），阿里斯托克努斯认为，菲瑞克舞蹈发源于斯巴达，在古代希腊各邦曾经非常流行，但现在只存在于斯巴达。② 菲勒斯托拉托斯说：在斯巴达，舞蹈与其他的竞赛一样作为军事训练的第一步，包括躲避、投掷长矛，跳越控制盾牌。③ 罗马旅行家波桑尼阿斯描述了罗马时期斯巴达城内的建筑遗迹，其中不少具有军事色彩的神像，如卫城高处的城邦保护神雅典娜、战神阿芙洛狄特。人们还在阿尔特米斯神坛和墨涅拉奥斯神坛发现了许多武士雕像（当然，更多的是非武士雕像）。

  笔者认为，对古典作家的记述必须从文献学、史料学的角度认真研究，区别对待。这些古典作家都不是斯巴达人，最直接的材料都来自雅典知识分子，包括罗马作家的材料也大多来自他们。在这些作家中，修昔底德的可信度最高，修昔底德本人具有严格的治史精神，而且他的叙述借伯里克利之口、以演讲词的方式出现，这种呈现形式提示我们，这些内容首先是对现实的反映。其他作家的记述都带有想象的成分，但是，这些知识分子思考的主要是如何拯救自己的祖国，如何摆脱马其顿统治的威胁，如何创建一个强大的国家，在这种情况下，伯罗奔尼撒战争后期直至公元前370年之前、独步希腊的斯巴达为他们提供了一个思考的范本、思想的素材。我们必须注意两点：一是这段历史刚刚过去，它在希腊人的脑海中记忆犹新，个人的杜撰不足以与大众的集体记忆抗衡。更何况像伊索克拉底的作品必须向听众演说，如果过分违背事实，势必不能取得理想的说服效果。二是这些知识分子不可能众口一词地编造斯巴达的历史，他们势必是基于一个共同的历史事实进行理论和思想的建构。因此，古典作家对斯巴达的记述有值得肯定的地方，他们的材料包含了历史的真实性。

  但是，古典作家对斯巴达的记述也有值得批判之处。除了修昔底德之外，古典作家为了使自己的思考获得更高的权威性，他们夸大了斯巴达的历史，将特定历史时段的斯巴达历史永恒化，认为这些制度都开始于斯巴达历史上那位人们已经记忆模糊的改革家——莱库古。这给后人造成一个巨大的历史误会，

---

① Plut. *Ages*. 30.
② Athen. 631a.
③ Philostratos, *On Gymnastics*, 19.

认为斯巴达的军国主义始于更早的历史时期。因此,笔者认为,修昔底德、伊索克拉底、色诺芬、柏拉图和亚里士多德的这些观点主要反映了他们所生活的,或还清晰保存在他们记忆中的那个历史时代。

现代学者继承了大多古典作家的观点,并在此基础上作出了现代阐释。狄金森说,"斯巴达的国家为一小团体的公民所组成,这些公民即是所谓正式的斯巴达人;他们周围皆是敌人,所以他们所住的好像是扎营一样"。斯巴达儿童从小接受严格而残酷的训练,在道德与体格方面均可以使他们成为一个军事国家的有力分子,就是他们成年的时候,这种训练也不会松懈。因为事实上他们全城就是一个营盘。①

弗格森指出:监察官设置之后,推行新政,对公民从摇篮到坟墓的生活作了事无巨细的规定。它们是军事训练营地的规定。那里只教授有关战争的知识,如果已经宣战,则是一座军营。从7岁到60岁,占人口一半的男性的全部精力,都被引向为战争做准备,男孩子和男人们年复一年地从事训练和狩猎,学习如何使用武器和进行战斗、跳舞和操练、集体进餐。②

克鲁瓦在其名著《伯罗奔尼撒战争的起源》中说:"斯巴达的最关键的问题是他作为黑劳士,尤其是美塞尼亚黑劳士的主人这一独特而又危险的身份和地位。""由于美塞尼亚人不肯俯首称臣,斯巴达不得不将自己组织成为由职业士兵组成的社会,这个社会与其他的军事社会不一样,不是对外征服——当然如果在这方面走得太远也会带来巨大的危险,而是首先用于维持内部的秩序和和谐,这样一个高度组织化的斯巴达人群体就可以对大量黑劳士和庇里阿西人实行无情的统治。"③

福雷斯特说:"尽管黑劳士所享有的自由和财富会削弱他们的反抗情绪,但他们的人数、他们的血统、他们的民族身份使他们成为斯巴达安全的现实的威胁。""所有的斯巴达人有着共同的兴趣来维持一个区域组织以防御黑劳士。"④

卡特利奇说:"从公元前550—前370年,黑劳士制度成为斯巴达领土

---

① [英]狄金森:《希腊的生活观》,彭基相译,华东师范大学出版社2006年版,第80、81页。
② [美]威廉·弗格森:《希腊帝国主义》,晏绍祥译,第45页。
③ G. E. M. de Ste. Croix, *The Origins of the Peloponnesian War*, pp. 89, 91.
④ W. G. Forrest, *A History of Sparta, 950 – 192 B. C.*, pp. 31, 65.

扩张和政治称雄的社会基础。"为了维护对黑劳士和庇里阿西人的永久统治，斯巴达的社会体制在公元前6世纪发生了巨大的改变，逐步变成一个军事社会。①

芬利称斯巴达是"标准的军事化国家"，基本特征是作为政治性的国家与地域性的国家不一致。政治性的国家由所谓的平等人，即斯巴达人组成，而作为地域国家的居民却庞大得多。统治人数众多的其他国民成为数量有限的"平等人"面临的重大困难。而"第二次美塞尼亚战争"对这一困难的出现具有决定性的影响。由于这一困难，斯巴达军队被迫履行其警察的职能，成了警察。伯罗奔尼撒同盟甚至也成为这一监察体系的一部分。此后，希波战争、伯罗奔尼撒战争进一步强化了这一特征。②

胡克则称"斯巴达军人借以扬名和斯巴达赖以获得霸权的纪律在斯巴达这一如同军营般的城市中被反复灌输。从公餐团的设置到公民观察、评价训练中的年轻人，每一件事都在促成服从纪律、步调一致习惯的养成"。胡克特别提到了斯巴达的阿高盖制度（教育制度）和库普提亚制度，他认为，斯巴达的这一切都是为了军事目的，也确实达到了这一目的。③

莫里也认为斯巴达是军国主义国家，他认为斯巴达制度的功能是"创造一支重装步兵军队"。"他们的日常生活的基础只能通过连续的军事警戒来获得和维持。"建立这种制度的原因是"第二次美塞尼亚战争"中新创建的平等者。④莫里同时告诉我们：公元前6世纪中后期，斯巴达文化开始衰落，阿尔克曼之后，斯巴达再无知名诗人，约自公元前570年之后，外国物品的进口日渐减少，在公元前525年，拉科尼亚的陶器完全消失。斯巴达的奥林匹克赛会冠军也越来越少，公元前576年之后的两百年中，斯巴达只获得了十几个冠军。莫里认为导致这个状况的原因是至高无上的军事目的改变了斯巴达的教育，斯巴达不需要也培养不出来艺术家。⑤

芬认为：斯巴达的军国主义开始于基伦时期。一般认为，基伦在公元前546年担任斯巴达监察官。基伦执政时期，斯巴达的国内外政策发生了巨大变

---

① P. Cartledge, *Sparta and Lakonia*, pp. 3, 159.
② M. I. Finley, *The Use and Abuse of History*, London: Pimlico, 2000, pp. 176–177.
③ J. T. Hooker, *The Ancient Spartans*, pp. 135, 141.
④ ［英］奥斯温·莫里：《早期希腊》，晏绍祥译，第169页。
⑤ ［英］奥斯温·莫里：《早期希腊》，晏绍祥译，第165页。

化。芬认为公元前525年斯巴达的陶器业萎缩,拉科尼亚风格的陶器基本消失,文化衰落,其原因在于斯巴达的军国主义化。而军国主义化的起始时间就是在基伦时期。① 斯巴达军国主义国家的性质一直维持到斯巴达国家的灭亡即公元前146年被罗马征服。②

从上述观点的摘录可以看到,斯巴达军国主义论的主要观点:第一,斯巴达军国主义国家始建于古风时期,具体时间或在"第二次美塞尼亚战争"结束之后不久,或在其监察官设置之后③,或在公元前6世纪末。第二,斯巴达军国主义建立的原因和主要职能是镇压、统治美塞尼亚人。第三,斯巴达军国主义的依据和表现有:1. 所有斯巴达人组成了一支职业化的军队。2. 适应职业化军队的需要,斯巴达社会实行了具有公有制色彩的土地制度,斯巴达形成了高度同质性的社会——平等者公社。3. 斯巴达对黑劳士实行了高压和恐怖统治。4. 斯巴达社会实行旨在培养职业军队的教育制度,全社会形成了一种崇尚勇敢、绝对服从的道德风尚。5. 自公元前6世纪末始,斯巴达的手工业和文化事业迅速衰落,"文化沙漠""手工业萎缩"是军国主义的直接后果,也被视为"军国主义"论的间接证据。6. 在公共生活中形成了整齐划一、刻板僵化的生活模式。在这个论证体系中,核心是美塞尼亚和黑劳士问题,在他们看来,这是斯巴达军国主义国家建立的原因和目的,斯巴达军国主义的主要职能,正如克鲁瓦指出的,就是对内镇压黑劳士,实行高压和恐怖统治。作为军国主义论的旁证,学者们概括出了斯巴达社会的一系列特征,这些特征概括起来主要包括三个方面:一是斯巴达有一支脱离了生产劳动、职业化的军队,这支军队是斯巴达对内镇压的工具。进一步说,斯巴达份地制为这支军队提供了经济支撑。二是斯巴达的教育和文化表现出明显的尚武、好战、驯服、守纪特征,这是培养职业战士和发动战争所必需的。三是艺术、精神生活以及手工业单调落后,这是军国主义的影响。

研究军国主义涉及对军国主义国家特征的清晰认识,这里的核心是军国主义。《中国大百科全书》的解释是:一种意识形态,核心主张是将国家军事化,以军事化的方式组织国家生活。军国主义既是一种思想观念,又是一种政

---

① John V. A. Fine, *The Ancient Greeks*, p. 166.
② John V. A. Fine, *The Ancient Greeks*, p. 162.
③ 古典意义的监察官的产生时间,参见拙著《古代斯巴达政制研究》,第1—5页。

治制度。现代军国主义与帝国主义相伴随。在帝国主义国家，国家本身的军事化成为国家的一个显著特征。国家在处理对外关系时主要诉诸军事手段。军国主义对内实行高压政策，对外实行侵略扩张。[1]《美利坚百科全书》的解释是：一套特殊的价值体系，它歌颂军人的美德如忠诚、爱国、守纪、勇敢、强壮，忽视个体主义、人文主义、知识探索、艺术创作。军国主义者将战争和为战争而准备作为生存的首要条件，将军队的需要视作最主要的需要，同时认为为国家尽军役是位居首位的义务。[2]《法国拉鲁斯百科全书》将军国主义的基本特征解释为：为侵略扩张的需要把国家置于军事控制之下，军国主义的表论总结为：使国家生活在的各方面都为军事侵略的目的服务的黩武的思想、政策和制度；其最高形态是帝国主义时代的法西斯主义；其特点是对内实行国民经济军事化，大量增加军费，向人民灌输侵略的思想，竭力扩充军备，加强对人民的控制和镇压，实行军事独裁，对外肆意奴役和掠夺殖民地和半殖民地国家，干涉别国内政，破坏别国主权，积极对外侵略、扩张和进行颠覆活动。[3]

综合上述定义，笔者认为，所谓的军国主义有如下特点：第一，国家组织军事化，在政治上军队控制了国家政权，在经济上一切为了战争需要；第二，精神生活军事化，提倡和培育战争所需要的品德，如勇敢、尚武、好战等；第三，国家政治军事化，即国家的内政外交具有穷兵黩武的特征，好战、动辄诉诸暴力成为国家内政外交的基本倾向。笔者认为，前两点是基础，第三点是关键。是否是军国主义国家除了看静态的制度设置，更主要的是看动态的国家政治。笔者认为，内政与外交领域的好战、黩武是断定军国主义的两个基本点，仅仅考虑对内政策还不足以说明问题。内政和外交中又以外交为关键。一个军国主义国家更主要的是在外交上表现为穷兵黩武、好战成性。如果只是军队控制了国家政权，但并没有穷兵黩武，不断侵略，这充其量只是军政府，不是军国主义国家，如果这个政府只是对内采取高压政策，这个政府可能只是一个残暴独裁的政府，也算不上一个典型的军国主义国家。

有鉴于此，笔者认为现有的斯巴达军国主义论在理论上存在明显的缺陷。其最大的缺陷在于军国主义论认为古代斯巴达国家自始至终都是军国主义国

---

[1] 《中国大百科全书》，中国大百科全书出版社2009年版，该词条。
[2] *The Encyclopedia Americana*, 1829, 1980 reprint.
[3] 《法国拉鲁斯百科全书》，华夏出版社2004年版，该词条。

家，而历史实际中的黑劳士制度、黑劳士的社会地位、斯巴达文化生活状况，以及斯巴达的军事行动、军队实力构成不了支撑。黑劳士和文化生活问题已见于前述，这里再对斯巴达军队的传奇略作阐述。

二 斯巴达军队与军国主义国家

斯巴达军队的传奇与神话一直是斯巴达军国主义国家的主要支柱和象征。人们普遍认为，这支军队训练有素、遵守纪律、步调一致、作战勇敢、视死如归、所向披靡。这支军队只能在军国主义的环境下产生。然而，实际的情况并非如此。

一般认为，在"第一次美塞尼亚战争"期间，斯巴达建立了以平民为基础的重装步兵。"第二次美塞尼亚战争"之后，斯巴达实行了份地制和黑劳士制，斯巴达人脱离了生产劳动，成为职业军人。其实古代希腊实行的是公民兵制度，所有的公民都有责任有义务服兵役。全（公）民皆兵不仅出现在斯巴达，雅典等其他城邦也同样如此。虽然色诺芬、普鲁塔克等人提出，实行份地制和黑劳士制度之后，斯巴达人无须从事生产劳动，有学者据此认为斯巴达的社会经济制度也变得军国主义化。但笔者认为，首先，斯巴达的土地制度只是在形式上的国家所有，但实质上仍然是私有。其次，即使不实行黑劳士制度，斯巴达公民也会像雅典公民一样服军役。最后，即使实现了份地制，斯巴达公民也不会真的如古典作家所说的那样，对自己的产业不闻不问，毕竟这是一份自己的产业，生产状况的好坏事关自己是否能收到足够的租税，是否能保有公民身份。因此，这种制度不足以说明斯巴达就是军国主义，而同样实行公民兵制度的其他国家就不是。

斯巴达军队区别于其他国家军队之处主要在于较早地采取了重装步兵制度，更加训练有素，更有战斗力。但这支军队并不是人们通常认为的那样遵守纪律、步调一致、视死如归、所向披靡。从军事的角度看，步调一致首先体现为下级对上级的绝对服从，还体现为全国对最高军事统帅的服从。但步调一致是任何一支军队的必然要求，我们根本就不能据此来裁决一个国家、一个社会的性质，不能作为军国主义的证据。① 更何况，我们在希罗多德、修昔底德、色诺芬等人的作品中看到大量步调不一致的情况。希罗多德记载：在普拉提亚战役中，斯巴达的军团司令阿蒙法列图斯拒不服从波桑尼阿斯要其撤退的命令，更糟糕的是波桑尼阿斯对他只能尽力劝说，却无法强行命令，最后被迫无奈撇下阿蒙法列图斯，率军独自撤退。② 在公元前418年的曼提尼亚战役中，又有两位军团司令绝不执行上级命令。斯巴达国王竟没有当场处决，而是在战后由斯巴达国家判其放逐。③ 普通士兵也敢于挑战最高指挥官的权威。斯巴达士兵组成了公民大会，所以公民大会对最高权威的挑战实际上体现了士兵对最高统帅的挑战。公元前431年，斯巴达公民拒绝了阿基达玛斯的推迟两三年发动对雅典战争的提案，认定雅典违背了三十年和约，主张首先通过外交途径进行抗议，同时积极进行战争准备。公元前418年，阿基斯二世与阿尔戈斯签署和约，他的军队虽然表面上服从了，但私下却酝酿着激烈的反抗，回来之后，终于开会决定惩罚国王。阿基斯虽然设法免除了惩罚，但其权力却从此受制于一个十人委员会。④ 在曼提尼亚战役中，战争初期，阿基斯曾经想冒险进攻阿尔戈斯的军队，但遭到一位年纪较大的普通士兵公开批判，阿基斯竟因此放弃了战斗。⑤ 在涅米亚战争中，当斯巴达的军团司令准备率军进攻阿尔戈斯的军队时，手下一个士兵向他呼喊"让前排通过"，这位指挥官听从了下级的提议。⑥ 公元前381年，在弗莱斯战役中，斯巴达军队曾经对阿吉西劳斯进攻性政策表示不满。⑦ 公元前379年冬季，尽管阿吉西劳斯已经取得多年的胜利，仍然由于其他公民的反对，交出了进攻阿尔戈斯的指挥权。⑧

　　斯巴达军队也不是那种视死如归、勇往直前的军队。皮罗斯战役的投降者说："要是飞箭知道谁是勇敢的人就好了。"这是对那些将牺牲者奉为英雄的

---

① 下文我们的材料不限于公元前5世纪中期之前，这样做也是出于这种考虑。因为，笔者认为，色诺芬时代，斯巴达已经属于军主义国家，但斯巴达军队中的步调不一致的情况并不鲜见。——笔者注
② Hdt. IX. 53, 57.
③ Thuc. V. 71.
④ Thuc. V. 60, 63.
⑤ Thuc. V. 65.
⑥ Xen. *Hell*. IV. 2. 22.
⑦ Xen. *Hell*. V. 3. 16.
⑧ Xen. *Hell*. V. 4. 13.

最好回击，意为牺牲者与他们一样也都有着求生的本能和欲望。实际上，求生是每一个人的本能，斯巴达军队也不例外。人们有关斯巴达军队勇往直前、视死如归的品性的认识主要来自温泉关战役中斯巴达军队的表现。其实，温泉关战役另有隐情，我们只要想一想，当时的斯巴达军队有约10000人，而派往前线的只有300人，及少量黑劳士，这与稍后的普拉提亚战争斯巴达一下子派出5000名斯巴达人、35000名黑劳士形成鲜明的对比。我们有理由相信，列奥尼达斯和他的300名勇士是斯巴达内部斗争的牺牲品。希罗多德正确地指出：列奥尼达斯的拼死一搏是为了自己的荣耀的鲁莽行为。① 在此后的战役中，我们依然看到的这支军队胆小怕事、贪生怕死。温泉关战败之后，海军统帅斯巴达人优利比亚戴斯就企图率领停泊在阿尔特米西昂希腊海军逃跑，后来接受了尤卑亚人的贿赂才放弃了立刻逃跑。② 不过，最后，希腊水师还是逃跑了，意图撤回伯罗奔尼撒，据守地峡，保护斯巴达本土。③ 后在雅典的坚决要求下，才驻守萨拉米斯。即使是在取得萨拉米海战中胜利的情况下，这支海军依然充满逃跑倾向，直至最后撤回伯罗奔尼撒半岛。④

斯巴达的军队也不是一支所向披靡、战无不胜的军队。考之于历史，斯巴达的军队在战场上经历的失败司空见惯。早在"第一次美塞尼亚战争"之时，斯巴达国王特勒库克劳斯就在与美塞尼亚人的冲突中被杀，"第一次美塞尼亚战争"战争持续二十年，其间斯巴达军队陷在美塞尼亚无法回国，甚至导致国家人口出生减少。"第二次美塞尼亚战争"期间，斯巴达军队也是曾经一败涂地，向希腊各国求援。通常认为，"第二次美塞尼亚战争"之后，斯巴达正式建立了军国主义体制。然而，"第二次美塞尼亚战争"之后，斯巴达的军队同样在战场上常吃败仗，长期征服提盖亚不胜，直至最后采用外交手段解决问题。斯巴达数次干预雅典内政，都没有达到自己的目的。它先是扶植伊萨格拉斯，伊萨格拉斯被雅典人赶走，后是支持希庇亚斯，但遭到政敌和部分盟友的反对，未果。"第三次美塞尼亚战争"更是如此，斯巴达军队在战场上屡遭败绩，国家统治岌岌可危，不得不向各盟国，甚至向宿敌雅典求助。伯罗奔尼撒

---

① Herd. VII. 220.
② Herd. VIII. 4.
③ Herd. VIII. 40.
④ Herd. VIII. 56, 62.

战争初期，斯巴达的军队在雅典的攻势面前，一度束手无策，疲于自卫。斯巴达获得伯罗奔尼撒战争胜利主要的原因是投靠波斯，得到波斯的大力支持，组建起有较强实力的海军。

然而，就是因为伯罗奔尼撒战争的胜利，斯巴达军队被披上重重光环。这样一支普通的军队被渲染成超凡脱俗、战无不胜的军队。这真应了中国的古话"一好遮百丑""胜者为王败者寇"。实际上，这支普通的军队承担不了使"斯巴达成为军国主义国家"的"重大责任"。

三　古典时期后期斯巴达成为军国主义国家

正如前文指出的，看一个国家是不是军国主义国家主要看其内政外交，尤其是外交。从外交的角度看，恰恰是在"第二次美塞尼亚战争"之后，斯巴达转向了比较温和的外交。在"第一次美塞尼亚战争"之前，斯巴达基本上执行的是单边扩张的外交政策，不断对外征讨，开疆拓土。但到"第二次美塞尼亚战争"结束之后，斯巴达虽然也对外扩张，对外干涉，但与此同时采取了结盟的政策，使其外交政策带有了较多温和的色彩。

这种温和色彩集中体现在斯巴达对伯罗奔尼撒同盟成员国的关系上。斯巴达在处理与盟国关系方面与雅典之于提洛同盟诸国有诸多不同，第一，同盟组织涣散，斯巴达对盟国没有绝对的强制权。伯里克利曾经指出伯罗奔尼撒同盟没有可以作出迅速果断行动的议事会。克利奥墨涅斯一世两度干预雅典，都因科林斯反对作罢，一次是发动拥立伊萨哥拉斯为雅典僭主的战争，科林斯中途撤军；一次是发动恢复希比亚斯僭主地位的战争，在战前的同盟大会上科林斯直接提出反对意见，斯巴达被迫放弃行动。科林斯两次反对都没有受到惩罚。第二，盟国在同盟集体事务上比较平等，每个城邦都有平等的一票表决权，都只关心本邦的利益，这种情况的结果通常是一事无成。[①] 第三，斯巴达不像后来的雅典之于提洛同盟那样向盟国征收贡金。[②] 第四，盟国在内部管理上基本上享有"自治权"，这一点我们可以借用稍晚的一种材料来说明，公元前416

---

① Thuc. I. 141.

② Thuc. I. 19.

年斯巴达与阿尔戈斯缔结和约，和约最后一条规定：双方应将本条约向他们的同盟者通报，如果他们赞成，就应缔结条约，如果同盟者代表有异议，他们可以把本条约交回本邦加以讨论。①

公元前 5 世纪前半叶，斯巴达的外交政策一度呈现出保守、自闭的特征。正如科林斯的代表批评的：他们在处理外交事务时孤陋寡闻，稳健有余，果敢不足。这种保守甚至达到闭关锁国的程度。伯里克利明确告诉我们，斯巴达实行了锁国政策，他说："我们的城市对全世界是开放的，我们从未通过排外条例，以防止外人有机会探访或观察，尽管敌人的耳目时而从我们的资源开放中老去好处。"② 这里，伯里克利显然在暗讽斯巴达。普罗塔格拉说：斯巴达把所有外邦人都驱逐出去，同时不允许自己的任何青年去国外。③ 色诺芬曾经说："以前的涉外法规定在国外生活是非法的，我毫不怀疑这些规定能防止公民在与外国人交往中堕落。"④ 普鲁塔克说：莱库古禁止人们为了快乐生活在国外，禁止人们到不熟悉的地方游玩，色诺芬⑤、普鲁塔克⑥、柏拉图⑦都曾经提到斯巴达取消金币、推行铁币。须知，金币是当时的希腊世界通行的货币。铁币的使用无疑使斯巴达在经济上孤立于希腊世界之外。

斯巴达的这种外交政策到了公元前 450 年前后发生了巨大的变化，此后斯巴达逐步军国主义化。促成这一变化的主要因素是公元前 465 年的大地震，随后发生的更大规模的黑劳士起义，云谲波诡的国际形势和日益迫近的战争。斯巴达在公元前 465 年的大地震中损失惨重，尤其是人口的损失。由于震中离斯巴达城不远，死亡人口主要是斯巴达人，大约 50% 的人口死亡。儿童死亡尤其严重⑧，儿童的死亡致使斯巴达公民人数迟迟得不到补充和恢复。斯巴达人阶层是斯巴达政权的主要基础，因此，人口剧减对斯巴达的国家实力和外交政策产生了深远的影响。第二年，黑劳士大起义掀起新高潮，这次大起义的背后

---

① Thuc. V. 78, 79.
② Thuc. II. 39.
③ Plato, *Protagoras*, 342c.
④ Xen. *Lac. Pol.* XIV. 2 – 4.
⑤ Xen. *Lac. Pol.* XIV. 2 – 4.
⑥ Plut. *Lyc.* XXVII.
⑦ Plato, *Laws*, 742a – b.
⑧ Plut. *Cimon*, XVI. 5.

是雅典等一系列反斯巴达因素的推波助澜。黑劳士大起义恶化了黑劳士与斯巴达人的关系。接下来，雅典借助提洛同盟实力大增，成为斯巴达的强劲对手，到公元前446年，雅典占领了科林斯地峡北端两侧的尼塞亚、佩盖、特洛伊曾、伯罗奔尼撒地区和阿卡亚等地。① 在中北部希腊，雅典驱除斯巴达在北部希腊的势力，控制尤卑亚。在雅典的迅速崛起和咄咄逼人的攻势面前，斯巴达在希波战争中获得的希腊世界的霸主地位岌岌可危。而与此同时，斯巴达的公民队伍依然没有得到有效的补充。这一系列情况都促使斯巴达的内政外交开始发生变化。

这一变化首先，表现为加强了对黑劳士的防范与控制，对黑劳士的恐怖统治开始制度化、常规化。而为了降低这种制度的政治成本，有必要把这种制度"归功"于莱库古，从而赋予这种制度以神圣性。② 斯巴达对黑劳士实行定期和不定期的暗杀。亚里士多德曾经记述斯巴达监察官每年就职之时都会举行对黑劳士的宣战仪式，为的是使斯巴达屠杀黑劳士具有合法性；库普提亚制也日益增加了血腥的成分。每年，监察官会选派一些斯巴达青年到黑劳士居住区暗杀那些身强力壮的黑劳士。"任何一个黑劳士表现出超越奴隶以上的神情，那就要被处死，而且他的主人也将因为未能阻止他变强壮而受到处罚。"③ 普鲁塔克认为，这一"血腥制度"实行于黑劳士大起义之后。据修昔底德记载，斯巴达在与起义黑劳士缔结的和约中规定：起义黑劳士可以在规定的时间离开斯巴达，否则被抓住之后就将沦为奴隶。另外在皮洛斯战役之后，雅典在斯法克特利亚岛设置据点，引诱黑劳士逃亡，造反。在这种情况下，斯巴达加强了对黑劳士的控制。

其次，表现为主战派掌握斯巴达政权。在此前，斯巴达政权主要控制在主和派的手中，在外交方面随之显得保守温和。公元前465年前后，塔索斯起义反对雅典，当时斯巴达丝毫没有考虑雅典的反应就答应全力支持塔索斯，入侵阿提卡。④ 主战派似乎有抬头的迹象，但很快因为自然灾害和黑劳士起义而被迫放弃。公元前457年，佛西斯出兵多里斯。斯巴达出兵干预，但很快收兵回

---

① Thuc. I. 115.
② Plut. *Lyc.* 28.
③ Athen. 657c – d.
④ Thuc. 1. 101 – 102.

国，延续传统的防御性外交政策。同一时期，波斯控制的埃及发生暴动，雅典侵入波斯控制的埃及，并一度获胜，波斯派人来斯巴达寻求合作，最终遭到失败，不得不带着钱回国。① 同年，雅典开始修建连接卫城和庇里乌斯半岛的长城，斯巴达对这种明显的备战行为没有及时予以反对和制止。② 公元前451年，双方签署五年休战和约。③ 显然，此时的斯巴达依然执行对雅典主和避战的政策，斯巴达此时还没有走上好战的道路。

然而，公元前446年，情况发生了明显的变化。这一年，波奥提亚、麦伽拉等城邦举行暴动，叛离雅典。斯巴达公开出兵阿提卡，大肆蹂躏，直抵厄硫西斯和特里乌斯，迫使雅典从波奥提亚撤军。第二年，斯巴达政局发生巨大变化。前一年率军进攻雅典、获胜之后主动撤军的国王普雷斯特阿那克斯被放逐，据修昔底德说，其原因是普雷斯特阿那克斯在进攻到厄硫西斯和特里乌斯之后就未继续前进，撤军回国了。④ 可见，在普雷斯特阿那克斯撤军之后，斯巴达的主战派就控制了斯巴达的政治，他们重新委任统帅。就在这一年，雅典与斯巴达签署三十年和约。⑤ 条约规定：雅典放弃在伯罗奔尼撒地区占领的所有领土。这份三十年和约与前述的五年和约不一样，前者是主和派占优势的标志，而这份和约则是主战派获胜的标志。修昔底德说，普雷斯特阿那克斯在海外流亡达19年之久⑥，可以想见，在这20年中，斯巴达一直由主战派掌权。⑦ 因此，公元前445年，斯巴达政权已经转归主战派。

不仅如此，斯巴达社会各个阶层也逐步接受战争思维。公元前432年，在斯巴达举行的裁决雅典是否违背了三十年和约的会议上，我们看到以监察官为代表的平民派首先接受了战争思维，他提出的宣战理由有两点：第一，对那些原先优秀现在变坏、伤害同盟者的人必须给予惩罚。第二，必须援助受到侵害的同盟者。最后，公民大会通过决议，裁定雅典违背了和平协议，必须时刻准

---

① Thuc. I. 109.
② Thuc. 1. 69.
③ Thuc. I. 112.
④ Thuc. II. 21.
⑤ Thuc. I. 114，115.
⑥ Thuc. V. 16.
⑦ 事实上，斯巴达的和平政策只是昙花一现。就在协约刚刚签订，斯巴达驻守北希腊的克里阿里达斯就拒绝执行，而在休战期间，雅典和斯巴达都没有执行和约的规定，只不过是暂时停止了公开的战争。(Thuc. V. 21，26.)——笔者注

备战争。接下来以国王为代表的反战派也接受了战争。在很长一段时间内，斯巴达国王似乎都不愿意战争[1]，但为了维护其政治地位，他们不得不站在战争的前线，阿基达玛斯成为伯罗奔尼撒战争初年的斯巴达军队统帅。在他之后，阿基斯虽然开始怠于战争，但在公元前421年之后，也成为斯巴达好战派的领袖，多次带军出征，在曼提尼亚战役中一雪前耻。之后，该家族的阿吉西劳斯在与阿基亚德家族和莱山德的政权斗争中成为激进主战派的代表。可见，特殊的国际形势驱使斯巴达的国王以及贵族阶层也接受了战争思维，推动着斯巴达的军国主义化。

最后，斯巴达的外交政策发生显著变化。公元前445年之后，斯巴达逐步改传统的保守外交，转向主动进攻、建立帝国的侵略性外交政策。战争不再以报复和掠夺为目的，而是以控制人口和地区为目的。斯巴达早期的攻势主要是对雅典及其盟友的骚扰式进攻，如普雷斯特阿那克斯、阿基达玛斯对阿提卡半岛的进攻，都是战斗一结束就撤军。后来，斯巴达开始占领土地，建立直属于自己的军事据点。公元前431年，伯罗奔尼撒战争爆发时，斯巴达宣称战争的目的是从雅典的僭主统治下解放希腊各邦，但公元前426年，斯巴达出于控制中希腊、建立海军基地的需要，在特拉启斯建立殖民地赫拉克利亚。[2] 公元前423年，伯拉西达率领斯巴达军队远征北希腊。他一到北希腊就宣称，他们是来解放希腊城邦的，他将帮助各邦恢复自由，并保证所有盟国的独立。[3] 但是，这年冬季，斯巴达派来三位使节带着一些年轻人来做那些被征服城市的统治者，伯拉西达自己亲自任命了安菲波利斯和托伦涅的总督。[4] 公元前415年，斯巴达接受雅典流亡将军阿尔西比阿德斯的建议，在雅典边境的狄开利亚建立军事据点，长期驻军。公元前412年，阿基斯任命阿尔克墨涅斯和麦兰苏斯为优卑亚总督。斯巴达总督最多的时候每年为斯巴达带来的税额就达1000塔兰特白银。

除了总督制度之外，斯巴达还在海外设置海军统帅，加强对希腊各地的统治。斯巴达海军本不强大，但在伯罗奔尼撒战争开始之后，斯巴达寻求波斯的

---

[1] 如公元前446年，阿基亚德家族的青年国王普雷斯特阿那克斯从阿提卡前线撤军。公元前432年的公民大会上，优利彭提德家族的阿基达玛斯也不愿意战争。

[2] Thuc. III. 92.

[3] Thuc. IV. 85, 86.

[4] Thuc. IV. 132.

帮助，扩张海军。斯巴达的海军舰船最多的时候达 200 余艘。斯巴达还在海外各地建立亲斯巴达政府。正如修昔底德所说：斯巴达并不要求盟国交纳盟金，但却在各国建立贵族政体以确保它们为斯巴达的利益效力。[①] 帝国时期的亲斯巴达政权的最大特征是它们都是在斯巴达的武力干涉下建立起来的，又受到斯巴达的武力保护。萨摩斯的十人制政府是莱山德直接任命的。[②] 雅典的三十寡头虽然是经过选举产生的，但整个选举过程则是在莱山德的操控之下进行的[③]，直到选举完成莱山德才离开雅典。[④] 底比斯的僭主政体则是在斯巴达军队的直接帮助下建立的。这些附属国必须向斯巴达缴纳赋税，提供服役。总体来看，在伯罗奔尼撒战争开始之后，斯巴达开始执行赤裸裸的帝国主义的外交政策，对外大肆侵略和掠夺。

　　随着主战派掌控政权、外交政策的调整，斯巴达的整个政治制度也逐步军事化。这种变化明显地反映在人们对莱库古改革和对斯巴达政治制度的评价上。我们迄今所知最早的有关莱库古改革的记述来自希罗多德，但希罗多德的有关记述主要是军事方面的。而我们通过后来的史料所知，莱库古改革主要是有关斯巴达的国家宪制，如修昔底德就认为莱库古改革的主要内容是建立了一套"优良的制度"（eunomia）。[⑤] 希罗多德公元前 447 年来到雅典，在这之前他在西亚各地游历，对斯巴达的情况不会有太多了解。《历史》的前半部分都是在游历中写成的，来到雅典之后开始写关于希腊本土部分的历史，《历史的》的第一卷应该写成于这一时间。众所周知，希罗多德并没有对材料进行认真的考证，主要利用当时人的口头传颂。这说明在当时的斯巴达社会，人们谈论的主要是军事问题，对历史问题的认识也主要是从军事角度进行的。这折射出当时斯巴达社会的军事色彩已经很强。亚里士多德在评价斯巴达政制时提到两位作家将斯巴达政制的本质归结为军国主义，一位是柏拉图，另一位是提波戎。亚里士多德告诉我们，提波戎等同时代的作家都认为斯巴达的政制的本质是为了战争和克敌制胜。[⑥] 这位提波戎很可能是斯巴达人，他曾经担任将

[①] Thuc. I. 19. 1.
[②] Xen. *Hell*. II. 3. 7.
[③] Arist. *Ath. Pol*. 34.
[④] Xen. *Hell*. II. 3. 3.
[⑤] Thuc. I. 18.
[⑥] Arist. *Pol*. 1333b10ff.

军，公元前391年，死于小亚。至于柏拉图、伊索克拉底等人的记述已如前述。他们的记载都表明，当时的斯巴达政治制度已经彻底军事化了。

总体来看，笔者认为，判断斯巴达是不是军国主义国家的主要标准是其外交政策，国内政策只是佐证。如果一个国家不在外交方面显现出帝国主义、霸权主义、穷兵黩武的特征，这个国家不可能成为军国主义国家。当然，军国主义必然会在内在方面显现出来，如主战派掌权，对国民不同意见的高压政策等。对斯巴达来说，还有一个比较特殊的表现是国民教育的军事化，这一点虽然很重要，但将在教育部分再作阐述。因此，我们在研究中必须综合考虑内政外交因素，同时以外交为主。有鉴于此，笔者认为，公元前5世纪中期之前的斯巴达不是军国主义国家，真正的军国主义化的斯巴达开始于公元前5世纪50年代，在公元前400年前后达到鼎盛。

第十三章

斯巴达宗教

目前学术界已经公认古风时期是斯巴达各项制度快速发展的时期。但人们主要集中在政治和经济等领域，对古风时期斯巴达宗教生活的变革却没有给予足够的重视。人们主要从政治、军事、经济制度等角度去研究古风时期斯巴达的崛起，而对宗教在斯巴达崛起中的作用也不够重视。笔者认为，宗教领域的改革对斯巴达的崛起同样起了不可忽视的作用。

一 斯巴达早期的宗教变革

(一) 泛希腊化的奥林匹斯崇拜

实施奥林匹斯崇拜是早期斯巴达宗教生活中的第一个巨大变革。据尼尔森、格拉汉姆斯通等人的研究，在迈锡尼时代希腊世界的宗教以自然崇拜为主，崇拜的对象包括宇宙星体，如太阳、月亮、行星等；自然万物，如山川、河流、平原、天空、海洋、大地；自然现象，如风、雨、雷、电。宗教祭祀的场所通常在野外，对着枯树、巨石、幽洞、悬崖等地点。[1] 斯巴达的远古宗教生活与其他地区一样，也呈现出自然崇拜的特点，比较典型的如许阿肯托斯和海伦，据研究，许阿肯托斯的字面意思是风信子花，在古代希腊的宗教造型

---

[1] B. C. Dietrich, *The Origins of Greek Religion*, Berlin: Walter De Gruyter, 1974; Martin P. Nilsson, *The Mycenaean Origin of Greek Mythology*, Berkeley: University of California Press, 1932.

中,许阿肯托斯就是一种植物①;而海伦一词的字面意思则是一种树,在迈锡尼时代以树为造型的女神崇拜较为普遍,即使到了古风、古典时期,斯巴达的两大海伦祭坛其中一个就在斯巴达城内的树荫处,在公元前2世纪留下来的海伦造型中海伦的手呈树叶状,头上还有一个花瓶状的果篮。②

但到了黑暗时代晚期和古风时期早期,伴随着希腊世界城邦国家的兴起,希腊世界的宗教信仰同时开始转型。原先在线形文字B中出现的一些神灵消失了,一些原本不太重要的神灵如宙斯、波塞冬等地位凸显出来,一些来自东方的新的神灵如阿芙洛狄特受到人们的崇拜。由于年代久远、神灵众多,人们对各位神灵的由来、彼此之间的关系原本不清楚,经过赫西俄德的整理,人们对神灵世界的认知更清楚了,以宙斯为中心的奥林匹斯神系成为在世人们的创造者,开始受到人们的特殊崇拜。一种体现国家权力和秩序的宗教——奥林匹斯宗教兴起了。奥林匹斯宗教虽然还保留了较多的多神崇拜的特征,但在众神中开始有一些主要的神灵超越其他次要的神灵,他们为国家权力的建立提供了思想和宗教保障。进入古风时代的斯巴达也开始接受奥林匹斯崇拜。斯巴达接受奥林匹斯崇拜是一个逐步推进的过程,其高潮是莱库古改革,其表现则是引入宙斯和雅典娜崇拜。

斯巴达最先接受的可能是阿波罗崇拜。哈蒙德说,在阿米克莱,从迈锡尼时代晚期就有一个阿波罗神庙,此后没有经过重大破坏,陶器的风格也延续不变,直到公元前9世纪在当地的阿尔特米斯神庙中才出现新的陶器,显示宗教方面也发生了变化。③ 这与莱库古改革的时间基本一致,据说莱库古在改革前曾经到德尔菲神庙求取神谕。宗教对古代居民具有重大的影响,莱库古在改革前通过向德尔菲神庙求取神谕使自己的政治活动披上合法的外衣。④ 公元前7世纪的斯巴达诗人提尔泰乌斯留下的关于莱库古改革的诗也说:他们从庇提安那里得到阿波罗的神谕,神谕反映了神意,同时也得到了全面实施。⑤ 众所周知,德尔菲神庙是阿波罗的神所。这表明德尔菲神谕,及与其相关的阿波罗在斯巴达已经具有巨大的影响力,已经为斯巴达社会所崇拜。从后来的阿波罗祭

---

① B. C. Dietrich, *The Origins of Greek Religion*, p. 18.
② Martin P. Nilsson, *The Mycenaean Origin of Greek Mythology*, pp. 73–77.
③ [英] H. G. L. 哈蒙德:《希腊史》,朱龙华译,商务印书馆2016年版,第152页。
④ Plut. *Lyc.* 6.
⑤ Plut. *Lyc.* 6.

祀活动看，阿波罗祭仪中保存了古老的宗教成分。许阿肯托斯祭仪是阿波罗祭仪的重要组成部分，而许阿肯托斯神本是原始自然崇拜的象征。相对而言，我们在后来的宙斯崇拜、雅典娜崇拜中却没有这种具有原始宗教崇拜的痕迹，这说明在斯巴达阿波罗崇拜比宙斯崇拜更古老一些。

但是，在奥林匹克宗教中，阿波罗却是一个"年轻"的神。在线形文字B中甚至没有发现阿波罗的名字。在希腊的阿波罗祭祀中心之一——提洛岛，最早的神庙属于阿尔特米斯，而不是阿波罗，甚至在公元前700年修建的一座主要神庙还属于阿尔特米斯，阿波罗神坛只是祭坛周边的一个小神坛。在德尔菲地区，阿波罗在公元前8世纪之前还没有成为宗教活动的中心，在神话传说中，德尔菲古老的主神是大地女神而不是阿波罗。在有关阿波罗的神话中，有许多关于植物崇拜的痕迹，如下面我们要详细阐述的与斯巴达有关的许阿肯托斯崇拜，还有卡奈亚祭仪，最著名的是月桂女神达芙涅。这些都包含了阿波罗取代迈锡尼时代的植物崇拜成为主要神灵的某些信息。①

据布克特研究，阿波罗神包含了三重文化要素：多利斯－西北希腊文化要素、克里特－米诺斯文化要素和叙利亚－赫梯文化要素。② 多利斯－西北希腊文化要素实际是斯巴达人自身的历史和文化成分，克里特－米诺斯文化成分则是斯巴达人定居在拉科尼亚之后继承来的当地文化遗产，叙利亚－赫梯文化则来自东方的安纳托利亚半岛。阿波罗文化的主体来自东方，这特别体现在"阿波罗"这个神名来自东方。③ 东方的阿波罗文化大概在铁器时代（公元前1100—前800年）传到希腊。我们现在已经难以断定古典意义的阿波罗崇拜在斯巴达兴起的时间，但按照斯巴达人早期的迁徙历史和东方阿波罗文化的传播过程，它应该兴起于铁器时代的中后期，斯巴达人定居于拉科尼亚之后，即公元前1000年之后。

阿波罗崇拜的兴起伴随着阿波罗神自身神性的转变和迈锡尼宗教文化的衰落。阿波罗神在传入希腊之前具有更多自然崇拜的特征，如阿波罗有很多别名，其中就有"狼""老鼠"，但进入希腊之后，这些神性逐步消失了，阿波

---

① Walter Burkert, *Greek Religion: Archaic and Classical*, Oxford: Blackwell, 1985, p.144.
② Walter Burkert, *Greek Religion*, p.144.
③ Walter Burkert, *The Orientalizing Revolution*, London, Harvard University Press, 1992, p.82. 又可参见［苏联］M. H. 鲍特文尼克等《神话辞典》，黄鸿森、温乃铮译，商务印书馆1985年版，第2页，阿波罗词条相关内容。

罗成为艺术之神、医生之神、预言之神。有趣的是阿波罗有两个最主要的祭坛：提洛岛和德尔菲，提洛岛的阿波罗就没有预言功能，而德尔菲则是全希腊最著名的预言所之一，阿波罗在希腊大陆的其他祭坛也都具有预言功能。可以想见，阿波罗在泛海来到希腊的过程中逐步希腊化了，提洛岛的阿波罗带有更多的东方文化的特征，而德尔菲则具有更多的希腊文化的特征。

但阿波罗崇拜并不是完全取代迈锡尼时代的宗教文化，而是通过嫁接的方式实现的。这集中表现在阿波罗崇拜与许阿肯托斯崇拜机械性的整合上，许阿肯托斯崇拜作为阿波罗崇拜的组成部分被较为完整地保留下来，阿波罗祭祀活动的第一天正是祭奠许阿肯托斯，整个活动显得悲壮严肃，第三天才祭奠阿波罗，整个活动显得轻松愉快。

在奥林匹斯众神家族中，阿波罗虽然不是狄奥尼索斯那样的、近乎夸张的狂欢之神，但他作为丰收之神、艺术之神、医神，具有更多的生活色彩和私域活动的特性。这种神性与宙斯和雅典娜不一样，宙斯神被称为"力量之神、正义之神、城邦保护神"，雅典娜则是"智慧之神、司法之神、正义之神"，他们更多地与社会公共生活紧密结合在一起。正是这种神性的差异，使得阿波罗在斯巴达国家形成的过程中日益显得不合时宜，也正是在这个过程中，阿波罗崇拜让位给宙斯崇拜和雅典娜崇拜。

关于斯巴达的宙斯崇拜和雅典娜崇拜的文献记载很少，宙斯崇拜的兴起主要与莱库古改革相关，而关于宙斯崇拜的由来主要是普鲁塔克所提及的，称莱库古从小亚带回来的。学者们大多否定了莱库古小亚之行的可信性，但早期斯巴达与小亚地区之间的联系却是否认不了的。迈锡尼时代后期，希腊本土与小亚地区之间发生了著名的特洛伊战争。这场战争的结果是两败俱伤，希腊世界从此衰落下去，多利亚人乘机入侵，希腊进入荷马时期。小亚地区则在东方文化的影响下快速恢复，在希腊世界中，这里率先走出黑暗，经济、文化也率先出现繁荣景象，米利都就是其中的代表，米利都第一个开始了大规模的海上贸易和殖民活动，先后建立了数十个殖民地，政治上开始建立具有东方特色的僭主政治，米利都、萨摩斯的僭主政治都曾经风靡一时，文化上出现了泰勒斯、阿纳克西曼德、阿那克西美尼等哲学家，小亚地区还产生了纪事文学这一新的文学形式。

在小亚地区率先走出黑暗时代之后，希腊本土的社会经济也开始恢复，海上贸易活动开始活跃起来。斯巴达早期也曾经参加了对东方的经济交流，大约从公元前 750 年，斯巴达进入几何陶晚期时代，斯巴达的晚期几何陶吸收了科林斯和东方文化要素，这种情形在公元前 690 年之后更为明显。当时斯巴达南部的岛屿西塞拉是希腊南部主要的海洋贸易中转站，腓尼基人曾经在这里修建了阿芙洛狄特神庙。斯巴达的陶器远销海外，人们曾经在萨摩斯发现了这一时期的斯巴达陶器。① 日益扩大的商业活动范围为斯巴达带来了利润，同时也使斯巴达接触到东方的宗教。

据普鲁塔克记载，莱库古在被迫放弃王位流亡小亚时首次见到了《荷马史诗》。他发现《荷马史诗》的许多内容具有教育意义，所以在后来应召回到斯巴达时就把这部史诗带回斯巴达。现在人们都否认这一事件的真实性，但笔者认为，虽然莱库古的亚洲之行值得怀疑，但像莱库古那样曾经到过小亚细亚的斯巴达人肯定大有人在。因此，我们不必拘泥于莱库古故事的真实性，而是把这件事作为当时斯巴达参与国际活动的缩影。这些"莱库古"们到过东方，或者他们本身就来自东方，从东方带来了新的文化要素，这是毋庸置疑的。

其实，黑暗时代末期、古风时代早期，以《荷马史诗》为载体的奥林匹亚宗教的传播是希腊历史上的重大事件②，莫里将奥林匹亚宗教的传播视作希腊宗教发展五大阶段的第二阶段，称之为"奥林匹亚宗教的征服"。但是奥林匹亚宗教的传播绝不完全依赖《荷马史诗》，《荷马史诗》只是这一新文化的主要载体。对"莱库古的亚洲之行"正应该放在这样的语境下来理解。笔者认为，"莱库古"带回的史诗更多的是类似于《荷马颂诗》那样的史诗，而不是我们现在见到的经过庇西特拉图、亚历山大里亚知识分子加工润色过的《荷马史诗》。早期的《荷马史诗》的模样我们只能从《荷马颂诗》中推想，应该说，《荷马颂诗》相对于《荷马史诗》更为古老，主要是一些宗教诗。所以，莱库古即使不是直接带回了一些与《荷马颂诗》一样的作品，那也应该有不少共同点，这些共同点就是对神的更直白的歌颂与赞美。从这个意义上讲，莱库古改革同时还包括了宗教方面的改革。这个改革的内容就是推行《荷马颂诗》中的宗教崇拜。从后来的《荷马史诗》以及《荷马颂诗》看，这些诗歌其实体现了奥林匹斯崇拜。《荷马史诗》的主要神灵就是占据奥林匹斯山的宙斯、波塞冬等。

---

① P. Cartledge, *Sparta and Lakonia*, pp. 111, 122 – 123, 128.
② G. Murry, *Five Stages of Greek Religion*, New York: Doubleday & Company, Inc., 1955, p. 38.

从现在保留下来的有关莱库古改革的文献资料来看，莱库古的宗教改革体现了奥林匹斯宗教的特色，也直接引入了奥林匹斯宗教的主要内容。希罗多德记述说：当莱库古走进德尔菲神庙时，皮提亚对他说："啊，莱库古，你来到我富庶的神庙，你要亲近宙斯和所有居住在奥林匹斯山上的神灵。"① 普鲁塔克记述的《大瑞特拉》则提供了莱库古直接引入奥林匹斯崇拜的证据。普鲁塔克称莱库古从德尔菲神庙求得这样的神谕："当你为宙斯和雅典娜建起了神庙，并把人们分成'菲伊拉'（phyle）、'奥巴'（Obai），再创立起包括'阿卡格塔伊'（Archagetai）在内的三十人的元老院（Gerousia）。然后，你就在巴比卡（Babyca）和卡纳西翁（Cnacion）之间召开阿佩拉曾（Appellazein），并在那儿提出或废除议案，但人民必须有决定权。"② 尽管普鲁塔克关于莱库古改革的众多措施的记述存在争论，但是，《大瑞特拉》的史学价值却具有较高的可信度，这里，神谕指示莱库古做的第一件事就是"为宙斯和雅典娜建神庙"，也就是在实行以崇拜宙斯为中心的宗教改革。

再一份神谕是由奥诺茅斯记载的，这个记述没有背景材料，皮提安对莱库古说："只要你立誓遵守神谕，无论是彼此之间还是对陌生人都能做到公正，虔诚而纯洁地尊敬长者，尊重廷达柔斯的儿子——墨涅拉奥斯，和其他斯巴达的有生命的英雄，只要如此，宙斯和其他天界的神灵都会保护你。"③ 这份神谕虽然不像普鲁塔克记述的那样直接指示斯巴达要推行奥林匹斯崇拜，但改革前的政治合法性来自阿波罗，而改革后，斯巴达的最高也是最终保护神变成了宙斯。可见，改革涉及了宗教领域。

从后来我们所见的斯巴达宗教的空间分布来看，似乎反映了斯巴达早期宗教改革的某些踪迹。在斯巴达城内部，处于宗教生活中心的是宙斯和雅典娜，宙斯的神像被安置在斯巴达城内最高的地方，而雅典娜则有装修精美的"黄铜宫"，相反，早期的阿波罗崇拜中心则在离斯巴达城20公里的阿米克莱地区。宙斯和雅典娜崇拜与政治中心的合一，体现了在斯巴达政治和社会生活中宙斯崇拜与雅典娜崇拜有着极高的地位。但是，我们又注意到一个有趣的现象：在斯巴达的各种宗教祭祀活动中，阿波罗祭祀是最热烈、最丰富也最大众

---

① Hdt. I. 65.
② Plut. *Lyc.* 6.
③ Eusebius, *The Preparation for the Gospel*, V. 28.

化的，如后文要说到的，阿波罗祭仪包括三个组成部分，主体是许阿肯托斯节，而许阿肯托斯节要举行三天，先在城内后到阿米克莱，活动中不分男女老少，人们载歌载舞，气氛热烈。这就使得阿波罗祭祀带有明显的民间成分和古老色彩。而这种空间的分布启示我们，斯巴达的宗教生活中发生了宙斯逐步取代阿波罗成为斯巴达的主神这样的变化，正宗的奥林匹斯崇拜在斯巴达逐步确立起来。

斯巴达国家发生的宙斯崇拜取代阿波罗崇拜的过程已经很难恢复了。从神性的角度看，宙斯当初也和其他神灵一样，并无特别之处，他也经历了从自然神崇拜向抽象神崇拜的发展。宙斯原先是气候之神、天空之神，这是整个印欧语系各族共同的文化传统，他们都有着共同的词根，意即"照耀"①。早先的宙斯崇拜还有生殖力崇拜、丰产崇拜的成分，宙斯丰富多彩的情爱生活、众多的子女，以及后裔的强大与美丽正是古老的丰产崇拜的遗迹。但这些与人们日常生活密切联系的神性逐步消退，而与社会公共生活相关的力量之神、正义之神的特性日渐明显。

国家的产生是宙斯神性转变的催化剂。对于新兴国家的缔造者来说，国家权力需要具有雷霆般力量的神灵的庇护，而宙斯正是因其掌握的雷霆和闪电的力量受到人们的追捧，其地位不断上升，成为众神之神。这个过程首先出现在美索不达米亚地区，接着在率先走出黑暗的小亚地区也开始了。如前所述，在希腊世界，小亚地区首先出现了经济的复苏，也首先建立了国家。现实的需要，以及与美索不达米亚地区便捷的联系，使得小亚地区的宗教生活先于希腊本土发生了变革，宙斯、雅典娜的地位上升。这种变革在《荷马颂诗》《荷马史诗》等作品中有很好的体现。宙斯正是以集云神、布雨神、雷霆神、闪电神于一身的形象出现，他是人间新兴君主的化身，在《荷马史诗》第二章，奥德修斯就在全军大会上宣布："我们阿凯奥斯人不能人人做国王，多头制不是好东西，应当让一个人称君主。"② 他最特别之处在于他具有超越其他众神的力量，他骄傲地宣布："我比全体天神强得多，任何一位天神都不要企图违反我的话，你们必须服从。"③

---

① W. K. C. Guthrie, *The Greeks and Their Gods*, Boston: Beacon Press, 1950, p. 37.
② *Ild.* II. 203 – 204.
③ *Ild.* VIII. 7 – 27.

小亚地区的文化成果又通过各种途径传播到希腊本土。尽管人们普遍认为奥林匹斯宗教包括三个来源：南下的多利斯人从北部希腊带来的自身文化传统，中南部希腊保存下来的迈锡尼文化遗产，来自东方即小亚地区的文化成果。但以宙斯为主神的宗教体系更可能来自小亚地区。[1] 在原先的希腊本土，宙斯曾经被各家各户供奉以求保护家庭免遭火灾，但在《荷马史诗》中，宙斯却成为居住在天庭执掌雷电的天神，也成为人间君主的保护神，在《伊利亚特》中他就是阿伽门农的保护神，自《荷马史诗》传来之后，宙斯的形象就固定了。

这种宗教信仰向希腊本土的传播不仅是纯粹自发的过程，更是希腊本土主动吸纳的结果。传说中的莱库古改革时期，即公元前9—前8世纪，正是希腊城邦兴起的时期，希腊各邦都需要宗教的力量为城邦保驾护航。以宙斯为至上神的新的奥林匹斯宗教正满足了希腊本土的这一历史需要。所谓的"莱库古东行"正是这一历史进程的体现。虽然莱库古改革笼罩着厚厚的迷雾，但莱库古进行的政治改革还是得到大多数学者的确定，只不过具体的细节存在争论。基于此，斯巴达以宙斯崇拜为核心的奥林匹斯宗教是在莱库古改革中确立起来的。

综上所述，在斯巴达国家建立的过程中，斯巴达的宗教生活发生了巨大的变化。从迈锡尼时代的自然崇拜进而采纳了阿波罗崇拜，最后采纳了宙斯崇拜。正是因为斯巴达的宙斯崇拜最终是经过改革建立起来的，所以斯巴达的宙斯崇拜带有一定的外源性，可能正因如此，迄今所知在斯巴达民众中，人们祭祀更多的是阿波罗而不是宙斯。

(二) 本土化的英雄崇拜

就在斯巴达建立体现国家主权特色的奥林匹斯宗教崇拜时，希腊世界同时也兴起了英雄崇拜。[2] 奥林匹斯崇拜体现的是国家政权的建立，而英雄崇拜则体现了城邦个体特性的确立。古风时期希腊国家形成的一大特征是在同一时间

---

[1] W. K. C. Guthrie, *The Greeks and Their Gods*, p. 35.

[2] Anthony Snodgrass, *Archaic Greece: The Eity - States, c. 700 - 500 B. C.*, London: Ernest Benn, 1976, pp. 38 - 40.

段内同时产生许许多多的小国家,这些国家聚集在希腊半岛、爱琴海诸岛和小亚细亚等有限的空间中。每一个城邦需要一种文化确立自己的个性,实行政治上的自我认同。这一历史需要则是通过本土化的英雄崇拜实现的。

英雄崇拜的主要特征就是对具有地方性的迈锡尼时期的传说人物及其纪念物给予崇拜。比较著名的有斯巴达对奥瑞斯特斯、希昔翁对麦拉尼普斯以及雅典对特修斯所谓遗骸的寻找与崇拜。① 按照斯诺德格拉斯的说法:"在公元前750年之后不久,在阿提卡地区、波奥提亚地区、福克斯地区、阿尔戈斯和美塞尼亚地区,以及某些大陆之外的海岛上都出现了一种全新的对青铜时代的墓穴进行献祭或给予崇拜的现象。"斯诺德格拉斯对此的解释是当地的居民为了显示对当地土地的所有权。② 斯诺德格拉斯本人把古风时期解释为个体主义兴起的时期,如果按照这个理解,那么在古风时期兴起的这股崇拜古人热绝不仅仅体现为对奥瑞斯特斯、特修斯这样的名人,还势必包括了一些不知名的人及一些家族祖先,这就是斯诺德格拉斯所说的对一些墓地的崇拜。但是,斯诺德格拉斯对此并没有加以区分。

安托纳西奥发展了前者的观点,同时对著名英雄人物和普通墓地的崇拜进行了区分。他认为,古风时期的墓地崇拜分为两类:一类是圣地崇拜,这类圣地往往是在迈锡尼时期就已经成为重要宗教中心的地区,作为宗教圣地由来已久,其在社会中的记忆,甚至特定的地表建筑依然保存下来。如斯巴达的阿米克莱、厄琉西斯和厄庇道鲁斯地区的阿波罗崇拜、奥林帕斯以及提诺斯地区的阿尔特米斯等都流传下来。③ 另一类是墓地崇拜,这类朝拜的对象往往是迈锡尼时期一些不知名的墓穴,也没有具体的宗教节日,这类崇拜与英雄崇拜一样,一直流传到古典时期。④ 安托纳西奥详细收集了已有记录的墓地崇拜实例。⑤

安纳托西奥的研究具有重要的史学价值。圣地崇拜主要关涉那些具有较大

---

① Hdt. I, 68; V, 67; Plut. *Theseus*, 34; *Cimon*, 8.
② Anthony Snodgrass, *Archaic Greece*, pp. 38, 39.
③ Susan E. Alcock and Robin Osborne edt., *Placing the Gods: Sanctuaries and sacred space in ancient Greece*, Oxford: Clarendon Press, 1994, p. 88.
④ Susan E. Alcock and Robin Osborne edt., *Placing the Gods*, p. 90.
⑤ Carla M. Antonaccio, *An Archaeology of Ancestors*, London: Rowman & Littlefield Publisher INC., 1995, Chapert 2.

影响的荷马－迈锡尼的英雄。这些英雄的数量有限，大多为或逐渐为正在兴起的希腊国家掌握在自己的手中，成为凝聚公民群体、提高中央权威的工具。而墓地崇拜本身的资源较多，可以为更多的利益群体所利用。实际上，墓地崇拜不仅仅是对荷马－迈锡尼时期古墓的崇拜，还包括了对一些不知名的墓地的崇拜，他们往往在这些墓地的地面设置标志以便日后的祭奠，所以有阿提卡地区那些遍地的界碑，这些界碑同时也是墓碑。① 古风时期正是希腊世界权利意识勃兴、个体主义兴起的时期②，各地居民正是通过对当地古墓的崇拜来证明自己或本族土地占有的合法性③。其实宗教不仅用来证明土地所有权，也被用作政治符号，成为权力斗争的工具。

　　正是因为这样，希腊各国的英雄崇拜呈现出明显的地方特征，即一国之内，不同地区、不同氏族、不同家族都有自己不同的崇拜对象。以雅典为例，米卡列森说：不同地区之间的神的相对重要性是不一样的，每个德谟都会对与当地联系紧密的神给予特殊的祭祀。④ 怀特海德在《阿提卡的德谟》一书中则进一步指出了不同德谟所祭祀的神灵，虽然没有能明确每一个德谟所祭祀的神灵，但其研究成果证明了米卡列森的观点。它比较全面地搜集了各个德谟所祭祀的各种神，其中有些神属于奥林匹斯神系，为不同的德谟所祭祀，有些神则是与各个具体的德谟相联系，比如阿卡奈德谟祭祀战神阿瑞斯、艾克匈尼德谟祭祀赫伯、科发勒德谟祭祀狄奥斯科里、厄瑞克提斯德谟祭祀留卡斯皮斯和艾博普斯，还有一个沿海的不知名的德谟祭祀波塞冬。⑤ 兰伯特不同意他们的观点，认为宗教的作用在于为国家统一提供基础，虽然每个德谟有自己的崇拜神，但只有宙斯、阿波罗、雅典娜三个神才受到各个德谟和胞族的普遍崇拜。不过，兰伯特也承认：胞族的宗教活动具有为胞族存在提供宗教基础的作用。⑥ 事实上，我们无法否认地方性宗教崇拜的存在。

---

　　① Anthony Snodgrass, *Archaic Greece*, pp. 36 – 40.

　　② Carla M. Antonaccio, *An Archaeology of Ancestors*, Chapert 5; Bruno Snell, *The Discovery of the Mind in Greek Philosophy and Literature*.

　　③ Anthony Snodgrass, *Archaic Greece*, pp. 36 – 40.

　　④ Mikalson, "Religion in the Attic Demes", *The American Journal of Philology*, Vol. 98, No. 4 (Winter, 1977), p. 432.

　　⑤ David Whitehead, *The Demes of Attica*, 508/7 – ca. 250 B. C., Princeton: Princeton University Press, 1986, pp. 203 – 207.

　　⑥ S. D. Lambert, *The Phratries of Attica*, pp. 206 – 207.

但是，在希腊世界这股宗教地方化的潮流中，也有例外。斯诺德格拉斯指出：斯巴达、克里特、色萨利是三个比较特殊的地区，在这里缺少相关的证据。① 斯巴达虽然实行了类似克里斯提尼改革那样的以地缘关系进行行政划分的奥巴制改革，但每个奥巴并没有自己的崇拜神，我们看到的斯巴达的英雄崇拜是在全社会层面的崇拜。斯巴达的英雄崇拜内容比较丰富。有对迈锡尼时期的英雄人物的崇拜，还有对伟大祖先的崇拜，对祖先的崇拜则是斯巴达的英雄崇拜的特征之一。

在迈锡尼时期的英雄人物中，斯巴达主要崇拜阿伽门农、墨涅拉奥斯等传说中的英雄。墨涅拉奥斯崇拜较好地体现了斯巴达追求自我政治认同的宗教取向。墨涅拉奥斯是迈锡尼时期的英雄。但在《荷马史诗》中，墨涅拉奥斯的形象并不突出，他战术平平、胆小怕事、过分重视自己的小家庭，甚至还有点迷恋女色。然而，据考古发掘，对墨涅拉奥斯的崇拜在斯巴达国家产生之际就很盛行。在优拉托斯河东岸的墨涅拉奥斯祭坛的祭祀活动一直没有中断，而在斯巴达国家建立之后祭祀更甚。卡特利奇认为，墨涅拉奥斯和海伦的记忆出现于晚期几何陶时期，即公元前750—前690年之间。②

阿伽门农崇拜大概是在公元前6世纪中期正式实行起来的，而其实行的背景则是与多利亚国家——阿尔戈斯争霸。古风时期的斯巴达不断对外征服，开疆拓土，而争霸的对象主要是土著的阿卡亚人，这种矛盾在征服美塞尼亚的斗争中达到高潮，我们在"第二次美塞尼亚战争"中实际上看到的是斯巴达在与阿卡亚人联盟作战。征服美塞尼亚之后，斯巴达开始与阿尔戈斯争霸，这是两个多利亚人国家之间的战争，斯巴达必须争取国际援助，当时的伯罗奔尼撒半岛上除了以城邦为单位的政治划分外，还有以种族属性为单位的政治划分。为了赢得战争的胜利，斯巴达改变策略，靠近阿卡亚人，并争取阿卡亚人的支持，于是他们开始改革自己的宗教政策，崇拜迈锡尼时期的也是阿卡亚人的精神鼻祖的阿伽门农及其子奥瑞斯特斯。

赫拉克勒斯崇拜是斯巴达英雄崇拜的另一个重要内容。赫拉克勒斯是希腊传说中的英雄，一生完成了无数的伟业。但赫拉克勒斯与斯巴达的联系并不紧密，这一传说可能首先由阿尔戈斯创立，后来又为底比斯所丰富发展，我们现

---

① Anthony Snodgrass, *Archaic Greece*, p. 39.
② P. Cartledge, *Sparta and Lakonia*, p. 112.

在看到，赫拉克勒斯的出生及早期活动主要与阿尔戈斯和底比斯两个国家相关。但斯巴达也把这一神话人物与自身的历史联系起来，演绎了赫拉克勒斯子裔回归的故事，将自己的祖先也置于赫拉克勒斯的后裔之列。

祖先崇拜是斯巴达英雄崇拜的第四个组成部分。其中两个典型事例是对国王祖先的崇拜和对莱库古的崇拜。斯巴达一直保留了国王制度，同时也保留了对国王祖先的崇拜，在斯巴达保存了希腊世界最完整的王表，尽管王表本身的可信度并不高，尤其是早期的王表疑问更多。但一个完整的王表说明斯巴达对祖先的崇拜。莱库古崇拜也是祖先崇拜的证明。莱库古其人的真实性现在引起人们的无限怀疑，但笔者认为，莱库古的文化历程类似于佛祖、穆罕默德等宗教人物，原先确有其人，但后来经过人们的长期附会，变得越来越不可信。无论如何，对一个凡人穿越时空的崇拜说明了斯巴达对祖先的崇拜，也说明祖先崇拜在斯巴达文化生活和宗教生活中占有特殊的地位。通过比较斯巴达与雅典的英雄崇拜，我们会发现，斯巴达的祖先崇拜并不是体现为对各个家族的祖先的崇拜，而是表现为对那些具有重要政治影响力的祖先的崇拜。这种崇拜呈现出一定程度的统一性。

总体来看，斯巴达的宗教统一建立得较早。在雅典，迟至庇西特拉图时期才开始大规模推行以奥林匹斯诸神为主的宗教，而斯巴达早在莱库古改革时期就已经实现。莱库古改革的具体时间充满了争论，但我们认为，以《大瑞特拉》为主要内容的改革是莱库古改革中实现得最早的，应该是在公元前8世纪，斯巴达征服拉科尼亚之后、征服美塞尼亚之前。由于奥林匹斯宗教崇拜推行得较早，所以宗教的统一化也进行得较早。我们现在不知道公元前7世纪斯巴达的宗教是否经过类似雅典那样的从地方性色彩较强到中央色彩较强的发展过程，但在公元前6世纪我们看到斯巴达的宗教统一性很强，明显的证据是我们几乎没有看到带有地方色彩的宗教活动。正如斯诺德格拉斯指出的，在公元前750年之后，当希腊各地地方性宗教崇拜开始盛行的时候，但在斯巴达等少数地方却没有出现上述情况。[1] 宗教的统一为斯巴达的政治统一、思想统一奠定了基础，也为斯巴达的强盛提供了支撑。

---

[1] Anthony Snodgrass, *Archaic Greece*, p. 39.

二 斯巴达宗教与国家权力

著名斯巴达史学家霍德金森认为,斯巴达宗教与国家权力存在着比其他城邦更为密切的联系。① 诚如前文研究的,斯巴达宗教相对于其他城邦具有更大的统一性,这种统一性反过来对斯巴达国家的方方面面产生了巨大的影响,使得斯巴达社会的各个侧面无不处于宗教的强烈影响之下。

(一) 对政治生活的影响

斯巴达的政治制度的合法性依赖于宗教。最为直接的证据莫过于莱库古改革,首先莱库古在改革之前到德尔菲神庙求取神谕,宗教成为这次改革的合法性基础之一。② 在德尔菲神谕之中,阿波罗首先指示莱库古为宙斯和雅典娜修建神庙,在这个改革中宗教改革是重要的内容,而且从后来斯巴达的宗教发展看,提倡推广宙斯和雅典娜崇拜是这个改革的基础,笔者认为,这实际上预示着斯巴达开始大力推广奥林匹斯崇拜。莱库古改革中,斯巴达的政治体制也发生了巨大的变化,双国王制度、三十人制的长老会议、公民大会等在改革中被创立或强化。在这样的剧变中,斯巴达通过宗教改革,提倡新的信仰体系,进而为自己新的政治变革确立合法性基础是可能的。

斯巴达国内的主要政治活动都要寻求宗教的支持。最为典型的是克利奥墨涅斯干预雅典内政和出兵阿尔戈斯以及克利奥墨涅斯受审事件。传说阿克密尼德家族在与庇西特拉图政治斗争中败北,流亡海外。在海外,阿克密尼德家族出巨资重建了德尔菲神庙,同时贿买皮提安,让他们在斯巴达人无论出于私事还是公事来神庙求神谕时,都要告诉他们,要他们解放雅典。最后斯巴达终于无法抗拒神的一再指示,出兵雅典。③ 当克利奥墨涅斯带兵进入雅典之后,他曾经来到雅典娜的神庙。克利奥墨涅斯还曾经带兵出征阿尔戈斯,据说克利奥

---

① S. Hodkinson, "Social Order and the Conflict of Value in Classical Sparta", *Chiron*, 1981, p. 273.
② Plut. *Lyc.* 6; Strabo, X. 4. 19.
③ Hdt. V. 63.

墨涅斯在得到了德尔菲神庙的神谕指示之后才进行的。① 在阿尔戈斯的赫拉神庙克利奥墨涅斯也要去奉献牺牲，据说祭司曾经阻止克利奥墨涅斯献祭，于是他命令黑劳士将祭祀拖出祭坛，狠狠地鞭打，然后他自己在那里牺牲献祭了。② 此后，克利奥墨涅斯撤军回国，斯巴达恼于克利奥墨涅斯擅自撤军，对其进行审判。克利奥墨涅斯称他在赫拉神庙献祭时，神火从女神的胸部喷出，这意味着神不允许他全部占领阿尔戈斯。斯巴达人因此赦免了克利奥墨涅斯。③ 在这里可见，斯巴达在是否出兵、战争过程中的重大决策以及国家审判等方面都受到宗教神谕的影响。

　　国王是斯巴达的重要权力机构，国王的废立都需要寻求神的指示。据修昔底德记载，普雷斯特阿那克斯重新登基时，斯巴达就举行过跳舞和献祭仪式，迎接他回来。而这个仪式与斯巴达国王即位典礼一样④，也就是斯巴达的国王即位都要举行这种仪式。按照希罗多德的记述，戴玛拉托斯与克利奥墨涅斯发生政治矛盾，克利奥墨涅斯决心驱逐戴玛拉托斯，借口是戴玛拉托斯不是其父的亲生子，但斯巴达人无法确定，于是去求取阿波罗的指示。克利奥墨涅斯贿赂德尔菲的祭司，使其按照自己的指示回答斯巴达神使。这样斯巴达剥夺了戴玛拉托斯的王位。⑤ 阿吉西劳斯的即位也与神谕有关。阿吉西劳斯本人有跛足的缺陷。在登基之前，斯巴达的预言家迪奥佩托斯发布一个神谕，声称神不同意斯巴达选择一位跛脚的新国王。后来，莱山德对此重新加以解释，认为神谕所说跛脚是指血统的不纯正，从而否定了对手利奥提奇达斯，使阿吉西劳斯终于顺利当上国王。⑥ 普雷斯特阿那克斯的复位也与宗教有关，据修昔底德的记述，普雷斯特阿那克斯曾经被斯巴达驱逐流亡海外二十年，后来他贿赂德尔菲祭司，使她对每次前往祈求神谕的斯巴达人的代表答复说："你们将半神儿子的苗裔带回去，要不然你们肯定要用银犁头耕地。"于是，斯巴达最终迎回了普雷斯特阿那克斯。⑦ 斯巴达国王的罢免也与宗教有一定的关系。关于斯巴达

---

① Hdt. VI. 76. 1
② Hdt. VI. 81.
③ Hdt. VI. 82.
④ Thuc. V. 16.
⑤ Hdt. VI. 65–66.
⑥ Plut. *Ages.* 3.
⑦ Thuc. V. 16.

国王的罢免，部分原因是因为国王发生错误，被监察管和公民大会弹劾罢免。还有一种情形就是监察官每隔九年，就要选择一个无月晴朗的夜晚观察天象，如果有流星划过，就说明国王有错误，冒犯了神灵。这时候，斯巴达会先暂时停止国王的执政，同时派人去位于德尔菲或奥林匹亚求取神谕，以决定是否罢免国王。[1]

(二) 对军事活动的影响

宗教在军事方面的影响更大。色诺芬对此多有记载，按照他的记载，斯巴达军事行动自始至终都伴随着不断的宗教活动。部队出发之前，国王首先率众对"领导者·宙斯"献祭，如果他得到好的征兆，就有专职人员从国家神坛取得火种，然后擎火者带着军队来到国境线上，在这里，国王再次对宙斯和雅典娜献祭。在走出国境之后，斯巴达军队每天早晨天亮之前，还要由国王举行献祭，以求取吉兆。这时候，有很多人参加献祭，监察官则对这个祭祀过程加以监督。[2] 正因如此，斯巴达的军队后面总是跟随着一大群祭祀用的牲畜。[3]

战斗过程中每一次重大决策也总是现场祈求神谕，以决定自己的行动。如在普拉提亚战役前夕，神谕告诉斯巴达：采取守势是吉兆，采取攻势则是凶兆，斯巴达军队于是采取守势。[4] 波斯军队利用这个机会做好了开战准备。战争开始之后，斯巴达将领波桑尼阿斯首先举行祭祀问卜，只因为没有得到吉兆，他们不得不耐心等待。然而这时波斯军队却已经发动攻击，斯巴达士兵不停地中箭身亡。但波桑尼阿斯依然一次又一次地问卜，直到求得吉兆之后，他们才发动反击。尽管希腊军队取得胜利，但因为宗教许多希腊士兵死于非命。[5] 又如，在公元前399年，斯巴达将领德尔西里达斯率军在赫勒斯滂地区与波斯总督法拉巴左斯的战争中，竟因神示不利，三次拖延战机，耽误了三天直至最后一天取得吉兆才发动战争。但最终，波斯利用这个机会做好了准备，

---

[1] Plut. *Agis*, 11.
[2] Xen. *Lac. Pol.* XIII. 2 – 5.
[3] Paus. IX. 13. 4; *Lac. Pol.* XIII. 3; XV. 5.
[4] Hdt. IX. 36.
[5] Hdt. IX. 61 – 62.

斯巴达军队因此失败。①

　　宗教还可以改变斯巴达的军事行动。如公元前494年，克利奥墨涅斯率军从陆路进攻阿尔戈斯，但在厄拉西诺斯河边得到的神谕不利，他被迫改变进军路线，取道海路。② 公元前490年，马拉松战役即将打响，但斯巴达因为月缺，不吉，拒绝派兵支援雅典军队。③ 公元前396年，阿吉西劳斯率军在赫勒斯滂地区与波斯军队打仗，但因为神示不利，不得不放弃战争，阿吉西劳斯的借口是等待骑兵。④ 神示甚至可以中止一次军事行动，在伯罗奔尼撒战争期间有三次进攻阿尔戈斯的计划因为不利的神示而被取消，公元前419年夏季，国王阿基斯率军进驻北部边境的留克特拉，但在关于越境的祭祀问卜中没有吉兆，斯巴达放弃了这次出征。此后，阿尔戈斯侵入厄庇道鲁斯，并将出征开始后的月份称为卡尔纽斯月，以阻止其他多利亚国家干涉。这时，斯巴达准备出兵，但因为问卜又没有获得吉兆，被迫放弃。紧接着，在冬季，斯巴达试图发动入侵阿尔戈斯的战争，又因为没有吉兆而放弃了。⑤ 公元前388年，阿尔戈斯大部分军队出征在外，这是斯巴达进攻阿尔戈斯本土、给其致命一击的绝好机会。斯巴达留守国王阿基斯波利斯率军出征。但在祭祀时，因为没有得到吉兆，他就此放弃出征，班师回国。⑥

　　斯巴达军队中还有专职祭司。在斯巴达的军队中，也许国王和将军控制着何时何地如何举行献祭，而祭司则负责解读神谕。最著名的例子就是提撒美诺斯兄弟。据说他在斯巴达军队中的地位堪比斯巴达国王。他先后为斯巴达预言了五次胜利。他也因此和他的弟弟一起被斯巴达吸收为公民，而且据说这是仅有的两个获得斯巴达公民权的异邦人。⑦

---

① Xen. *Hell.* III. 1. 17 – 19.
② Hdt. VI. 76.
③ Hdt. VI. 106.
④ Xen. *Hell.* III. 4. 15.
⑤ Thuc. V. 54, 55, 116.
⑥ Xen. *Hell.* IV. 7. 7.
⑦ Hdt. IX. 33.

(三) 对王权的影响

斯巴达国王在宗教方面享有重要的特权。国王被视作一个神，而非凡人。国王家族被视为希腊神话英雄——赫拉克利特的后裔，而且斯巴达社会竭力维持这个家族血统的纯正性。在希罗多德的作品中比较清楚地记述了从赫拉克利特之后的传承关系，波桑尼阿斯也有较为清楚的记述。这说明斯巴达社会的国王血统和传承较为清晰，对斯巴达国王的血统也特别地重视。如戴玛拉托斯就因为被怀疑不是国王的嫡子而被剥夺了王位。公元前397年，阿基斯去世，其子利奥提奇达斯被怀疑是阿尔西比阿德斯的私生子，于是失去王位，改为其叔阿吉西劳斯继位。[①] 戴玛拉托斯在波斯王庭中对大流士提出的王位继承的建议中，也渗透着血亲嫡长子继承的观念，即必须是即王位之后的所生子女中的嫡长子，这样才能保证国王血统的纯正。[②] 因为在古代希腊国王往往由偏房继位，他们在成为国王之前就已经有了孩子，或者妻子在嫁给自己之前就已经有了孩子。斯巴达对国王血统重视的背后是对神的力量的重视和神－王合一的观念，任何人在成为国王之后才得到神的庇护，此时所生子裔也才得到神的庇护。

如前所述，国王登基伴有宗教活动。[③] 国王去世更是得到几如神灵般的礼遇。色诺芬称在国王葬礼上，国王被尊崇为半神。[④] 据希罗多德记述，斯巴达国王死后，有骑兵骑马到拉科尼亚各地传讯，都城的妇女们则敲着锅四处报信，每家每户都必须派出两个自由人，一男一女服丧。庇里阿西人、黑劳士也必须分别派出一定数量的代表参加葬礼。参加葬礼的人使劲扑打前额，尽情哀哭。如果一位国王阵亡了，还必须为他制作一尊塑像，放在一张富丽堂皇的床上，抬出去下葬。[⑤]

国王在世时，是宗教生活的最高领袖。希罗多德指出：斯巴达两个国王分别担任了拉凯戴蒙人宙斯和乌拉诺斯宙斯的祭司。每个月的第一天和第七天每

---

① Xen. *Hell.* III. 3. 1.
② Hdt. VII. 3.
③ Thuc. V. 16.
④ Xen. *Lac. Pol.* XV. 9.
⑤ Hdt. VI. 58.

位国王都由国家出资为他们向阿波罗神庙奉献一头洁净无瑕的牺牲。① 色诺芬说:"莱库古规定,出身于神的王以国家名义主持各种公共祭典。"② 希罗多德说:"国王在和平时期,在举行任何公共祭祀的场合,都要坐在首席,最先受到款待。"③ "在出征时,可以用尽可能多的牺牲祭祀。"④ 色诺芬讲得更清楚:国王在斯巴达城内、跨越国境、出境战争期间要不断举行祭祀活动。⑤ 为了履行特殊的宗教责任,斯巴达的国王每人为自己选择两位专职的神使,他们的职责就是去求取神谕。他们和国王一起用餐,所有的费用均由国家承担。⑥ 求取回来的神谕,一经发布,便交由国王保管。⑦ 众所周知,斯巴达国王又是全国的最高军事统帅,而军事权力是国家政治中的特殊权力,宗教权力与军事权力,进一步提高了宗教对斯巴达国家政治的影响,也提升了国王在斯巴达国家政治生活的地位。

(四) 对日常生活的影响

宗教对斯巴达的日常生活也产生了巨大的影响。考古人员在阿尔特米斯神坛发现了大量的还愿物,这些还愿物中既有造型简陋、造价低廉的普通陶器,甚至用泥土直接烧制而成的小陶像,也有青铜、铁质或铅质的塑像。前者显然是适应普通民众阶层需要而制作的,也是由他们敬奉的。考古学家还在墨涅拉奥斯祭坛发现了许多还愿物,他们同样体现了宗教祭司的平民性。普通民众对神灵的祈求无所不包,除了求子求福求平安之外,希罗多德还记述了求美丽的事例,国王阿里斯通的第三任妻子在婴儿时期长得非常丑陋,她的保姆每天带着她到位于特拉普涅的海伦神庙去祈祷,求神改变孩子的容貌,后来果然应验,海伦幻化成一个成年妇女,用手抚摸孩子的头,从此这个女孩越来越漂

---

① Hdt. VI. 56.
② Xen. *Lac. Pol.* XV. 2.
③ Hdt. VI, 57.
④ Hdt. VI, 56 – 57.
⑤ Xen. *Lac. Pol.* XIII, 4.
⑥ Hdt. VI. 57; Xen. *Lac. Pol.* XV. 5; *Hell.* IV. 7. 2.
⑦ Hdt. VI. 57.

亮，成为斯巴达最美的女人。① 在斯巴达，海伦是未成年少女的保护神，不仅女孩的容貌要祈求海伦的庇护，女孩成年仪式也是在海伦圣所进行，通常是在一棵象征海伦的古树前面举行集体活动，成年的少女就此告别童年时代，结婚的少女就此告别单身，成为新娘。

宗教场所也是斯巴达实施特殊活动的地方。在阿尔特米斯神坛，斯巴达每年都要举行大规模的宗教活动，其中两项活动非常的特殊，第一项是鼓励儿童在祭司中窃取祭坛上的食物，越多越好，第二项是在祭坛上举行鞭打比赛。前者的目的是培养儿童自我求生的能力，后者则是为了培养儿童的忍耐力。

宗教场所还是人们求取神护逃避处罚的场所。如波桑尼阿斯在被捕前就躲藏在雅典娜神庙，斯巴达军队竟不敢进去，直到波桑尼阿斯在里面饿得奄奄一息。据称约公元前470年，曾经发生过黑劳士暴动，一部分起义奴隶躲进了位于泰纳鲁斯的波塞冬神庙中，而当时斯巴达军队也不敢进到神庙内抓捕黑劳士，而是将黑劳士引诱出神庙，然后实施抓捕。②

在斯巴达国内，神像被安置在人们活动的每一个场所，如在斯巴达城内的跑道端点就安放着狄奥斯科里的神像。宗教节日是斯巴达民众娱乐放松的日子，普鲁塔克称在节日中斯巴达有一个代表三代人的三重唱合唱组进行表演。③ 1957年发现的奥克斯林库斯纸草文献中有一份阿尔克曼的残诗，残诗对斯巴达宗教节日的盛况有所反映，诗中提到来自皮塔纳村社和迪马斯部落的少女歌队进行歌咏比赛。色诺芬提到，公元前390年，科林斯战争期间，来自阿米克莱的军队为了参加许阿肯托斯节竟然从前线返回斯巴达，而留守的军队在护送完他们返回的途中被雅典和科林斯军队打得大败。④ 这件事从另一个方面说明宗教对斯巴达日常生活影响之深，竟然可以置前方战事于不顾。

总体来看，宗教对斯巴达社会的影响似乎比其他城邦更深刻，像雅典，公元前389年，伊菲克拉特前往赫勒斯滂地区募集钱款，尽管神示不利，但他依然行进。⑤ 而在普拉提亚战役中，斯巴达宁可置无数士兵生命于不顾，也不肯在神示不吉利的情况下出兵。两者形成了鲜明的对比。

---

① Hdt. VI. 61.
② Thuc. I. 128.
③ Plut. *Lyc.* 21.
④ Xen. *Hell.* IV. 5. 11.
⑤ Xen. *Hell.* IV. 8. 36.

三　斯巴达的奥林匹斯崇拜祭仪

斯巴达的奥林匹斯崇拜主要表现为对宙斯、雅典娜、阿波罗和阿尔特米斯的崇拜，其次是赫拉、波塞冬、赫尔墨斯、狄奥尼索斯，其他诸神虽然也受到崇拜，但不及前四个主神那样浓烈。下面主要对前四个神的崇拜加以阐述。

（一）宙斯崇拜

宙斯是古希腊奥林匹亚神系中的最高神。在希腊世界受到广泛的崇拜，斯巴达同样如此。但是斯巴达宗教生活中的宙斯崇拜却具有自己的特点。

斯巴达的宙斯崇拜中心在斯巴达城内。斯巴达城的中心广场有一座"公民大会保护神·宙斯"的神坛和一座"陌生人保护神·宙斯"的神像。在城内最高的小山上有一座"秩序之神·宙斯"的神庙，还有一座"至高无上的神·宙斯"的神像。阿米克莱地区是斯巴达的宗教中心。这里有一座"胜利之神·宙斯"的神庙和一座"顺利之神·宙斯"的神庙、一座"奥林匹亚·宙斯"的神像、"长老会议之神·宙斯"的神坛。阿米克莱地区更像是斯巴达的国家公墓，这里有波吕多洛斯的女儿、温泉关战役的英雄。据说这里的宙斯神像是在征服阿米克莱之后建造的。在另一个宗教中心特拉普涅则修建了"富裕之神·宙斯"的神庙。除了这些宗教中心之外，在斯巴达其他地方，路旁、河边，宙斯的神像神坛也随处可见。

在众多的希腊国家中斯巴达对宙斯的崇拜是比较强烈的，佩特森认为宙斯是斯巴达公民崇拜的神灵。[1] 众所周知，宙斯的神谕所主要有两个：一是多多那；二是奥林匹亚。多多那位于中部希腊，距离斯巴达较为遥远，中间还隔着若干与斯巴达不友好的国家，如阿尔戈斯、底比斯、雅典等。奥林匹亚位于伯罗奔尼撒西部，虽然离斯巴达较近，但奥林匹亚主要由厄利斯和阿卡迪亚控制，这两个国家与斯巴达的关系时好时坏，但整体来看不是太好。但斯巴达对这两个神谕所都比较崇敬，据记载，在留克特拉战役之前，斯巴达曾经派使者

---

[1] Michael Pettersson, *Cults of Apollo at Sparta*, Stockholm: Textguppen i Uppsala, 1992, p.119.

到多多那宙斯神坛求取神谕。① 另外，公元前 5 世纪末、公元前 4 世纪初的斯巴达著名将领莱山德曾经谋求改变国王选举办法，为了证明自己主张的合法性，他曾经到德尔菲、多多那和阿蒙宙斯谕所。公元前 371 年，斯巴达国王克里奥布鲁托斯率军与佛西斯作战，也曾经派人到多多那神谕所求取宙斯的指点。

奥林匹亚是宙斯的另一个神谕发布所。在索福克勒斯的《俄狄浦斯王》中，歌队唱道："如果神示不应验，不给大家看清楚，那么我就不诚心诚意去崇拜大地中央不可侵犯的神殿，不去朝拜奥林匹亚和阿拜的庙宇。"② 前者应该是指处于大地中心的德尔菲神庙，显然宙斯神庙与德尔菲处于同等的地位。斯巴达人显然早就到奥林匹斯神庙，据说庇西特拉图的父亲在奥林匹斯神谕所求子时，斯巴达的监察官基伦就曾经在这里帮他解过神谕③，也许基伦自己也是去求神谕的。公元前 420 年，斯巴达国王曾经去奥林匹斯神谕所求取有关战争的神谕，但被当时控制神谕所的厄利斯拒绝了。④ 公元前 387 年，阿尔戈斯为了防止斯巴达的入侵，持续地举行卡奈尔节⑤，最后斯巴达派人到宙斯神庙求神谕，神谕支持斯巴达不顾阿尔戈斯的伎俩发动战争，后来他们又去德尔菲神庙求得同样的神谕。⑥ 斯巴达国王在被罢免时，通常是被临时停职，等待从德尔菲和奥林匹斯求回的神谕。公元前 242/前 232 年，莱山德就这样罢免了列奥尼达斯二世，原因是他与一个外国妇女生了一个孩子。⑦ 帕克认为这个神谕应该是来自奥林匹斯的，因为当时的德尔菲神庙被斯巴达的敌人埃托利亚控制。⑧

斯巴达还崇拜南方的宙斯神，即宙斯·阿蒙神。按照希罗多德的介绍，在非洲，宙斯神即阿蒙神。因此被称为"宙斯·阿蒙神"。这种崇拜在希腊也得到一定传播，虽然传播不广。即便如此，宙斯·阿蒙神在斯巴达得到人们的崇

---

① Cic, de Div. 1. 34. 76; 2. 32. 69. F. Gr. Hist. 124f. (a) and (b).
② Sophcles, *Oedipus Tyrannus*, 898.
③ Hdt. I. 59.
④ Xen. *Hell*. III. 2. 22.
⑤ 在古代希腊的多利亚人国家通常在卡奈尔节期间休战。——笔者注
⑥ Xen. Hell. IV, 7. 2. H. W. Parke, *The Oracles of Zeus*, Oxford: Basil Blackwell, 1967, p. 187.
⑦ Plut. *Agis*. 2.
⑧ H. W. Parke, *The Oracles of Zeus*, pp. 188 – 189.

拜。① 波桑尼阿斯则说，斯巴达是第一个到利比亚求取神谕的希腊国家。② 公元前5世纪末，斯巴达著名将领莱山德在北部爱琴海征战时曾经得到宙斯·阿蒙神的神示，放弃了对阿菲提斯的进攻。公元前4世纪初，莱山德曾经试图改变斯巴达传统的王位继承制度，提出用选举制代替世袭制，为了得到神的支持，他曾经到利比亚的宙斯·阿蒙神庙求取神谕，以获得合法性。③

从考古材料看，在公元前8世纪之前，奥林匹斯的宙斯神庙的献祭物主要来自阿卡迪亚和阿尔戈斯，斯巴达的献祭物几乎为零。但在这之后，斯巴达的献祭物增加了，与阿尔戈斯几乎相等，阿尔戈斯的献祭物占总发现物的8%，拉科尼亚风格的则占到5.4%。④ 按照普鲁塔克的记载，公元前776年，莱库古首次干预了奥林匹克运动会，为其制定章程，从此这一赛会成为希腊世界的著名赛事。希庇亚斯则说，在公元前776年到公元前600年的一百多年间，斯巴达在奥林匹克运动会上共获得33次冠军，而此间奥林匹克运动会上共产生66位。斯巴达占了一半，且是第二位的美塞尼亚的4倍。美塞尼亚是8位，第三位的雅典是7位。可见，斯巴达在初期对奥林匹克运动会上的控制⑤，也说明了斯巴达对宙斯的崇拜之甚。

在斯巴达，宙斯有许多绰号，如"至高无上的"（*Hypatos* "Highest"）、"奥林匹亚的"（*Olympiaos* "Olympian"）、"高居云端的"（*Ouranios* "Sky-dweller"）、"优良秩序的" "一帆风顺的"（*Eunaemos* "Bestower of fair winds"）、"带来财富的"（*Plousios* "Bestower of riches"）、"国土之神"（*Herkeios* "God of the courtyard"）、"陌生人之神"（*Xenios* "God who watches over strangers and guests"）、"领导者"（*Agetor* "Leader"）、"公民大会保护神"（*Agoraios* "Guardian of assemblies"）、"元老院保护神"（*Amboulios* "Guardian of councils"）、"秩序之神"（*Kosmetas* "Orderer"）、"长者之神"（*Patroos* "The ancestral god"）、"胜利之神"（*Tropaios* "Giver of victor"）。⑥ 另外，在斯巴达宙斯还与阿伽门农崇拜结合在一起。在《荷马史诗》中，宙斯是阿伽门农的保护

---

① H. W. Parke, *The Oracles of Zeus*, p. 200.
② Paus. III. 18. 3, 21. 8.
③ Plut. *Lys*. 25; Neopos, *Lys*, 3.
④ C. Morgan, *Athletes and Oracles*, Cambridge: Cambridge University Press, 1990, pp. 61 – 62.
⑤ H. A. Harris, *Greek Athletes and Atheletics*, Hutchinson: Unicersity of Wales Press, 1976, p. 220.
⑥ J. T. Hooker, *The Ancient Spartans*, p. 68.

神，因此，对阿伽门农的崇拜往往体现了斯巴达对宙斯的崇拜。①

　　我们虽然发现了一些献祭宙斯的祭品，但在斯巴达国内可能没有专门的宙斯宗教节日，或者其规模不及阿波罗。如我们在阿波罗部分提到的，阿波罗崇拜的几个仪式都是斯巴达国内极具影响力的祭祀活动，但宙斯虽然贵为奥林匹斯主神，在斯巴达国内似乎没有专门的祭仪，而是与阿伽门农合为一体。斯巴达国王是宙斯崇拜的专职祭司，但国王主持祭祀的主要是拉凯戴蒙·宙斯和乌拉诺斯·宙斯。② 色诺芬也记载道，宙斯祭祀由国王主持。③ 宙斯祭祀主要分为两种类型：一种是与直接的军事活动有关，这种祭祀主要是在斯巴达军队出征之前举行的，参与祭祀的主要是军队。祭祀的目的主要是求神谕，如果神谕有利，那么火炬手就从祭坛上采集火种，点燃火炬，此火炬一直伴随着整个出征。④ 这时的祭祀可能规模比较大，希罗多德说他们可以用尽可能多的牲畜做牺牲，并把一切牺牲的皮革和脊肉收归己有。⑤ 显然这种祭祀除了问卜之外，还有壮行、聚餐、食物准备等功能。另一种是日常性的祭祀。这种祭祀似乎主要是在伯罗奔尼撒西部的奥林匹斯宙斯神庙进行的。据修昔底德记载，公元前420年，斯巴达因为违背在奥林匹斯赛会期间必须休战的规定，又拒绝缴纳罚金，被奥林匹克赛会的实际主办者厄利斯拒绝其参加该年度的奥林匹斯赛会。最后，斯巴达被迫在国内举行祭祀活动，厄利斯还特别担心斯巴达强行参加祭祀，进行了特别的准备。⑥ 可见，斯巴达的宙斯祭祀活动主要在国外进行。如前所述，斯巴达在公元前776年到公元前600年的一百多年间的奥林匹克运动会上共获得33次冠军，占了此间所有奥运冠军数量的一半。⑦ 可以推测，斯巴达参加了初期几乎所有的奥林匹克运动会，而且从其获得冠军甚多，斯巴达对这种祭祀与竞赛合一的活动是非常重视的。奥林匹克运动会与宗教有着密切的联系。⑧ 斯巴达如此热衷于参加奥林匹克赛会也说明了斯巴达绝大部分的宙

---

① 参见"英雄崇拜，阿伽门农部分"。
② Hdt. VI. 56.
③ Xen. *Lac. Pol.* XIII. 2 – 3.
④ Xen. *Lac. Pol.* XIII. 2 – 3.
⑤ Hdt. VI. 56.
⑥ Thuc. V. 49, 50.
⑦ H. A. Harris, *Greek Athletes and Atheletics*, p. 220.
⑧ Ludwig Drees, *Olympia*: *Gods, Artists and Athletes*, p. 24.

斯祭祀活动都在奥林匹斯神庙举行，除非像公元前420年这样的特殊情况无法参加而在国内举行。

(二) 雅典娜崇拜

斯巴达的雅典娜崇拜在整个奥林匹斯宗教崇拜中占有重要地位，但其地位明显不及阿波罗、宙斯，甚至不及阿尔特米斯。文献记载的雅典娜的神坛主要有两处：一处在特拉普涅；另一处在斯巴达城内。提拉普涅显然是斯巴达一处重要的宗教中心，这里汇集了艾丽娅·雅典娜、财神宙斯、医神阿斯克勒庇欧斯、战神阿瑞斯、美神海伦等神像。这个地方位于优拉托斯河边。[①] 色诺芬对这个神庙也有记载，底比斯军队进攻斯巴达时曾经在斯巴达城周围徘徊，地点就在靠近优拉托斯河的艾丽娅·雅典娜神庙附近，底比斯军队从神庙上看到斯巴达军队的调集，心生恐惧，没敢贸然进攻斯巴达城，就在周围大肆抢劫。[②] 估计这里的神庙中应该有不少财物，因为，在公元前4世纪初，经过长期战争，斯巴达普通公民家中的财产大概已经不多了。

更为重要的是斯巴达城内的雅典娜祭祀中心。据波桑尼阿斯的记述，在斯巴达城内有许多雅典娜塑像或神坛。如在市中心的市场，有一座广场之神·雅典娜，在市中心的监察官官署附近，有一座仁慈·雅典娜神坛[③]，在庇底埃恩斯[④]官署对面有一个据说是由奥德修斯修建的路神·雅典娜[⑤]，在竞技场附近有一个忠告者·雅典娜，这个神像与宙斯的神像靠在一起，这个宙斯与雅典娜有着相同的绰号[⑥]。在体育场的跑道旁边有一个正义复仇之神·雅典娜。[⑦] 当然，在斯巴达，最著名的雅典娜神像位于斯巴达城内最高点。据波桑尼阿斯说，斯巴达缺少高大的神像，在斯巴达有一座山，虽然海拔不高，却是整个斯巴达城内最高的，在这座山的山顶上，有一座雅典娜神庙，被称作"城邦护

[①] Paus. III. 19. 7.
[②] Xen. *Hell.* VI. 5，27.
[③] Paus. III. 11. 11.
[④] 庇底埃恩斯（Bidiaeans），斯巴达管理少年体育运动的官员，有五位。——笔者注
[⑤] Paus. III. 12. 4.
[⑥] Paus. III. 13. 6.
[⑦] Paus. III. 15. 6.

卫之神·雅典娜"，又称作"铜房子·雅典娜"。据说这座神庙早在廷达柔斯时期就开始修建，廷达柔斯的儿子才修成，后来人们又用青铜进行装修，所以这座神庙又称为"铜房子"。这座神庙在古典时期的希腊非常有名。欧里庇德斯和阿里斯托芬都用这个名称来直接代指雅典娜神庙。

雅典娜神庙还是斯巴达的避难场所。据修昔底德记载，斯巴达的摄政波桑尼阿斯在即将被斯巴达政府逮捕的时候，就躲进了这个属于雅典娜的青铜房子，而斯巴达政府不敢进去抓捕，只能在外面围困。① 而且，据修昔底德讲，波桑尼阿斯躲在神庙内的一个小房子中，说明这个神庙具有一定的规模。雅典娜女神的神庙还成为阿基斯四世的避难地，阿基斯四世在对手试图逮捕他时被迫躲进雅典娜的青铜房子里，这使得政治对手束手无策，最后在阿基斯出来洗澡的时候伺机抓捕了他。②

获胜将士或竞赛冠军往往在雅典娜前面举行谢恩还愿。人们在斯巴达城内的雅典娜神坛发现了达蒙侬和他的儿子奉献的还愿大理石石刻。达蒙侬因为在斯巴达的竞技会上获得了胜利，还愿的神有大地女神还有雅典娜。但这块还愿石刻则竖立在雅典娜的圣所里。还有一个名叫波桑尼阿斯的人也向雅典娜奉献过还愿物。③ 人们还发现了一块奇特的陶片，原物是一个泛雅典娜节冠军奖品——双耳陶瓶。这种奖品通常由获奖者保有，死后也作为私人随葬品埋入坟墓。但人们是在靠近斯巴达城墙的废墟中发现的，可以推测，斯巴达人通常将获得的冠军奖品献给雅典娜神庙，以感谢神灵庇护。人们在这里发现了许多原始几何陶和几何陶的残片，在较晚地层中人们发现了献给公共之神雅典娜（Damosios Athena）的陶片，说明这时的雅典娜似乎代表了平民阶层。

斯巴达的雅典娜祭祀活动似乎由监察官负责。据波利比乌斯记载，斯巴达青年在某些古老的节日中要全副武装领队前往雅典娜的铜房子神庙，监察官则在那里的神坛上举行祭祀。④ 这里我们可以看到，雅典娜神庙所在地也是斯巴达军队的集中地之一。另外，斯巴达的监察官可能是雅典娜祭祀的专职官员。在斯巴达官员世袭担任某个公职是常见的，因此，也许，雅典娜的祭司即由一

---

① Thuc. I. 134.
② Plut. *Agis*, 16, 19.
③ J. T. Hooker, *The Ancient Spartans*, p. 49.
④ Poly. IV. 35. 2.

代一代的监察官承担。

雅典娜崇拜有两点值得注意：一是在斯巴达雅典娜没有属于自己的独特祭仪。这与雅典大不一样，雅典的专门祭祀雅典娜的泛雅典娜节是希腊世界著名的宗教节日，但雅典娜神像在斯巴达虽然被置于首都的制高点，虽然也拥有城邦保护神的称号，但祭拜的隆重程度却远远不及雅典。在斯巴达，宙斯与雅典娜一样也没有自己的独有节日，但如前所述斯巴达的宙斯祭祀与阿伽门农和奥林匹斯运动会结合在一起，所以也算是比较壮观了。同样没有独有的祭仪，雅典娜显然没有宙斯那样受到重视。在斯巴达，雅典娜崇拜同样与城邦政治和军事远征密切相关①，但对雅典娜的祭祀则是在军队即将离开国境的时候举行的②，当然，如果得不到吉兆，斯巴达军队也不能离开国境。二是雅典娜与宙斯往往有着相同或相似的绰号，如仁慈者、忠告者、城邦保护神、正义的复仇女神等，这说明雅典娜拥有与宙斯相同或相似的职能。

佩特森认为，宙斯与雅典娜属于同一类型的神，都与斯巴达的城邦政治和军事直接相关。其实如中国古语云，"国之大事在祀与戎"，军事是国家政治生活的主要内容。作为国家之神，宙斯与雅典娜自然与国家军事的关系密切。在希腊神话中，宙斯是正义之神、城邦之神，象征着城邦制度与秩序。雅典娜则是司法之神、正义之神，是用司法活动维护城邦秩序的神。雅典娜还是智慧之神，但这种智慧是维护城邦稳定的政治智慧和司法智慧。所以，雅典娜与宙斯一起是城邦政治生活的神。

(三) 阿波罗崇拜

阿波罗崇拜作为斯巴达的传统崇拜在斯巴达有着广泛的社会基础和重要的社会影响。阿波罗祭仪包括了斯巴达三个主要的宗教活动：许阿肯托斯节、吉姆诺派迪亚节和卡奈亚节。许阿肯托斯节持续三天（一说"十天"），节日期间在外出征的战士都可以要求回国参加。③ 公元前479年希波战争期间，雅典

---

① Michael Pettersson, *Cults of Apollo at Sparta*, p. 118.
② Xen. *Lac. Pol.* XIII. 2 – 3.
③ Xen. *Hell.* IV. 5. 11; *Ages.* III. 17.

就是在这一节日期间派使者到斯巴达①，结果斯巴达拖延数日直至节日结束才派出军队；公元前421年，雅典与斯巴达的协约中规定：以后每年都在这一节日期间重新交换协约。② 吉姆诺派迪亚节则被波桑尼阿斯称为斯巴达人最心仪、最投入的节日③，斯巴达人曾经因为该节日即将到来而竭力反对远征阿尔戈斯④。卡奈尔节则是斯巴达持续时间最长（9天）、参加面最广的（所有的部落、氏族都派代表参加的）节日。由此可见，阿波罗崇拜在斯巴达非常之盛。

在斯巴达，阿波罗崇拜的内容最为丰富，某些内容显示出了阿波罗崇拜的发展经历。在阿波罗崇拜中许阿肯托斯节显得非常重要。

据波吕克拉特的记述，斯巴达的许阿肯托斯节日持续三天。为了纪念许阿肯托斯，他们在第一天进餐时不得佩戴花冠，不能进食面包、饼等其他美味，不能演唱赞颂阿波罗的歌曲，也不能演出在其他祭仪中举行的相似活动。他们非常有序地用完餐就静静离开。但从第二天开始，情形就发生巨大的变化。人们将举行一个盛大的集会。男孩们都穿上短上衣，衣服都叠起来，他们或演奏竖琴，或随风笛翩翩起舞。他们弹着琴，唱着抑扬顿挫而又高亢嘹亮的音乐，赞颂阿波罗。其他的人骑着装饰漂亮的马，经过大剧场。所有的少年合唱团都来参加，他们唱着自己的地方音乐，吹着笛管飘歌且舞。女孩子们有的乘坐装饰精美、带有柳树枝编成的顶棚的马车，有的乘坐敞篷马车，你追我赶。整个城市都沉浸在喧闹而快乐的节日气氛中。在这天，要举行大规模的献祭牺牲的活动，公民们款待他们所有的朋友包括奴隶享用晚餐。在这场盛会中，斯巴达城万人空巷，所有的人都参加这场盛典。⑤ 不过，这里没有说到第三天，雅典尼乌斯在此段叙述之后介绍了一个所谓的"砍刀节"（Cleaver Festival）。这个节也是在阿米克莱为阿波罗所举行，主要介绍的是这个节上独特的食物，特别是一种又高又大的面饼。这与前面的介绍大不相同，似乎不属于许阿肯托斯节。

当代学者几乎一致认为，许阿肯托斯起源于迈锡尼时代。许阿肯托斯

---

① Hdt. IX. 7, 11.
② Thuc. V. 23. 4 – 5.
③ Paus. III. 11. 9.
④ Paus. V. 82.
⑤ Athen. 139d – f.

（Hyacinthus）一词的书写形式属于前希腊语，这证明许阿肯托斯在古风时期之前就已经存在。Hyacinthus 的字面意义是风信子花，这暗示该崇拜应该是迈锡尼时期植物崇拜的遗留，或许是一种古老的农业崇拜，许阿肯托斯祭祀前半段禁止进食烹调食物，可能反映了人们不知道烹调之前的生活状况，或许前半段是古老祭仪的残存，后半段则是新创造的阿波罗祭仪。从考古发掘的材料看，作为阿波罗崇拜的中心阿米克莱地区早在迈锡尼时代就已存在，其中某些物品反映了在迈锡尼时代人们就已经开始了许阿肯托斯崇拜活动。[1] 考古资料证名这里的宗教活动一直持续到公元前 12 世纪，此后希腊历史进入黑暗时代，阿米克莱地区发现的文物也猛然减少，直至公元前 9 世纪。此后，考古发现又忽然增加，再往后，似乎没有发生大的变化。人们很难肯定这时的许阿肯托斯崇拜就已经成为阿波罗崇拜。现在所知最早的许阿肯托斯节举行于公元前 8 世纪，据安提库斯记载，"第一次美塞尼亚战争"后，"处女之子"因对土地分配不满，在许阿肯托斯节期间密谋暴动，后来事泄，被迫移民海外。[2]

虽然许阿肯托斯崇拜的渊源可以追溯到迈锡尼时期，这一崇拜在演变为阿波罗崇拜时却发生了巨大的变化。从阿米克莱考古发现的材料看，在古风时期，阿米克莱的宗教活动中心的范围扩大了，还修建了围墙，其中的部分围墙遗迹已经被发现。更重要的是竖立了一个阿波罗青铜雕像。大概在古风时期后期（公元前 6 世纪），建筑家巴提克勒斯对阿米克莱进行了大规模的改造。据波桑尼阿斯的描述，新落成的阿波罗神像散发出金属的光辉，令人敬畏，同时使用了大量浮雕进行装饰，浮雕的内容叙述着不同的神话故事，多利亚式的柱冠和伊奥尼亚式的螺旋形装饰集合在一起，荷花型和棕榈树花纹的装饰板，这些都表明这座建筑的风格糅合了多利亚和伊奥尼亚的建筑风格，反映了一种文化融合的特征。这似乎可以作为阿波罗崇拜的起点。

更重要的是，许阿肯托斯祭祀所体现的文化内涵发生了巨大的变化。关于许阿肯托斯的神话中几乎同一个主题都有两个版本的故事。在造型艺术中，一个形象是骑着天鹅或乘着西风（仄菲洛斯神）自由飞翔的美少年。另一个则

---

[1] J. T. Hooker, *The Ancient Spartans*, p. 64.
[2] Antiochus, *FgrHist.* 555F13.

是长着胡子，带着女儿的成年男性。① 还有资料记载，他有四个女儿②，有的资料甚至说他有六个女儿。天鹅在稍晚的希腊神话中是爱的象征，如宙斯就曾经化身为天鹅引诱廷达柔斯的妻子——勒达。因此，佩特森据此认为许阿肯托斯的这个形象体现了他与阿波罗之间的那种特殊的同性恋关系。而含有西风神的造型则是自然崇拜时代的遗存。在希腊神话中西风神可以带来雨水和暖风，这正是地中海气候的反映，这一造型实际反映了自然崇拜时代人类文化对自然形象的解释。关于许阿肯托斯之死，一个故事说仄菲洛斯出于嫉妒杀死了许阿肯托斯，这实际反映了自然界中植物自然生长的现象。另一个故事则说：阿波罗神在一次投掷铁饼的运动中，不小心打死了许阿肯托斯，从许阿肯托斯的血迹中长出了风信子花。阿波罗为了纪念许阿肯托斯，要求每年都用牛而不是羊祭祀许阿肯托斯。③ 一般的希腊祭祀都用羊，用牛说明了在斯巴达许阿肯托斯受到超越一般神灵的重视。关于许阿肯托斯的女儿，佩特森认为在波桑尼阿斯所说的阿米克莱地区的有关许阿肯托斯的雕塑中，许阿肯托斯身旁的那个年轻的女性就是他的女儿。在古代文献中也不乏相关记载，阿波罗多洛斯说他有四个女儿④，德摩斯提尼把厄瑞克透斯的四个女儿称为许阿肯托斯的女儿们⑤，苏达词典说有六个。关于许阿肯托斯祭祀则有了风格迥然相异的两种类型，一种是悲惨凄凉风格的，一种则是狂欢性质的。显然，那个成年的许阿肯托斯是传统的神话形象，而西风神杀死许阿肯托斯的故事则为许阿肯托斯形象的更新提供了条件，于是有了阿波罗杀死许阿肯托斯的故事，有了骑鹅的许阿肯托斯的形象。凄凉风格的祭祀活动则为传统的许阿肯托斯崇拜演变为阿波罗崇拜提供了一种过渡。

　　同时我们也注意到，在这场宗教改革中，传统的宗教并没有彻底消失。凄凉风格的祭祀正说明新的宗教并没有完全排除传统的因素。成年男性、乘风少年的造型形象都保存了大量的传统因素。传统与现实的结合正是许阿肯托斯崇拜的最大特点，这种特点也在宗教层面尽可能减少了社会对抗。

　　吉姆诺派迪亚节是阿波罗祭仪中第二个重要的节日。目前人们已经无法知

---

① Paus. III. 19.4 – 5.
② Apol. *Bibl*. III. 15.8.
③ Euripides, *Helen*, 1465 – 1475.
④ Apol. *Bibl*. III. 15.8.
⑤ Demosthenes, *The Funeral Speech*. 27.

道吉姆诺派迪亚节的全貌，但从遗留下来的文献依然可以看到其大概。人们通常从字面上理解，认为参加这个节日的成员全体裸体，但杜卡特指出，该词前半部也可以指"没有武装的"，罗马作家雅典尼乌斯也指出，吉姆诺派迪亚节的歌舞区别于带武装的歌舞，它不使用武器，而是一种类似于武器的棍棒。① 如此看来，这个节日的主要特点应该是非军事性的。② 另外，这个节日通常在炎热的夏季举行③，夏季炎热的气候也使参加者不得不卸去盛装、盔甲，甚至袒胸露乳，光背裸体，这与整个节日的"裸体""盛名"不无关系。有人从另外的角度给予解释，认为裸体的只是儿童。但杜卡特的说法显然更合理：裸体是相对于全副军事化武装的军事歌舞而言，人们衣着较少，甚至袒胸露背，不带武器，但绝非一丝不挂。

吉姆诺派迪亚节通常要举行大型的歌咏比赛。④ 集会通常在固定的场所举行，如广场或剧院。波桑尼阿斯说他们通常在广场上集会⑤，但希罗多德、色诺芬、普拉克则说在剧院内举行。色诺芬则在述及留克特拉战役时，提到斯巴达信使回国报信，此时斯巴达正在举行吉姆诺派迪亚节，但监察官悄悄地隐匿了信息，让歌队在里面继续演出。这表明该节在剧院内举行。⑥ 参加歌咏的人有男有女，波桑尼阿斯提到女歌队，而普鲁塔克则记录有男歌队。按普鲁塔克记载，各队一般分为少年组、青年组和老年组，每个年龄段的各队可能又按村落组织。⑦ 各个歌队之间通常要举行歌舞比赛。⑧ 据说，这种歌舞活动是为了纪念提尔泰乌斯和"第二次美塞尼亚战争"。比赛所用的歌曲具有较强的节奏，适合军事需要。音乐的内容主要是流传下来的与战争有关的歌曲，如提尔

---

① Athen. 630c – 631c.
② Jean Ducat, *Sparta Education*, p. 272.
③ Plato, *Laws*, 633a.
④ Paus. III. 11. 9.
⑤ Paus. III. 11. 9.
⑥ Hdt. VI. 67; Plut. *Ages.* 29; Xen. *Hell.* VI. 4. 16. 参见 Jean Ducat, *Sparta Education*, pp. 266 – 268。
⑦ 普鲁塔克在《莱库古传》（Plut. *Lyc.* 21）中明确提到三个歌队，但没有说是吉姆诺派迪亚上的演出。柏拉图在《法律篇》（664c）中构思未来的国家要重视音乐教育，提到将公民按年龄组织成三个歌队。色诺芬提到在这一节日上举行歌咏比赛，显然不止一个歌队（*Hell.* VI. 4. 16）。苏西比乌斯（Sosibios）提到在吉姆诺派迪亚节上，在前面的歌队是少年，左边的歌队是青年（*FGr. Hist.* 595F5），学者认为，这里苏西比乌斯可能遗漏了一个右边的歌队（Jean Ducat, *Sparta Education*, p. 269），阿尔克曼的一首残诗提到一队来自皮塔纳的少女歌队。
⑧ Xen. *Hell.* VI. 4. 16.

泰乌斯、塔勒塔斯、阿尔克曼等人的作品。与之相应的舞蹈则结合了手上和脚下的动作，手上的动作近似于拳法学校教授的拳法动作，脚下则按照音乐的节奏进退。

佩特森指出，吉姆诺派迪亚节同时还具有培养忍耐力的作用，并把库普提亚制（Krypteia，秘密警察制度）、狄阿玛斯提格西斯（Diamastigosis，即"鞭打"）和球类比赛作为它的组成部分。[1] 笔者认为这种认识并不正确。作为两个著名的忍耐力培养的活动——库普提亚制和狄阿玛斯提格西斯都与这一节日无关。关于前者，学者主要利用柏拉图在《法律篇》中的材料，但柏拉图显然将二者并立，我们并不能看出两者之间有从属关系，柏拉图说吉姆诺派迪亚节的忍耐力培养功能主要依据是"它在夏季举行"。而所谓的狄阿玛斯提格西斯制度主要依据是波桑尼阿斯的记述，但波桑尼阿斯认为它是在祭祀阿尔特米斯时进行的[2]，与阿波罗祭祀无关，把阿尔特米斯祭仪的内容强加到阿波罗祭仪中是不正确的。至于球类比赛主要依据是波桑尼阿斯的这样一段话"对优达美斯的献祭主要由 Sphaereis 完成"，优达美斯是希帕孔的儿子，Sphaereis 一般被认为是球队队员[3]，另外，在这个神墓旁边有为年轻人提供的赛跑跑道，在跑道之间有两座体育学校。还有一个证据是琉善安提供的在戏院里举行球类比赛。但这些资料并不足以证明在吉姆诺派迪亚节期间要举行球类比赛。

据研究，在迈锡尼时代，宗教活动中就出现了歌舞，在《荷马史诗》中也已经有了相关的记述。几何陶器的绘画也表明阿提卡、阿尔戈斯、斯巴达、波奥提亚等地的歌舞活动非常盛行。我们有理由相信，斯巴达的吉姆诺派迪亚节是从远古的宗教性质的歌舞活动发展而来的。但这个发展显然发生了一系列值得注意的变化。首先，这种活动被整合到阿波罗崇拜之中。其次，这种活动具有更多的世俗性，节日期间的歌舞较寻常的宗教歌舞有两个明显的特质：一是竞赛性；二是军事性。尤其是后者，尽管参加节日的人没有全副武装，但无论是歌词、节奏还是舞姿都带有明显的军事色彩，显然这种歌舞活动虽然带有娱乐性，但其军事功能不可忽视。最后，这些活动的内容也随着时间的推移，增加世俗的元素。如在歌舞过程中，歌队头领通常戴着用棕榈树叶制成的花

---

[1] Michael Pettersson, *Cults of Apollo at Sparta*, pp. 45 – 48.
[2] Paus. III. 16. 10.
[3] Paus. III. 14. 6.

冠——Thyreatikoi（提里阿桂冠），据说这种花冠是为了纪念提里阿战役加进去的。① 经过这些发展，吉姆诺派迪亚节中的歌舞活动的宗教性质越来越淡。

从现有的文献看，吉姆诺派迪亚节显然是斯巴达的主要节日，但胡克等人认为吉姆诺派迪亚节不是严格意义上的宗教节日，因此也很难算得上阿波罗祭仪。② 但目前大部分学者仍然视其为阿波罗祭仪的一个部分，如佩德森、杜卡特等。据记载，在节日中祭神游行中，人们要举着阿波罗、阿尔特米斯和勒托的神像。③ 这三个神像的核心实际是阿波罗，阿尔特米斯是阿波罗的孪生妹妹，勒托则是阿波罗和阿尔特米斯的母亲，在奥林匹斯神系中男性神相对而言处于更主要的地位，所以整个祭仪以阿波罗为中心是确定无疑的。

但从整个祭仪内容看，吉姆诺派迪亚节似乎较少宗教气氛。就此而言胡克的观点有一定的合理性。就目前所见到的庆典内容看，吉姆诺派迪亚节更类似于具有狂欢性质的狄奥尼索斯节。在德尔菲的阿波罗神庙中，狄奥尼索斯同时得到供奉，在阿米克莱的阿波罗祭坛上也刻有狄奥尼索斯。④ 在节日期间的舞蹈中，有一种快节奏的军事性质的舞蹈可以追溯到狄奥尼索斯。⑤ 许阿肯托斯节后半段的那种喜庆气氛也构成了阿波罗祭仪中的狂欢因素。因此，笔者认为，吉姆诺派迪亚节或者是以前的民间狂欢活动与阿波罗祭祀合一，或者是阿波罗祭祀中狂欢成分的放大或强化，一个明显的特征是这一节日缺少了宗教活动的庄重性，带有强烈的世俗特征，而且这种世俗性同时具有开放性。

卡奈尔节（Karneia）是阿波罗崇拜中的第三个重要节日。关于卡奈尔一词的由来有两种不同的说法：一种是在特洛伊附近的伊达山的阿波罗墓地上长着一些茱萸樱桃树（Kraneiai），这些树木后来被砍来修建供奉阿波罗的木房，他们就把这个木房的阿波罗称作 Apollo Kaneios。布克特据此认为这一仪式产生于迈锡尼时代的特洛伊故事。⑥ 再一种说法是为了纪念先知卡诺斯。据说卡诺斯是跟随赫拉克利特后裔一起返回伯罗奔尼撒，但在途中被希波塔斯杀死。这一罪过给赫拉克利特的后裔带来瘟疫，为了弥补这一罪过，多利亚人设置了

---

① Athen. 678c.
② J. T. Hooker, *The Ancient Spartans*, p. 60.
③ Paus. III. 11. 9.
④ Paus. III. 19. 3 – 5.
⑤ Athen. 631b.
⑥ Walter Burkert, *Greek Religion*, p. 235.

卡奈尔节。① 再一种说法称在赫拉克里的子裔回归之前，斯巴达地区就有 Karneios 祭仪②，这个祭仪祭奉的神称作 Karneios Oiketas（Oiketas 意为 the House Companion，"成对的房子"），祭仪在先知克里奥斯（Krios）的居所举行。这个先知曾经建议多利亚人占领斯巴达。Krios 意为"公羊"。这样，最初的卡奈尔节是拉科尼亚地区的一种以公羊作牺牲的宗教活动。一位古代作家记述，这个节日设立于第 26 届奥林匹克运动会，即公元前 676—前 673 年。但是据佩特森的研究，斯巴达建国之初的阿盖代伊家族与卡奈尔节有着密切的联系，他根据品达的作品认为正是这一家族将卡奈尔节带到了提拉。③ 而提拉作为斯巴达早期的殖民地之一是由阿盖代伊家族的提拉斯建立的，而提拉斯则是斯巴达传说中的第一对国王的监护人，只因国王成人之后，自己权势沦落，所以到海外殖民，建立了提拉。④ 佩特森的这一观点实际上说明，卡奈尔节最晚在斯巴达国家建立之初就已经产生。据伯克特研究，有卡奈尔月就有卡奈尔节。⑤ 在多利亚人居住的科斯、厄庇道鲁斯、革拉、罗德斯、科诺索斯、叙拉古等地都有卡奈尔月。⑥ 在林杜斯、卡麦罗斯、提拉则有卡奈尔节特有的祭司。⑦ 在昔兰尼、希昔翁、昔巴利斯-图里奥伊、提拉等地则有卡奈尔节。⑧ 这些材料进一步佐证了佩特森的观点。据赫西奇乌斯介绍，卡奈尔节的组织者称作"卡涅阿泰"（Karneatai）。卡涅阿泰是未婚的，通过抽签的办法产生，每个××产生五人⑨，他们负责卡奈尔节，任期四年。⑩ 杜卡特认为这里的空缺应该是部落，如此则有 15 名负责人。但按下面的抽签办法，人数与部落数之间存在一定的比例关系，因此，也不排除这五个人是按照村落的数量决定的。

---

① Paus. III. 13. 4；Theopompos，*FGrHist*. 115F357；Pind. Pyth. V. 106；Konon，*FGrHist* 26F1. 26. Walter Burkert，*Greek Religion*，p. 236.

② Paus. III. 13. 3 – 4.

③ Pind. *Pythian*，75 – 81.

④ Hdt. IV. 147 – 149.

⑤ Walter Burkert，*Greek Religion*，pp. 227，234.

⑥ A. E. Samuel，*Greek and Roman Chronology：Calendars and Years in Classical Antiquity*，index s. v. "Karneios".

⑦ IG. XII 1，697，705（Kameiros）；845（Lindos）；3，512，514，519，868，869.

⑧ 昔兰尼（Cyrene）：Pind. *Pyth*. 5. 79 – 81；Plut. *Mor*. 717D；希昔翁 Sicyon：Paus. II. 10. 2；昔巴利斯-图里奥伊（Sybaris – Thurioi）：Theok. *Id*. V. 83；提拉（Threa）：Pind. *Pyth*. V. 75 – 81。

⑨ 原文空缺，或为部落，或为村落。参见 Jean Ducat，*Sparta Education*，p. 275。

⑩ Jean Ducat，*Sparta Education*，p. 275.

卡奈尔节中最值得注意的是其军事色彩。据德米特里乌斯记载,卡奈尔节模仿斯巴达的军事制度,共有九个"帐篷",每个帐篷里面有九个人一起用餐,食物由他人送来。所有的活动都根据传令官发布的指示进行。每个帐篷包括了来自三个部落的人。整个活动持续九天。[1] 按照德米特里乌斯的记述,在这个活动中参加的人只有 80 余人,涉及面并不广,且持续九天,大概所有的斯巴达公民不可能持续观看。但德米特里乌斯这里用的是"模仿",并没有说这就是军事性质的祭仪。从类似军事性质来看,主要是指人员的安排按照氏族——部落的组织结构举行的。但斯巴达的军事制度很早就引入了以村落为基础的奥巴制,这种制度后来长期沿用,在希波战争和伯罗奔尼撒战争时期都是以奥巴制为基础的。真正以部落制为基础的军队制度只存在于斯巴达历史的早期,早在公元前 7 世纪中期,奥巴制就已建立,所以卡奈尔节的这种制度可能只是一处传统习俗的残余,但已经起不到军事化训练的效果了。所以我们无法仅仅凭借德米特里乌斯的一则材料就证明这个节日就是军事性的。

具有大众意义的活动是"斯塔菲洛德罗莫伊"。这个活动过程大概如此:在一个长度固定的跑道上,一个人头戴羊毛制成的片状的特制帽子[2],一群称作斯塔菲洛德罗莫伊(Staphylodromoi,意为"带着葡萄的跑手")的年轻人在后面追他。如果追上他,即意味着对国家的庄稼收获有利,如果追不上,就是不利。[3] 大部分学者认为这个仪式具有"替罪羊"的特征,是为了祈求来年丰收。[4] 但佩特森认为这个节日不是为了祈求丰收,而是为了祈求军事的胜利。笔者认为,这个祭仪含义是不断发展的。在希腊历史上曾经存在过活人祭,如希罗多德记述在帖撒利亚祭祀宙斯时就用活人祭,用作牺牲的人就有类似的用毛制成的彩带装束。帖撒利亚的这种祭祀大概是古代祭祀的记忆,在希罗多德时代已经消失,希罗多德也是听到的传闻。后来用羊取代了人,这种替罪羊式的祭祀在《荷马史诗》中就有记载。再后来,这种替罪羊式的祭祀加入了与军事有关的内容,祭祀也带有了对军事胜利的祈求。原始的杀生祭祀也发展为赛跑祭祀,斯巴达铭文中有"Karneios Oiketas 和 Karneios Dromaios(跑手,

---

[1] Athen. 141f.

[2] Walter Burkert, *Greek Religion*, p. 235.

[3] Bekker, *Anecdota*, I. 305. 参见 Michael Pettersson, *Cults of Apollo at Sparta*, p. 68; Jean Ducat, *Sparta Education*, p. 276。

[4] Jean Ducat, *Sparta Education*, p. 276; Walter Burkert, *Greek Religion*, p. 234f.

runner)",这说明传统的卡奈尔公羊祭和卡奈尔跑步祭有关联。从活人祭到公羊祭,杀生祭祀到跑步祭祀,卡奈尔节经过了一个长期而又巨大的蜕变。

佩特森的观点主要建立在波桑尼阿斯记述的基础上。波桑尼阿斯记述这样的传说,即前述卡奈尔节的第二种来源。其实,有一点是共同承认的,即卡奈尔节一词的词源是"公羊",伯克特认为 Krios 即 Karnos,它们的意思都是公羊。所以,卡奈尔节的最直接源头是替罪羊祭,是为了祈求幸福。至于 Karnos 则变成了先知,那只不过是后人的附会而已,最大的可能是恰巧有一个人也叫 Karnos,但作为赫拉克利特子裔的先知则肯定是无中生有,因为赫拉克利特本身就是后人杜撰的神话故事,虽然大致上反映了希腊早期的移民,但具体的细节则不足为信。所以我们无法据此认为这个赛跑就是军事性质的祭祀活动,也不应该因为前述的军事色彩比较浓的祭仪就断定这个活动也是军事性的。佩德森还认为,替罪羊仪式中的被逐对象是消极的,而这个活动中被逐对象则是积极的,能带来好运。因此,它不是替罪羊祭。如前所述,"斯塔菲洛德罗莫伊"已经不是简单的替罪羊祭,而是其发展了的形式。这种新形式具有一定的军事色彩,但不能说它就是军事性的祭祀仪式。

赫拉尼库斯留下来的有关卡奈尔节的获胜者的名单中说,第一个获胜的来自列斯波斯的泰尔潘达。泰尔潘达是一个诗人、音乐家,这说明在卡奈尔节上有与军事关系不大的文化活动,这类活动可能与许阿肯托斯节、吉姆诺派迪亚节的内容相似。

从上述的祭仪内容看,我们认为卡奈尔节是一种以和平为基调的宗教活动。

(四) 阿尔特米斯崇拜

在奥林匹斯神大家庭中,阿尔特米斯的排位本不靠前,但在斯巴达的宗教活动中,阿尔特米斯却受到特别的崇拜。究其原因,主要的原因是阿尔特米斯崇拜在斯巴达地区有着悠久的历史。已知最著名的阿尔特米斯神庙位于斯巴达城东部、优拉托斯河西岸的阿米克莱奥巴境内。人们自第一次世界大战时期就开始了对这一地区的考古研究,研究发现,这里的阿尔特米斯神庙几经修建,最早可以追溯到公元前800年之前,这个神庙一直存在到公元前700年。这是一个南北向的、没有围墙的小祭坛。考古材料显示这时候还没有类似神庙的建筑。紧挨着这个地点，后来又修建了规模更大的神庙和祭坛。此后，神庙受到严重破坏，相反祭坛却保存得较好。大约在公元前570年，这里第三次新修阿尔特米斯神庙，同时周围也修建了很长的围墙。部分围墙遗址被保存下来。公元前700—前570年间，曾经修建过一次神庙，考古证明第二阶段的神庙曾经被大规模地拆除作为建筑材料。

斯巴达的阿尔特米斯崇拜与阿波罗崇拜紧密相连。这种紧密关系的神话基础是她与阿波罗是孪生兄妹，历史基础则是她与阿波罗崇拜一样可能都源自迈锡尼时期，属于原住民阿卡亚人的古老宗教。因为，他们的崇拜中心地都不在斯巴达城内，而在阿米克莱。阿米克莱地区在斯巴达人定居拉科尼亚初期还属于阿卡亚人，后来才被征服。征服之后，斯巴达把这里作为斯巴达人居住的奥巴，但这里的宗教信仰却延续下来。这样，阿波罗与阿尔特米斯作为宗教传统在阿米克莱地区得以保存。

在斯巴达，阿尔特米斯的绰号有三十多个，其中比较难理解的是 Orthia。古代希腊人自己通常理解为"直的，向上"，把阿尔特米斯·奥提亚（Artemis Orthia）理解为"帮助妇女产后重新起来，使她们安全度过生育期的女神"。另外有一种纯粹是从阿尔特米斯神像特征进行的解释，称在阿米克莱的这个阿尔特米斯神像是一座站立而非坐着的神像。胡克提出，这可能是两个不同的宗教仪式合一的产物。就像阿波罗·许阿肯托斯一样。因为在这里发现的铭文或者提到奥提亚，或者提到阿尔特米斯·奥提亚，这种现象说明阿尔特米斯和奥提亚长期以来是两个不同的神。他们大概在公元前6世纪结合起来。我们看到一种属于公元前6世纪的新的类似于鹿形状的还愿物。也许就是在这个时候阿尔特米斯取代了奥提亚崇拜仪式，或两者合二为一。[①]

现在我们所知道的比较著名的阿尔特米斯神庙有四处，第一处在拉科尼亚与美塞尼亚的边境线上一个叫利姆奈的地方[②]，传说斯巴达早期的国王特勒克劳斯在这里的宗教节日上被美塞尼亚人杀死，这件事成为"第一次美塞尼亚战争"的导火线[③]。第二处在位于拉科尼亚与提盖亚边境上的卡耶，斯巴达的

---

① J. T. Hooker, *The Ancient Spartans*, pp. 54–55.
② Paus. IV. 31. 3.
③ Paus. III. 2. 6.

女童每年都要在这里举行传统的宗教歌舞活动。① 第三处在斯巴达城,这里聚集了多座阿尔特米斯神庙或祭坛,在中心广场的一角,阿波罗、阿尔特米斯和他们的母亲勒托供奉在一起。② 但这里的宗教活动显然是以阿波罗为主,阿尔特米斯处于次要地位。这里的祭祀活动以歌舞为主,以致举行祭仪的场所也被称为舞场。第四处也是最重要的是在阿米克莱。阿米克莱是斯巴达的第五个也是最后兼并的奥巴,同时这里还是斯巴达重要的宗教中心。阿米克莱的阿尔特米斯神庙距阿波罗神庙不远。

在这里发现的献祭物中,大多数被认为是孕妇和不孕妇女奉献的,也有顺利生育后的妇女的奉献物。但也有许多雕刻过的石板显示这是由儿童竞赛中的获胜者献祭的,后来又出现了铁质献祭物。这些献祭物一直持续到公元2世纪。③ 据此,我们有理由相信,阿波罗和阿尔特米斯一起构成了斯巴达社会青年群体的宗教生活的精神中心,阿波罗是斯巴达男子的崇拜对象,也是青年男子的保护神,而阿尔特米斯则是青年女子的保护神和崇拜对象。

阿尔特米斯崇拜与阿波罗崇拜区别于宙斯崇拜和雅典娜崇拜,后者更多是一种政治意义上的宗教,具有为政权提供合法性的功能,因而显得冷峻、严肃,他们的祭祀中心也主要在政治中心斯巴达城内,在空间政治学上与斯巴达政权高度一致。而前者则具有很强的草根性和平民性,他们的祭祀中心也不在政治气氛浓烈的斯巴达城内,而在与平民更为亲近的阿米克莱,在宗教活动上也带有较多的生活气息和娱乐成分。

在古代希腊的宗教节日上,音乐是不可缺少的。同样,在阿尔特米斯节上,音乐、歌舞也是重要的组成部分。现在我们知道,斯巴达国王特勒克劳斯曾经率领斯巴达少女歌队参加了在美塞尼亚边境上的利莫奈·阿尔特米斯神庙的祭祀活动,就是在这次活动中特勒克劳斯被杀。我们还知道,阿尔克曼为斯巴达的少女歌队写了不少诗歌,其中有一首长诗的部分流传至今,这首专为斯巴达少女歌队创作的诗歌应该就在阿尔特米斯节日上使用。这首诗使我们对这种歌会能有所理解。诗歌的开始一段是对天神的歌颂,主要讲的是赫拉克勒斯惩罚希帕孔的故事。接下来,歌队分为两组,彼此竞相歌颂自己的领队。显

---

① P. Cartledge, *Sparta and Lakonia*, p. 205; Paus. III. 2. 6.
② Paus. III. 11. 9.
③ J. T. Hooker, *The Ancient Spartans*, p. 55.

然，当时的歌队是有组织的，歌会期间，各个歌队彼此用歌声对话、调侃甚至互相攻讦。①

歌会可能主要在夜间举行。阿尔特米斯节上的鞭打比赛通常要进行一天，那么这些歌队只有在夜间开始表演。阿尔克曼在诗歌中说道：歌队遇到神庙的祭司阿吉多，阿吉多说太阳已经升起来了。可见，歌会可能要举行一整夜。

歌咏活动掺杂着比赛。这从阿尔克曼诗歌中的两个歌队可以看出。另外，在阿米克莱的阿尔特米斯神庙发现了许多与音乐比赛相关的遗物，其中部分是获胜者的还愿碑刻，铭文中显示有 *Mōa*、*Keloia*、*Kaththēratorion*、*Eubalkēs*、*Deros* 等比赛。后两种比赛不甚清楚。但前三种可能属于同一个大型活动的三个子项目。*Mōa* 即拉科尼亚方言中的 *Mōha*，这是一种音乐。② *Keloia* 也是一种音乐声音类的比赛，因为在一个铭文中有如下记载，提摩克拉托斯在声音比赛中赢得奖品，科奈尔认为这种声音类似于狩猎时的呐喊声。③ *Kaththēratorion* 一词的词根 *thēra* 包含了狩猎的意思，*thērator* 则是狩猎者的意思，这个词本身字面意思是"小狩猎者"。所以这个节目大概是模仿狩猎活动的一种歌舞节目。虽然这些遗物大多是罗马时代的，但结合阿尔克曼的诗歌，我们可以想见，这种竞赛性的歌咏活动由来已久。

阿尔特米斯节上的食物偷盗一直引起人们的争论。偷窃是斯巴达文化中特殊的现象，我们在后文"斯巴达教育"部分还会说到其他场域中的偷窃。其实，一些流浪汉、乞丐或赤贫者从神庙祭坛拿走部分献祭品，这是常见的现象，也是容易理解的。但斯巴达的这种偷盗活动有其独特之处。色诺芬在述及斯巴达的教育时提到斯巴达人不让儿童每顿吃饱，迫使小孩自己寻找食物，包括偷盗。他把这套制度归结于莱库古，称莱库古鼓励儿童尽可能从阿尔特米斯祭坛上偷窃更多的食物，同时命人在祭坛上手持鞭子看护祭坛，鞭打那些偷窃的人，谁能忍受鞭打，忍受的时间长，谁就能偷盗更多的食物，谁也就能得到更高的荣誉。色诺芬认为这可以培养儿童的忍耐力。④ 色诺芬在这里更强调获得更多的食物，对鞭打并没有强调，但从原文看他似乎在为这一仪式中的鞭打

---

① Alcman, Fr. 1, *Lrya Graeca*, 51f.
② R. W. Dawkin, etc., *The Sancturay of Artemis Orthia at Sparta*, p. 288. N. M. Kennell, *Gymnasium of Virtue*, p. 51.
③ N. M. Kennell, *Gymnasium of Virtue*, pp. 51–52.
④ Xen. *Lac. Pol.* II. 9.

辩护，认为这有利于培养人的勇敢灵活。我们大致上可以肯定，在斯巴达的阿尔特米斯祭祀过程中，这种仪式性的窃取食物是核心，而鞭打只是这个活动的一个环节而已，是对食物的一种戏剧性防护。从色诺芬的记述判断，首先行窃者是儿童；其次偷盗的对象是食物，而不是其他物品；最后它与鞭笞联系在一起，也就是说，这种偷盗食物还被象征性地禁止。总体来看，这是一种纯仪式性的活动，具有更多的娱乐成分，与后来在罗马时期残酷的忍耐力比赛不完全相同。

　　在阿尔特米斯节日期间还要举行宴饮。古代希腊的宗教节日上常常举行宴会，众人一起分享祭祀之后的祭品。这是个传统，《荷马史诗》中就有记述，如在阿伽门农被迫归还克律赛斯的女儿之后，克律赛斯举行了祭神活动，他把大麦粉撒在用作牺牲的牛身上，然后杀死牛，在献祭完毕之后，人们分享了剩下的牛肉。[1] 在斯巴达，阿尔特米斯祭祀活动中任何人如果不带一些狩猎物就去参加宴会，这会被认为犯了错误，并要受到惩罚，惩罚是这样的：如果是儿童，人们就朝他的头上浇水，如果是成人，则浇在他的手上。这种水被认为是耻辱的。[2] 狩猎和缴纳猎获物是参加阿尔特米斯活动的前提。[3]

　　前述的儿童窃食应该是祭祀宴饮的插曲。能够参加祭祀宴饮的都是成年人或战士，儿童是不可能参加的。在成人大快朵颐的时候，儿童怎么办？可以想象，儿童只有趁大人不备之机，窃取食物或直接向大人乞讨。儿童窃食就成为祭祀活动中向儿童施舍食物的一个环节，通过这个环节既展示了阿尔特米斯作为未成年人保护神的特性，又增加了祭祀活动的趣味性。

　　希罗多德记录了一个在萨摩斯举行的特殊的阿尔特米斯祭祀活动。据说，科林斯僭主库普赛洛斯从科西拉抓获了300名贵族儿童，送到萨迪斯去做宦官。在前往途中，他们在萨摩斯停留。萨摩斯人决定解救这批儿童，他们告诉这批儿童躲到阿尔特米斯神庙里，因为按传统任何人不得从神庙里抓走祈求避难的人。科林斯人没办法，就想通过断绝这些孩子粮食的办法，迫使他们出来。萨摩斯人于是创造了一种祭仪，每到夜里就举行由男孩子和女孩子参加的舞会，这时候他们把用蜂蜜和芝麻做成的小饼带来。这样，科西拉的男孩子就

---

[1]　*Ild.* I. 446 – 474；II. 419 – 440；VII. 313 – 324.
[2]　Liban. Or. V. 23. N. M. Kennell, *Gymnasium of Virtue*, pp. 76 – 77；p. 196. n32.
[3]　Parker. *Misama*, p. 113, n37.

夺取小饼充饥。就这样，他们坚持到法定的避难时间，科林斯只好放弃。希罗多德称这种仪式直到他生活的时代还在举行。① 这里，至少有五点值得注意，第一，这些科西拉孩子必须通过非正常手段获得食物。一方面那些科林斯人必然会全力阻止；另一方面希罗多德也说他们是通过抢的办法获取的。那么在这个过程中必然会有一些暴力或仪式化的暴力的内容。第二，获取食物的是儿童。第三，获取的是食物。第四，这种活动后来成为一种庆典，但是在庆典上的阻止不可能像当初科林斯人阻止科西拉儿童那样动真格，而是一种象征性的阻止。第五，这种仪式是后来人为创造的。可见，阿尔特米斯节上的窃食不仅在斯巴达，在其他地区也流行。

阿尔特米斯节上还有一项特殊的活动，即鞭打比赛。前面说到的窃食仪式中已经包含着鞭打的处分，但这种鞭打更多的是一种仪式，是窃食仪式的组成部分，具有"喜剧色彩"，而鞭打比赛则是为鞭打而鞭打，带有更多的血腥成分。关于这种仪式的起源有两种说法，罗马旅行家波桑尼阿斯认为是从古老活人祭发展而来的。古代斯巴达的四个村落在阿尔特米斯神坛祭祀时不断发生械斗，流血死亡时有发生，后来为了制止械斗，人们采用了活人祭，活人祭依旧过于血腥，最后莱库古将其改为鞭打至出血，以此飨宴神灵。② 这种说法将鞭打的起源推延到远古。活人祭在古代希腊确实存在过，传说阿伽门农在奥留斯港因为冒犯了阿尔特米斯，被迫将自己的女儿伊菲哥涅亚献祭给阿尔特米斯。在希波战争初期，斯巴达认为自己杀死波斯的信使，惹怒了信使之神，导致神灵报复，于是决定选两位高贵的青年去波斯祭神偿命。③ 可见，这种说法有一定的历史依据，但波桑尼阿斯将其归于莱库古不一定可信。普鲁塔克认为是为了纪念普拉提亚战役而设立的。在普拉提亚战役决战前夕，将军波桑尼阿斯为即将进行的决战进行问卜，因为总是得不到吉兆，只好反复问卜，这时波斯军中的吕底亚部已经攻到祭台前，周围的卫士没有带武器，就用祭台上的神杖和刺棒驱赶吕底亚士兵，波桑尼阿斯在这种情况下临危不惧，继续问卜直到得到吉兆，希腊士兵展开反击，夺取了普拉提亚战役的胜利。后来人们就创立了一种仪式纪念它，仪式就是模仿当时的场景。因此，斯巴达举行鞭打时在那些接

---

① Hdt. III. 48.
② Paus. III. 16. 9 – 11.
③ Herd. VII. 134f.

受鞭打的人身后还跟着"一队吕底亚人"①。普鲁塔克没有说这仪式是否为阿尔特米斯祭坛的这种仪式,但他说到这一仪式是在神坛周围举行,又采取了鞭打形式,应当是指阿尔特米斯的这种仪式。

这两种解释并不能令人信服。杜卡特从教育社会学的角度,将宗教仪式作为社会性教育的一部分,给人以启迪。古代希腊社会普遍认为斯巴达教育特别强调忍耐力训练。修昔底德在葬礼演讲词中就说到斯巴达从儿童时代起就通过残酷的训练培养人们的勇敢。②色诺芬在《回忆苏格拉底》中说道:苏格拉底特别推崇能够培养人们意志力的教育,而对雅典的那种侧重培养能言善辩、只会空谈的教育颇为不满。在《拉凯戴蒙政制》一书中提到在阿尔特米斯节日中的窃食时特别提到那些能忍住鞭打和疼痛,偷盗更多食物的人会得到荣誉。柏拉图在晚年写作的《法律篇》中提到斯巴达通过鞭打来培养忍受肌体痛苦的美德。③ 这说明在古典时期斯巴达社会已经形成了强调忍耐力培养的教育。阿尔特米斯节上的这种鞭打正是这种社会化的忍耐力训练的一个环节。

结合关于斯巴达教育发展过程的考察,我们认为,以忍耐力培养为目标,以肉体锻炼为形式的鞭打应该是在公元前5世纪中期,伴随着斯巴达社会强化公民的军事训练而兴起的。它的最初形式,正如色诺芬所说的,正是阿尔特米斯节上的窃食。至于演化成过于血腥、鞭打致死的鞭打比赛则是罗马时期的事。

至于这一活动的具体形式,克里姆斯和科奈尔进行过研究。克里姆斯介绍这一活动后来确定为5月17日或19日。科奈尔介绍了罗马时期这一活动的一些细节。他结合民族学和考古学的资料认为:参加这场残酷活动的人是年轻人中达到特定年龄的同岁人,人数在70人左右,大约持续一天。活动前需要举行祈祷、献祭,然后,他们按部落走上一个宽2.6米、长8米的祭台接受鞭笞。波桑尼阿斯介绍了活动中的其他一些细节,他说:鞭笞时旁边站着阿尔特米斯祭司,他们手持阿尔特米斯神像,据说如果那些鞭笞者手下留情,不肯出力,神像就会变重。④

---

① Plut. *Arist.* 17.
② Thuc. II. 39.
③ Plato. *Laws.* 633b.
④ Paus. III. 16. 10 – 11; Plut. *Mor.* 633B.

阿尔特米斯既受斯巴达国家之崇拜，当具有特定的公共性，承担着对特定公共生活领域和社会群体的庇护。一般认为，阿尔特米斯是未成年少女的保护神。在希腊神话中，阿尔特米斯是野兽女神、狩猎女神。她在《伊利亚特》中被称为 potina theron，即野兽女神。但这种神性不像古代埃及的公牛神、鹰神，不是体现为一种源自野兽超越凡人的神力，而是掌握着这些动物的生死、杀灭的权力，其实是一种动物保护神。阿尔特米斯的这种"保护"同时作用于人类，体现为对人类幼小生命的保护。古代世界医疗水平落后，幼小生命夭折司空见惯。崇拜阿尔特米斯恰恰寄托着人们对少年儿童安全出生、健康成长的期盼。在斯巴达，阿尔特米斯和她的孪生哥哥阿波罗一起承担起这一责任，她则因其女性的身份成为少年儿童尤其是女性青少年的保护神。无论是由于她所保护的年龄段内的少女不少会有生育行为，还是由于生育是任何幼小生命的起点，阿尔特米斯与阿波罗相比，多了一个重要的职能就是生育。但阿尔特米斯主要负责新生生命的安全诞生，区别于负责孕妇顺利生产的分娩神。人们为了顺利生育一个健康的生命往往祈求阿尔特米斯的眷顾，同时也将不顺利的生育归咎于阿尔特米斯的愤怒与背弃。成年礼是人走完未成年阶段的最后环节，因此，许多学者认为，阿尔特米斯祭仪带有强烈的成年礼的成分。

在斯巴达，阿尔特米斯的幼小生命保护神的形象非常突出。在阿尔特米斯·提提尼迪亚（Tithenidia）祭仪中，小男孩被他的保姆带到位于提亚索斯的喷泉附近的阿尔特米斯·Korythalia（桂冠）神坛前参加祭祀。[①] 在阿米克莱、斯巴达城内的阿尔特米斯祭坛或神庙，人们发现了大量献祭物，这些献祭物大多是由未婚或孕妇祈求平安生育而献祭的，也有年轻人为自己获得竞赛胜利奉献的。因此佩特森认为，阿尔特米斯是斯巴达未婚妇女的保护神。[②] 由于阿尔特米斯主要是年轻人的保护神，度过了阿尔特米斯保护的年龄段，就进入成年期。所以，阿尔特米斯祭仪往往具有教育功能，同时又兼有成年礼的功能。[③]

在斯巴达，阿尔特米斯同时还有特殊的政治功能。佩特森认为阿尔特米斯

[①] Michael Pettersson, *Cults of Apollo at Sparta*, p. 121. Claude Calame, *Choruses of Young Women in Ancient Greece*.

[②] Michael Pettersson, *Cults of Apollo at Sparta*, p. 121.

[③] 杜卡特特别强调斯巴达宗教仪式的教育功能，而佩特森则认为阿波罗和阿尔特米斯祭仪是斯巴达特色的成年礼。

与宙斯、雅典娜一起组成了斯巴达的政治之神，在斯巴达统治范围之内，由宙斯和雅典娜管辖，而在其统治范围之外则由阿尔特米斯负责。[①] 绰号 Agetor （山羊）正反映了阿尔特米斯的这一特性。这些统治范围之外的活动主要是军事征服，因此，阿尔特米斯还有一个绰号是 Hegemone，这一名号的意思是霸权。据色诺芬介绍，斯巴达军队出征之时，他们在斯巴达城内祭祀宙斯，在离开国家的国境线上祭祀雅典娜，而一旦走出国门，他们便祭祀阿尔特米斯。在每次战斗打响之前，斯巴达军队都要向阿尔特米斯·阿哥罗特拉（Artemis Agrotera）献祭一头羊，以致斯巴达的远征军后面总是跟着一群羊。[②]

可见，阿尔特米斯并不只是少女保护神，这种观点缩小了阿尔特米斯的社会功能。作为在军事征服中得到崇拜的神，她汲取了阿尔特米斯的狩猎女神、未开化世界统治神的意象。作为荒蛮之地、未开化世界、人类无法掌控的世界的主宰，她恰恰为那些踏入统治之外地区的斯巴达人提供了保护。征服化外之地恍如一场狩猎，因此，在斯巴达年轻人中狩猎本身受到特别的重视，色诺芬说斯巴达男青年在 20 岁之后到年满 30 岁、成为正式战士之前，一项重要的活动就是参加各种形式的狩猎活动或狩猎游戏。[③] 因此，狩猎与战争不可分离，狩猎女神也成为战争女神。克里姆斯甚至认为，从阿尔特米斯负弓持箭这一形象看，她更是一位战争之神而不是狩猎女神。[④] 但克里姆斯认为阿尔特米斯与雅典娜一样属于城邦的战争之神，笔者认为不准确，其实阿尔特米斯与战争的关系主要是就其管辖范围所司职能的特性衍生出来的，而不是本真的含义。在古代希腊城邦体制下，城邦本身人数少、面积小，当战争发生，女性同样无法置之度外，希腊神话中包括赫拉、阿芙洛狄特在内的女神都常常投入战斗，阿尔特米斯同样如此，但称其战争女神并不恰当。

正是基于阿尔特米斯特殊的政治功能，阿尔特米斯还有一种特殊的作用，就是标识斯巴达控制区与非控制区。我们所见到的主要的阿尔特米斯神庙除了在斯巴达中心城区，往往都在曾经的边境上，如在拉科尼亚与美塞尼亚边境上的利姆奈、在拉科尼亚与提盖亚边境上的卡耶，甚至阿米克莱地区的阿尔特米

[①] Michael Pettersson, *Cults of Apollo at Sparta*, pp. 64, 118 – 120.
[②] Xen. *Lac. Pol.* XIII. 8; *Hell.* IV. 2. 20.
[③] Xen. *Lac. Pol.* IV. 7.
[④] K. M. T. Chrimes, *Ancient Sparta*, p. 254.

斯神庙也标识着传统的斯巴达五村落与南部地区的分野。这些神庙实际上成为斯巴达领土扩张的地标。

除了上述奥林匹斯神外，斯巴达对医神阿斯克勒庇俄斯也特别地崇拜。据波桑尼亚的描述，在罗马时期的斯巴达境内，有祭奠阿斯克勒庇俄斯的墓地1处，神庙6座，圣所8处，神像2尊，神穴1处。祭奠地点散布在斯巴达境内北部的留克特拉，东部沿海的扎拉克斯，在斯巴达城内，阿斯克勒庇俄斯的祭奠地点有的在阿基亚德王族的墓地、罗马元首祭奠地附近，有的与阿喀琉斯的墓地在一起，还有的在阿波罗圣地的附近。被祭奠的还有阿斯克勒庇俄斯的儿子马凯翁。

四 斯巴达的英雄崇拜祭仪

在古风时期，城邦在希腊各地兴起，与之相应的是希腊宗教领域也发生了巨大的变化。各个新兴城邦为了强化自我认同，塑造国家形象，大力发掘传统因素，强化自身特性以及与其他城邦的差异，全力提倡新的宗教崇拜，这种崇拜被称为英雄崇拜。英雄崇拜首先是人们在考古材料中发现了不少祭品丰富的墓穴而提出的，人们在斯巴达尤其在拉科尼亚极少发现类似的墓穴，所以有人指出斯巴达没有英雄崇拜。英雄崇拜事关城邦的兴起，这在希腊世界是比较普遍的现象，为什么斯巴达特殊？

这需要我们全面认识此间希腊的宗教变革。伴随着城邦的兴起，城邦的主要任务是强化自我认同，宗教活动必然随之发生变化，这个变化从整个希腊世界来看包括奥林匹斯崇拜的重新兴起，以及英雄崇拜、祖先崇拜、墓穴崇拜。奥林匹斯崇拜比较容易鉴别，复杂的是后面几个崇拜形式，这几种崇拜是从不同的角度加以区分的，彼此之间的内涵有重复之处，又不完全重复。笔者认为，英雄崇拜与墓穴崇拜有较多的交叉和重叠，前者崇拜的对象是历史上的英雄，这些英雄大多是传说（主要是《荷马史诗》）中的英雄人物，而墓穴崇拜侧重于崇拜的地理空间，但这些墓穴往往与英雄连在一起，这种联系有些甚至是假想的，所谓的墓穴只是一个土堆而已。祖先崇拜主要是对家庭或城邦名义上的共同祖先的崇拜，这里的前者往往是对于城邦有特殊贡献的历史人物的崇拜，后者则与英雄崇拜难以区分。祖先崇拜往往也在墓地进行。法奈尔

(Lewis Farnell)、R. K. 哈克（R. K. Harck）、T. H. 普利斯（T. H. Price）等学者认为，英雄崇拜始于荷马时期甚至更早的迈锡尼时期[1]，N. 科德斯特里姆（Nicolas Coldstream）收集了大量的考古学材料，用墓穴形制的变化和随葬品的中断来进一步补充说明英雄崇拜是在迈锡尼传统的基础上重新兴起的，而不是简单延续。N. 科德斯特里姆的观点被广泛接受，斯诺德格拉斯、威特雷和安托拉西奥都认为，英雄崇拜是在某些迈锡尼时期文化遗产的基础上新兴的历史现象，与迈锡尼时期和《荷马史诗》都没有直接的联系。英雄崇拜兴起的原因是各个城邦、各个贵族家族为了追求自我认同、提升自己的国际和社会地位，借助历史甚至虚构历史来论证这一地位的合法性。[2] 笔者比较赞同 N. 科德斯特里姆、斯诺德格拉斯、威特雷和里斯等人的观点，英雄崇拜是在古风时期兴起的，以《荷马史诗》中所记述的迈锡尼时期，或者严格地讲是希腊早期历史上存在的传奇人物为崇拜对象，以特定的墓地或其他有形物如祭坛、神像为祭仪核心，有着一套复杂详细的祭祀仪式。这些英雄往往成为国家或以国家自居的贵族家族的始祖。

但是斯诺德格拉斯认为斯巴达不存在英雄崇拜。[3] 笔者不能赞同这一观点。斯诺德格拉斯的观点其实提醒我们注意斯巴达英雄崇拜的特殊性。按照斯诺德格拉斯的说法，在公元前750年之后不久，在希腊部分地区为了显示对当地土地的所有权，出现了一种全新的对青铜时代的墓穴进行献祭或给予崇拜的现象，即英雄崇拜。[4] 斯诺德格拉斯本人把古风时期解释为个体主义兴起的时期，如果按照这个理解，那么在古风时期兴起的这股崇拜古人热绝不仅仅体现为对奥瑞斯特斯、特修斯这样的名人，还势必包括一些不知名的人及一些家族祖先。但是，斯诺德格拉斯对此并没有加以区分，导致他认为英雄崇拜不应该只是个别现象，涉及英雄崇拜的圣地、墓地不应该只有少数。正是鉴于斯巴达

---

[1] L. R. Faranll, *Greek Hero Cults and Ideas of Immortality*, Oxfort: The Clarendon Press, 1921; Theodora Hadzisteliou Price, "Hero – Cult and Homer", *Hsitoria*, 2nd Qtr., 1973, Bd. 22, H. 2 (2nd Qtr., 1973); R. K. Hack, "Homer and the Cult of Heroes", *TPAP*, Vol. 60 (1929).

[2] E. Alcock, "Tomb Cult and the Post – Classical Polis", *AJA* Vol. 95, No. 3, 1991; James Whitley, "Early States and Hero Cults, A Re – Appraisal", *JHS*, Vol. 108, (1988). Carla M. Antonaccio, "Contesting the Past: Hero Cult, Tomb Cult, and Epiuc in Early Greece", *AJA*, Vol. 98, No. 3, (Jul. 1994).

[3] Anthony Snodgrass, *Archaic Greece*, p. 39.

[4] Anthony Snodgrass, *Archaic Greece*, pp. 38, 39.

境内的墓地稀少①，所以斯诺德格拉斯得出如上结论。

笔者认为斯诺德格拉斯的观点存在两个不足：一是将英雄崇拜的功能狭隘化了，只是从经济（土地占有）的角度分析英雄崇拜的兴起，其实笔者认为英雄崇拜还被用来作为政治斗争，包括国际斗争的工具。因此，我们还应该从政治的角度分析英雄崇拜。二是将英雄崇拜的范围泛化了。由于英雄崇拜主要用于论证土地占有的合法性，所以英雄崇拜势必在全社会较为普遍，反映在考古学上就是有较多的用作宗教崇拜的墓地或圣地。其实，古风时期英雄崇拜的英雄主要来自迈锡尼时期，来自《荷马史诗》，在希腊城邦兴起的过程中，这些资源实际上比较紧张。须知，在不到一个世纪的时间内，有数以百计的城邦兴起，每个城邦都需要形成自己的宗教形象以区别于他邦。在这种情况下，不可能出现每个国家、每个家族、每个村落都有自己特殊的英雄，只能是那些有实力的国家、家族联合体（胞族）或村落可以塑造自己的英雄。也就是说，英雄崇拜只能在较大的社会组织的基础上建立起来，从一个国家来说，只能形成对少数英雄的崇拜。如果以国家为基础，那只能有极少数英雄，如果以胞族或村落为地位，那么数量会稍多。斯巴达就属于前者，而雅典则属于后者。斯巴达的英雄崇拜主要在国家层面，因此，受到崇拜的英雄的数量相对较少，主要有狄奥斯科里兄弟、赫拉克勒斯、墨涅拉奥斯和阿伽门农父子等。

(一) 狄奥斯科里崇拜

在斯巴达的英雄崇拜中首先是对三位半人半神的英雄人物的崇拜，他们分别是卡斯特尔、波吕多洛斯和赫拉克勒斯。这三位英雄又与斯巴达传说中的国王廷达柔斯联系在一起。传说廷达柔斯是斯巴达国王奥巴罗斯的儿子，后为他的兄弟希帕孔被驱逐，流亡埃托利亚，娶埃托利亚国王的女儿勒达为妻。宙斯引诱勒达，生了两只双黄蛋，分别孵出了一对双胞胎的女儿克吕泰涅斯特拉、海伦，和一对双胞胎的儿子卡斯特尔和波吕多洛斯。其中的海伦和波吕多克斯则是宙斯的后代。另两位则是廷达柔斯的孩子。卡斯特尔和波吕多克斯合称为狄奥斯科里。"狄奥斯科里"（Dioscuri）的字面意思即宙斯的儿子（Dios Kouroi，即 sons of Zeus）。

---

① 古风时期斯巴达境内的墓地为何稀少，还是史学界的未解之谜。——笔者注

当狄奥斯科里兄弟长大之后和赫拉克勒斯一起帮助廷达柔斯重新回到斯巴达。但从后来波桑尼阿斯记述的斯巴达国内的宗教圣地和祭仪看,廷达柔斯的地位并不显赫,也没有受到广泛崇拜。倒是狄奥斯科里兄弟和赫拉克勒斯声名显赫,崇拜浓烈。

狄奥斯科里兄弟在斯巴达受到广泛的推崇。现在人们虽然没有找到祭祀狄奥斯科里的专用场所,但他在古代文献中却有不少记载。据波桑尼阿斯记述,阿尔克曼曾经说狄奥斯科里出生于特拉麦①,到他那个时期,这一传说仍在当地流传。据波桑尼阿斯记载,在特拉普涅有狄奥斯科里的墓地②,狄奥斯科里的神像与宙斯、雅典娜放在一起,成为议会保护神之一③,他的神像还被置于跑道的起点④。在斯巴达,国王出征时需要带上象征狄奥斯科里的圣物。⑤ 色诺芬说:国王出征之时要向宙斯和随行的神灵献祭⑥,人们相信,"随行的神灵"即指狄奥斯科里。现在,人们考古发现了关于狄奥斯科里的石雕像有50多个,属于古风和古典时期的有10个,还有许多与狄奥斯科里有关的石柱和陶器,这些文物现在大多保存在斯巴达当地的博物馆内。这些石雕表明,虽然狄奥斯科里在希腊世界流传甚广,但在他的诞生地却受到更多的尊崇。⑦

考古发掘的狄奥斯科里的典型形象是长头发、翘胡子,手持长矛,两人相对。这种两人(物)相对的雕像大多与狄奥斯科里有关,如人们发现一个石刻,虽然只有髋部以下,但两人相向站立,后面的铭文清晰写着"普雷斯提德将我献给狄奥斯科里"。人们发现一种石刻板材,主要用于献祭狄奥斯科里,板面上就刻着两条对视的蛇。还有一种纪念体育竞赛获胜的纪念碑上刻着两个并立的似人形的尖底双耳瓶,显然,狄奥斯科里还是体育竞赛的保护神。人们还发现一个石刻,两侧各有一人面部相对,中间则是两个尖底双耳瓶。⑧

---

① Paus. III. 25. 2.
② Paus. III. 20. 2.
③ Paus. III. 13. 6.
④ Paus. III. 14. 7.
⑤ P. Cartledge, *Agesilaus and the Crisis of Sparta*, p. 109.
⑥ Xen. *Lac. Pol.* XIII. 2.
⑦ Jan Motyka Sanders, "The Early Lakonian Diosouroi Reliefs", in Jan Motyka Sanders ed., *Philolakon*.
⑧ Jan Motyka Sanders, "The Early Lakonian Diosouroi Reliefs", in Jan Motyka Sanders ed., *Philolakon*.

这些石刻的大量发现说明，狄奥斯科里在斯巴达受到广泛的崇拜。

斯巴达的狄奥斯科里形象与其他国家和过去的形象不同。在希腊世界，狄奥斯科里的形象多种多样，卡斯特尔是优秀的驯马者、骑手，波吕多洛斯则是出色的拳击手，他们还是友谊、誓言、航海者的保护神。但从前述斯巴达的狄奥斯科里石刻形象看，斯巴达的狄奥斯科里兄弟主要是战士。在有关狄奥斯科里的传说中，狄奥斯科里的主要业绩有三项，都与战争有关：他们抢回了被特修斯夺走的妹妹海伦；参加过阿尔戈斯远征，在航行中波吕多洛斯战胜了阿密科斯；与美塞尼亚王子伊达斯和林叩斯决战，最后卡斯特尔战死。因此，在斯巴达，狄奥斯科里主要是军人伦理的具体化和形象化。

斯巴达的狄奥斯科里崇拜经过了两个发展阶段，大约形成于古风时期。据伯克特考证，狄奥斯科里崇拜在远古的印欧神话就已有之。狄奥斯科里有两个特征：一是双胞胎；二是年轻人。前者在印度神话中就有类似的神，后者在安那托利亚地区也有类似的宗教形象，如担任大神护卫的年轻人（Kouroi）。狄奥斯科里可能也来自亚洲，但在希腊世界以改变了的形象得以流传，这从它的"宙斯的儿子"的称号上大致可以看出。这种以孪生的年轻人形象出现的神在希腊世界并不限于斯巴达，如底比斯就有一对孪生神话人物——仄托斯和安菲翁，还有美塞尼亚地区的伊达斯和林叩斯。① 对年轻人的崇拜也比比皆是，如阿波罗、雅典娜都有"年轻人"这一绰号。从印欧神话中的双胞胎神和年轻人之神到宙斯的儿子，这是狄奥斯科里崇拜形成的第一步。

但斯巴达的狄奥斯科里崇拜显然带有更为明显的斯巴达特征。首先，从故事内容上看带有更多的斯巴达特征，狄奥斯科里以斯巴达国王廷达柔斯的儿子或养子的身份出现，他的出生地也被构想为斯巴达的某一地区，一说出生于泰盖托斯山，一说是美塞尼亚海边的小岛帕费努斯，但出生之后就被赫尔墨斯带到了佩拉那，又一说是特拉麦。卡斯特尔之死则是在与美塞尼亚王子伊达斯和林叩斯的对决中牺牲的。这显然告诉我们狄奥斯科里是斯巴达人所创造的。再次，它的社会意义体现了斯巴达社会的独特的军事需要。② 狄奥斯科里本身是年轻人，年轻人是军队的主体。在与伊达斯和林叩斯的决战中，卡斯特尔不幸

---

① Walter Burkert, *Greek Religion*, p. 212.
② Jan Motyka Sanders, "The Early Lakonian Diosouroi Reliefs", in Jan Motyka Sanders ed., *Philolakon*.

牺牲，波吕多洛斯不愿独自生活，宙斯答应了他的要求，让他们轮流来到世界上。在这个神话中，卡斯特尔和波吕多洛斯本身以士兵的形象出现，他们之间这种生死与共的感情是军队战斗力的保障。卡斯特尔和波吕多洛斯更像两名并肩作战、视死如归的斯巴达士兵。古风时期，斯巴达在很长一段时间内执行了单边扩张的外交政策，战争一直是斯巴达人生活的重要组成部分。尤其是征服美塞尼亚的战争，极大地改变了斯巴达，乃至希腊世界的战斗方式。在《荷马史诗》中，希腊军队主要是单兵对决的战争，这时候特别强调个人的作战勇敢、武艺娴熟、成就功名，因此，当奥德修斯惩罚特尔西特斯的时候，其他的士兵竟然毫无怜悯之心，开怀大笑。① 但在提尔泰乌斯的作品中，我们看到的是集体式的战斗，他们组成方阵投入战斗，面对敌人的冲击，他们视死如归，绝不后退，冲锋时他们肩并肩冲向敌人，为了保住后边的士兵不惜牺牲自己，他们互相鼓励互相帮助，重装步兵冲锋在前，而轻装步兵则隐藏在重装步兵的盾牌下向敌人投掷武器。② 这种团结友爱和勇于牺牲的精神正是新时代军队所不可缺少的，更是斯巴达社会所必需的。狄奥斯科里与提尔泰乌斯笔下的士兵有着几乎相同的道德形象。狄奥斯科里的故事内容和独特伦理价值揭示它是在古风时期逐步形成的。

(二) 赫拉克勒斯崇拜

在斯巴达的英雄崇拜中，赫拉克勒斯显然占有重要地位。在波桑尼阿斯记述的众多宗教圣地中，有关赫拉克勒斯的有十处，在众多的英雄人物中是最多的。赫拉克勒斯的故事在斯巴达流传非常广泛，斯巴达人甚至指出赫拉克勒斯进入地府牵走地狱看门犬的入口处就在泰纳鲁姆悬崖。在斯巴达最高的一座山上有一座雅典娜神坛，在这里雕刻了赫拉克勒斯的诸多功绩。

王以欣教授根据国外学者的研究成果指出，赫拉克勒斯最初并不是多利亚人的英雄，更不是斯巴达的英雄，而是迈锡尼人的英雄，他的主要神话都源自迈锡尼时代③，在《荷马史诗》中，赫拉克勒斯已经是大名鼎鼎的英雄人物。

---

① Ild. II. 260.
② Tyr. 11.
③ M. H. 鲍特文尼克等：《神话辞典》，黄鸿森、温乃铮译，第 141 页。

因为他建立了不朽的功勋，所以，多利亚人选择他为自己的祖先，并且将自己的一位部落名祖——许罗斯杜撰为赫拉克勒斯的儿子。① 首先将赫拉克勒斯与多利亚联系起来的可能是阿尔戈斯。从后来的历史资料看，斯巴达的两个王族名祖都与赫拉克勒斯无关，反倒是阿尔戈斯的王室名祖以特墨诺斯（传说中的赫拉克勒斯家族第五代中最年长者）为姓。而且，赫拉克勒斯的诞生地也被定在位于阿尔戈斯境内的古迈锡尼城。从阿尔戈斯的自身发展看，他先于斯巴达称雄伯罗奔尼撒，所以，阿尔戈斯创造这个神话为自己的国际霸权寻求历史基础是可能的。

斯巴达显然对赫拉克勒斯的故事进行了改编，使之适合斯巴达的需要，改编的核心是用赫拉克勒斯的后裔及其回归的故事将斯巴达与赫拉克勒斯联系起来。公元前7世纪后期，斯巴达诗人提尔泰乌斯最早提及此事，他说：正是宙斯本人，将此城（斯巴达。——笔者注）赐予赫拉克勒斯的子孙，我们和他们一道离开多风的厄林纽斯，来到广袤的伯罗奔尼撒。② 显然这个故事更强调了斯巴达统治与赫拉克勒斯的关系。后来的回归故事经过不断加工，内容越来越丰富，也越来越适合斯巴达的需要。新的回归故事的主要情节如下，赫拉克勒斯成神之后，他的儿子许罗斯率领族人屡次试图回到伯罗奔尼撒，均未成功。直到他的重孙辈才获得成功，他的三个重孙特墨诺斯、阿里斯托德墨斯和克里斯丰忒斯率军返回伯罗奔尼撒。阿里斯托德墨斯未等到获胜被雷击而死，由其双胞胎的儿子率领族人出征。最后，赫拉克勒斯的后裔杀死了奥瑞斯特斯的儿子提撒美诺斯，征服了伯罗奔尼撒。获胜之后他们抽签瓜分土地，特墨诺斯获得阿尔戈斯，阿里斯托德墨斯的儿子们获得拉科尼亚，克里斯丰忒斯靠欺诈手段获得肥沃的美塞尼亚。这个改编一方面为特墨诺斯增加了两个弟弟，使斯巴达与赫拉克勒斯的联系更清晰，形成了自赫拉克勒斯以下的比较完整的王谱。另一方面用雷击将赫拉克勒斯故事与斯巴达自身的历史故事实现了无缝对接。再一方面增加了美塞尼亚国王在抽签分配中作弊的情节，为斯巴达统治美塞尼亚提供历史依据。③

---

① 王以欣：《神话与历史》，商务印书馆2006年版，第476—477页。
② Tyr. *Fr.* 2. 12 – 15, 19. 7 – 8. M. L. West, *Iambi et Elegi Graeci*, Oxford, 1971. 引文参考了詹姆斯·胡克尔的英译（James T. Hooker, *Mycenaean Greece*, London, 1976, p. 213.）。
③ Apol. *Bili.* II. 8. 2 – 4.

另一则赫拉克勒斯帮助廷达柔斯恢复王位的故事将赫拉克勒斯与斯巴达政治更直接地联系起来。我们现在缺少这个故事的具体情节，但这个故事在当时的斯巴达流传一定非常广泛。据说廷达柔斯被他的弟弟希帕孔排挤之后，流落到埃托利亚，在这里得到了希腊伟大的英雄赫拉克勒斯和狄奥斯科里兄弟的帮助。① 这个故事似乎在斯巴达流传得非常广泛，包括一起来的人都有名字记录下来，如赫拉克勒斯年轻的堂兄弟奥厄努斯。② 在激战过程中，他的孩子面临赫拉克勒斯的威胁，他就用一只山羊冒充孩子交给了赫拉克勒斯，此后斯巴达在献祭赫拉克勒斯时也可用山羊献祭。

赫拉克勒斯和狄奥斯科里弟兄的故事实际为斯巴达的贵族统治提供了神话基础。廷达柔斯本人是凡人俗胎，其统治起初也不太坚固，但在得到狄奥斯科里和赫拉克勒斯的帮助之后终于稳固下来。由于波吕多洛斯和赫拉克勒斯都是宙斯的儿子，所以对这三位英雄崇拜的潜台词是宣传了斯巴达王位得到宙斯的支持。赫拉克勒斯和狄奥斯科里弟兄与廷达柔斯构成了一个神话单元，其政治宣传价值不言而喻。

(三) 墨涅拉奥斯、海伦崇拜

墨涅拉奥斯崇拜是斯巴达英雄崇拜的第三个相对独立的单元。它具有与前述英雄神话同样的政治宣传价值。墨涅拉奥斯是迈锡尼国王阿特柔斯的儿子，阿伽门农的兄弟，海伦的丈夫。

在《荷马史诗》中墨涅拉奥斯并不是首屈一指的大英雄，他的即位也只是因为老国王廷达柔斯的双胞胎儿子在与美塞尼亚国王的孪生儿子对决中，卡斯特尔战死，波吕多克斯不愿独自生活，将其永生权分一半给了卡斯特尔，斯巴达缺少继承人，墨涅拉奥斯以女婿的身份继承王位。而且其政权基础的一半还来自海伦，传说海伦是宙斯的私生女，漂亮无比，她成年之后引来众多求婚者，但在求婚前诸路英雄先立誓，无论是否得到海伦，以后一旦海伦遇到危难，大家都必须无条件帮助。这样，国家之难就成为海伦之难，其他国家必须无条件支援。因此，虽然海伦身为王后，但国家力量的相当一部分来自她所具

---

① Paus. III. 1. 5.

② Paus. III. 15. 4.

有的国际影响力,而墨涅拉奥斯却成为吃"软饭"的了。

在斯巴达的宗教中,海伦是一个古老的神,对海伦的崇拜可以追溯到迈锡尼时期。海伦最初大概是树神①,在古希腊语中,海伦与"树"的发音近似,因此,也许因为这个原因斯巴达把在特拉普涅长期延续的祭祀树神的宗教活动与《荷马史诗》中的美女海伦联系起来。从考古发掘的材料看,海伦在这里较墨涅拉奥斯更早受到崇拜。在斯巴达城内,甚至有一座单独的与赫拉克勒斯并立的海伦圣地,这大致上反映了海伦曾经独立受到人们的崇拜。② 但以树神形象呈现的海伦在墨涅拉奥斯崇拜中获得了新生,成为美的化身。而墨涅拉奥斯崇拜可能是在古风时期借助海伦而创造出来的,而且海伦的形象比墨涅拉奥斯更完美,其职能也比墨涅拉奥斯更强大。在墨涅拉奥斯的故事中,如果抽取海伦元素就变得苍白无比。在墨涅拉奥斯的事迹中,海伦是不可或缺的,在《荷马史诗》中,墨涅拉奥斯与海伦曾经是斯巴达的国王和王后,他们曾经在王宫中接待了奥德修斯的儿子特勒马科斯。③ 就此而言,我们说,墨涅拉奥斯崇拜是在古风时期的宗教变革中形成的交织着传统元素和当代元素的新生事物。但就这样,墨涅拉奥斯借着与海伦的特殊关系被斯巴达人抬进了斯巴达的万神殿。

正因如此,对墨涅拉奥斯的崇拜总是与对海伦的崇拜结合在一起。希罗多德告诉我们海伦是斯巴达的美神,曾将一位极丑的女婴变成斯巴达著名的美女。④ 在斯巴达,海伦负责女孩的成长,女孩成年时或出嫁前,都要举行海伦祭仪,女孩甚至裸体参加,祭仪之后则成为成年女性。⑤

在古风时期,随着墨涅拉奥斯崇拜的兴起,祭祀墨涅拉奥斯和海伦的场所发生了变化。据希罗多德记述,墨涅拉奥斯神庙位于斯巴达城东部的特拉普涅。⑥ 这座神庙一直延续,公元前1世纪的波桑尼阿斯还见到这座神庙,波桑

---

① P. Cartledge, *Sparta and Lakonia*, p. 121.

② Paus. XV. 3.

③ *Ody.* IV.

④ Hdt. VI. 61.

⑤ Jean Ducat, "Perspectives on Spartan Education in th Classical Period", Ellen Millender, "Athenian Ideology and the Empowered Spartan Women", in S. Hodkinson & A. Powell, *Sparta New Perspectives*, pp. 59, 367.

⑥ Hdt. VI. 61. Alcman fr. 7; P. Cartledge, *Sparta and Lakonia*, p. 121.

尼阿斯还说这里曾经有一座墨涅拉奥斯与海伦的合葬墓。① 目前这座神庙已经得到考古学的证实。1889 年，索恩塔斯（Tsountas）主持了对这个位于斯巴达城东面，优拉托斯河边的宗教中心的发掘工作。考古发掘了大量的红陶、青铜器和铅质小塑像，还有少量银器、铁器、骨器、玻璃器、陶器。其中有两件青铜器明确显示这里是祭祀墨涅拉奥斯和海伦的宗教中心，一个青铜制成的单柄短颈球形瓶和一支青铜制成的弓弩，上面刻着献给海伦的题刻，这两件文物分别属于公元前 675—前 650 年和公元前 575—前 550 年之间。另有一件青铜质的斯芬克斯或狮子小雕像则是献给墨涅拉奥斯的，按其形制看，大概属于公元前 5 世纪。据卡特林（Catling）研究，这里的文物早的可追溯到公元前 800—前 740/30 之间，但这里的宗教崇拜活动则是从公元前 7 世纪初开始。② 但在此后，虽然神庙的位置几经改变，但这里一直作为祭祀墨涅拉奥斯和海伦的中心。其实，正如卡特林指出的，特拉普涅地区的这个墓地是后来的人出于对英雄时代的思念而人为制造出来的③，这里原先只是一个土丘而已。

　　前述的三个崇拜祭仪适应了斯巴达早期的政治需要。斯巴达早期充满政治斗争，大概在公元前 8 世纪，以《大瑞特拉》为政治蓝图，进行了政治改革，建立起贵族政治。此后，斯巴达平民继续进行斗争，发生了以《大瑞特拉》附文和设置监察官为主要内容的民主改革，国家政治发展为特殊形式的民主政治。斯巴达政治从总体上看，贵族一直在政治上占有特殊的地位，即使是在民主改革之后，民主成分也不及鼎盛时期的雅典民主，国王制度也一直维持下来，贵族仍享有较高的政治地位。从贵族自身利益出发，斯巴达的英雄崇拜一直控制在有限的范围内，英雄人数有限，崇拜的范围有限，恍如贵族是社会上的少数人一样。斯巴达的英雄崇拜主要集中在斯巴达卫城、阿米克莱、特拉普涅几个宗教中心，这表明斯巴达的英雄崇拜中墓穴崇拜的内容较少，主要是仪式崇拜，这种仪式主要集中在宗教中心，控制在国家手中。人们在斯巴达宗教中心之外很少发现用作宗教活动的墓地，因此斯诺德格拉斯指出：斯巴达的英雄崇拜没有用于土地占有，斯巴达也就没有了英雄崇拜。其实，斯巴达的英雄崇拜带有强烈的贵族色彩。英雄在《荷马史诗》中称作"Baselius"，这既是

---

① Paus. III. 19. 9.
② Carla M. Antonaccio, *An Archaeology of Ancestors*, p. 163.
③ 参见 Carla M. Antonaccio, *An Archaeology of Ancestors*, p. 166。

国王的称号，也是所有贵族的称号，因此对英雄的崇拜本身具有强调贵族地位的作用。斯巴达的英雄崇拜明显地具有"弱化国王强调英雄（贵族）"的特征。无论是廷达柔斯还是墨涅拉奥斯在政治上都软弱无力，无可称道。值得注意的是，在早期的斯巴达英雄崇拜中阿伽门农并没有受到普遍的崇拜，阿伽门农是《荷马史诗》中的强势国王，拥有极高的权威，他可以冒犯以阿喀琉斯为代表的贵族利益，在阿喀琉斯退出战争之后，他还无视阿喀琉斯的抗议，继续驱使贵族发动战争。这种强势国王是贵族不愿见到的。廷达柔斯、墨涅拉奥斯背后的支持力量才是王权的真正基础，这个力量正是贵族。有趣的是，这些力量都不能摆脱国王，最后都要集中于国王一身，而国王则成为贵族利益的代表。这种"强贵族，弱国王"正是古风时期斯巴达政治结构的写照。因此，斯巴达的英雄崇拜主要是在国家层面上塑造的，它主要出于政治目的而不是经济目的，代表了贵族的政治需要。

(四) 阿伽门农崇拜

阿伽门农崇拜是斯巴达英雄崇拜的第四个组成部分。但它产生的时间和所发挥的作用不同于前述崇拜。在斯巴达，许多人都将阿伽门农列为自己的祖先，如一位来自特勒多的运动员声称其祖先曾经与奥瑞斯特斯一起来自阿米克莱。[1] 在希波战争前夕，叙拉古国王要求获取联军最高指挥权，斯巴达代表讥讽他们说：要是阿伽门农听到这个消息也会生气的。[2] 显然，斯巴达把阿伽门农看作他们盟主地位的原型和保护神。[3] 据胡克（J. T. Hooker）教授研究，公元前300年后不久的一位古典作家——吕科弗隆在其诗作中借卡桑德拉（亚历山大）之口说出一个预言，宣布阿伽门农将在斯巴达得到像宙斯一样的崇拜。考古材料已经证明亚历山大——阿伽门农祭仪确实存在，这个宗教活动的中心就在距离阿米克莱不远处的埃亚·帕拉斯克维，人们在这里发现了大量的还愿物，覆盖了从古风时期到希腊化时期的历史，但大多数集中于古风时期。人们在一些文物上发现了"献给阿伽门农""献给亚历山大"等铭文。对阿伽

---

[1] Pind. *Pyth.* 11. 55. 24; 47. *Nem.* 11. 5. 44.
[2] Hdt. VII. 159.
[3] Martin P. Nilsson, *The Mycenean Origin of Greek Mythology*, p. 70.

门农的崇拜可能与宙斯崇拜联系在一起。公元1世纪的两个基督教传道者雅典的阿格拉斯和克莱门特都说到斯巴达人把阿伽门农当作宙斯来崇拜。① 据波桑尼阿斯记载，在斯巴达的宗教中心——阿米克莱有一座亚历山大的墓地，这个墓地又被当地人称为阿伽门农的妾、特洛伊公主——卡桑德拉的墓地。这个崇拜大概始于公元前6世纪。②

在阿米克莱还有一座克吕泰墨斯特拉的雕像，据说与这座雕像紧挨的就是阿伽门农的墓地。③ 甚至阿伽门农的信使塔尔西比乌斯在斯巴达也受到崇拜，希波战争前夕，斯巴达将降临自身的战争归结为自己此前将波斯的两位使者投入水井，冒犯了塔尔西比乌斯，幻想通过选派两位使者去抵偿来解除波斯的震怒④，同时平息塔尔西比乌斯的愤怒。在斯巴达城内的赫勒乌姆亦建有塔尔西比乌斯的墓地⑤。

阿伽门农的儿子奥瑞斯特斯在斯巴达也受到崇拜。奥瑞斯特斯的母亲是斯巴达国王廷达柔斯的女儿，海伦的姐姐。后来，他娶了墨涅拉奥斯的女儿赫尔弥俄涅，在墨涅拉奥斯以女婿身份成为斯巴达国王的同时，奥瑞斯特斯是阿尔戈斯的国王，后他也以姨侄兼女婿的身份继任斯巴达国王。在斯巴达的城中心有一座奥瑞斯特斯的墓地⑥，另外在斯巴达的费迪提亚地区还有一座奥瑞斯特斯的儿子提撒美诺斯的坟墓。

阿伽门农崇拜的兴起与前述源自传统的英雄崇拜不同，源自斯巴达国内政治的需要，充满人为因素。阿伽门农崇拜的直接源头是遗骨迁葬。阿伽门农家族原是迈锡尼王国的王族，他们的遗产都不在斯巴达境内。奥瑞斯特斯虽然兼任斯巴达国王，但他的遗骨也不在斯巴达，而在提盖亚。提撒美诺斯的遗骨甚至远在伯罗奔尼撒的最北部。据说，在多利亚人南下时，提撒美诺斯曾经带领当地的阿卡亚人逃到伊奥尼亚地区，在与当地人的战斗中战死，死后被埋在赫利斯地区。⑦ 后来斯巴达历经艰辛，才把他们的遗骨迁到斯巴达。我们没有有

---

① J. T. Hooker, *The Ancient Spartans*, p. 67.
② P. Cartledge, *Sparta and Lakonia*, p. 112.
③ Paus. III. 19. 6.
④ Hdt. VII. 134.
⑤ Paus. III. 12. 7.
⑥ Paus. III. 11. 9.
⑦ Paus. VII. 1. 8; P. Cartledge, *The Spartans*, New York: The Overlook Press, 2003, p. 82.

关阿伽门农遗骨迁葬的记录。关于奥瑞斯特斯的遗骨，根据希罗多德的记载，当时斯巴达正与提盖亚交战，经过数年战争但终归不能获胜。斯巴达到德尔菲神庙求神谕，神谕要他们迎回奥瑞斯特斯的遗骨，但只告诉他们遗骨在两股风交汇的地方，斯巴达人到处寻找都没有结果，后来尼卡斯凭借自己的智慧认为这个遗骨就在提盖亚境内一个铁匠铺的地底下。他们买下铁匠铺，悄悄运回奥瑞斯特斯的遗骨，于是，斯巴达很快就战胜了提盖亚。① 斯巴达的奥瑞斯特斯墓地是在奥瑞斯特斯的遗骨运回之后才建立起来的。提撒美诺斯的遗骨据波桑尼阿斯记述是受德尔菲神庙的指示运回的，其中的曲折我们不得而知。②

遗骨迁葬的故事表明对阿伽门农家族的崇拜是人为嫁接的产物。阿伽门农是迈锡尼时代迈锡尼城邦的国王，《荷马史诗》中希腊联军的统帅，同时也是多利亚人南下之前当地土著居民——阿卡亚人的领袖，斯巴达则是由南下的多利亚人建立的政权。多利亚人南下的直接敌人就是以阿伽门农的孙子、奥瑞斯特斯的儿子提撒美诺斯为代表的阿卡亚人。这种历史传统必然成为崇拜阿伽门农的巨大障碍，在斯巴达早期，阿伽门农家族虽然是《荷马史诗》中的最高统治者，但并没有受到崇拜。但后来斯巴达显然改变了政策，举行了声势浩大的遗骨迁葬活动，而且将其置于与宙斯同等的地位。以前默默无闻的英雄一下子受到如此高调的崇拜，显然背后存在某种特殊的背景，隐藏着某种特殊的目的。

我们可以从希罗多德提供的故事得知，奥瑞斯特斯遗骨迁葬发生于提盖亚战争期间，而提盖亚战争则发生于公元前6世纪中期。在此之前，斯巴达一直执行单边扩张的外交政策，征服了包括美塞尼亚在内的大片领土。领土扩大对斯巴达的传统外交政策带来了严重的挑战，日益复杂的内部矛盾，漫长边疆和远距离征服带来的兵力紧张，势力上升带来的国际恐惧和排挤，所有这些使得单边扩张政策难以为继，这在提盖亚战争中充分表现出来。据希罗多德记载，斯巴达在提盖亚战争初期连连失败。后来神谕指示，斯巴达必须取回奥瑞斯特斯的遗骨，才能获胜。这才有了前述传奇般的遗骨迁葬故事。奥瑞斯特斯是土著的阿卡亚人的精神领袖，取回奥瑞斯特斯的遗骨，并对其祭拜，实际上是向阿卡亚人传递了一种和平的政治信号。卡特利奇称这一政策是"亲阿卡亚人

---

① Hdt. I. 67–68.

② Paus. VII. 1. 8.

的""和平"的外交政策。① 希罗多德说从此斯巴达在战争中屡屡获胜，甚至成为希腊世界最强大的国家。其实，在这之后斯巴达的胜利已经不再是传统的那种彻底的征服，将被征服者降为黑劳士的那种胜利了，而是双方结成某种有利于斯巴达的政治同盟。如提盖亚战争最终以斯巴达与提盖亚签署和平协议宣告结束，协议规定：提盖亚不再接纳逃亡的黑劳士，也不再挑动庇里阿西人暴动。② 而斯巴达则给予提盖亚人巨大的特权，在每次战争中都有权占据军队的一翼。③ 这一政策后来被长期执行，如斯巴达国王克利奥墨涅斯（一世）在雅典也自称为阿卡亚人。④ 显然，阿伽门农崇拜是在斯巴达外交政策调整过程中形成的，这一崇拜本身带有政治宣传的成分。

在斯巴达的英雄崇拜中还有一类特殊类型，即对已逝的尘世的历史英雄人物的崇拜。如斯巴达城内就有莱库古的圣所和神庙，还有为莱库古的儿子优科斯莫斯修建的墓地。⑤ 莱库古是斯巴达早期的政治家、改革家，只是后来的文献对他的活动做了夸大的记述。又如，普拉提亚战役的指挥官波桑尼亚斯和温泉关战役中英勇牺牲的国王列奥尼达斯。⑥ 据说他们的纪念物是公元前440年由当时的国王波桑尼阿斯修建的。同样，参加过希波战争的另一位斯巴达将领希腊联军海军统帅优利彼阿德斯也建有墓地⑦，他的墓地应该是与列奥尼达斯纪念碑一起修建的。另外，斯巴达城内还有诗人阿尔克曼的坟墓⑧，阿尔克曼不是斯巴达人，但曾经在斯巴达进行创作活动，斯巴达为纪念他为其修建坟墓。斯巴达还为公元前7世纪中期进行改革的国王色奥彭普斯修建了专门的坟墓。⑨ 斯巴达王室本有家族墓地，但色奥彭普斯进行了政治改革，创立监察官，调整公民大会和长老会议的职权⑩，对斯巴达的历史发展影响较大。斯巴达为这些历史人物专门修建墓地以供后人瞻仰纪念。不过，总体来看，对凡人

---

① P. Cartledge, *The Spartans*, p. 93; *Sparta and Lakonia*, p. 139.
② Arist. *Fr.* 592, plut. *Mor.* 292b, 277bc.
③ Hdt. IX. 26.
④ Hdt. V. 72.
⑤ Paus. III. 14. 6.
⑥ Paus. III. 14. 1.
⑦ Paus. III. 16. 6.
⑧ Paus. III. XV. 2.
⑨ Paus. III. 16. 6.
⑩ 参加拙著《古代斯巴达政制研究》，第15页。

英雄的崇拜不及传说英雄。

综上所述，毋庸置疑，斯巴达存在着英雄崇拜。这一崇拜主要是出于维护贵族利益和国家外交宣传的政治目的逐步形成的。在与英雄相关的神话故事中我们可以看到斯巴达政治发展的影子，同时，这些影子也折射出这些神话产生的时间，如赫拉克勒斯故事中有关美塞尼亚的内容、阿伽门农崇拜等很可能产生于美塞尼亚战争和提盖亚战争前后。

第十四章

斯巴达教育

　　古代希腊教育大致上有两种类型：一种是以技术教育为主的教育；另一种是以公民人格培养为主的教育。前一种教育通常只针对劳动者，而且多采用父母传子女、师父传徒弟的方式，没有固定的学校或培训机构。公民教育主要是针对公民进行的，通常会配置老师，设置学校。公民教育的核心是培养作为合格公民所必需的品格、技能，其中以品格培养为主。公民教育大致上又分为雅典和斯巴达两种形式：派迪亚与阿高盖。鉴于本书主题，下面主要研究斯巴达的公民教育问题。

一　斯巴达教育的学制安排

(一) 斯巴达的自然年龄分段

　　古代斯巴达没有像现在学校教育那样分成幼儿园、小学、中学（又分为初中、高中）、大学，建立起完整的学制。但是从古典作家的记述中我们依然看到有类似的安排。我们在前文曾经简单说到斯巴达人一生的几个关键年龄段：7岁、18岁、20岁、30岁、60岁。这是一个粗线条的构建，对于斯巴达教育来说我们还需要进一步研究年龄段的划分，尤其是30岁之前的年龄段划分。

　　我们先按照年代先后顺序来梳理古典作家对斯巴达年龄段问题的记述。对年龄组记载最早的是希罗多德。希罗多德记述斯巴达在普拉提亚战役之后，将牺牲的将士加以埋葬。埋葬时，irenas被埋在一座坟茔中，其他的斯巴达人被埋在另一座坟茔中，黑劳士则埋在第三座坟茔中。① 科奈尔认为希罗多德所提到的 irenas 是占卜师（hirees）之误。② 现代大部分学者认为 irenas 实即 erenes。"eren"一词普鲁塔克认为是指从少年班毕业两年、年龄为 20 岁的青年。③ 大部分注释家也据此认为 erenas 就是"20 岁的年轻人"④。笔者赞同大部分学者的观点。但就此处而言，笔者认为这种理解并不准确。斯巴达将 20—30 岁的人作为特殊的群体，20 岁的人并不构成特殊群体。斯巴达在战后专为年满 20 岁的年轻人修建一座坟墓，而把其他年龄段的人合葬在一个坟墓，不符合斯巴达的一般习惯，三个墓地埋葬者人数的差距也会过于悬殊。所以，希罗多德此处的 irenás 更可能指 20—30 岁之间的斯巴达青年，类似于赫彭特（hebontes）。

　　第二位做出较为详细记述的是色诺芬。色诺芬在《拉凯戴蒙政制》中，将斯巴达青年分为四组：幼儿组、儿童组（paides），以及少年组（paidiskoi）和青年组（hēbōntes）。色诺芬没有明确说明各个年龄组的年龄跨度，我们只能从他的行文推测。在介绍幼儿组时，色诺芬指出斯巴达的儿童与其他国家不一样，其他国家在儿童刚刚懂话时就找来奴隶教师施以教育，后来，他们把儿童送进学校，学文习乐，演习体操，这期间儿童的家长给儿童提供充足的食物、精美的衣服和合脚的鞋子，使得儿童的体质柔弱，脚板柔嫩，娇生惯养。斯巴达则要求这一阶段的儿童赤足、节食，甚至学会偷窃以便在特殊情况下生存，且这一阶段的儿童还要接受埃伦（eiren）的管理。对儿童组开始的年纪色诺芬并没有说，按照后来普鲁塔克的说法，可能是 7 岁。色诺芬说少年组的人成了"独立自主的人"，"更易固执己见"，"很易沾染蛮横无理的习惯"，"更贪玩"。另外，色诺芬说 paides 后期的、接受派多诺莫斯（paidonomos）管理的儿童已经可以缔结纯洁的同性恋关系⑤，这种同性恋关系不可能太年轻。那么这种特征颇似亚里士多德所说的发情期之后的人，即 14 岁。色诺芬说，

---

① Hdt. IX. 85.

② N. M. Kennell, *Gymnasium of Virtue*, p. 14.

③ Plut. *Lyc.* 17.

④ 参见 H. G. Liddell & R. Scott., *A Greek-English. Lexicon*, 该词词条；G. Long and Rev. A. J. Macleane, *Herodotus with a Comentary*, Vol. 2, p. 474；W. W. How and J. Wells, *A Commentary on Herodotus*, 见该词词条。本书下载自 Project Gutenberg 数字图书馆。

⑤ Xen. *Lac. Pol.* II, 11.

到了身体发育的最完美的时候，斯巴达人进入青年时期（hēbōntes）。色诺芬同样没有告诉我们 hēbōntes 的终止年龄。不过我们可以看到斯巴达人出生之后直到成为正式公民大致上经过了三个阶段。

　　第三位提到斯巴达年龄段问题的是公元前 3 世纪的亚历山大城图书馆馆长阿里斯托芬尼斯①和斯特拉波手稿注释家。阿里斯托芬尼斯在给希罗多德《历史》作的注中提到了 12 岁之后斯巴达儿童的年龄段问题。他写道："在斯巴达，少年时代的第一年称作 rhōbidas，第二年称作 promikizomenos，第三年称作 mikizomenos，第四年称作 propais，第五年称作 pais，第六年称作 melleirēn。他们处于 14 岁到 20 岁之间，都被称作 ephebe。"后来又有人在古罗马地理学家斯特拉波的手稿的页边注中作了类似的说明。② 这两者说法稍有不同，前者认为 ephebe 包括 6 年，后者认为是 7 年，前者认为不含 20 岁，后者则将 20 岁（eirēn）也作为少年时期的组成部分，而且特别对 eiren 做了解释，指出 erien 是年满 20 岁的青年人，19 岁的年轻人是 melleirēn，mell 是前缀，意为"未来的"。值得注意的是，他们的起始年纪都是 14 岁。

　　第四位对斯巴达的年龄组作出详细说明的是普鲁塔克。普鲁塔克生活在公元 46—120 年。他曾经广泛收集过有关斯巴达的资料，留下了许多有关斯巴达的原始材料。普鲁塔克在《莱库古传》中对斯巴达的青少年教育作了较多的介绍。他指出：斯巴达儿童长到 7 岁时就全部由国家收养，编入连队，接受统一的训练。12 岁是斯巴达儿童教育的转折点。12 岁之后，斯巴达儿童要接受严格的军事化训练，一年只有一件衣服，很少洗澡，要自制地铺。12 岁之后，斯巴达青年可以缔结同性恋关系。这时，国家派遣专门的官员——派多诺莫斯进行管理。除了派多诺莫斯之外，还有非正式的官员埃伦（erene）。如前所述，埃伦是 20 岁的年轻人。色诺芬和普鲁塔克两次提到埃伦担任管理者，这意味着麦尔埃伦（mellerene）和埃伦是两个特别的年龄段。

　　根据普鲁塔克的记述，斯巴达青年年满 20 岁后不仅可以担任埃伦，还要参加公餐团，开始承担一定的社会义务。但 20 岁之后的斯巴达青年并没有享

---

① 与戏剧家阿里斯托芬同名，为区别两人译作此名。阿里斯托芬尼斯系拜占庭人，约生活在公元前 257—前 180 年，公元前 194 年曾任亚历山大城图书馆馆长。参见 The Oxford Classical Dictionary, p. 165。

② N. M. Kennell, Gymnasium of Virtue, pp. 29 – 31.

有全部公民权。普鲁塔克特别指出：斯巴达青年的训练一直持续到他们完全成熟的壮年。[1] 普鲁塔克在这里没有说明"完全成熟的壮年"是多少岁，但接下来他说：30 岁以下的斯巴达青年不可以到市场上去，按照古希腊的惯例，市场同时是公民大会的会场，是国家政治活动的中心。这告诉我们：斯巴达青年年满 30 岁之后，才享有全部公民权。

由上述可知，20 岁之前的斯巴达青年大致以 7 年为一个单位。这种分组符合古代希腊自然年龄分段规则。古希腊有以 7 为单位的思维传统[2]，如梭伦认为男子体力强盛之年在 21—28 岁间，娶妻当在 28—35 岁间，智力强盛则在 49—56 岁间[3]。柏拉图也建议男子成婚当在 30—35 岁[4]，亚里士多德在《动物志》中提出人类 7 岁易齿，14 岁发情，21 岁能生殖，女子成婚当在 21 岁为宜。[5] 在《政治学》第 7 卷第 17 章，亚里士多德把 7—20 岁的少年以发情期（14 岁）为界分为两个时期。[6] 前述阿里斯托芬尼斯记述的正是斯巴达的自然年龄分段。据此，笔者认为，斯巴达 20 岁以前的青少年实际上以 7 年为单位分成三组：0—6 岁是儿童组，7—13 岁为一组，14—20 岁为一组。

如前文所述，斯巴达人在 30 岁才成年。因此，21—30 岁也成为斯巴达人一生独特的阶段，这一阶段在斯巴达青年教育中具有特殊的作用。20—30 岁之间还有没有分组，古典作家没有明确的记载，但米希尔通过研究发现了 erene 之后 5 年的专有年龄组名，它们分别是 eiren（20 岁）、proteires（21 岁）、dierns（22 岁）、tritteirns（23 岁）、tetteirns（24 岁）、penteirns（25 岁）。[7] 依据这个成果，米希尔指出：26—30 岁之间可能是一个相对独立的年龄段，米希尔称之为 sphaireis。该词主要是指从事球类运动和竞赛的人，根据科奈尔的最新研究，这类球队在 18—20 岁之间的 ephebe 中就已经有，在 20 岁之后称之为 sphaireis。[8] 米希尔提出的分两个阶段确实有一定道理。色诺芬

---

[1] Plut. *Lyc.* 24.
[2] Arist. *Pol.* 1335b32, 1336b40, 1336b37.
[3] Solon, *fr.* 27.
[4] Plato, *Laws*, 721B.
[5] Arist. *Animal*, 501b2, 582a6–33, 582a29.
[6] Arist. *Pol.* 1336b37.
[7] H. Michell, *Sparta*, p. 171.
[8] N. M. Kennell, *Gymnasium of Virtue*, p. 38.

在《希腊史》中多次提到斯巴达的根据军龄来派兵、用兵,这种派兵都是 5 的倍数,如 10 年军龄、15 年军龄、35 年军龄、40 年军龄。①

上述的年龄分段为斯巴达年轻人学习提供了基础。20 岁之前的年轻人基本上以 7 年为一个周期,分成三段。20 岁之后的青年人则因为教学内容不同分成了两段,修昔底德在讲述曼提尼亚战役的时候,说到斯巴达将最年少、最年长的战士派回去,总人数相当于派遣兵力的六分之一,具体说每个伊诺摩提亚派回了 8 人,这 8 人很可能是 55—60 岁 5 人,20—23 岁 3 人。可见,20—30 岁之间低年龄段的人更多的如色诺芬所说是见习战争,如现代教育所说的是"战争实习"。

(二) 斯巴达的学制安排

斯巴达的"学制"建立在前述年龄分段的基础上,略有调整,大致上分为四个部分。

第一个周期即 0—6 岁。这一时期斯巴达儿童主要在家内由父母进行抚育和教育,色诺芬曾经特别提到斯巴达儿童不是由奴隶抚养教育的,而是由能够担任高级官职的自由人实行教育。② 婴儿一出生就要接受国家的体质检查,通过检查的婴儿才获得生存权。③ 在这一阶段斯巴达往往教育幼儿不怕黑、不怕独处、不挑食,培养知足常乐的品格,防止他们染上暴躁、恶劳等恶习。

第二个周期即 7—12 岁。7 岁后,斯巴达儿童编入连队,实行集中教育。④ 这期间他们要学习简单的文化知识,还要进行初步的体育训练。判断力突出、格斗勇敢的孩子还会被推举为队长。一般认为,这个年龄段的斯巴达儿童(主要是男童)就一直过着集体生活,然后编入军队,直至 60 岁退伍。不过,斯巴达儿童是否从此就完全脱离了父母的关爱,这引起不同的意见。一般来说,7 岁儿童就完全失去父母的关爱,离开温馨的家庭,确实不近常理,因此古朗治试图证明这一周期内的儿童并没有离开家庭,他列举说阿吉西劳斯曾经

---

① 10 年军龄: Xen. *Hell.* II. 4. 32, III. 4. 23, IV. 5. 14. 15 年军龄: IV. 5. 16, 6. 10. 35 年军龄: VI. 4. 17. 40 年军龄: V. 4. 13, VI. 4. 17。
② Xen. *Lac. Pol.* II. 1.
③ Plut. *Lyc.* 16.
④ Plut. *Lyc.* 16.

与他的孩子一起玩游戏，骑在一根棍子上装马，被别人发现时还恳求别人不要告诉他人。① 还有，监察官安塔尔希达斯曾经将孩子秘密送到西塞拉。② 米希尔同意古朗治的观点，认为即使 7 岁的儿童真的离开了家庭，也不是完全得不到父母的关爱。③ 他们的观点不能说没有道理，我们还可以再看看普鲁塔克记述的斯巴达妇女的言论，她们往往因为自己子女的高尚事迹而自豪，如一位不知名的妇女听到她的一位儿子牺牲之后说"是的，他是我的儿子"。而当她听说另一位儿子做了逃兵时，她说："他不是我的儿子。"④ 另一位妇女因为儿子擅自离开岗位危及国家安全杀死了他。⑤ 还有一叫达玛特里阿的妇女的儿子当了逃兵，当他逃回来时她就把他杀死了。⑥ 可见，家仍是斯巴达青年的归宿之一，斯巴达的儿童至少并没有完全脱离与父母、家庭的联系。

第三个周期是 13—20 岁，这期间的少年统称为埃弗比（ephebe），这是斯巴达教育的关键阶段。斯巴达教育的一个特殊性是学制安排与年龄分段不完全一致。它的第二学段、第三学段的转折年龄是 13（虚）岁或 12 周岁。普鲁塔克所说的 12 岁其实是斯巴达学制安排的标准年龄。科奈尔曾经试图调和普鲁塔克和阿里斯托芬尼斯的不同说法，认为这是由于年龄计算中的虚岁和实岁的不同计算方法导致的，其实质是一回事。笔者认为，这种解释并不合适，实际上，普鲁塔克这里强调的是斯巴达从这时开始强化体育教育，古代希腊并没有现代教育中"毕业"这种仪式化的学制转换安排，只是随着教学内容的调整呈现出不同的学段。根据普鲁塔克的记述，并不是说 12（实）岁就转段升入高一级学习阶段，而是从这年开始增加了体育教育。而这一点恰恰是斯巴达教育区别于雅典等其他城邦的特点。

普鲁塔克的"12 岁"这一标准可能来自亚里士多德。我们都知道，普鲁塔克的《莱库古传》的主要资料来自亚里士多德已经散佚的《拉凯戴蒙政制》。《拉凯戴蒙政制》同样是其《政治学》一书的资料来源。在《政治学》中我们依稀可以见到这一思想。在《政治学》第 8 卷第 4 章亚里士多德对开

---

① Plut. *Ages.* 25.
② Plut. *Ages.* 32.
③ H. Michell, *Sparta*, pp. 167-168.
④ Plut. *Mor.* 242a.
⑤ Plut. *Mor.* 241a.
⑥ Plut. *Mor.* 240f.

始体育锻炼的合适年龄进行了讨论,认为发情期以前的儿童应该教以轻便的体育活动,过早的体育锻炼将损害儿童的身体,不利于身体的发育。① 他还以奥利匹克运动会的冠军例子来加以证明,指出,凡是获得儿童冠军的人在后来很少再获得冠军,可见过早的教育有害无益。② 亚里士多德认为发情后三年,即18 岁开始大强度的训练比较合适。③ 他批评那些素以重视少年儿童训练著称的城邦,无视过早训练对儿童身心发育的不利影响。④ 亚里士多德所称的过早训练是指在"发情期之前"即开始训练。⑤ 他指出大多数这些城邦体育训练的目的是培养运动员,但斯巴达则是以培养勇敢的公民为目的,亚里士多德肯定了斯巴达体育坚持培育合格公民的原则,但不同意它以培养勇敢美德为唯一目标的做法。这里,亚里士多德把斯巴达归入"重视少年儿童训练"的城邦一类,言下之意,斯巴达也是在发情期之前,即 14 岁之前,开始体育锻炼的。按亚里士多德崇尚科学主义的习惯,他很可能在《拉凯戴蒙政制》中明确指出这一起始年龄就是 12 岁。

斯巴达对这一年龄段的儿童教育加强了控制,设立了专门的官员派多诺莫斯。派多诺莫斯是国内最高贵、最优秀的公民之一,能够担任国家最高官职。在派多诺莫斯之下,斯巴达挑选若干埃伦(erene)具体负责管理工作。⑥ 此时的埃伦是国家委任的少数管理者的统称,而不是年轻人的统称。

这期间的教育内容以音乐、体育为主,所授音乐风格古朴,激情奔放,振奋人心。体育训练的地位高于音乐,体育训练的目的以提高体质、服务于战争为目的,他们要参加各种模拟战争,组成各种小组或分队,彼此之间展开竞争或比赛,获胜方往往要向神献祭,感谢神的恩泽,这些献祭物流传到现在的大多是一些刻有镰刀形饰物的石碑。这期间的教育注重吃苦耐劳品格的培育,儿童每年只有一件衣服,必须经常光脚,很少洗澡,睡在用芦苇做成的铺上,睡

---

① Arist. *Pol.* 1338b10 – 40.
② Arist. *Pol.* 1339a1.
③ Arist. *Pol.* 1339a5. 值得注意的是,18 岁是雅典公民成年的年龄,在这之后,雅典公民才开始接受正规的体育训练。(参见《雅典政制》第 42 章) 亚里士多德的这一观点与雅典的这一制度不无关系。
④ Arist. *Pol.* 1338b8.
⑤ Arist. *Pol.* 1339a40.
⑥ Plut. Lyc. 17; Xen. *Lac. Pol.* II. 3, 5.

铺也是儿童自己收集材料做成的。儿童的食物实行定量供应，严格控制。① 这期间的儿童必须接受严格的管教以养成忍耐、克制、顺从、守法等品格，他们讲话必须有理有据、简洁优美、言简意赅，他们行走时必须双手下垂，双目俯视，悄无声息，不得左顾右盼。他们还必须学会在特殊情况下偷窃食物以求生存，一旦偷窃时被发现将受到严厉的惩罚。这一期间的少年可以缔结同性恋关系，得到年龄较大者的指导和帮助。

这个年龄段中18岁、19岁、20岁比较特殊，可以称为高龄段。高龄埃弗比增加了更为严酷、更具竞技性的体育训练。严酷训练特别表现为独特的成年礼。按照古希腊一般的惯例，18岁即为成年，成年时要举行成年礼。斯巴达的成年礼内容主要有两项：一是"秘密巡行"。具体形式如普鲁塔克所描述：由长官选派最为谨慎的青年，自带少量武器和装备，到乡下去，昼伏夜行，杀死具有反抗意识或身体强壮的黑劳士。② 这个秘密巡行的时间持续一年，参与秘密巡行的青年必须完成自我保护、自我生存的考验，同时还要至少杀死一位黑劳士。二是鞭笞比赛。鞭笞比赛在祭祀阿尔特米斯节上举行，具体细节留在其他地方已叙述，这里从略。

高龄埃弗比还组织了不少支球队，开展联赛。人们发现了不少属于希腊化和罗马时期的石碑，大致上了解到这一时期的联赛组织形式。罗马们称这类球队为波埃（bouai），波埃的首领为波阿哥斯（bouagos）。"波埃"一词与"牛"（bous \ boes）同源，而"波阿哥斯"的字面意思则是"牛的首领"。科奈尔据此推测这一制度较早就已经产生。③ 米希尔推测，斯巴达青年在19岁时要参加旷日持久的联赛，在联赛中表现合格的人才可以毕业。

第四个周期是20—30岁。这个时期的年轻人被称为赫彭特或勒奥伊（neoi），他们被组织进不同的组织中，一种比较特殊的组织就是希派斯，前面已有详述。希派斯之外的年轻人则进入不同的公餐团④，延续此前的波埃（bouai）制，赫彭特也组织起球队，但此时的球队称作Sphaireis，人们发现了很多希腊化和罗马时期的Sphaireis获胜之后的纪念碑，说明这种球类竞赛在

---

① Plut. *Lyc.* 17；Xen. *Lac. Pol.* II.
② Plut. *Lyc.* 28；P. Cartledge, *Spartan Reflections*, p. 88.
③ N. M. Kennell, *Gymnasium of Virtue*, p. 38.
④ P. Cartledge, *Spartan Reflections*, p. 85.

当时颇为流行。

　　赫彭特在这些组织中继续接受教育，并完成向正式公民的最后转变。训练之一就是通过持续的球类训练和竞赛，进一步增强体质，培养集体意识。二是参加狩猎①，尽管色诺芬认为狩猎是贵族活动，但狩猎本身具有模拟战争的训练效果。三是模拟战争（见下文）。四是日常竞技，色诺芬说希派斯见面时常常进行竞技比赛，当然，一旦竞技失控，在场的人都有权劝阻。② 五是参加公餐团活动，接受公餐团成员的教育和文化熏陶，如接受战场饮食，拒绝暴饮暴食；摸黑回家以适应战场生活。第六，也是更重要的，则是参加军事行动，20—25 岁的年轻赫彭特因为自己作战经验尚不丰富，还没有成为战场主力。25—30 岁的年轻人则成为战场主力，色诺芬多次提到斯巴达派军龄在 10 年、15 年内的战士冲锋陷阵③，经过十年的各种训练，到 30 岁，这些斯巴达青年终于完成了各种类型的训练，成为合格的公民。

二　斯巴达教育的内容

　　伯里克利曾经将斯巴达教育与雅典教育作为两个不同类型进行过比较。古典时期的雅典教育的内容主要有所谓的七艺：修辞、法律、逻辑、算术、几何、声学、天文。而斯巴达没有如此明确的教学科目。现在我们所知道的斯巴达的教育内容主要是雅典作家留下来的，这些科目一方面在一定程度上反映了斯巴达的现实；另一方面也体现了雅典作家的思想，不同程度上歪曲了斯巴达的历史。但因为史料限制，我们只能主要依据古典作家的记述来审视古代斯巴达的教育内容。斯巴达的教育大致上包括文化教育、艺术教育、体育教育、军事教育、道德教育。

(一) 文化教育——语文、算术

　　在现代的教育中，文化教育包括各种狭义的知识，如语文、数学、物理、

---

① Xen. *Lac. Pol.* IV. 7.
② Xen. *Lac. Pol.* IV. 6.
③ Xen. *Hell.* II. 4. 32，III. 4. 23，IV. 5. 14.

化学、天文、历算等。其中语文、数学是两门最基本的教学内容。语文涉及语言文字的运用，读、写、说是语文的基本功能，也是一个人走向社会必须具备的基本技能。算术是人与人之间进行交换所必需的，只要有交换就必须进行价值和数量的计算，柏拉图就把算术作为哲学王必须具备的知识之一。纵观斯巴达教育，它没有培养出斯巴达自己的杰出知识分子，也没有在历史上留下任何值得纪念的知识分子。因此，从总体上来看斯巴达的文化知识的教育比较落后。但落后并不是说斯巴达就不重视文化教育，只不过是斯巴达的文化教育具有自身的特殊性。实际上，在众多的知识门类中斯巴达最青睐的是语文，而且语文教育也具有自身的特点。

斯巴达的语文教育更重视读和写的能力培养，这种教育纯粹是从实用的目的出发。普鲁塔克说："他们纯粹为了实用的目的学习读和写，其他的课程都被禁止。"[①] 这里普鲁塔克一方面说明斯巴达的语文教学的主要内容和特点，同时也说明了斯巴达教育的一个基本特点，即注重实用。斯巴达显然对希腊世界当时盛行的演讲术、论辩术极其反感，以致在他们的教育过程中禁止这方面的教育。据说希庇亚斯曾经与苏格拉底谈到他在斯巴达的教学感受。希庇亚斯是一名智者，以教师为业，靠教学谋生，但他在斯巴达却吃了闭门羹。从现在所留下来的史料看，智者很少到斯巴达讲学，希庇亚斯是唯一一位，而且他起初的教学活动一度惨败，这从另一方面说明斯巴达对智者说传授的演讲术、论辩术并不热衷。下面这段苏格拉底与希庇亚斯的对话较多地反映了斯巴达教育的特征。

> 苏格拉底：希庇亚斯，我以上苍的名义，请你告诉我，他们在听你讲什么课程时感到快乐，为你鼓掌？是讲星辰和天象吗？在这方面你显然是最大的权威。
> 希庇亚斯：根本不是。这种内容他们是听不进去的。
> 苏格拉底：那么他们喜欢听几何学吗？
> 希庇亚斯：根本不是。他们当中有许多人甚至连数都不会数。
> 苏格拉底：那么当你给他们讲算术时，也一定不受欢迎喽？
> 希庇亚斯：确实如此。

---

① Plut. *Lyc.* 16; *Mor.* 237a.

> 苏格拉底：那么讲讲你们这些人最擅长的对字母、音节、节奏、和声的性质的分析，怎么样？
> 希庇亚斯：和声！天哪！字母！
> 苏格拉底：那他们喜欢你讲什么才能向你鼓掌呢？我不明白，请你亲口告诉我。
> 希庇亚斯：他们最喜欢听英雄和名人的谱系、古代城邦建立的故事，也就是那些古代故事。因此，我不得不去学习这些故事，并把它们背得烂熟。

接下来，苏格拉底把希庇亚斯的这种教学比作老奶奶给孩子讲故事，这个比喻得到了希庇亚斯的赞同，希庇亚斯还告诉苏格拉底，他在斯巴达利用特洛伊战争作背景、以俄普托勒摩斯和赫克托尔为虚拟人物宣讲了"一系列良好生活的规范"①。这里，希庇亚斯的话显然带有智者派的一贯特点，即夸张，其实斯巴达反感的是智者派的诡辩和卖弄学问，而不是所有的字母、音节。

在这方面，我们还可以举出其他例子，据恩披里柯记述：有一个青年在斯巴达境外学了修辞学，然后回到斯巴达，这位青年可能想以此谋财，却遭到监察官的惩罚。② 雅典尼乌斯曾经记录了卡迈利温讲述的一件事：许多国家，尤其是斯巴达，禁止传授修辞学和哲学，因为当人们身陷债务之中时，会借此心生嫉妒，挑起无休止的官司，还会成杀人的软刀子，苏格拉底就因此而丧生。③ 由此可知，古代斯巴达在这方面的水平是比较低下的，柏拉图在《法律篇》中曾经提出在理想的国家中对读和写的学习只要三年（10—13岁）④，这里大体上体现了斯巴达的教育状况，斯巴达未必就只学三年，但整体的水平不高则是可以肯定的。

但是我们也不能说斯巴达人就是文盲。确实，斯巴达的教育至少在公元前5世纪后期与雅典有着明显的区别。在当时或之后的一段时间内，在雅典人眼中，斯巴达简直就是文盲。伊索克拉底就攻击斯巴达，称他们在文化上还不如

---

① Plato, *Maj. Hipp.* 285b – d. 译文参见王晓朝译《柏拉图全集》（第④卷）。
② Sextus Empiricus, II. 21.
③ Athen. 6111a – b.
④ Plato, *Laws*, 810a.

蛮族人，他们不仅对希腊文化不加学习，甚至对简单的字母也一窍不通。① 伊索克拉底是在竭力反对斯巴达的泛雅典娜节演讲词中说这番话的，所以，所谓斯巴达人不识字的说法肯定是夸大之词，但它也说明斯巴达人在当时的希腊世界中被认为是文化水平比较低下的。希庇亚斯也认为斯巴达人对读写、算术、天文等知识不屑一顾，其认识与伊索克拉底如出一辙。普鲁塔克在《斯巴达人语录》中曾经记述了这样一件逸事：有一位雅典人对另一位斯巴达人轻蔑地称：斯巴达人没有文化。②

不过，这些资料可能没有反映事实。倒是普鲁塔克在《莱库古传》中称"斯巴达人为了实用目的而学习读写"这句话比较真实。斯巴达虽然没有像雅典那样出现著名的诗人、史学家、哲学家，但斯巴达并不是真的文化沙漠。前文对此已有说明，这里再补充一点证据。普鲁塔克记述了许多斯巴达人的言论，这些言论大多言简意赅，富有哲理。如普鲁塔克记载在温泉关战役之前，斯巴达人对出征的战士说：要么携带盾牌凯旋，要么躺在盾牌上回来（Either this or upon this）。③ 普鲁塔克还记述了许多不知名的人的言论，如一位斯巴达人被问道："为什么胡子那么长？"他回答说："这样可以看到自己的灰发，不致做对不起它的事。"④ 另外普鲁塔克还记录了许多斯巴达妇女的言语。这些语言特别善于用比喻的方法，都表明言说者绝不是毫无知识的文盲。希罗多德记录了这样一则故事：西徐亚人阿纳卡尔西斯被派到希腊学习，回国后他向国王汇报说：除了斯巴达人，所有的希腊人对一切学问都非常热心，不过在希腊人中间却只有斯巴达人在交谈时十分聪明（原文是σοφίην，同时有"谨慎"和"聪明"的意思）。⑤ 希罗多德虽然宣布自己不相信这则故事，但它的存在本身说明在当时的希腊世界中，人们对斯巴达的印象比较特别，绝不是文盲。普鲁塔克也说：斯巴达人热爱智慧胜过热爱健身，他们的谈话意简言赅，但有力、中肯、蕴意深远，能抓住听者的思路。史书还记载斯巴达军队打仗时，前后方各带一个特制的木棍，发布指令时发布者将书写物绕在木棍上然后写上指

---

① Isoc. *Pan*, 209.
② Plut. *Mor.* 217d.
③ Plut. *Mor.* 241f.
④ Plut. *Mor.* 232e.
⑤ Hdt. IV. 77.

令，接受者将指令再绕在木棍上然后读取指令。① 可见，斯巴达人并不是不识字。

从这里我们大体上可以得出这样的结论：斯巴达的教育迥然区别于雅典，雅典教育培养出来的知识分子能发表洋洋洒洒的演讲，蛊惑力极强的辩论，而斯巴达教育培养出来的"知识分子"则语言精练，这是两种不同的文风，很难说谁优谁劣。我们不能像伊索克拉底那样说斯巴达人全是文盲，必须承认斯巴达人具有一定的知识。

（二）艺术教育——音乐

古希腊的音乐不纯粹是歌唱或演奏，对音乐价值的评判包括了歌词、曲调、节奏、表演等，表演又包括乐器表演和肢体的表演（包括不出声的舞蹈和边跳边唱的歌舞）。

音乐教育在斯巴达具有重要的意义。如前所述，古希腊时期诗与歌结合在一起，斯巴达早期曾经有许多著名诗人来这里生活，最著名的莫过于提尔泰乌斯，传说在"第二次美塞尼亚战争"初期，斯巴达一度处境艰难，著名诗人提尔泰乌斯从雅典来到斯巴达，写下了大量诗篇鼓舞士气，斯巴达军队就唱着提尔泰乌斯的诗歌重新走上战场，最后打败了美塞尼亚人，彻底征服了美塞尼亚地区。泰尔潘达是公元前7世纪中期到公元前6世纪初希腊著名的音乐家，斯巴达曾经聘请他到斯巴达传授音乐。阿尔克曼与泰尔潘达同时期，斯巴达曾经聘请他来斯巴达创作合唱歌曲，《少女之歌》就是在斯巴达创作的著名作品，这是为祭奠阿尔特米斯女神创作的，由两组少女在游行队伍中演唱。这首诗1855年在北非被发现。弗格森说公元前580年以前，斯巴达是诗人和音乐家的故乡。②

普鲁塔克说：斯巴达人在音乐与诗歌方面非常严肃认真，在谈吐方面渴求纯洁，两者不分伯仲。③ 古希腊两位伟大的思想家柏拉图、亚里士多德有一个共同点，就是都认为音乐在培养合格公民、维护国家作政治安定方面具有重要

---

① H. Michell, *Sparta*, p. 273.
② ［美］威廉·弗格森：《希腊帝国主义》，晏绍祥译，第44页。
③ Plut. *Lyc.* 21.

作用。柏拉图把音乐作为培养护国者和国王的两个首要的学习科目之一，音乐包括了歌词、曲调、节奏等，歌词可以表达善的要求，曲调可以培养和谐的品格，而节奏则可以抑制激情，使其符合理性或善的要求。总之，音乐能够培养节制的美德，能够使激情变得温和、平稳和文明①，带来灵魂的和谐。音乐与体育并立，其重要性超过了算术、几何、天文和逻辑。亚里士多德在《政治学》第八章第五卷中认为音乐能培养理性、陶冶性情、制约情感、训练道德、佐人娱乐、资以休息②，在第七章中又提出：音乐具有三重作用，即教育（主要由歌词实现该功能）、释放感情（有的音乐可以释放出需要的感情，有的音乐则能够释放掉不好的感情）、修养心灵（培养良好的性情）。他们的思想受斯巴达影响较大，尤其是柏拉图，他的理想国和第二等的法治国家都带有较为明显的斯巴达特征。所以，他们对音乐的重视多多少少也有斯巴达的影子，反映了斯巴达社会中音乐具有特殊的地位和价值。

斯巴达的音乐思想保守、内容比较单一。普拉提那说：在所有的希腊人中，只有斯巴达人最忠实地保存了音乐艺术，一直到今天，他们仍然细心地保存着古老的音乐，严格地坚持这些音乐，并较好地传唱着这些音乐。③可见斯巴达的音乐沿袭传统的现象特别严重，风格自然也就比较单一。④柏拉图和亚里士多德认为音乐必须表现高尚的东西，而不是简单地模仿生活的原型，如模仿风声、雷声、咆哮声、滑轮声、马嘶、牛叫，甚至媚俗地表现生活中邪恶卑劣的东西，如模仿奴隶、妓女、醉汉、疯子、下等人，而是要表现勇敢、理性、节制的人和精神状态，必须时刻防止那些低俗的音乐冲击、取代高雅的音乐。⑤亚里士多德认为音乐具有不同的功能，要实现不同的功能就应该采纳不同的音乐，不同年龄段的人应该接受不同音乐的教育，而不应该像柏拉图那样强求千篇一律。但为了达到教育的目的，还应以庄重的音乐为主。古代希腊几乎所有的作家都一致认为斯巴达的教育以培养合格公民为目标，那么斯巴达的音乐也必须服从于这一功能，如此推测，斯巴达的音乐应该是比较单一的。

前述关于泰尔潘达、提摩特乌斯被割断琴弦的故事也反映了斯巴达音乐的

---

① Plato, *Rep.* 442a.
② Arist. *Pol.* VIII, 5.
③ Athen. 632f.
④ 当然也不是说在斯巴达只有一种风格的音乐，而是说以某一风格的音乐为主。——笔者注
⑤ Plato, *Rep.* 424b.

单一与保守。从音乐的角度说，八根弦相较于七根弦表现力更强。斯巴达人显然不能接受这种变革，其原因我们只能从柏拉图的介绍来推断，柏拉图称当时的多利亚和佛里基亚的音乐都是好的音乐，佛里基亚的音乐早已传入斯巴达①，后来斯巴达大概在此基础上创造了多利亚音乐，偏好斯巴达的柏拉图认为斯巴达的这两种音乐都是好的，而吕底亚和伊奥尼亚的音乐都属靡靡之音，这种音乐只适合女人演唱。② 泰尔潘达比较偏爱吕底亚音乐③，如此，泰尔潘德大概向斯巴达同时引入了吕底亚音乐和八根弦的琴，这两者之间可能存在某种联系，八弦琴也许更适合于演奏吕底亚音乐。于是，斯巴达人出于维护传统音乐和传统文化，禁止泰尔潘达在音乐领域的这些"革新"行动。与泰尔潘达的遭遇相似的还有提摩特乌斯。④ 提摩特乌斯是米利都人，也许是为了出奇制胜，在卡奈亚节的音乐竞赛中使用了险招，但结果与泰尔潘达一样。斯巴达在这两件事上表现出明显的对传统音乐（包括乐曲和乐器）的固执。据说弗里尼斯也曾经有同样的经历⑤，以致有人称斯巴达三次挽救了斯巴达艺术。⑥

斯巴达的音乐以佛里基亚和多利亚音乐为主。柏拉图在研究道德教育时说只有多利亚和佛里基亚的音乐最合适，这两种曲调或者反映了沉着应战、蔑视困难、奋不顾身、视死如归的品格，或者表现一种谦虚谨慎、从善如流的品格，柏拉图还明白指出多利亚风格体现了后一种情况。⑦ 而亚里士多德则说只有多利亚最适合于表现勇毅的性情，最适合于儿童的教育。⑧ 相对而言，佛里基亚音乐更为古老，佛里基亚音乐源自位于小亚与吕底亚毗邻的佛里基亚，这里曾经是斯巴达的先祖坦塔罗斯的故土，后来佩罗普斯南下进入伯罗奔尼撒，佛里基亚音乐一起传入。⑨ 多利亚音乐是在佛里基亚音乐的基础上发展起来

---

① Athen. XIV, 625f.

② Plato, *Rep.* 398e – 399c. 希罗多德曾经记述在吕底亚被波斯征服之后曾经举行起义，遭到失败，波斯采取的一项措施就是迫使吕底亚人教自己的孩子弹奏基那琴和竖琴，从而将男人培养得具有女人气。(Hdt. I. 155.) 可见，吕底亚音乐在希腊世界作为亡国音乐、阴柔音乐的看法由来已久。

③ Athen. XIV, 635d.

④ Paus. III, 12, 10; Athen. XIV, 636e; Plut. *Lac. Pol.* 238c.

⑤ Athen. XIV, 638c.

⑥ Athen. XIV, 628b.

⑦ Plato, *Rep.* 399a.

⑧ Arist. *Pol.* 1342a30.

⑨ Athen. XIV, 625f – 626a.

的，普鲁塔克说：斯巴达的音乐蕴含激情，振奋精神，唤起热忱，倍具效能。其风格古朴，毫无矫揉造作，主题皆是严肃的教诲，大多是赞扬为斯巴达献身的人们，歌颂他们是天神保佑的幸福的人，歌中还谴责贪生怕死之徒，生动地描述了他们的罪恶深重、充满厄运的生活；此外还有适合不同年龄段人的语言和对于勇气的夸耀。① 其歌词内容也发生了变化，前文提到的希庇亚斯到斯巴达后，发现斯巴达人特别喜欢听英雄和名人的谱系、古代城邦建立的故事。②

斯巴达的乐器主要有喇叭、长笛和吉拉琴。喇叭比较古老，也比较适合于表现庄严肃穆的乐调，因此，在宗教祭祀时用得更多。由于祭祀活动历史更为悠久，可以想见喇叭的历史也更为悠久。据波利比乌斯转述的伊弗鲁斯的记述：我们不要认为斯巴达和克利特人无缘无故地在战争中引入了长笛和交响曲。③ 这则史料说明后来长笛在斯巴达的音乐活动中具有重要的地位，因为斯巴达在整个古典时期都处于频繁的战争中，在战争过程中引入音乐能起到鼓舞士气的作用。普鲁塔克说：斯巴达军队在开战之前要举行山羊祭，祭祀时由吹笛手吹起赞颂卡斯托尔的曲子，然后国王亲自领唱进军的曲子，于是他们行进着，步点扣着长笛的节奏，战斗的行列严严整整，战士的心灵里没有丝毫恐慌。他们高唱战歌，投入殊死的战斗。素以严肃著称的修昔底德曾经提到阿基斯在率军还击阿哥斯军队进攻时，斯巴达军队按照常规，和着由众多长笛手演奏的军乐声，缓慢推进。这种音乐主要是为了确保军队在行进时步伐一致，阵容整齐。④ 亚里士多德曾说："斯巴达的一位队长在他的队员舞蹈时竟然亲自为他们吹奏笛管。"⑤ 不过，亚里士多德认为笛管仅能激越精神，而不能表现道德品质，所以只应该运用于祭祀之中。他还指出：古代希腊人曾经盛行吹笛，但后来逐渐衰退，希波战争之后，笛管重新盛行。长笛曾经是斯巴达最受欢迎的乐器，其表演技艺也曾经达到很高的水平。⑥ 但米希尔说用长笛取代喇叭似乎缺少史料依据⑦，其实，长笛在斯巴达有着悠久的历史，据特勒斯特斯

---

① Plut. *Lyc.* 21.
② Plato, *Maj. Hipp.* 285d.
③ Athen. XIV, 626a.
④ Thuc. V, 70.
⑤ Arist. *Pol.* 1341a33.
⑥ H. Michell, *Sparta*, p. 184.
⑦ H. Michell, *Sparta*, p. 184.

说：长笛和佛里基亚曲子一起随着佩罗普斯传入拉科尼亚地区。① 吉拉琴是古希腊的重要乐器，传说是赫尔墨斯用龟甲做的，后来为换取阿波罗的神牛送给了阿波罗。阿尔克曼称吉拉琴最适合于跳舞。② 从前述泰尔潘达、提摩特乌斯和弗里尼斯的遭遇看，斯巴达的吉拉琴有七根琴弦。柏拉图认为七弦琴是最好的琴。③ 普鲁塔克还曾经记述说斯巴达规定弹琴必须用琴拨，一位云游琴师曾经因为用手指弹拨遭到监察官的处罚。④

　　虽然音乐在斯巴达非常重要，但斯巴达整体的音乐素质并不高，可能不存在专职的音乐教师和乐师。前述提尔泰乌斯的故事很能说明问题，美塞尼亚人的起义一度使斯巴达节节败退，无奈之下他们向雅典求援，派遣提尔泰乌斯到斯巴达，斯巴达人虽然认识到音乐的特殊作用，但在国内竟然找不到一位胜任此音乐的音乐家，阿尔克曼、泰尔潘达都是受斯巴达之邀到来的。亚里士多德说：斯巴达人不习音乐，却熟悉乐律，且能辨明音乐的雅俗。⑤ 后来，菲诺克罗斯（Philochorus）也说：斯巴达人确实没有专门学习音乐，却能很好地体会音乐的内容。⑥ 这大概反映了在斯巴达并没有专门的音乐家。斯巴达人也不会接受职业化的音乐教育，斯巴达的音乐教育贯穿于日常的生活中。⑦ 亚里士多德认为音乐教育只需达到对高尚的歌词和韵律能够欣赏的程度⑧，过度的音乐教育不利于体育活动，对军事训练也将产生危害。音乐教育必须服从于培养公民这一目的，不能培养出一些专职的乐师。这种思想大致上反映了斯巴达的情形。他以乐器教育为例说：儿童时期可以学习乐器，但不可多学，更不能以决赛获胜为目的，一旦达到"能欣赏"的程度，音乐教育就可以适当放松，甚至停止。估计斯巴达儿童在十多岁之后就不太重视音乐教育，但斯巴达有许多宗教活动，斯巴达儿童就在这些活动中耳濡目染，接受在斯巴达长期传颂的音乐。如吉姆诺派迪亚节（Gymnopaedia），这个节日的歌咏节目就有许多年龄段

---

① Athen. XIV, 626a.
② Alcman, fr. XXXVII.
③ Plato, *Rep.* 399d.
④ Plut. *Apoph. Lac.* 233f.
⑤ Arist. *Pol.* 1339b1.
⑥ Athen. XIV, 628b.
⑦ H. Michell, *Sparta*, p. 183.
⑧ Arist. *Pol.* 1341a15.

的歌队参加，包括成年的和未成年的。①

(三) 军事教育——体育

在古希腊的众多城邦中，斯巴达对体育的重视是无与伦比的。体育在古希腊有着悠久的历史，早在克里特文明时期就已经有了斗牛、拳击、摔跤等体育项目，迈锡尼时期的体育已经有了竞技体育的特点。在《荷马史诗》中我们见到古代希腊的体育项目非常丰富，在帕特诺克罗斯的葬礼上举行的竞赛有赛车、拳击、摔跤、赛跑、标枪、射箭，合计六项。② 在欢迎奥德修斯的典礼上，费埃克斯人举行了赛跑、角力、跳远、铁饼、拳击，奥德修斯在比赛之余还炫耀了自己的箭术、标枪。③

在希腊各城邦中，斯巴达对体育最为重视。早在公元前 884 年，斯巴达就与伊利斯发生了一场为争夺奥林匹亚的战争，后经协调，双方订立了神圣条约，规定奥林匹亚是神圣不可侵犯的地方，并将其作为和平的圣地和竞技的场所。公元前 776 年，第一届按固定日期召开的奥林匹克运动会召开。传说斯巴达的立法家莱库古曾经干预过奥林匹克运动会的赛程和规章制度。④ 前文曾经提到早年斯巴达获及奥运冠军数量之多。另一则材料说，从公元前 720 年到公元前 586 年，总共有 81 名奥林匹克冠军，斯巴达人占了 46 名，在最重要的赛跑比赛中，斯巴达在总共 36 名冠军中占有 21 席。⑤ 由此可见，斯巴达对体育的重视。古代希腊有四大赛会，除了在奥林匹克之外，还有在圣地德尔菲举办的庇底亚运动会、在科林斯举办的地峡运动会以及在尼米亚举办的尼米亚运动会。在这些赛会上，斯巴达运动员都是赛场上的佼佼者。第 50 届奥林匹克竞技会（公元前 576 年）后，斯巴达人逐渐失去了在奥林匹克竞技会上的优势地位。但从公元前 548 年至公元前 4 世纪末的约 150 年中，斯巴达在四马赛车比赛中夺得了 12 次冠军，约占总数的三分之一，其中不乏连续两次、三次夺得冠军的人。这说明斯巴达运动员在此期间依然是奥林匹克运动会的重要参加

---

① N. M. Kennell, *Gymnasium of Virtue*, pp. 67 – 69.
② *Ild.* XXIII.
③ *Ody.* VIII.
④ Plut. *Lyc.* 1.
⑤ 滕大春：《外国教育通史》（第一卷），山东人民出版社 1989 年版，第 152 页。

者。由此可见，体育在斯巴达国家中的地位。

斯巴达在竞技性运动会上的骄人表现只是斯巴达体育教育繁盛的表现，但斯巴达体育教育的主要功能是培养合格的公民。这种思想在亲斯巴达的柏拉图的笔下表现得非常明显，米勒（Miller）曾经指出：学院式的学校教育和体育教育是古希腊两种主要的教育模式①，也就是说，体育教育和学校教育的功能是一样的。从这个角度看，斯巴达体育主要不是竞技体育而是教化体育，即以育人为主的教育活动，是通过身体训练、培养合格公民的社会教育活动。这种教育的主要目的不是培育公民的智慧，而是培养公民健康的体魄、灵敏的动作、超越自我的意志、勇敢顺从的品格、集体主义的精神。所以，斯巴达体育不仅仅是赛马、赛车、标枪等竞技场上的体育活动，而且包括了那些对体格、动作的人为锻炼，这些锻炼包括各种耐寒、耐劳、耐苦训练，如鞭打、行窃、秘密巡行等。

斯巴达体育训练的直接目的是培养公民的军事技能。在古代冷兵器作战的时代，强壮的身体、敏捷的身手是获得胜利的基本保证。所以，体育教育实际上是斯巴达军事教育的一个组成部分，但体育教育不是军事教育的全部。除此之外，斯巴达还有一系列与军事更为直接相关的军事技能教育。

偷窃训练。斯巴达常常对儿童实行饥饿训练，但为了不使儿童过分蒙受饥饿之苦，所以允许他们偷窃食物。对此，色诺芬解释说：这样做的真实目的不是解决饥饿问题，而是为了锻炼斯巴达儿童的机智灵敏和尚武好战，他说：准备行窃的人必须日夜辛劳，白天装得若无其事，或隐藏在丛林中，晚上不睡觉，为了不被抓获还要做好周密的间谍工作，经过这番锻炼的孩子将更适合战争的需要。② 这种饥饿与窃食未必是学校生活的常态形式，更可能是一种特殊的训练科目。

普鲁塔克记述：斯巴达男孩长到 12 岁后，直接归属埃伦管理。这些未成年的儿童要侍候埃伦的饮食，还要去"偷"木材、蔬菜。③ 按照普鲁塔克的这段记述，这种偷窃行为似乎是在埃伦的组织安排下的有计划的行为。但他也指出，斯巴达青年的饮食供应不足，普鲁塔克重复了色诺芬的解释，认为这么做

---

① S. G. Miller, *Arete*: *Greek Sports from Ancient Sources*, Pvii.
② Xen. *Lac. Pol.* II, 5–7.
③ Plut. *Lyc.* 17.

是为了使斯巴达公民变得胆大机灵、耐饥饿、身材匀称。① 这里，普鲁塔克并没有将饮食短缺与窃食联系起来。另外，普鲁塔克所记的偷窃不仅仅是食物。

由此可见，窃食是斯巴达青年接受的一种经常性的训练科目。色诺芬曾经说：拉凯戴蒙人，从小便练习偷窃，不以为耻，而以偷得法律所不禁止的东西为荣。② 普鲁塔克说，他们是在埃伦的组织下去偷窃，而埃伦是国家委任的儿童管理人员。这里可以看出，斯巴达人的窃食不是日常性的犯罪性行为，而是一种有选择的、在法律许可的范围内的行为。我们很难想象，斯巴达12—19岁的人全部热衷于偷窃，而且得到国家的允许，那将是一种多么可怕的情景。我们也不能同意科奈尔所说的，这只是阿尔特米斯祭仪上的一种活动。其实，阿尔特米斯祭仪上的窃食只是整个窃食训练的一部分。③

总之，窃食训练是整个斯巴达军事训练的一部分，它类似于当今特种部队的生存训练，锻炼队员在恶劣条件下的生存能力。斯巴达公民兵本身人数较少，而自公元前6世纪之后，斯巴达缔结伯罗奔尼撒同盟之后，对外干预成为司空见惯的行动。这种干预主要依靠人数有限、但精明强干的斯巴达公民兵完成，这些士兵一旦被派往斯巴达之外，必须具有强大的生存本领。在特殊环境中偷也成为一种生存技能，尤其是斯巴达本身经济实力不够强大，希腊世界的商品经济还不够发达，还没有形成统一的市场和通行希腊各国的货币时，斯巴达士兵不可能像当今的美国士兵怀揣美元到处采购必需品，他们必须学会偷。

这种训练在古代希腊已经众所周知、远近闻名了。在色诺芬参加的远征军撤回希腊的过程中，当他们来到希法斯河时，波斯军队控制了希腊军队前进道路上的一座山头，色诺芬鉴于波斯守军较少，主张偷偷绕过去或偷袭。这时，他为自己的这种似乎不太光荣的计谋进行辩护说："我为什么老是建议偷袭呢？因为我听说，克里索普斯，你们拉凯戴蒙人，至少是你们当中的贵族，从幼小时候便练习偷窃，不以为耻，而以偷得法律所不禁止的东西为荣。你们那里的法律是为了使你们能偷得尽可能最巧而设法不被抓住，而偷时被抓住将受笞杖之苦。"④

---

① Plut. *Lyc.* 17.
② Xen. *Ana.* IV, 6, 14-17.
③ N. M. Kennell, *Gymnasium of Virtue*, p. 123; H. Michell, *Sparta*, pp. 177-179.
④ Xen. *Ana.* IV, 6, 14-17.

模拟战争。柏拉图在总结斯巴达的政治制度时指出斯巴达整个制度的精髓就是军事，所有的制度安排都是为了培养合格的军人。① 亚里士多德肯定了柏拉图的判断，指出斯巴达的整个政治体系都在培养一种品德——战斗的品德——以保证在战争中获得胜利，建立霸权。② 亚里士多德与柏拉图不同，柏拉图对斯巴达的制度基本持肯定态度，而亚里士多德则以否定为主，认为这种制度对获得战争的胜利非常必要，但对和平时期的生活确是一种危害。③ 他们的观点虽然不完全一致，但是他们的记述基本反映了这样一个事实：军事训练贯穿于斯巴达教育制度之中。古代战争以一对一的打斗为主，所以，这种群体性的对战争场景的模仿和一对一的打斗都可以归入这类。

普鲁塔克说斯巴达儿童7岁进入学校之后，上年纪的人经常观看他们的游戏，激励他们进行模拟战斗与争执。这里的模拟战争大概是临时性的。12岁之后，他们重新编组，由埃伦带队、管理，埃伦则经常带领他们进行模拟战斗。④

色诺芬记述说：斯巴达希派斯被选出来之后又分为两组，彼此互相竞争，这种竞争包括两个方面：一是在道德举止方面，随时抓获、检举对方的不光彩行为；二是在体格上彼此竞争，无论何处只要见面，他们都会进行一场拳斗。这里有四点值得注意：一是这些进行拳斗的人都是年满20岁的又不到30岁的人；二是他们的打斗主要是徒手的打斗；三是这种打斗主要是一对一的单打独斗，当然不排除数人团体之间的集体打斗；四是这种打斗大多是临时的、突发性的。

对模拟战争记述最全面的是波桑尼阿斯。⑤ 在斯巴达有一块地方称作帕拉塔涅斯塔斯（Platanistas，词义为 plane - tree grove，平坦的小树丛），据波桑尼阿斯记载，斯巴达模拟战争就在此地举行，这种模拟战争的特征是仿真性高，参加人数多。不过，现有的相关资料主要由波桑尼阿斯提供，西塞罗和琉善也提供了少量的资料。由于波桑尼阿斯、西塞拉和琉善都是罗马时期的作家，科奈尔等学者指出，这些活动可能是罗马时期斯巴达吸引游客的方法。笔

---

① Plato, *Laws*. 625e, 630d.
② Arist. *Pol*. 1271b1；1333b10；1334a40.
③ Arist. *Pol*. 1334a5；1338b10.
④ Plut. *Lyc*. 16, 17.
⑤ Paus. III, 14, 8 – 11.

者赞同科奈尔的观点，但认为这不可能是斯巴达在罗马时期才开发出来的旅游项目，而是有着悠久的历史，在当初是军事训练的一种，只不过是到了罗马时期，它失去了军事价值，成为一种纯粹的旅游项目。

除了这种规模不同的模拟战争之外，斯巴达还有其他形式的军事训练项目。色诺芬还说：斯巴达青年 20 岁之后，斯巴达国家常常迫使他们参加各种远征。一般说来斯巴达青年 20 岁后可以参加军队，但还只是辅助部队，不能到最前线直接参加厮杀。除了这种到前线体验战争的气氛外，斯巴达还组织青年参加狩猎。色诺芬说：为了维持早年的体质锻炼的效果，斯巴达要求 20—30 岁之间的人不妨碍国家事务的情况下从事狩猎。其实，狩猎是比前述模拟战争更为真实的，可以亲身经历流血和死亡的准军事活动，是仿真度更高的军事训练。柏拉图《法律篇》中的那位斯巴达克客人还说道："我们斯巴达的拳击对抗与骑兵突袭训练在很大程度上与这种忍受身体痛苦的美德相连。"[1]

除此之外，我们前文说到，斯巴达的音乐教育中也包括了许多军事教育的内容，如行进过程中严格按照音乐的节律前进或撤退，舞蹈当中模仿一些战斗的动作。如果说这些记述有夸张之处，但在教育过程中通过某种方法向学生传授一些战斗动作，这是毋庸置疑的。

我们缺少斯巴达是否开设军事理论之类的科目。但我们知道在公元前 4 世纪，斯巴达接纳了许多来自其他国家的求学者，如色诺芬的儿子。一些接受过斯巴达教育的人后来成为杰出的军事统帅，如莱山德等，另一位斯巴达人克桑提普斯在第一次布匿战争中来到迦太基，成为迦太基的高级军队指挥官。[2] 所以，很可能斯巴达在高年龄段也会教授一些行军布阵的方法。

三 斯巴达教育与公民道德

教育是公民道德形成的主要途径，相反，公民道德的塑造也主要借助教育。古代斯巴达与其他希腊城邦一样，特别强调教育的道德功能，道德教育是全社会教育的主要职能。但不同的是斯巴达塑造的公民道德与其他城邦尤其是

---

[1] Plato, *Laws.* 633b.
[2] Poly. I. 32.

雅典有着巨大的差别。在斯巴达,通过长期、严格的教育塑造全社会(主要是斯巴达人群体)艰苦朴素、吃苦耐劳、节制守法、勇猛顽强的道德体系,而雅典却形成了自由、奔放、浪漫、奢华等品德。

(一) 艰苦性训练

艰苦性训练旨在增强人的肌体和精神的承受力,包括耐寒、耐热、耐饥、耐苦等。古希腊对艰苦性训练的重视由来已久,在希腊神话中,传说阿喀琉斯出生以后,他的母亲海洋女神就常常捏住他的脚跟放在海水里浸泡,所以长大之后,阿喀琉斯的身体除了脚跟之外刀枪不入、水火不侵。大地女神德墨特尔在爱女佩尔塞福涅被冥王哈德斯劫持之后,悲痛欲绝,四处寻找,在来到厄琉西斯王国后,在克琉斯王宫暂住下来,为了报答克琉斯的帮助,她决定将克琉斯之子德摩丰锻炼成希腊最伟大的战士,而方法就是不断将孩子放在火上烤。这些都反映了希腊文化重视对孩子从小进行锻炼。

到古典时代,希腊思想家同样提出要重视艰苦性训练。苏格拉底曾经谈及艰苦性训练,他对所谓的自由人(实即奴隶主)饱食无味给出的药方是"停止饮食",对奴隶主们对温度过于敏感,一会儿嫌水冷,一会儿嫌水热,大为不满,讥讽他们比奴隶和病人还难侍候,对慵惰懒散、体虚肉多的奴隶主,不能像负重前行的奴隶那样,完成长途旅行,大为不满,进而对雅典的教育提出质疑:一个受过高级别教育的人怎么连一个奴隶都不如呢?[1] 这段话从反面表明苏格拉底主张重视艰苦性训练。按照色诺芬的记述,苏格拉底具有明显的亲斯巴达倾向,他曾经指出斯巴达在尊重老人、锻炼身体、服从领袖、同心同德方面远远超过了雅典人。[2] 由此可见,苏格拉底的重视艰苦性训练的思想可能主要来自斯巴达,而他的这一思想也基本上反映了斯巴达教育的现实情况。

加强艰苦性训练是城邦体制的要求。城邦时代战争频繁,人的强壮体质是战争胜利的重要保证,而强壮体质则有赖于艰苦训练才能获得。另外,由于公民人数有限,为了应对非自由人的起义和反抗,必须具备吃苦耐劳的品格,这样才能时刻保持对非自由人的控制和监视,长期坚持作战。正因为这样,古希

---

[1] Xen. Mem. III, 14.
[2] Xen. Mem. III, 5.

腊文化中对体育训练和艰苦性训练格外重视。相对于其他国家，斯巴达格外重视体育锻炼和艰苦性训练。斯巴达自公元前6世纪彻底征服美塞尼亚战争之后，国内人口构成发生了极大的变化，处于被压迫地位的人数急剧增加，而斯巴达人的数量却长期相对较少，斯巴达人必须把自己锻炼成特别能打仗、特别能吃苦的坚强战士，才能维持自己的特权地位。这些品格离不开长期的艰苦训练，所以在城邦体制下，尤其是在斯巴达，艰苦性训练显得特别的重要，也长期贯穿于斯巴达教育过程之中。

色诺芬、柏拉图、普鲁塔克等人对斯巴达教育中的艰苦性训练特别关心，留下了有关斯巴达艰苦性训练的记述。据记载，斯巴达婴儿在出生之后就要用烈性酒擦洗身体，酒精具有挥发性，能人为降低体温，现代医学中常用酒精为发热的婴儿降温。斯巴达用烈性酒擦洗婴儿具有人为给婴儿进行耐寒训练的效果。这与阿喀琉斯浸泡海水、德摩丰烤火异曲同工。

斯巴达的儿童从小就光脚走路，认为这样可以锻炼双脚，使其行走更为敏捷。[①] 7岁之后，斯巴达儿童就要进入学校，所有在校学生都剪着短发，常常光着脚丫行走、运动。[②] 从这时起，斯巴达就开始对儿童实行饥饿训练。色诺芬把他归结为莱库古。据他说，莱库古一来为了让斯巴达公民习惯艰苦的生活；二来食物储备可以供应更长的时间；三来防止儿童肥胖，对少年儿童的饮食加以严格控制，一方面在量上控制到不致使其吃到厌腻的程度；另一方面在质上防止奢侈，很少使用调味品。[③]

12岁后，斯巴达儿童就要接受更为艰苦的训练。他们一年到头都要穿着基玛提，以培养耐寒耐热的能力。一年当中很少洗澡、很少涂油。他们睡的床都是用柴草铺成的地铺，铺床用的草由儿童自己光着手，从优拉托斯河中采回来。冬天，他们只在铺中加些草花以取暖。[④] 体罚对斯巴达儿童来说可谓家常便饭，在日常训练中斯巴达儿童会受到各种形式的体罚。[⑤]

19岁时则要参加库里普提亚活动，他们带着简单的武器，不带仆从，在野外生存一年。在野外他们要面临缺衣短食、酷暑寒冬、猛禽野兽、敌人蛇虫

---

① Xen. *Lac. Pol.* II.
② Plut. *Lyc.* 16.
③ Xen. *Lac. Pol.* II, 5 – 7.
④ Plut. *Lyc.* 16.
⑤ Plut. *Lyc.* 18.

等重重困难。① 他们还要参加阿尔特米斯鞭打获胜者可以得到极高的社会荣誉，其示范效应和教育效果自然不容忽视。19 岁之后，斯巴达青年依然过着艰苦的生活。他们虽然还不是正式的战士，但他们必须参加各种形式的出征，在没有出征任务时他们要从事狩猎活动。② 普鲁塔克说：斯巴达仍是世界上唯一的、只有战争才使其从备战的训练中得到喘息机会的人。③

斯巴达饮食最能反映斯巴达的艰苦性训练。斯巴达人很小的时候就被教育不能挑食。④ 年轻人的伙食常常不能饱腹，不得不偷食物以资补充。成年之后，斯巴达青年必须到公共食堂就餐，公共食堂提供的食物非常简陋，据说斯巴达人常吃一种黑色的肉汤，以致这种肉汤在希腊远近闻名，后来西西里国王狄奥尼索斯曾不惜重金买来一个斯巴达奴隶，令其不惜代价做成这种食物，狄奥尼索斯吃了之后，大呼难吃。⑤ 斯巴达士兵每人都要配备一个深色的带弧形挡板的杯子，深色可以掩饰不洁的水的颜色，挡板可以阻拦杯中沉淀的泥浆。⑥ 晚饭之后，斯巴达人必须摸黑回家，不许带火把走夜路。⑦

通过这种训练，斯巴达人从小养成了艰苦朴素、吃苦耐劳的精神。据说，普拉提亚战役之后，波桑尼阿斯请波斯厨师做了一顿波斯指挥官享用的美食，又做了一顿斯巴达晚饭，他看后觉得非常奇怪：为什么波斯人每天享受如此豪华的饮食，却要不辞劳苦夺取希腊的这些可怜的伙食？⑧ 一个世纪后，斯巴达国王阿吉西劳斯率领雇佣军到埃及时，他们衣着简陋，甚至显得寒酸，人们无法从服装上区分谁是国王谁是士兵。当埃及国王送来各种礼物时，阿吉西劳斯只留下了急需的食物，而把香料、花冠、其他美食分给奴隶，其他贵重物品则退回。在他回国时带回去的是纸草，以便做成花冠。⑨ 可见经过上述长期的教育训练，艰苦朴素、吃苦耐劳不仅是青年人的美德，也是斯巴达全社会的美德。

---

① Plut. *Lyc.* 22, 2; Xen. *Lac. Pol.* Ⅱ, 7.
② Xen. *Lac. Pol.* Ⅳ, 7.
③ Plut. *Lyc.* 22.
④ Plut. *Lyc.* 16.
⑤ Plut. *Mor.* 236e; *Lac. Pol.* Ⅱ; *Lyc.* 12.
⑥ Plut. *Lyc.* 9.
⑦ Plut. *Lyc.* 12.
⑧ Hdt. Ⅸ. 82.
⑨ Plut. *Ages.* 36. Nebos, *Ages.* 8. ［古罗马］奈波斯：《外族名将传》，第 173 页。

(二) 节制守法

节制是对自我感性欲望的克制，这种欲望带有明显的个体中心主义，同时也会促使人们作出以自我为中心的行为，从而危及社会的群体行为。节制的目的就是对这种可能危及社会利益的各种行为的克制甚至是遏制。节制自我的方法就是对具有社会公共性的各种法律的遵循，在古代斯巴达，法治还比较落后，主要表现为传统、风俗、习惯，因此，节制也就是对这些习惯法的遵守。在斯巴达，这种守法又表现为对他者的尊重和顺从，这些尊重、顺从的对象包括传统习惯、国家法律、官员长官、长者尊者等。

斯巴达特别强调对社会传统的尊重。应该说，对艰苦朴素观念的培养本身有助于促进人们对本国传统和生活方式的恪守。而通过艰苦的训练斯巴达公民逐步养成了尊重传统的品德。这在著名将领波桑尼阿斯被害事件中有很好的体现。他的第一次被免职的借口就是不遵守斯巴达的生活方式，出门穿着波斯的服装，带着波斯式的仪仗队，在家享受波斯式的饮食。最后，斯巴达人认为他开始有意识地放弃斯巴达的传统，模仿波斯的生活方式。正因如此，斯巴达政府将他从前线召回。[1] 色诺芬曾经说："以前拉凯戴蒙人更喜欢在家中过着适度的生活，不愿被附属国统治者的献媚所玷污。以前的涉外法规定在国外生活是非法的，我毫不怀疑这些规定能防止公民在与外国人交往中堕落。"[2] 普鲁塔克曾经说：莱库古禁止人们到国外、到不熟悉的地方游玩，以免他们接受外国人的习俗或模仿外国人的生活方式；同时从国内驱逐了大量的外国人，其目的是防止坏习惯坏风俗的侵入，保证斯巴达不受邪恶疾患的污染。[3]

斯巴达强调尊重长者、尊重领袖。据苏格拉底称，斯巴达人比雅典人更尊重领袖。[4] 领袖或长官在下属面前拥有绝对的权威，如派多诺莫斯下面就有专门的打手。苏格拉底曾经指出一个当领导的人首先必须学会服从上级。在斯巴达长者对幼者拥有很高的权威，希罗多德称：在斯巴达，年轻人遇到年长者要

---

[1] Thuc. I. 130.
[2] Xen. *Lac. Pol.* XIV. 2 – 4.
[3] Plut. *Lyc.* 27.
[4] Xen. *Mem.* III, 5.

避到一旁让路,年长者走近时,年轻人要从座位上站起来。[1] 色诺芬在《回忆苏格拉底》中记述苏格拉底与伯里克利的儿子对话时也曾感叹道:"究竟什么时候雅典人才能像斯巴达人那样尊重他们的前辈呢?"[2] 普鲁塔克称斯巴达的年轻人不仅必须尊重自己的父亲,而且必须尊重其他的长者,必须为大街上行走的长者提供住宿,给他们让座,在他们来时保持安静。[3] 长者在斯巴达享有极高的权威,由60岁以上的长者组成的元老院是斯巴达的机构中枢。可见在斯巴达具有浓厚的尊敬长者的文化传统。

为了培养顺从精神,斯巴达规定:青年人在街上行走时要把双手放在基玛提下面,默默行走,不许东张西望,只许眼瞅脚下。[4] 斯巴达对儿童、下属动辄棍棒相加。从童年开始,若有差池就可能遭到持鞭者的一顿暴打。[5] 14岁后的儿童开始接受正式的教育,他们时常要回答埃伦的问题,如果回答不上来,就要伸出拇指让埃伦咬一下。[6] 埃伦还常常当着长者和官吏的面惩罚这些少年,无论惩罚是否合适,这些长者和官吏都不会当着孩子的面批评他。[7]

为了培养节制精神,斯巴达实行较为严格的文化钳制政策。斯巴达禁止外来文化的影响,不许斯巴达人随意住在国外,也不许他们在异国漫游,以防止他们吸收外国的风俗和文化,模仿国外的生活方式。也不许外国人在斯巴达随意逗留[8],以防止他们带来外国的信仰和主张。[9] 公元前5世纪末,希腊世界的教育发生重大变化,新的教育理念、新的教学方式和新的思想层出不穷,智者派是这一新教育潮流的代表。智者派思想开放、思路新颖、视角独特,常常提出前所未有、闻所未闻的新观点、新理论。[10] 所有这些对希腊世界的思想革命和文化发展产生了巨大的促进作用,在智者派之后希腊文化达到了巅峰时期。然而,智者派运动并没有能渗入斯巴达,只有希庇亚斯曾经在斯巴达活动

---

[1] Hdt. II, 80.
[2] Xen. *Mem.* III, 15.
[3] Plut. *Mor.* 237d.
[4] Xen. *Lac. Pol.* III, 4 – 5.
[5] Xen. *Lac. Pol.* II, 2.
[6] Plut. *Lyc.* 18.
[7] Plut. *Lyc.* 18.
[8] Thuc. II, 39.
[9] Plut. *Lyc.* 27.
[10] 这在柏拉图《理想国》第一卷对正义本质的大讨论中有非常明显的体现。——笔者注

过，即便如此，希庇亚斯也没有能传授具有智者特色的文化，希庇亚斯坦承他原先准备的教学内容在斯巴达不受欢迎，不得不重新准备迎合斯巴达需要的新的教学内容。① 正是这种对新知识的排斥，斯巴达成为"无知"的象征。

在这种宣传和高压之下，斯巴达的节制守法发展到极致，达到温良顺从的地步，所有的斯巴达人都成为温顺的良民。普鲁塔克在《阿吉西劳斯传》中转引了公元前6世纪末的希腊诗人西蒙尼德斯的话，称斯巴达人是"听话的乖宝宝"，并称斯巴达对公民从小就严加管教，培养他们遵纪守法、顺从忍耐的性格。② 甚至有人声称：斯巴达人只知道如何服从，不懂得如何指挥。曾经有人对斯巴达国王色奥彭普斯说斯巴达之所以固若金汤是因为国王知道如何指挥，而色奥彭普斯则说：倒不如说是斯巴达公民知道如何服从。普鲁塔克称斯巴达人向希腊人输送了心甘情愿服从的思想。③

(三) 勇猛顽强

斯巴达教育体制中不少内容的直接目的在于培养公民勇猛顽强的品质，如童年时代，他们必须经受饥饿、鞭打的煎熬，成年之后必须恐怖血腥地秘密巡行，20岁以上的人开始频繁地参加各种远征，直接接收战争的锻炼。斯巴达的音乐舞蹈同样渗透着军人的精神，斯巴达的音乐主要是宗教音乐和节奏感特别强烈的进行曲，宗教音乐使人能在宗教节日里感受庄严肃穆的气氛，而进行曲则直接服务军事，斯巴达军队在战场上都有长笛表演队为军队助威。斯巴达的舞蹈也大多表现战争所需的精神、模仿战争的动作，斯巴达最著名的皮瑞克舞（Pyrrhic Dance）被称为哑剧模拟战争舞，模仿了战争中的进攻、防御、撤退、冲锋、投掷、射箭等动作。④ 斯巴达的许多宗教节日也按照战争的建制举行，如吉姆诺派迪亚节、卡奈亚节。⑤ 因此，柏拉图、亚里士多德认为，斯巴达的整个国家政治体制都是为了培养公民的军人武德。⑥

---

① Plato, *Maj. Hipp.* 285.
② Plut. *Ages.* 1.
③ Plut. *Lyc.* 30.
④ H. Michell, *Sparta*, p. 185.
⑤ Xen. *Hell.* VI, 4, 16; *Ages.* II, 17; Ahen. 141 e–f; H. Michell, *Sparta*, p. 273.
⑥ Plato, *Laws*, 625e, 630; Arist. *Pol.* 1271b1.

通过长期严格的教育，斯巴达公民逐步养成了勇猛顽强的品德。正如戴玛拉托斯说的：斯巴达公民受着法律的统治，他们对法律的畏惧甚于波斯臣民对皇帝的畏惧。凡是法律命令做的，他们就做……法律的命令永远是一样的，那就是，不管有多少敌人，他们绝对不能逃跑，而要留在自己的军队中，战胜或战死。① 在斯巴达，懦弱胆怯之徒受到全社会的嘲讽，他们的音乐中充满了对英勇壮举的歌颂，对贪生怕死的谴责。②

在斯巴达至少有两个实例可以看出斯巴达军队的勇猛顽强。一是温泉关战役，温泉关战役的前因后果非常复杂，我们这里不去细究，但就过程看，300勇士据守阵地，英勇牺牲。两名战士因为有事不在战场，而当战争开始后，他们赶往战场，最后牺牲。他们在大敌当前宁为玉碎不为瓦全的壮举就足以赢得人们的尊重，也足以作为斯巴达公民道德的丰碑。战争结束之后，唯一一位因为眼疾回国的战士遭到斯巴达人的唾弃，他的名字被用作"贪生怕死"的代名词，没有人愿意与他共同用餐，没有人愿意与他讲话，最后他为了洗刷耻辱在普拉提亚战役中奋勇杀敌，最后身死疆场。③ 另一次战役是皮罗斯战役，在皮罗斯战役中，斯巴达420名战士轮流驻守斯法克特利亚岛。斯法克特利亚岛是邻近斯巴达美塞尼亚地区的海岛，上面荒无人烟。斯巴达战士与雅典军队对峙了72天。最后牺牲128人，被俘292人。④ 虽然事后也有斯巴达士兵声称牺牲者并不都是勇敢者，但他同样告诉我们被俘者也不都是懦夫。事实上，斯巴达军队在这次战役中表现出来的勇猛顽强赢得修昔底德的敬佩，所以，修昔底德用很长的篇幅来叙述这一事件。

勇猛顽强的品德不仅体现在斯巴达男性公民身上，同时也渗透到斯巴达妇女的脑海中，普鲁塔克的《道德论集》《斯巴达妇女言论集》中共辑录了40条斯巴达妇女言论，集中体现了斯巴达妇女国家中心主义精神，她们或者鼓励自己的丈夫、儿子为国献身，或者以自己的丈夫、儿子为国献身为荣，而对那些贪生怕死的丈夫、儿子则引以为耻，甚至杀死。在温泉关战役之前，斯巴达母亲送儿子上前线时亲手把盾牌交给儿子，嘱咐他：或者带着盾牌凯旋或者躺

---

① Hdt. VII. 103.
② Plut. *Lyc.* 21.
③ Hdt. VII, 230 – 233; IX, 71.
④ Thuc. IV. 38, 39.

在盾牌上回来。在留克特拉战役失败之后，斯巴达城内的牺牲者亲人得知自己的亲人牺牲不是悲痛欲绝，而是面带喜色，为自己的亲人为国家牺牲而欣慰，而生存者的亲人却面有愧色。①

尽管有学者指出，关于斯巴达勇敢的记述是希腊化时期和罗马时期作家受时代制约主观之作。笔者对此表示赞同，但笔者认为，普鲁塔克搜集到那么多案例，足以证明斯巴达社会对勇猛顽强品德的重视。希罗多德、修昔底德、柏拉图等人都生活在古典时期，他们的记述应该在一定程度上反映了当时社会的实情。虽然不是每一位斯巴达公民都英勇无畏、视死如归，但勇猛顽强作为一种为全社会推崇的美德应该是毋庸置疑的!

斯巴达教育在道德培育方面取得了良好的效果，培养了一支高素质的公民队伍。他们把维护斯巴达国家利益作为自己的自觉行动，自觉地把个人利益与集体利益结合在一起，实行了公民素质与政治理想的和谐统一。这支公民队伍促进了斯巴达国力的强盛和政治的稳定，斯巴达自公元前540年前后成为伯罗奔尼撒同盟的领袖，成为希腊世界最强大的国家，与这支高素质的公民队伍密不可分。

四　从派迪亚到阿高盖：斯巴达教育的发展与变化

前文从总体上归纳了斯巴达教育的某些特征。其实，斯巴达教育的总体特征在古代斯巴达数百年的历史进程中存在一个发展变化的过程，这些特征在不同的时期显示度不完全一样。

(一) 派迪亚与阿高盖：两种不同的教育模式

人们一般把古代希腊的教育分为两种模式：一是以雅典为代表的派迪亚；二是以斯巴达为代表的阿高盖。

派迪亚希腊文写作 paideia。在古希腊，教育一词大多用"paideia"，该词的词根是 paides（儿童），其词义是对儿童的培育与教导。在古希腊，派迪亚

---

① Xen. *Hell.* VI. 4. 16.

教育的含义与现代教育有很大的不同，现代教育大多是技术教育、技能教育，而古希腊的教育主要是品德教育，是为培养自由的成年公民而实行的教育，是优雅艺术的教育与培训。① 简言之，派迪亚教育主要是品德和人文素质之教育。柏拉图声称教育是从童年起所受的美德教育，是善的获取。② 所以，paideia 的主要意思更近似于现代的教化。但 paideia 一词主要是雅典作家立足雅典提出的一个范畴③，主要从"儿童的培育、教育"衍生而来的。因此，派迪亚教育的模式也主要是从雅典的教育模式中抽象出来的。所以，有人又这样定义派迪亚：以参加公共生活为目的的，旨在为学生提供全方位的文化教育的雅典的教育体制。

这种教育模式包括文化教育和身体锻炼两大部分，具体讲包括修辞、语法、数学、音乐、哲学、地理、自然史、体育。这种课程体系的目的不是传授赢利之道，不是传授经商、生产或经营管理方面的知识，而是为了培养合格的公民。古代雅典约在梭伦改革就开始建立民主制度，经过克里斯提尼改革民主制度基本建立起来，到伯里克利时期民主政治达到繁荣。在民主政治下，公民是天生的政治动物，作为公民的主要职责是参加公共活动，那么超群的演讲才能是其获得成功的必备条件。因此，派迪亚教育的主要科目都是围绕着如何提高演讲水平而设置的，修辞、语法不必说，就是哲学、地理、自然历史等也都是围绕着这个目标。民主制对公民的个人道德有着更高的要求，民主制赋予公民较多的权利，同时也需要权利主体能正确地行使权利，所以道德的修持非常重要，这样，哲学，尤其是以个人修为为中心的哲学，也是公民必须学习的。至于体育则在古代雅典具有特殊的意义，一方面作为个人在群体生活中魁梧的身材、健康的体魄是吸引注意力、获得成功的重要条件；另一方面，公民的重要义务是为城邦充当公民兵，而充当公民兵也需要强壮的体魄。所以，派迪亚教育是以培育合格公民为目的的教育模式。

在古代希腊的大部分时间内，人们都是用派迪亚来指称"教育"，但到了希腊化时期之后，古希腊的思想家使用一个新的词 agōgē 来指称斯巴达的教育

---

① R. S. Crane, *The Idea of the Humanities*, Chicago: The University of Chicago Press, 1987, p. 23. 转引自石敏敏《希腊人文主义》，上海人民出版社 2003 年版，第 7 页。

② Plato, Law, 643e – 644a, 653b.

③ P. Cartledge, *Spartan Reflections*, p. 83.

制度。agōgē 一词在希腊化时期之前并没有专门用于指斯巴达的教育制度，首次用来指称斯巴达教育大概是在公元前 331 年，而最终定型大概是在一百年之后。公元前 331 年，斯巴达国王阿基斯三世与马其顿王安提帕特发生战争，安提帕特获胜，命令斯巴达交出 50 名儿童作人质，斯巴达监察官厄提奥克勒斯以这部分儿童不能通过 agōgē 为名加以拒绝。这是首次将 agōgē 用于特指斯巴达教育制度。但首次用 agōgē 一词指称斯巴达教育制度的作家是犬儒派作家特勒斯，该作家大约生活在公元前 3 世纪。[1]

阿高盖的词根是 agon，原意是运动场、竞技场、体育锻炼。与它同一词根的词 agonia 意思是体育锻炼、角力、竞赛、争夺战斗胜利。因此，从词源学上看，阿高盖的核心是以体育锻炼、体育竞技为主。从斯巴达的教育实践来看，阿高盖教育主要是为了国家培养体质强壮、道德过硬的战士。训练的科目主要有各种战斗技能、狩猎、舞蹈、耐力训练、吃苦训练，如窃食、鞭打、秘密巡行（库普提亚制度）等。阿高盖制度也重视道德培养，但阿高盖的道德主要是国家利益和群体利益至上的道德信条，是对国家、领袖的绝对顺从。

派迪亚和阿高盖教育作为两种教育模式，他们相似之处在于都是为国家培养合格公民。但是这两种教育模式也有巨大的不同。阿高盖的公民更强调作为士兵的特性，而派迪亚更强调作为政治动物的秉性。亚里士多德曾经评价斯巴达的政治制度，认为他们的制度的总体目的是培养军人武德，这种品德过分强调好强争胜、追逐荣誉，不适合和平时期，不适合过休闲生活。

派迪亚教育等多地立足于儿童本身，尊重儿童的个性发展，所以这种教育主要是一种引导，更类似于苏格拉底的引导法、助产术，即在保护儿童的个性的前提下用启发的方法引导儿童的个性发展。而阿高盖一词转化为教育学词汇后，具有"领导、指导、培训"等含义，这种教育是"按照一定的模式加以培育"。这种教育模式更强调外在的指导和规约，是在一定目标制约之下、带有强制性的人才培养模式。

这种教育培养出来的儿童在人格上也有很大差别。派迪亚培养出来的儿童自由、独立、奔放、张扬。他们擅长演讲，其演讲洋洋洒洒，具有极强的感染力，部分学员为了自己的目的运用多种语言才能，成为类似于智者派的诡辩家。他们以追求自己的成功为人生目标，极力期望自己在社会上出人头地、飞

---

[1] N. M. Kennell, *Gymnasium of Virtue*, p. 114.

黄腾达。其代表人物是克里昂、阿尔西比阿德斯。阿高盖培养出来的儿童节制、内敛、守法、保守。虽然他们具有一定的知识，但语言功能显然不及派迪亚制下培养的儿童。他们将自己视为国家的一个组成部分，强调集体主义、整体主义，绝不会因为追求自己的荣誉、地位而置国家利益于不顾。

总体来看，派迪亚和阿高盖并没有本质上的差别，它们的目的都是培养合格的公民，它们都将道德培养放在第一位，都注重培养履行公民义务所必需的才能、技能。所不同的是，它们培养的道德结构、公民技能不一样。就道德结构而言，前者更强调自我权益，而后者更强调整体利益，从公民技能来看，前者更强调政治才干，后者更强调军事才能。

(二) 从派迪亚到阿高盖

大多数希腊化时期及其之后的作家都把斯巴达教育模式归结为阿高盖，其实，这个判断只适用于较晚时期。出现这种现象的根本原因是这些作家没有意识到斯巴达教育在历史上是发展变化的。古风时期和古典前期的斯巴达教育其实与雅典没有太大的差别，也属于派迪亚教育模式。前面的叙述其实已经展示了很多相关的证据，这里只作简单提及。在古风时期，大量的诗人到斯巴达从事文化活动，如提尔泰乌斯、泰尔潘达、阿尔克曼、塔勒塔斯等。斯巴达社会普遍尊重智慧，基伦、戴玛拉托斯、多里欧斯在当时都因其智慧出众赢得名声，很多斯巴达人都能识文断字，甚至认识波斯文字。斯巴达人对音乐的了解，对舞蹈的擅长都蜚声希腊世界。还是希罗多德说得对：说斯巴达人知识贫乏纯粹"是希腊人为了自己开心才凭空捏造出来的无稽之谈"①。

斯巴达教育转向阿高盖模式始于公元前 5 世纪中期。古典时期前期，斯巴达遭遇了严重的地震，斯巴达人口急剧减少，斯巴达社会的人口结构发生了巨大变化，一直不满于现实处境的黑劳士在国外势力的支持下乘机发动起义。起义加剧了斯巴达人与黑劳士的矛盾。斯巴达人需要一支强大的军事力量维持自己的统治，在总人数减少的情况下，斯巴达人唯一的办法就是通过各种手段提高军队的战斗力。与此同时，迅速崛起的雅典对斯巴达的传统霸权地位提出了挑战，到公元前 446 年，雅典在传统的斯巴达势力范围内抢占了佩盖、厄庇道

---

① Hdt. IV. 77.

鲁斯、特洛伊曾等地，雅典海军还在斯巴达海岸线上耀武扬威。在这种情况下，斯巴达更需要强化军队的战斗力。而这一切只能通过严格的军事训练和军人品德的重塑来实现。

这种转型体现在修昔底德、色诺芬和普鲁塔克等人的作品中。伯里克利在葬礼演讲中对比过雅典和斯巴达的教育：斯巴达从孩提时代起就通过残酷的训练，以培养其英勇气概，而雅典人，包括儿童在内，生活完全是自由自在的。[1] 这里伯里克利首先把斯巴达的教育模式和雅典的教育模式对立起来，显示出斯巴达的教育模式与雅典已经产生了巨大的差异；其次伯里克利还告诉我们，这个差异的关键是斯巴达实行了严格、残酷的训练，而雅典则是宽松自由的教育。我们认为这里残酷的训练与艰苦的竞技体育不一样，而是应当时斯巴达的形势需要而采取的一种军事性的训练。

此后阿高盖制度一直在不断强化。从伯罗奔尼撒战争爆发到公元前330年马其顿征服，希腊世界充满了战争。斯巴达教育中的军事化内容、残酷的程度和阿高盖色彩不断强化。阿高盖制度为斯巴达培养了一批又一批勇敢的战士，为斯巴达赢得伯罗奔尼撒战争的胜利，建立霸权作出了巨大的贡献。这反映在色诺芬的《拉凯戴蒙政制》中，在这部作品中，色诺芬提到斯巴达儿童能听懂他人说话时就要求他们光脚走路、每年只有一件衣服，并实行饮食控制，鼓励儿童窃食以自己解决温饱问题，采取各种措施培养儿童的争强好胜、守纪服从的品性。这些都是后来普鲁塔克所称赞的阿高盖制度的内容。普鲁塔克则说斯巴达儿童从12岁开始就接受严格的军事训练，18岁则要参加具有生命危险的秘密巡行。

阿高盖制度不仅为斯巴达建立霸权作出了贡献，同时赢得了国际声誉。在公元前4世纪曾经有不少非斯巴达的青年到斯巴达接受教育，公元前381年，国王阿基斯波利斯率军远征北希腊，在这支军队中就有以"归化民"身份在斯巴达接受教育的外国青年。[2] 斯巴达在当时的希腊世界中文化建设远远落后于雅典，这些青年不可能来学文化知识，而且当时希腊世界战火纷飞，也没有人静下心来学习文化知识，他们只可能学习与战争有关的知识。

但是，这期间虽然斯巴达实施了阿高盖制度，斯巴达的文化生活并没有完

---

[1] Thuc. II. 39.
[2] Xen. *Hell.* V. 3. 6.

全停止。古典时期前期，底比斯诗人品达、开俄斯诗人西蒙尼德斯都曾经为斯巴达撰写诗作。戎马倥偬的莱山德不仅军事才华出众，而且在临死之前留下了一部构思斯巴达政治改革的作品，国王波桑尼阿斯流亡之际曾经对斯巴达的历史进行总结，这部书成为古代作家了解斯巴达历史的重要著作。公元前 5 世纪，克里特音乐家提摩特乌斯曾在斯巴达演出。公元前 380 年，斯巴达士兵曾经从前线赶回去参加许阿肯托斯节。

亚里士多德一方面说斯巴达教育具有野性，同时也说他们能够理解音乐。① 修昔底德声称伯拉西达的演讲水平绝不亚于雅典的那些演说家，其内容更精练，说服更有力。② 斯巴达也不乏智者派的活动，如智者希庇亚曾经在斯巴达获得成功③，只不过在斯巴达活动的智者人数不及雅典那么多。这些说明斯巴达的阿高盖制度还没有发展到典型状态。希罗多德曾经否认世人所谓"斯巴达人不热心学习"的谬论，指出：实际上，在希腊人当中只有拉凯戴蒙人在与人交谈时是十分谨慎的。④ 虽然普鲁塔克说斯巴达人的文化知识"只学到够用而已"。但他告诉我们一个更为普遍的情况：斯巴达少年说话辛辣而优美，言简意赅，斯巴达人的交谈简短、有力、中肯，能抓住听者的思路。斯巴达人热爱智慧胜过热爱健身运动。⑤

转型中的斯巴达教育逐步呈现出阿高盖模式为主、派迪亚模式为辅的特点。这种模式可能一直延续到公元前 3 世纪初。据普鲁塔克记述，公元前 244 年阿基斯四世实行改革提出要恢复斯巴达的传统制度。⑥ 这说明当时的斯巴达已经没有了阿高盖教育模式。但具体什么时间并不清楚。我们现在知道，在阿柔斯一世（公元前 309—前 265 年）和他的儿子阿克罗塔托斯二世追求奢靡生活，阿高盖教育模式应该就在阿柔斯统治时期开始松懈，逐渐废止。但阿高盖教育的名声依旧。公元前 272 年，皮鲁斯曾经声称要将自己的儿子再送到斯巴达接受教育⑦，我们还看到公元前 255 年一位接受过阿高盖教育的斯巴达人克

---

① Arist. *Pol.* 1337a, 1338b, 1324b, 1339a – b.
② Thuc. IV. 84.
③ Plato, *Maj. Hipp.* 284a – 286b.
④ Hdt. IV. 77.
⑤ Plut. *Lyc.* 16, 19, 20.
⑥ Plut. *Agis*, 4.
⑦ Plut. *Pyrrh.*

桑提普斯到迦太基军队任军事指挥官。①

(三)"改革时代"阿高盖模式复兴

马其顿征服之后，斯巴达并没有屈服于马其顿的统治，相反，寻求国家独立的火焰燃遍了斯巴达。公元前244年，年轻的国王阿基斯四世即位，揭开斯巴达改革救亡运动的序幕。教育体制的改革正是这次改革运动的内容。由于史料问题，我们不知道阿基斯改革中教育改革的具体内容，阿基斯改革的口号是"恢复旧制"，不过，这种"恢复"不可能是原样照搬，首先其平分土地的份数只有过去的一半，其次公餐团的人数达到400人，那么教育制度也不可能照搬此前的教育模式。可以想见，对旧制修订的原则是适应当下的现实条件和需要。份地数量的减少显然是因为美塞尼亚地区的独立，而公餐团规模的扩大则是与军事组织的进一步趋同。教育模式的变化就是要为斯巴达锻炼一支能征善战的队伍，那么传统教育模式中的文化教育部分很可能被进一步减少。

阿基斯改革失败后不久，克利奥墨涅斯再次发动改革。克利奥墨涅斯改革的范围更广、力度更大，涉及政治、经济、社会生活等各个方面。与阿基斯改革相似，他也打着"恢复旧制"的旗号，而且更严格，他为此专门设立维护传统的官职——patronomos。克利奥墨涅斯改革的根本目的是强兵强国，为此他征招了一支4000人的军队。② 按照斯巴达的旧制，没有土地和公民身份的人不能当兵，在阿基斯改革之前，据称斯巴达公民人数只有700人，其中只有100人能够真正履行公民的义务。虽然经过了阿基斯改革，但改革很快失败，斯巴达的公民队伍并没有建立起来。可以想象，这支4000人的军队大多不谙战事，需要接受严格的训练。严格训练这支军队成为克利奥墨涅斯改革的重要任务。据普鲁塔克记载，克利奥墨涅斯改革的大部分措施都是在斯多葛哲学家斯法鲁斯协助下实施的，学校的训练和餐桌礼仪很快就恢复了，人们恰恰将这两项作为斯巴达教育的特殊组成部分。可以想象，在斯法鲁斯的主持下，斯巴达的教育体制迅速蜕变为严格和纯粹的军事教育，即典型的阿高盖制度。

斯法鲁斯的贡献不仅于此。斯法鲁斯作为斯多葛哲学的代表之一，其推行

---

① Poly. I. 32. 1.
② Plut. *Cleo.* 11.

的改革措施深受斯多葛哲学的影响。在斯多葛哲学中，人的根本属性在于其道德品性，而斯多葛哲学推崇的主要品德是智慧、勇敢、正义、节制。[①]勇敢成为位列第二的品德。斯法鲁斯作为斯多葛哲学的佼佼者一定会继承这些思想，也一定会把这些思想落实到具体的行动中。这样，斯多葛哲学的理论与克利奥墨涅斯的改革目标机缘巧合，发生的巨大效应就是在日常生活中针对勇敢品德或军人品德的训练大大强化了。这当中最突出的就是忍耐力的培养。

以忍耐力培养为宗旨的鞭笞比赛是典型阿高盖制度的象征。但是这种鞭笞比赛不见于色诺芬的作品，色诺芬只是说在阿尔特米斯祭祀活动中儿童们常常从祭台上窃取食物，而祭坛上则有人持鞭看护，孩子只要忍受短暂的疼痛。[②]这一仪式一直持续到普鲁塔克时期，普鲁塔克在《拉凯戴蒙政制》中用"现在时"记述了这一事件。这种鞭笞与作为忍耐力比赛的鞭笞显然不一样，前者只是短暂的，而后者则会持续很长时间，甚至有人因此丧生。西塞罗就声称他曾经听到斯巴达儿童在阿尔特米斯神坛上接受鞭笞的事，而且听说有的孩子宁可被打死也不肯呻吟求饶。[③]琉善也说斯巴达儿童在父母和亲友面前接受鞭打，父母不是同情、可怜他们而是鼓励他们坚持，甚至部分儿童当着父母的面被打死。[④]这三位作家生活在公元前后，他们的记述反映的是较晚乃至他们生活时代的情况，但这种残忍的鞭笞笔者认为可以追溯到此时。

斯法鲁斯的改革还表现在阿高盖制度更为系统。在古典时期，斯巴达还没有形成细致的年龄组划分。色诺芬把斯巴达青年分为三组：儿童组（paides）、少年组（paidiskoi）和青年组（hēbōntes）。普鲁塔克描述的莱库古改革制定的教育分段大致上与此一致，分成三个年龄段。但我们在亚历山大图书馆馆长阿里斯托芬尼斯的《论年龄组名称》中看到：色诺芬所称的少年组（paidiskoi）被分成了六组，每个年龄组都有特殊的名称。阿里斯托芬尼斯生活在公元前257—前180年之间。他的这段话反映的当是他所生活的那个时代的情形，也就是说在斯法鲁斯主持改革时，斯巴达少年组的训练更加系统化了，原来整个少年组（paidiskoi）作为一个单位接受相同的教育，而现在每个年龄有不同的

---

① [古罗马]第欧根尼·拉尔修：《名哲言行录》（上），马永翔等译，第440页。
② Xen. *Lac. Pol.* II. 9.
③ Cicero, *Tusc.* II. 34, 46; VII. 77.
④ Lucian, *Anacharsis*, 38.

内容。

阿高盖制度的内容也更丰富了。波桑尼阿斯曾经记述在斯巴达城内的一处树林中（Platanistas）举行的"模拟战争"①。模拟战争的雏形初现于色诺芬笔下，已如前述。但波桑尼阿斯的模拟战争却要经过精心的准备，这种"战争"更像是一种军事演练。不过，波桑尼阿斯生活在2世纪，他所记述的模拟战争已经不是当初的情形。

公元前2世纪初，阿高盖制度被再次取缔。阿高盖制度的推行在短时间内迅速提高了斯巴达军队的战斗力，利用这支军队斯巴达重新确立在伯罗奔尼撒地区的优势地位。公元前192年，纳比斯凭借这支军队试图征服一度被分割出去的吉提乌姆，引起罗马和阿卡亚同盟的恐慌，在罗马支持下，公元前188年，阿卡亚同盟军队攻入斯巴达，杀死了纳比斯，取消了包括阿高盖制度在内的斯巴达主要制度。② 直到公元前146年，罗马打败阿卡亚同盟，斯巴达因为投靠罗马获得"自治城市"的身份，斯巴达得以恢复自己的管理制度。

(四) 罗马时期被娱乐化的阿高盖制度

公元前146年之后，无论斯巴达如何自治，终归从属于罗马。此时的斯巴达已经不再是一个独立国家了，历史的改变使得阿高盖制度随之发生了变化。随着国家的灭亡，斯巴达国家已经无须训练军队，阿高盖也不再是为了培养军队，而是成为招徕各方游客的娱乐制度。作为娱乐的阿高盖与作为教育体制的阿高盖最大的不同在于前者的目的在于娱乐，而后者的目的是培养特殊的社会成员——公民。

科奈尔曾经形容，1世纪的斯巴达已经成为一个理想的旅游胜地，游客到斯巴达到处可见健身场、浴室、剧院、市场和雕塑。而吸引游客的不仅有这些硬件设施，还有符合罗马游客喜好的旅游项目。鞭笞比赛就是一项重要的旅游项目。生活在公元160—220年的早期教父德尔图良说，当今（指2世

---

① Paus. III. 14. 8 – 10.

② Plut. *Philopoemen*, 16, Livy, XXXVIII. 34. 大多数学者认为大约在公元前180年就恢复了，但科奈尔认为是在公元前146年斯巴达在罗马支持下获得自由城市身份自后恢复的。相关讨论见杜卡特（Ducat）：《斯巴达教育》（*Spartan Education*），前言部分，第10—11页；科奈尔（Kennell）：《美德竞技馆》（*Gymnasium of Virtue*），第9—10页和第173页注释24。

纪。——笔者注）斯巴达社会最重要的仪式就是鞭笞比赛，这已不是什么秘密。① 4 世纪的雅典修辞学家利巴尼乌斯的记述非常形象地对此作了注释，他说他正赶往斯巴达观看鞭笞比赛，这是拉科尼亚的一个节日。② 显然，在稍晚的罗马作家看来鞭笞比赛已经成为一个节日。

其实这种性质在公元前 1 世纪就显示出来。西塞罗把斯巴达的这种鞭笞与奥林匹亚赛会上的青年选手、比武场上的蛮族人相提并论，称他们都一样接受严厉的打击并默默地忍受。③ 笔者认为，这里比武场上的蛮族实际就是角斗场的角斗士。也就是说在西塞罗看来，这种鞭笞比赛与角斗性质一样。在埃利亚有一个宗教节日——Sciereia，在这个节日上有妇女接受鞭打，波桑尼阿斯称这个活动与斯巴达的儿童接受鞭笞性质一样。④ 波桑尼阿斯在解释鞭笞仪式起源时，不再将其归因于培养忍耐力，而是强调了活动的血腥性。众所周知，罗马文化中含有较为浓烈的血腥成分，角斗就是其中最典型的。在西塞罗等人看来，斯巴达城内的鞭笞与罗马城内的角斗一样，都是一种大型娱乐活动。

曾经的模拟战争也已经变成一种大型娱乐活动。罗马旅行家波桑尼阿斯信息记载了这一活动：在一个称作帕拉塔涅斯塔斯的地方，四周由一条壕沟包围，整个地方看起来像个小岛，在外围长满了密密麻麻的一般高的树木。壕沟上有两座桥，供人们出入，一座桥头竖立着赫拉克勒斯的塑像，另一座桥头竖立着莱库古的塑像。从这种自然环境看，一般高的树、环形壕沟、桥梁两座以及斯巴达名人塑像等，这些都表明：这个地方是人为建造的，也说明模拟战争是经过精心设计的公共活动。参加模拟战争的人分为两个队，分别从两座桥进入现场。他们通常通过抽签决定哪支队伍从哪座桥通过，同时他们也将得到桥头所立神的保护。在活动开展前一天晚上，两支队伍在城外的圣地福柏乌姆集合，他们先用一只黑色幼狗向战神恩亚利乌斯献祭，然后再放出两只野猪，让它们彼此决斗，据说获胜的野猪所属的队将会获得胜利。第二天清晨，当队伍即将出发时他们还要向阿喀琉斯献祭。进入战场之后，他们手脚并用，甚至用牙齿，猛烈进攻对方，把对方推入壕沟中。⑤ 西塞罗一针见血地指出这是一场

---

① Tert. *Ad. Mart.* 4. 8. Kennell, *The Gymnasium of Virtue*, p. 155.
② Libanius, *Or.* 1. 23. Kennell, *The Gymnasium of Virtue*, p. 158.
③ Cic. *Tusc.* II. 46. Kennell, *The Gymnasium of Virtue*, p. 149.
④ Paus. VIII. 23. 1.
⑤ Paus. III. 14. 8 – 10.

不可思议的战争。① 最后，将对方全部推入水中的一方获得胜利。② 战斗结束后还要举行歌舞比赛。③ 这里呈现出来的是一个带有血腥味的、群体性的娱乐活动，看不到与战争有关的训练活动，倒是与罗马角斗场内的群体角斗和模拟战争非常相似。

总之，在克利奥墨涅斯时代神圣而严肃的，以军事训练为主要特色，以培养合格公民、合格军人为主要目的的阿高盖在制度上已经成为具有罗马独有的血腥色彩的群体性娱乐活动。但是曾经为斯巴达恢复国力、重塑辉煌的阿高盖制度依然留存在罗马人的记忆之中，这才有那么多的罗马人对这一制度充满敬意的回忆。

由此可见，斯巴达历史上以培养合格公民、合格军人为宗旨的阿高盖制度是在特定的历史条件下产生的。古风时期的斯巴达教育虽然突出了体育训练，但总体上除了国家办教育之外，在教学内容和教育宗旨上并没有特别之处。古典时期后期，为了应对战争的需要，斯巴达的教育中大量增加了体育训练以及与军事相关的内容。典型的阿高盖制度成型于公元前3世纪末期，大约实行了半个世纪，于公元前188年被取消。

---

① Cic. *Tusc. Disp.* 5, 27.77.
② Lucian, *Anach.* 38.
③ Lucian, *Salt.* 10–11.

结 束 语

斯巴达是整体主义国家吗？

关于斯巴达社会的总体特征，学术界曾经从不同侧面作出多种概括，如军国主义、平等主义、集权主义、国家中心主义、公产主义、整体主义。其实这些可以总结归纳为一点，就是整体主义。整体主义英文写作 totalism、totalitarian，字面意思就是"铁板一块似的特性、坚如磐石般的属性"，引申义就是"将整体利益置于至高无上的地位，用各种规章制度、措施手段维护整体的利益"。整体主义一词由意大利独裁者墨索里尼创造，后为法西斯国家所沿用。当人们把用整体主义来形容一个国家时，它就转变成极端集权的代名词，成为"极权主义"，在这样的国家，一个或少数几个独裁者控制了整个国家，国家的政治制度、经济制度、教育制度、文化制度、社会管理等都服从于独裁者的需要。

人们先是把法西斯国家称作整体主义，又把苏联的国家体制称作整体主义，当人们从历史的角度去研究整体主义时，又把古代斯巴达的国家体制也称为整体主义，并认为斯巴达是整体主义的滥觞。

当人们把斯巴达社会贴上整体主义的标签后，实际上也就意味着斯巴达是一个极端集权的社会，其他的一切特征和体现这些特征的规章制度都服务于这一特征，如军国主义下斯巴达成为一座军营，当兵打仗是所有公民的中心任务和终身职业，妇女的任务是生育合格的士兵，男子的任务是严格训练成为优秀的士兵。正如拉萨姆所形容的：斯巴达人就是"一群兵蚁，在毫无快乐的孤独中寻求一种严厉的、循规蹈矩的快乐"①；国家中心主义下所有的公民成为国家机器上的一个零部件，国家对所有的斯巴达人从摇篮到坟墓实行全面严格的控制，所有的公民都必须无条件地服从国家的命令②；公产主义下所有的财富、妇女都是国家财产，为国家所有，由国家分配各个公民使用。反过来，所有的这些特征构成了斯巴达整体主义的制度基础和重要特征。

当人们把斯巴达称作整体主义国家时，除了前述特征之外，还有两个基本的规定性，横向看，整体主义是比一般的专制主义更严重的极权主义，整体主义不仅仅存在于政治体制中，而且渗透到社会生活的所有侧面，社会生活的所有方面都受到集权主义的控制；纵向看，斯巴达历史每一个阶段都呈现出整体主义的特征，整体主义意味着斯巴达的历史不是某一时段、某一侧面呈现为整体主义，而是整个历史，自始至终，每个层面、每个侧面，都打上整体主义的烙印。

然而，通过前文的分析，所有的这些特征都不存在。更准确地说，这些特征只在一定时段、一定程度上存在过。有些特征曾经存在过，但并不彻底，没有达到整体主义的程度，如作为整体主义特征首要表现的集权主义在斯巴达历史上实际上从来没有存在过，斯巴达在古典前期以及更早时期实行的有限民主制，公民大会、监察官、长老会议、国王是斯巴达四个主要权力机构，分别执掌国家权力的一部分，公民大会执掌立法权、监察官执掌监督权、长老会议执掌预审权、国王执掌军事和宗教权，而司法权责由四个权力机构瓜分。这种制度虽不及雅典那么民主，但民主的特征同样非常明显。古典后期，国家权力日益集中到少数政治精英手中，成为贵族寡头制政府。这里毫无集权、独裁可言。

作为整体主义最重要体现的"平等人公社"实际上也是不存在的。平等人公社的含义是斯巴达公民彼此之间绝对平等，没有政治、经济的差别。实际上早有学者对此提出质疑，指出：所谓的"平等人"（homoi）在希腊语中还有另一层含义，即"伙伴"，并不表示彼此的绝对平等。当然，"伙伴"本身

---

① J. T. Roberts, *Athens on Trail: The Antidemocrtic Tradtion in Europeon Thought*, Princeton, NJ: Princeton University Press, 1994, pp. 291–292. 转引自晏绍祥《斯巴达的幻象》，载《新史学》（第一辑），大象出版社2003年版，第163页。

② [美]威廉·弗格森：《希腊帝国主义》，晏绍祥译，第45页；[英]莱斯莉·阿德金斯、罗伊·阿德金斯：《探寻古希腊文明》，张强译，商务印书馆2010年版，第187页。

带有彼此平等的含义，难逃政治经济"平等"的想象。但实际上，如我们在前文中已经提到的，斯巴达公民队伍内部并不是绝对平等的，尤其是在古典时期后期，斯巴达人大量死亡，人口锐减，大量的新公民补充到公民队伍中来，形成了"新公民"（neodamodes）阶层。而在长期的历史进程中，不少斯巴达人因为经济的、政治的原因沦为"下等公民"、蒙塔库斯，甚至成为黑劳士，所以无论是斯巴达人集团内部还是斯巴达公民内部都不是一个均质的社会，公民内部有不同的阶层、等级，斯巴达人分属不同的阶级、阶层，我们很难说它们是一个政治经济地位平等、思想情感价值观统一的整体。

土地国有曾经被人们视为整体主义的经济基础，认为通过土地国有，国家将这些土地作为份地分给每一位公民，强制黑劳士在份地上劳动，斯巴达人从此脱离了生产劳动，同时也实现了经济上的平等。实际上这只是一种假象。斯巴达的土地占有只是一种表面上的国有，实际上是私有，斯巴达人彼此的经济地位相近只是由于斯巴达人通过控制出生人口来保证份地数量不致因为分割继承而缩小。当特殊的社会变故破坏了这个人口结构的平衡，斯巴达土地占有的相对平等必将被打破，由此带来的经济平等也不复存在。这恰恰就是古典时期发生的情形。事实上，尽管斯巴达人采取种种措施维护自己的份地，但彼此之间的经济状况并不是完全平等的，在斯巴达早期就存在着贫富的差别，只不过这种状况还不太严重，到古典时期贫富分化日趋加重。

共妻制度曾经是整体主义最为特殊的证据。作为整体主义的证据，共妻制度应该履行指称集权、独裁的功能。其实，共妻制度本身是古老的残余，在向一夫一妻制过渡的过程中，共妻、租妻、借妻等现象只不过是斯巴达人为了控制家庭人口数量而采取的特殊婚姻措施，它们与传统的共妻制度已经存在本质上的不同，传统的共妻制度是因为生产力水平低下，社会群体规模小而自然生成的，是古老群婚制的残余。而斯巴达的共妻制度则是为了防止土地分割变小、失去公民权的无奈之举，只是在局部范围内存在的。而把斯巴达作为共妻的"王国"只不过是古典晚期的柏拉图、犬儒派的哲学想象[1]，柏拉图、犬儒

---

[1] 柏拉图在《理想国》中提出在理想国中实行共妻制，犬儒派代表人物第欧根尼也倡导共妻。柏拉图的理想国中有斯巴达的影子，但没有说就是斯巴达，第欧根尼更没有说到斯巴达，他所写的著作也不涉及斯巴达。普鲁塔克所说的斯巴达儿童过军营生活可能是受了他们的影响，实际情况可能不完全是普鲁塔克说的那样。——笔者注

派自己也没有将其归属于现实中的斯巴达,而是后来学者自作聪明的附会。

军国主义是整体主义的直接支柱。在军国主义之下,所有的公民都成为对上绝对服从的士兵,成为国家机器的零部件,国家成为整体协调运作的机器。实际上军国主义只是在斯巴达历史上的局部阶段存在过。在古风时期,所谓的黑劳士问题并不是斯巴达社会的特殊矛盾,斯巴达人与黑劳士存在矛盾,但还不至于使斯巴达人全面武装去防范黑劳士随时可能发生的起义或暴动。只是到了古典时期,内部由于斯巴达人自身数量减少、黑劳士起义之后斯巴达人与黑劳士之间矛盾恶化,外部有雅典等新兴城邦竞争,传统的盟主地位摇摇欲坠,斯巴达人也才开始加强军队建设,采取进攻性外交,斯巴达才走上军国主义道路。直到公元前5世纪末,斯巴达才成为军国主义的国家。

至于为整体主义提供思想基础的阿高盖教育制度也只是到了公元前3世纪才成为纯粹的职业军人培训机制,这时他们才把文化教育的功能尽可能删除,才成为禁锢人们思想的法宝。实际上在斯巴达的早期,斯巴达社会的文化生活依然丰富,虽然没有雅典那些优秀的知识分子、大思想家,但文化生活的丰富多样,外来知识分子的频繁活动势必会为斯巴达社会带来多样的文化类型,斯巴达人的价值追求也呈现出多样化、多元化的特征,如多种风格的音乐、有人热衷于竞技体育,参加各种体育比赛,斯巴达社会对那些获得冠军的人热烈地追捧。这些都表明斯巴达社会至少在古风时期并不是铁板一块,而是多种生活模式、多种价值追求。即使是在古典时期,人们对体育冠军也是趋之若鹜,倍加追捧。[1]

斯巴达的历史长期稳定不变则是整体主义的直接体现和最终结果。古典作家多次表明斯巴达的历史长期稳定,没有发展变化。这一特征成为整体主义的最好注脚。事实证明,斯巴达的历史不是稳定不变的,从古风到古典时期,斯巴达的历史一直在发展变化,斯巴达的各项规章制度一直随着时代的推移、社会的变动而变化。霍德金森说:古风时期的斯巴达绝不是一个稳定的时期,部分由于斯巴达内部的原因,部分由于同时期其他地区的变化,斯巴达社会在快速地不停地变化。[2] 在"第一次美塞尼亚战争"前夕发生了以《大瑞特拉》

---

[1] S. Hodkinson, "Social Order and the Conflict of Values in Classical Sparta", *Chiron*, 13, 1983.

[2] S. Hodkinson, "The Development of Spartan Society and Insitutions in the Archic Peroiod", in P. J. Rhodes ed., *The Develpoemnt of the Polis in Archric Greece*, London: Routledge, 1997, p. 92.

为主要内容的政治改革,"两次美塞尼亚战争"期间发生了以《大瑞特拉》补充条款和设置监察官为主要内容的政治改革,还有人认为,民选监察官是在公元前540年基伦担任监察官时建立起来的;以军国主义而言,也不是建国就有的;以宗教生活为例,原先以阿波罗崇拜为主,莱库古改革中引入奥林匹斯崇拜;而土地制度方面到了公元前5世纪末开始实施了《厄庇泰德土地法》案,土地私有化程度迅速加深。以教育为例,科奈尔说斯巴达的教育制度随着时代的不同不停地改变、恢复、修正、创新[1],阿高盖制度只是在公元前5世纪中期才开始实施的,在公元前3世纪后期,又得到进一步发展。甚至人们的衣着打扮也随着时代不同而变化。据说斯巴达人的长发就是纪念"锦标之战"的结果。[2]

　　整体主义思想由来已久,它的源头可以追溯到古代希腊罗马。受古典哲学认识论的影响,希腊知识分子认识历史与社会同认识自然一样,采取了实质主义的方法[3],即寻求表象背后的真相,认为这个真相是恒久不变的、决定性的,表象只是真相的派生物。这样,他们把历史与社会的发展与演变都归结为隐藏在深处的一种不变的结构或要素,认为只要认识了这些要素、把握了那个结构就掌握了历史与社会。这种认识论虽然有助于深刻认识特定对象,但带来的不足是易于把复杂的认识对象简单化,把发展变化的认识对象固定化,把鲜活的认识对象主观化。这一思想对古代的斯巴达研究影响尤其深刻,在这一思想影响之下,斯巴达历史被想象为固定不变的,丰富多彩的斯巴达历史被人为裁剪,变成虚幻不真的话语语料。

　　古典作家主观化的认识成果和叙述成为后人认识斯巴达历史的基础,这使得后人对斯巴达的认识难以摆脱前人的窠臼。这种实质主义影响下产生的整体主义印象一直延续到现在。这种认识首先是受结构主义哲学思潮的庇护,结构主义注重静态的结构分析,忽视动态的过程分析,这容易导致类似于实质主义的把某一理想形态的结构永恒化、持久化,压缩动态分析的空间,从而滑向"静止"的错误泥潭。其次为当代的历史叙述艺术而强化。从对社会的影响来

---

[1] N. M. Kennell, *Gymnasium of Virtue*, p. 143.
[2] Hdt. I. 82.
[3] 实质主义是由柯林伍德在总结古希腊史学特点时提出来的,但语焉不详。易宁先生曾经对此做过深入的研究,笔者基本同意他的观点。但笔者认为,实质主义的史学方法实际上是古希腊知识分子追求世界的本原,并认为把握了本原就把握了世界的认识论在史学领域的投射。——笔者注

看，概论式的叙述往往比专业化的研究影响面更大，因为社会上更多的人都不是进行研究的专业人士，满足于教科书的宣教，而教科书往往在叙述斯巴达历史时只在相对集中的地方对斯巴达的政治经济社会制度的结构做一简单的叙述①，很少也很难从发展的角度进行全面介绍。这样，人们往往把这种介绍当作与整个斯巴达历史相始终的历史事实。

真实的斯巴达历史就这样被自觉或不自觉地遮蔽掉了！

---

① 西方几部有影响的希腊史都存在这种情况，如布瑞的《希腊史》、哈蒙德的《希腊史》、芬尼的《古代希腊人》、斯塔尔的《世界古代史》，他们都是在古风时期叙述斯巴达的社会制度，此后不再述及斯巴达社会制度的发展和变化，而在叙述古风时期的制度的时候用的往往是古典时期和罗马时期的作家的材料。这必然导致史料运用上的年代错误。——笔者注

附录一

斯巴达王表[*]

约公元前1600年	勒勒克斯	波塞冬或赫利奥斯之子
约公元前1575年	米勒斯	勒勒克斯之子
约公元前1550年	优洛塔斯	米勒斯之子，斯巴达之父
	拉凯戴蒙	宙斯之子，斯巴达之夫
	阿米克拉斯	拉凯戴蒙之子，阿米克莱城创建者
	阿伽鲁斯	阿米克拉斯之子
	库诺尔塔斯	阿米克拉斯之子
	佩里埃里斯	库诺尔塔斯之子
	奥伊巴努斯	库诺尔塔斯之子
	廷达柔斯	第一次统治，奥伊巴努斯之子，海伦之父
	希帕孔	奥伊巴努斯之子，廷达柔斯的弟弟
	廷达柔斯	第二次统治
约公元前1250年	墨涅拉奥斯	阿特柔斯之子，海伦之夫
约公元前1150年	奥瑞斯特斯	阿伽门农之子，墨涅拉奥斯之侄
	提撒美诺斯	奥瑞斯特斯之子
约公元前1100年	狄翁	妻阿尔戈斯公主安菲泰亚
阿基亚德王族		优利彭提德王族

---

[*] 此表主体见于拙著《古代斯巴达政制研究》，为便于读者查对再转录于此，转录时增加了传说中的斯巴达国王，纠正了部分错误，删去了大部分原有注释，新增了部分注释。本表参考了希罗多德、波桑尼阿斯、普鲁塔克等原始文献和现代学者弗雷斯特的《希腊史》《牛津古典辞典》、克里姆斯的《古代斯巴达》，以及维基百科的斯巴达王表（List of kings of Sparta）。（Hdt. VII. 204; Paus. III. 2, 3; Plut. *Lyc.* I. 4; W. G. Forrest, *A History of Sparta*, 950–192 B. C., pp. 21–22; Simon Hornbilower and Antony Spawforth, *The Oxford Classical Dictionary*, p. 1432; K. M. T. Chrimes, *Ancient Sparta*, p. 334.）

附录一　斯巴达王表　363

续表

尤利斯特尼斯①	（公元前××年）	普罗克勒斯 1	（公元前××年）	（公元前××年）	普罗克勒斯 2	普罗克勒斯 3
阿基斯一世	[930-900]	优律彭	895-865	895-860	索斯	索斯
厄切斯特拉托斯	[900-870]	普利塔尼斯	865-835	860-830	优律彭	优律彭
列奥波塔斯	[870-840]	优诺莫斯	805-775	800-770	优诺莫斯	优诺莫斯
多鲁苏斯	[840-815]	卡利拉奥斯	775-750	770 750	波吕德克特斯	波吕德克特斯
阿吉西劳斯一世	[815-785]	尼康德	750-720	750-720	卡利拉奥斯	卡利拉奥斯
阿尔克劳斯	785-760	色奥彭普斯	720-675	720-675	尼康德	
特勒克劳斯	760-740	阿那克桑戴里达斯一世	675-660	675-665		
阿尔克墨涅斯	约740-700					
波吕多洛斯	700-665	阿基达玛斯一世	660-645	665-645	色奥彭普斯	
优利克拉特斯	665-640				宙西达摩斯	
阿纳克桑德	640-615	阿那克西拉斯	645-625			
优利克拉提达斯②	615-590	利奥提奇达斯一世	625-600		阿纳克桑达摩斯	
勒翁	590-560	希波克拉提达斯	600-575		阿基达玛斯一世	
阿那克桑戴里达斯二世	560-520	阿伽西克勒斯	575-550		阿伽西克勒斯	
克利奥墨涅斯一世	520-490	阿里斯通	550-515		阿里斯通	
列奥尼达斯一世	490-480	戴玛拉托斯	515-491		戴玛拉托斯	
普雷斯塔库斯	约480-459	利奥提奇达斯二世	491-469		利奥提奇达斯	
普雷斯特阿那克斯③	约459-约445					
波桑尼阿斯④	约445-约426	阿基达玛斯二世	469-427			

①　据说优律斯提尼斯是双胞胎中的哥哥，所以，该家族的地位更高一些。但事实并不如此。
②　此人普鲁塔克称是阿那克桑戴里达斯之子，希罗多德称其是阿纳克桑德之子。
③　将军波桑尼阿斯的儿子。原表认为普雷斯特阿那克斯被罢免的时间是公元前446年，回国时间是公元前427年。但修昔底德说伯罗奔尼撒战争爆发之年普雷斯特阿那克斯流亡了14年，他在流亡了19年之后回到斯巴达。这里有修订。
④　波桑尼阿斯是普雷斯特阿那克斯的儿子，公元前425年，他父亲回国后还位给他，公元前409年再继承他父亲的王位。

续表

尤利斯特尼斯		普罗克勒斯		普罗克勒斯	普罗克勒斯
普雷斯特阿那克斯	约 426 - 409	阿基斯二世	427 - 399	427 - 400	
波桑尼阿斯	409 - 395	阿吉西劳斯二世⑥	399 - 360	400 - 360	
阿基斯波利斯一世	395 - 380				
克里奥布鲁托斯一世	380 - 371	阿基达玛斯三世	360 - 338		
阿基斯波利斯二世	371 - 370	阿基斯三世	338 - 331		
克利奥墨涅斯二世①	370 - 309	优达米达斯一世⑦	331 - 305	330 - 305	
阿柔斯一世②	309 - 265	阿基达玛斯四世	305 - 275		
阿克罗塔托斯二世	265 - 262	优达米达斯二世⑧	275 - 244		
阿柔斯二世③	262 - 254				
列奥尼达斯二世④	254 - 243	阿基斯四世	244 - 241		
克里奥布鲁托斯二世⑤	242				

---

① 克里奥布鲁托斯一世的儿子，阿基斯波利斯二世的弟弟。
② 阿柔斯一世是克利奥墨涅斯二世的孙子，他的父亲阿克罗塔托斯先于克利奥墨涅斯二世去世。但克利奥墨涅斯二世没有传位给另一位儿子克利奥涅莫斯。
③ 幼年即位，由列奥尼达斯二世任摄政王，极有可能被后者排挤，流亡了。
④ 列奥尼达斯二世是克利奥墨涅斯二世的孙子，克利奥涅莫斯的儿子，从小在波斯长大，娶波斯女子为妻。列奥尼达斯二世曾经担任阿柔斯二世的摄政王，从辈分看，他是阿柔斯二世的叔祖父。他可能放逐了阿柔斯二世，代其为斯巴达国王。
⑤ 此人曾经短暂代替其岳丈列奥尼达斯二世，担任阿基斯四世的同僚国王，后被放逐。
⑥ 阿基斯二世的弟弟。
⑦ 阿基斯三世的弟弟。其妻子阿基达米娅曾率领斯巴达妇女抵抗皮鲁斯的进攻，作为曾祖母支持阿基斯四世的改革。
⑧ 其妻子阿基西斯特拉托是优达米达斯一世的女儿，阿基达玛斯四世的妹妹，也就是他自己的姑姑。

续表

尤利斯特尼斯		普罗克勒斯		普罗克勒斯	普罗克勒斯
列奥尼达斯二世	241-236	优达米达斯三世	241-228		
克利奥墨涅斯三世	236-222	阿基达玛斯五世①	228-227		
		优克莱达斯	227-222		
阿基斯波利斯三世②	219-215	莱库古③	219-210		
		佩罗普斯	210-206		
		马卡尼达斯	207-207		
		纳比斯	207-192		

① 阿基斯四世的弟弟，阿基斯四世被杀时逃亡到美塞尼亚，后被克利奥墨涅斯三世召回，但旋即被杀。

② 阿基斯波利斯三世是在克利奥墨涅斯三世在埃及去世的消息传来之后由监察官选定的，他是克利奥布鲁图斯二世的孙子，后来被国王莱库古放逐。

③ 通过贿选即位，家族世系不清。

附录二

斯巴达历史大事年表

公元前 12 世纪，多利亚人南下。

公元前 9 世纪末，斯巴达国家开始形成。

公元前 8 世纪前期，莱库古改革。

公元前 8 世纪，神圣同盟（Amphictyonic League）成立。

约公元前 775 年，斯巴达建立双王制度。

约公元前 775—前 760 年间，斯巴达征服埃吉斯。

公元前 754 年，厄拉图斯成为第一位有记录的名年监察官。

公元前 740—前 720 年，所谓的"第一次美塞尼亚战争"。

约公元前 720 年，失败的美塞尼亚人与卡尔基斯人一起建立殖民地——瑞吉乌姆。

公元前 706 年，建立塔拉斯殖民地，即后来的塔林顿。

公元前 8 世纪末 7 世纪初，色奥彭普斯和波吕多洛斯改革。

公元前 669 年，赫西埃战役，设置吉姆诺派迪亚节。

公元前 640—前 620 年，所谓的"第二次美塞尼亚战争"。

公元前 620 年后不久，斯巴达与阿卡迪亚人发生战争，征服斯基里提斯。

约公元前 600/595—前 590/585 年，斯巴达参加德尔菲神圣同盟。

公元前 556 年，基伦任监察管。

约公元前 560—前 550 年，斯巴达打败提盖亚。

　　斯巴达组建了伯罗奔尼撒同盟。

　　吕底亚使节来访。

公元前 547 年（一说公元前 546 年，又说 544 年），"锦标之战"，斯巴达征服提里阿，不久，占领东部沿海直到西塞拉岛的领土。

公元前525年，拉科尼亚风格的陶器消失。

　　斯巴达进攻岛国萨摩斯。

公元前510年，斯巴达出兵雅典，驱逐希庇亚斯。希庇亚斯逃到波斯。

公元前509年，伊萨格拉斯与克里斯提尼争夺政权。

公元前508年，斯巴达支持伊萨格拉斯，驱逐克里斯提尼。

公元前507年，克里斯提尼回国执政，实行改革。

公元前506年，斯巴达出征阿提卡，试图驱逐克里斯提尼。

公元前499年，伊奥尼亚起义（公元前499—前494年）。

公元前494年，赫西佩亚（Hespaiya，又称"Sepeia"）战役，克利奥墨涅斯大败阿尔戈斯。

　　克利奥墨涅斯受到第一次审判，但被判无罪。

公元前492年，波斯发动对希腊的战争，埃基那等城邦表示臣服。

公元前491年，斯巴达国王克利奥墨涅斯率军进攻埃基那。

　　斯巴达放逐戴玛拉托斯。

公元前490年，克利奥墨涅斯被放逐，后被捕入狱，死于狱中。

公元前481年，成立反波斯希腊联盟。

公元前480年，温泉关战役，萨拉米斯海战，赫尔美拉海战。

公元前479年，普拉提亚战役、米卡列海战。

公元前478年，斯巴达召回波桑尼阿斯，退出希腊联盟。

　　波桑尼阿斯第一次受审，但无罪释放。

公元前476年，雅典征服色雷斯的爱昂、斯基罗斯岛、尤卑亚岛上的卡利斯图。

公元前476年，斯巴达远征色萨利。

公元前473年，斯巴达与阿尔戈斯争夺提盖亚。

约公元前470年，波桑尼阿斯被处死。

　　黑劳士大起义（又称"第三次美塞尼亚战争"，公元前470—前460年）。

公元前468年，欧律墨冬河战役。

公元前465年，斯巴达大地震。

　　塔索斯起义反对雅典。

公元前462年，斯巴达与色萨利和阿尔戈斯签署和约。

公元前461年，雅典派4000名军人支持斯巴达镇压起义，被拒。

雅典与斯巴达关系恶化，建立反斯巴达联盟。
公元前460年，埃及第二次大起义，雅典派200艘战舰驰援。
　　麦伽拉脱离伯罗奔尼撒同盟，加入提洛同盟。
　　第一次伯罗奔尼撒战争爆发。
大约公元前457年，雅典修建由卫城到海边的长城；
　　雅典进攻斯巴达港口吉提乌姆。
　　塔那格拉战役。
公元前454年，埃及起义失败。雅典将提洛同盟金库移至雅典卫城。
公元前451年，客蒙回到雅典。
　　斯巴达、雅典签署五年休战和约。
　　斯巴达与阿尔戈斯签署三十年和约。
公元前450年，雅典远征塞浦路斯。
公元前449年，雅典与波斯签署所谓的《卡里亚斯和约》。
　　第二次神圣战争。
公元前446年，波奥提亚、麦伽拉等城邦举行暴动，叛离雅典。
　　斯巴达国王普雷斯托阿那克斯率军出征阿提卡。
公元前445年，斯巴达、雅典签署三十年和约。
公元前445/4年，普雷斯特阿那克斯因受贿撤军被放逐。
公元前440年，萨摩斯暴动。
公元前435年，厄庇丹努斯（Epidamnus）事件。
公元前433年，波提迪亚（Poteidaea）事件。
公元前432年，科西拉事件，科西拉与雅典结盟。
公元前431年，普拉提亚事件，伯罗奔尼撒战争爆发。
公元前427年，阿基达马斯二世去位，阿基斯二世即位。
公元前426年，斯巴达在特拉启斯建立殖民地赫拉克利亚。
公元前425年，皮罗斯战役。
　　普雷斯特阿那克斯回到斯巴达。
公元前424年，雅典占领西塞拉。
公元前423年，伯拉西达远征色雷斯。
公元前422年，伯拉西达阵亡。
公元前421年，斯巴达与雅典签署《尼西阿斯和约》。

斯巴达与阿尔戈斯三十年和约到期，阿尔戈斯拒绝续签。

阿尔戈斯成立阿尔戈斯同盟，曼提尼亚、科林斯、厄利斯等城邦加入。

公元前420年，波斯的萨迪斯总督皮苏特涅斯叛乱。

公元前418年，曼提尼亚战役。曼提尼亚屈服于斯巴达。

公元前417年，斯巴达与阿尔戈斯签署五十年和约。

公元前417—前416年，斯巴达多次侵入阿尔戈斯，扶植亲斯巴达的贵族政体。

公元前415年，雅典远征西西里岛。

斯巴达在雅典边境的狄开利亚建立军事据点。

皮苏特涅斯叛乱失败。其子阿摩基斯在卡利亚继续叛乱。

公元前413年，雅典远征西西里失败。雅典支持阿摩基斯的叛乱。

公元前412年，斯巴达与波斯签署协议，波斯帮助斯巴达建立海军。

公元前411年，雅典建立四百寡头政制。

雅典废四百寡头制，建立"5000人政府"。

埃及第三次反波斯大起义。

公元前410年，雅典流亡将军阿尔西比阿德斯回国，率军在库济库斯打败斯巴达海军。

公元前407年，小居鲁士任沿海地区总督。

莱山德任海军统帅。

公元前405年，羊河战役（Battle of Aegospotami），斯巴达摧毁雅典海军。

公元前404年，斯巴达征服雅典，伯罗奔尼撒战争结束。雅典建立三十寡头政府。

埃及第28王朝。

公元前403年，雅典三十寡头政府被推翻，重建民主政府。

公元前401年，小居鲁士叛乱。

公元前400年，小居鲁士叛乱失败，斯巴达与波斯交恶。

提布戎征讨小亚。

色诺芬率希腊雇佣军来到小亚，加入斯巴达军队。

监察官取消莱山德在小亚设置的十人制政府。

公元前399年，《厄庇泰德土地法》。

阿吉西劳斯二世即位。

德尔西里达斯任斯巴达小亚总督，与波斯议和，未果。

公元前 398 年，埃及第 29 王朝。

公元前 397 年，基那敦密谋。

公元前 396 年，阿吉西劳斯二世率军出征小亚细亚。

公元前 395—前 387 年，科林斯战争。

公元前 395 年，莱山德战死。国王波桑尼阿斯被缺席判处死刑，流亡提盖亚。

公元前 394 年，克尼多斯海战。科农率领波斯海军打败斯巴达海军。斯巴达失去海上控制权。

阿吉西劳斯撤军。

科洛尼亚（Battle of Coronea）战役，阿吉西劳斯获胜。

涅米亚战役，斯巴达战胜阿尔戈斯、雅典和科林斯盟军。

公元前 390 年，塞浦路斯岛埃瓦戈拉斯暴动，至公元前 381 年。

公元前 386 年，《安塔尔希达斯和约》（又称《国王和约》）。

科林斯战争结束。

公元前 385 年，斯巴达征服曼提尼亚，将其分为四个部分。

公元前 382 年，斯巴达远征奥林托斯，占领底比斯。

公元前 380 年，埃及第 30 王朝。

公元前 379 年，底比斯恢复独立。

公元前 378 年，第二次雅典海上同盟形成。

公元前 377 年，阿吉西劳斯率军远征底比斯，安塔尔希达斯反对。

公元前 374 年，雅典与斯巴达签署和约。

公元前 372 年，波斯卡帕多西亚总督叛乱。此后，波斯小亚地区总督多次发动叛乱。

公元前 371 年，留克特拉战役。

公元前 371 年，麦伽拉波利斯建立。

公元前 370 年，阿卡迪亚同盟建立，中心在麦伽拉波利斯。

埃托利亚同盟成立。

公元前 369 年，美塞尼亚独立。

公元前 368 年，无泪战争。斯巴达军队攻击阿卡迪亚，取得辉煌战果。

公元前 367 年，底比斯投靠波斯，与波斯签署《大王和约》。

公元前366年，底比斯支持建立阿卡亚同盟，以平衡阿卡迪亚同盟。

底比斯军队进入拉科尼亚地区。

公元前365年，阿卡迪亚同盟与厄利斯发生战争。

公元前362年，阿卡迪亚同盟分裂。

第二次曼提尼亚战争爆发，厄帕密南达战死，但底比斯获胜，签订《普遍和平公约》(Common Peace)。

斯巴达国王阿吉西劳斯二世抵达埃及，公元前360年死于昔兰尼。

公元前359年，阿基达玛斯三世继位。

公元前356年，佛西斯占领德尔菲，引起第三次神圣战争（公元前356—前346年）。

公元前351年，波斯腓尼基、塞浦路斯叛乱。

公元前343年，波斯平息埃及起义，重建统治。

埃及第31王朝（公元前343—前332年）。

公元前339—前338年，第四次神圣战争。

公元前338年，卡罗尼亚战役，马其顿大败希腊联军；马其顿征服希腊，建立科林斯同盟，又称希腊同盟。

公元前336年，腓力二世发动对波斯的远征。

腓力二世被暗杀，亚历山大大帝即位。

公元前335年，底比斯、雅典发动反马其顿起义，底比斯被毁灭。

公元前334年，亚历山大大帝东征。

公元前331年，斯巴达国王组建了反马其顿同盟，进攻麦伽拉波利斯，国王阿基斯三世战败身亡。

公元前330年，马其顿消灭波斯。

公元前323年，亚历山大大帝去世。

公元前323—前321年，拉米亚战争。

公元前322—前321年，马其顿第一次继业者战争。

公元前319—前315年，第二次继业者战争。

公元前314—前311年，第三次继业者战争。

公元前308—前301年，第四次继业者战争。

公元前301年，安提戈努斯家族控制马其顿。

公元前281/前280年，阿卡亚同盟重新建立。

帕伽马王国建立（至公元前 133 年）。

公元前 279 年，高卢人南下入侵希腊。

公元前 275 年，亚历山大帝国正式分裂。

公元前 272 年，皮鲁斯入侵斯巴达，被阿柔斯一世打败。

公元前 270 年，皮鲁斯去世。

公元前 268 年，希腊南部各邦以雅典为首，在埃及支持下，建立反马其顿联盟，斯多葛哲学家查理摩尼德斯为首领。

公元前 267—前 261 年，查理摩尼德斯战争（Chremonidean War）。

公元前 265 年，科林斯战役，马其顿国王安提戈努斯打败希腊联盟，斯巴达国王阿柔斯一世牺牲。

公元前 264—前 241 年，第一次布匿战争。

公元前 262 年，雅典在长期围困之后被迫投降。

公元前 261 年，埃及援军抵达希腊，但在科林斯被打败，反马其顿战争结束。雅典被马其顿直接控制，直到公元前 229 年。

公元前 254 年，波斯归来的斯巴达国王列奥尼达斯二世即位，至公元前 236 年，公元前 242 年曾被其女婿克利奥布鲁图斯二世所代替。

公元前 251 年，希昔翁加入阿卡亚同盟。

公元前 244—前 241 年，阿基斯四世改革。

公元前 235 年，列奥尼达斯二世去世，克利奥墨涅斯即位。

公元前 229 年，克利奥墨涅斯改革。

  克利奥墨涅斯战争（公元前 229—前 222 年）。

  埃及改变支持阿卡迪亚同盟的政策，支持斯巴达。

公元前 227 年，阿卡迪亚同盟进攻斯巴达盟国厄利斯，遭到斯巴达的打击。

  克利奥墨涅斯进攻麦伽拉波利斯获得胜利。

公元前 226 年，克利奥墨涅斯在曼提尼亚战役中打败阿卡迪亚同盟，促使阿卡迪亚同盟与马其顿联合。

公元前 223 年，克利奥墨涅斯率军进攻麦伽拉波利斯。埃及停止支持斯巴达。

  斯巴达获得胜利。

公元前 222 年，塞拉西亚战役，马其顿、阿卡亚同盟联合打败斯巴达。

  克利奥墨涅斯流亡埃及。

公元前 221 年，马其顿国王腓力五世即位（至公元前 179 年）。

公元前 220 年，阿卡亚同盟与埃托利亚同盟交战，第二次同盟战争。

公元前 220/前 219 年，克利奥墨涅斯三世去世。

公元前 219 年，斯巴达恢复双王制。

　　莱库古贿选就任国王。

公元前 218—前 201 年，第二次布匿战争。

公元前 216 年，马其顿国王腓力五世与汉尼拔签约。

公元前 214—前 205 年，第一次马其顿战争。

公元前 209 年，腓勒波蒙成为阿卡亚同盟的将军。

公元前 207 年，曼提尼亚战役，斯巴达败北。

公元前 207—前 192 年，纳比斯在位。

公元前 200—前 196 年，第二次马其顿战争。

公元前 195 年，纳比斯战争。罗马打败纳比斯，夺取斯巴达沿海地区，迫使斯巴达成为阿卡亚同盟的成员。

公元前 193 年，腓勒波蒙第二次担任阿卡亚同盟将军。

　　纳比斯试图夺回吉提乌姆，被腓勒波蒙打败，腓勒波蒙侵入斯巴达。

公元前 192 年，埃托利亚同盟（Aetolia League）军队借口提供军事援助，进入斯巴达，杀死纳比斯。

　　腓勒波蒙进入斯巴达，驱逐了埃托利亚势力，重新将其纳入阿卡亚同盟。

公元前 189 年，斯巴达内部发生亲阿卡亚和反阿卡亚的冲突。

公元前 188 年，腓勒波蒙再次攻入斯巴达，吞并斯巴达，取消了斯巴达传统制度。

公元前 184 年，罗马使团来到斯巴达，调节斯巴达与阿卡亚的关系，但没有恢复其独立地位。

公元前 181 年，卡利翁再次倡议土地分配。但遭到失败。

公元前 179 年，阿卡亚将军卡里克拉托斯召回最后一批斯巴达流亡人员。

公元前 172—前 168 年，第三次马其顿战争，马其顿王国灭亡。

公元前 165 年，罗马将军埃米利乌斯·泡鲁斯参观斯巴达。

公元前 149—前 146 年，第三次布匿战争。

公元前 146 年，姆尼乌斯战役，罗马获胜，阿卡亚变为罗马的行省，斯巴达成为自治城市，恢复旧制度。

附录三

人名地名对照表

（按汉语拼音排序）

A

阿波罗多洛斯（Apollodorus）
阿伯德拉（Abdera）
阿达纳（Adana）
阿尔弗优斯（Alpheus）
阿尔戈斯（Argos）
阿尔克劳斯（Archelaos）
阿尔克曼（Alcman）
阿尔克墨涅斯（Alcamenes）
阿尔特米斯（Artemis）
阿尔特米斯·利姆耐提斯（Artemis Limnaitis）
阿尔特米斯·伊索利亚（Artemis Issoria）
阿尔特米斯·迪克提拉（Artemis Diktynna）
阿尔特米西昂（Artemisium）
阿尔西比阿德斯（Alcibiades）
阿法柔斯（Aphareus）
阿芙洛狄特（Aphrodite）
阿菲提斯（Aphytis）
阿伽鲁斯（Argalus）
阿伽门农（Agamemnon）
阿伽西克勒斯（Agasicles）
阿盖代伊家族（Aigeidai）
阿基达玛斯（Archidamus）
阿基达米娅（Archidamia）
阿基达米达斯（Archidamidas）
阿吉多（Agido）
阿吉莱奥斯（Achilleios）
阿喀琉斯（Achillis）
阿基斯（Agis）
阿基斯皮达斯（Agispidas）
阿基斯波利斯（Agesipolis）
阿基西斯特拉托（Agesistrata）
阿基塔斯（Archytas）

阿吉西劳斯（Agesilaus）
阿基亚德（Agiad）
阿卡迪亚（Acardia）
阿卡罗伊（Arkaloi）
阿卡纳尼亚（Akarnania）
阿卡奈（Acharnai）
阿卡亚（Achaea）
阿卡亚人（Achaean）
阿堪杜斯（Acanthus）
阿堪杜斯人（Acanthians）
阿克利亚（Acriae）
阿克里塔斯（Akritas）
阿克罗塔托斯（Acrotatus）
阿克密尼德（Alcmaeonides）
阿克西劳斯（Arcesilaus）
阿拉戈玛（Alagoma）
阿拉托斯（Aratus）
阿里摩涅司托斯（Arimnestos）
阿里斯通（Ariston）
阿里斯托芬（尼斯）（Aritophenes）
阿里斯托德墨斯（Aristodemus）
阿里斯托克努斯（Aristoxenus）
阿里斯托克拉托斯（Aristocrates）
阿里斯托明尼（Aristomenes）
阿蒙法列图斯（Amompharetos）
阿米克拉斯（Amyklas）
阿米克莱（Amyklae）
阿摩基斯（Amorges）
阿纳卡尔西斯（Anacharsis）
阿那克萨戈拉（Anaxagoras）
阿纳克桑达摩斯（Anaxandamus）

阿纳克桑德（Anaxander）
阿那克桑戴里达斯（Anaxandridas）
阿那克西拉斯（Anaxilas）
阿坡特泰（Apothetae）
阿柔斯（Areus）
阿瑞斯（Ares）
阿斯克勒庇俄斯（Asclepius）
阿斯特罗（Astro）
阿索普斯（Asopus）
阿塔薛西斯（Artaxerxes）
阿特柔斯（Atreus）
阿提卡（Attic）
埃阿斯（Ajax）
爱奥尼亚（Aeolia）
艾博普斯（Epops）
埃吉埃（Aigiai, Aigaiai 埃该埃）
埃基那（Aegina, Aigina）
艾吉普提乌斯（Aegyptius）
埃吉斯（Aegys）
埃吉提斯（Agytis）
艾克匈尼（Aixone）
埃拉山（Eira）
埃利亚（Alea）
埃利安（Aelian）
埃米利乌斯·泡鲁斯（Aemilius Paullus）
埃萨亚（Aethaea）
埃托利亚（Aetolia）
埃亚·帕拉斯克维（Ayia Paraskevi）
埃瓦戈拉斯（Evagoras）
安布拉西亚（Ambricia）

安德罗克勒斯（Androcles）
安菲泰亚（Amphitea）
安菲翁（Amphion）
安菲亚（Ampheia）
安塔尔希达斯（Antalcidas）
安提库斯（Antiochus）
安提戈努斯（Antigonos）
安提帕特（Antipater）
奥德修斯（Odysseus）
奥厄努斯（Oeonus）
奥该埃（Augeiai）
奥卡美诺斯（Orchamenos）
奥克美诺斯（Orchomenos）
奥林匹斯山（Mount Olympus））
奥林托斯（Olynthus）
奥罗比艾（Orobiae）
奥隆（Aulon）
奥尼埃人（Orneatae）
奥诺茅斯（Oenomaus）
奥瑞斯（Oreus）
奥瑞斯特斯（Orestes）
奥提斯（Otys）
奥伊巴努斯（Oibalos）
奥伊查里亚（Oechalia）
奥伊提罗斯（Oitylos）
奥伊翁（Oion）

巴提克勒斯（Bathycles）
拜占庭（Byzantium）
贝尔比那（Belbina）
本都（Pontus）
毕达哥拉斯（Pythagoras）
庇里乌斯（Piraeus）
庇底亚（Pythia）
波奥提亚（Boeotia）
波厄撒（Poieessa）
伯拉西达（Brasidas）
伯里克利（Pericles）
波利克那（Polichna）
波利斯（Pollis）
伯罗奔尼撒（Peloponnesus）
波吕比达斯（Polybidas）
波吕德克特斯（Polydectes）
波吕多洛斯（Polydorus）
波桑尼阿斯（Pausanias）
波提迪亚（Potidaea）
波托凯垚（Porto Kayio）
波伊厄（Boeae）
布里塞埃（Bryseiai）
布利斯（Boulis）
布拉希埃（Brasiae）

B

巴比卡（Babyca）
巴奇亚德（Bacchiad）

C

查理摩尼德斯（Chremonides）

D

达玛特丽娅（Damatria）
达蒙侬（Damonon）
达摩特勒斯（Damoteles）
达斯奇雷姆（Dascyleium）
德恩泰里阿提斯（Denthaliatis）
德尔菲（Delphi）
德尔西里达斯（Dercylidas）
戴玛拉托斯（Demaratus）
戴摩克拉提达斯（Damocratidas）
德米特里乌斯（Demetrius）
狄奥多罗斯（Diosdorus）
狄奥克勒斯（Diocles）
狄奥尼索斯（Dionysus）
迪奥佩托斯（Diopeithes）
狄奥斯科里（Dioscuri）
底比斯（Thebes）
狄卡伊阿库斯（Dicaearchus）
狄开利亚（Decelea）
迪马内斯（Dymanes）
迪麦（Dyme）
狄翁（Dion）
狄耶涅凯斯（Dieneces）
多多那（Dodona）
多利斯（Doris）
多里欧斯（Dorieus）
多利亚人（Dorian）
多鲁苏斯（Dorussus）
多宋（Doson）

E

厄庀泰德（Epitadeus）
厄庀道鲁斯（Epidauros）
厄庀道鲁斯·利姆拉（Epidauros Limera）
厄菲厄尔特（Ephialtes）
厄凯埃（Echeiai）
厄拉（山）（Eria）
厄拉托斯（Elatos）
厄拉托斯提尼斯（Eratosthenes）
厄拉西诺斯（Erasinus）
厄利斯（Elis）
厄利斯人（Eleian）
厄林纽斯（Erineus）
厄琉西斯（Eleusis）
厄帕密南达（Epaminondas）
厄切斯特拉托斯（Echestratos）
厄奇斯德（Erchieeisd）
厄瑞克透斯（Erechtheus）
厄瑞克提斯（Erechtheis）
厄提奥克勒斯（Eteocles）
恩迪乌斯（Endius）
恩培多克勒（Enpedocles）
恩亚利乌斯（Enyalius）

F

法拉巴佐斯（Pharnabazus）
法里斯（Pharis）

法瑞（Pharai）
费埃克斯（Phaiekes）
费迪提亚（Pheiditia）
斐冬（Pheidon）
菲伽利亚（Phigalia）
费拉库斯（Phylarchus）
腓力（Philip）
腓勒波蒙（Philopoemen）
菲勒斯托拉托斯（Philostratos）
菲鲁斯（Philus）
菲塔斯（Phintas）
福柏乌姆（Phoebaeum）
福西昂（Phocion）
弗拉尔特斯（Phraortes）
弗拉明努斯（Flaminus）
佛库斯（Phocus）
佛里基亚（Phrygia）
弗里尼斯（Phrynis）
弗莱斯（Phleious）
弗莱（Pherai）
弗瑞（Pherae）
弗瑞斯特纳（Vresthena）
佛西斯（Phocis）

H

哈利阿图斯（Haliartus）
哈利亚（Haliae）
赫柏（Hebe）
赫尔弥俄涅（Hermione）
赫尔米奥涅亚（Hermionea）
赫尔米普斯（Hermippus）
赫卡泰乌斯（Hecataeus）
赫拉克勒斯（Heracles）
赫拉克利德斯（Heraclides）
赫拉克利亚（Heraclea）
赫拉尼库斯（Hellanicus）
赫拉亚人（Heraeans）
赫勒斯滂（Hellespont）
赫勒乌姆（Hellenium）
赫利斯（Helice）
赫罗斯（Helus，Helos）
赫密翁（Hermion）
赫普索（Hypsoi）
赫西佩亚（Hespaiya）
赫西奇乌斯（Hesychius）
赫西埃（Hysiai）
赫叙凯乌斯（Hesychius）

G

高尔哥帕斯（Gorgopas）
高纳诺（Goranoi）
革拉（Gela）

J

吉利普斯（Gylippus）
基伦（Chilon）
吉姆诺派迪亚（Gymnopaidea）

附录三　人名地名对照表　379

基那敦（Cinadon）
吉热尼亚（Gerenia）
吉戎特拉（Geronthrai）
吉提乌姆（Gytheum）
居诺苏拉（Cynosoura）
巨吉斯（Gyges）

K

卡达米勒（Kardamyle）
卡尔基斯（Chalcis）
卡尔西冬（Chalchedon）
卡拉玛塔（Kalamata）
卡拉麦（Klamai）
卡利阿斯（Callias）
卡利拉奥斯（Charilaos）
卡里克拉托斯（Callicrates）
卡里克拉提达斯（Callicratidas）
卡利斯特拉托斯（Callistratus）
卡利斯特尼斯（Callisthenes）
卡利翁（Chareon）
卡利亚（Caria）
卡罗尼亚（Chaeronea）
卡迈利温（Chamaeleon）
卡麦罗斯（Kameiros）
卡纳基翁（Cnacion）
卡诺斯（Karnos）
卡奈亚（Carneia）
卡帕多西亚（Cappdocia）
卡桑德拉（Cassandra）
卡斯托尔（Castor）

卡耶（Caryai，又拼为 Karyai，Caryae）
开俄斯（Chios）
凯法恩塔（Kyphanta）
凯奈波利斯（Caenepolis）
考孔（Caucon）
科发勒（Kephale）
克莱门特（Clement）
克勒安达里达斯（Cleandrides）
克利阿库斯（Clearchus）
克里阿利达斯（Clearidas）
克里奥布鲁托斯（Cleombrotus）
克利奥布鲁斯（Cleobulus）
克利奥墨涅斯（Cleomenes）
克利奥涅莫斯（Cleonymus）
克里奥奈人（Cleonaeans）
克里奥斯（Krios）
克里斯丰忒斯（Cresphontes）
克里斯提尼（Cleisthenese）
克里提亚斯（Critias）
科林斯（Corinth）
克罗姆诺斯（Kromnos）
克罗姆伊（Kromoi）
克奈塔格娜（Cleitagora）
科诺拉（Konooura）
科洛尼亚（Coronea）
科斯（Cos）
克里法西昂（Koryphasion）
科利奈（Kollinai）
克尼多斯（Cnidus）
克利萨法（Chrysapha）
客蒙（Cimon）

科农（Conon）
科诺索斯（Knossos）
科斯（Kos）
克桑提普斯（Xanthippus）
科西拉（Corcyra）
库济库斯（Cyzicus）
库努里亚（Cynuria）
库诺尔塔斯（Kynortas）
库洛勒（Korone）
库麦（Cyme）
库帕斯（Kyparssi）
库普赛洛斯（Cypselus）

L

拉伯塔斯（Labotas）
拉凯戴蒙人（Lacedaemonians）
拉科尼亚（Laconia）
拉斯（Las，Laas）
莱库古（Lycurgus）
莱彻乌姆（Lechaeum）
莱山德（Lysander）
朗贡（Langon）
勒勒克斯（Lelex）
勒斯克（Lesche）
勒翁（Leon）
雷阿鲁斯（Rhianus）
列奥尼达斯（Leonidas）
利奥提奇达斯（Leotychidas）
利巴尼乌斯（Libanius）
利班（Liban）

利库斯（Lycus）
利姆奈（Limnai）
列奥波塔斯（Leobotas）
列普利昂（Lepreum）
列斯波斯（Lesbos）
林杜斯（Lindos）
林叩斯（Lynceus）
琉卡斯（Leucas）
留卡斯皮斯（Leukaspis）
琉凯（Leukai）
留克特拉（Leuctra）
隆伽（Longa）
伦德赫翁（Lendhion）
罗德斯（Rhodes）
洛克里斯（Locris）
吕底亚（Lydia）
吕科弗隆（Lycophron）

M

马尔多尼乌斯（Mardonius）
玛尔罗（Maron）
马利亚（Malea）
马里乌斯（Marius）
马卡尼达斯（Machanidas）
马卡利亚（Makaria）
马凯翁（Machaon）
马尼（Mani）
马其顿（Macedon）
马其顿人（Macednian）
马瑞亚（Marea）

麦伽拉波利斯（Megalopolis）
麦伽拉（Megara）
麦吉斯提亚斯（Megistias）
麦拉尼普斯（Melanippos）
麦兰苏斯（Melanthus）
麦那里亚人（Maenalians）
曼提尼亚（Mantineia）
美尔塔斯（Meltas）
美莉萨（Melissa）
美塞讷（Messene）
美塞尼亚（Messenia）
美索拉（Mesola）
美索亚（Messoa）
美塔普斯（Methapos）
米卡列（Mycale）
米勒斯（Myles）
米利都（Miletus）
米洛斯（Melos）
米隆（Myron）
米尼埃斯人（Minyans）
密提林（Mytilene）
明达鲁斯（Mindarus）
姆那斯普斯（Mnasippus）
姆尼乌斯（Mumnius）
摩尔皮斯（Molpis）
摩托涅（Mothone）
墨伽彭特斯（Megapenthes）
墨涅拉奥斯（Menelaus）
墨塞（Messe）

N

纳比斯（Nabis）
瑙克拉提斯（Naucratis）
瑙克利德斯（Nauclides）
瑙帕克都斯（Naupaktos）
瑙普利亚（Nauplia）
尼卡斯（Lichas）
尼康德（Nicander）
尼科洛科斯（Nicolochus）
尼科米德斯（Nicomedes）
尼塞亚（Nisaea）
尼西阿斯（Nicias）
涅米亚（Nemea）
涅斯托尔（Nestor）

O

欧律墨冬（Eurymedon）

P

帕夫那革涅亚（Paphlagonia）
帕费努斯（Pephnus）
帕莱阿·墨涅姆瓦西亚（Palaia Monemvasia）
帕米索斯（Pamisos）
帕姆费洛斯（Pamphylus）
帕戎（Paron）
帕特诺克罗斯（Patroclus）

派达瑞托斯（Paedaretus）
潘塔利翁（Pantaleon）
佩拉那（Pellana）
佩里埃里斯（Perieres）
佩里安德（Periander）
佩利涅（Pellene）
佩罗普斯（Pelops）
彭特勒乌姆（Pentelleum）
皮尔赫库斯（Pyrrhichus）
皮罗斯（Pylos）
皮鲁斯（Pyrrhus）
皮苏特涅斯（Pissuthnes）
皮山大（Peisander）
皮塔纳（Pitana）
品达（Pindar）
普拉斯埃（Prasiai）
普拉提那（Pratinas）
普拉提亚（Platea）
普雷尼斯特（Praeneste）
普雷斯塔库斯（Pleistarchos）
普雷斯特阿那克斯（Pleistoanax）
普利塔尼斯（Prytanis）
普罗克勒斯（Procles）
普瑞涅（Priene）

R

瑞翁（Rhion）
瑞吉乌姆（Rhegium）

S

撒玛索斯（Psamathous）
萨迪斯（Sardis）
萨摩斯（Samos）
塞拉西亚（Sellasia）
塞佩亚（Sepeia）
塞浦路斯（Cyprus）
色奥彭普斯（Theopompus）
斯法克特利亚（Sphacteria）
斯法鲁斯（Sphaerus）
斯基里提斯人（Sciritians）
斯基里提斯（Sciritis）
斯堪戴亚（Scandeia）
斯帕提亚斯（Sperthias）
斯佩奇乌斯（Spercheius）
斯皮特里戴特斯（Spithridates）
斯彭德（Spendon）
斯森涅莱达斯（Sthenelaidas）
斯特拉托斯（Stratus）
斯特西考鲁斯（Stesichorus）
斯腾克拉罗斯（Stenyklaros）
索斯（Soos）
索斯比乌斯（Sosbius）

T

塔尔西比乌斯（Talthybios）
塔拉斯（Taras）
塔那格拉（Tanagra）

塔林顿（Tarentum）
塔勒塔斯（Thaletas）
塔索斯（Thasos）
泰尔潘达（Terpander）
泰盖托斯（Taygetos）
泰勒斯（Thales）
泰纳鲁姆（Taenarum）
泰纳鲁斯 Taenaros
泰纳戎（Tainaron）
坦塔罗斯（Tantalus）
特尔西特斯（Thersites）
特拉基姆（Tragim）
特拉麦（Thalamae）
特拉佩佐斯（Trapezous）
特拉普涅（Therapne）
特勒多（Tenedo）
特勒克劳斯（Teleklos）
特勒马科斯（Telemarchos）
特里拉索斯（Trinasos）
特勒斯（Teles）
特洛伊曾（Troezen）
特墨诺斯（Temenus）
特斯皮埃（Thespiae）
特修斯（Theseus）
提奥格尼斯（Theognis）
提波戎（Thibron）
提尔泰乌斯（Tyrtaeus）
提盖亚（Tegea）
提拉（Thera）
提拉斯（Theras）
提里阿（Thyrea）

提里巴佐斯（Tiribazus）
提洛岛（Delos）
提罗斯（Tyros）
提迈乌斯（Timaeus）
提麦娅（Timaea）
提摩克拉托斯（Timocrates）
提摩特乌斯（Timotheus）
提撒弗利斯（Tissaphernese）
提撒美诺斯（Tisamenus）
提色戎（Teuthrone）
提亚索斯（Tiassos）
色萨利（Thessalia）
廷达柔斯（Tyndareus）
图里伊（Thurii）
图里阿（Thuria）
托尔拉克斯（Thornax）
托伦涅（Torone）

W

瓦德胡尼亚（Vardhounia）
温泉关（Thermophyle）
乌拉诺斯（Uranus）

X

昔巴利斯－图里奥伊（Sybaris－Thurioi）
希波克拉提达斯（Hippocratidas）
希庇亚斯（Hippias）
昔兰尼（Cyrene）

西蒙尼德斯（Simonides）
希波塔斯（Hippotes）
希帕克拉特斯（Hippocrates）
希帕孔（Hippocoon）
西帕里索斯（Kyparissos）
西塞拉（Cythera）
希昔翁（Sicyon）
希徐亚人（Scythia）
希普莱（Shipley）
许阿肯托斯节（Hyacinthia）
许罗斯（Hyllus）
薛西斯（Xerxes）

Y

亚历山大（Alexander）
亚历山大里亚（Alexanderia）
亚里斯托克尼斯（Aristoxenes）
亚辛（Asine）
伊奥尼亚（Ionia）
伊达斯（Idas）
以弗所（Ephesus）
伊托姆（Ithome）
伊菲克拉特（Iphicrates）
伊弗鲁斯（Ephorus）
伊纳努斯（Inaros）

音布里克（Iamblichus）
优卑亚（Euboia）
优达美斯（Eudemes）
优达米达斯（Eudamidas）
优法斯（Euphaes）
优克莱达斯（Eucleidas）
优科斯莫斯（Eucosmus）
优拉托斯（Euratos）
优利彼阿德斯（Eurybiades）
尤利斯特尼斯（Eurysthenes）
尤利克里斯（Eurycles）
优利比亚戴斯（Eurybiadas）
优利彭提德（Eurypontid）
优律彭（Eurypon）
优诺莫斯（Eunomos）
优洛塔斯（Eurotas）
优利克拉特斯（Eurycrates）
优利克拉提达斯（Eurycratidas）

Z

扎拉克斯（Zarax）
仄菲洛斯（Zephyrus）
宙西达摩斯（Zeuxidamus）
扎金苏斯（Zacynthus）
仄托斯（Zethos）

参考书目

外文文献

原始文献

Aellian, *Historical Miscellany*, edited and translated by N. G. Wilson, The Loeb Classical Library, Cambridge, Mass. : Harvard University Press, 1997.

Apollodorus, *The Library*, translated by Sir James George Frazer, The Loeb Classical Library, Cambridge, Mass. : Harvard University Press, 1995.

Aristotle, *The Politics*, Aristotle (vol. 21) translated by H. Rackham, The Loeb Classical Library, Cambridge, Mass. : Harvard University Press, 1932.

Aristotle, *Aristotle*, translated by J. H. Frees, etc. , The Loeb Classical Library, Reprinted Cambridge, Mass. : Harvard University Press, 1973.

Aristotle, *The Art of Rhetoric*, in *Aristotle* (vol. 22), edited by E. Capps, etc. , The Loeb Classical Library, Reprinted Cambridge, Mass. : Harvard University Press, 1973.

Aristotle, *The Athenian Constitution*, in *Aristotle* (vol. 20), edited by T. E. Page, etc. , The Loeb Classical Library, Reprinted Cambridge, Mass. : Harvard University Press, 1973.

Aristophanes, *Aristophanes*, translated by B. B. Rogers, The Loeb Classical Library, Cambridge, Mass. : Harvard University Press, 1982.

Athenaeus, *The Deipnosophistae*, translated by Charles Burton Gulick, The Loeb Classical Library, Cambridge, Mass. : Harvard University Press, 1987.

Diodorus, *Library History*, translated by C. H. Oldfather, the Loeb Classical Library, Cambridge, Mass.: Harvard University Press, 1989.

Euripides, *Euripides*, translated by A. W. Way, The Loeb Classical Library, Cambridge, Mass.: Harvard University Press, 1978.

Eusebius, *The Preparation for the Gospel*, trans. by Edwin Hamilton Gifford, Grand Rapids, Mich.: Baker Book House, 1981.

Freeman, K., *Ancilla to the Pre-Socratic Philosophers*, Harvard, Massachusetts: Harvard University Press, 1948.

Gerber, Douglas E. edited and translated, *Greek Elegiac Poetry*, The Loeb Classical Library, Cambridge, Mass.: Harvard University Press, 1999.

Goold, G. P. edited, *Greek Elegy and Iambus*, The Loeb Classical Library, Cambridge, Mass.: Harvard University Press, 1982.

Herodotus, *Histories*, translated by A. D. Godley, The Loeb Classical Library, Cambridge, Mass.: Harvard University Press, 1981.

Hesiod, *Hesiod and Homeric Hymns*, translated by A. G. E. White, The Loeb Classical Library, Cambridge, Mass.: Harvard University Press, 1977.

Homer, *The Iliad*, translated by A. T. Murray, The Loeb Classical Library, Cambridge, Mass.: Harvard University Press, 1978.

Homer, *The Odyssey*, translated by A. T. Murray, The Loeb Classical Library, Cambridge, Mass.: Harvard University Press, 1980.

Iamblichus, *On the Pythagorean Life*, Liverpool: Liverpool University Press, 1989.

Isocrates, *Speeches*, edited and translated by T. E. Page etc., The Loeb Classical Library, Cambridge, Mass.: Harvard University Press, 1954.

Laertius, Diogenes, *Lives of Eminent Philosophers*, translated by R. D. Hicks, The Loeb Classical Library, Cambridge, Mass.: Harvard University Press, 1972.

Lucian, *Anacharsis*, in *Lucian* (*Vol. IV*), translated by A. M. Harmon, The Loeb Classical Library, Cambridge, Mass.: Harvard University Press, 1961.

Pausanias, *Description of Greece*, translated. by W. H. S. Jones, The Loeb Classical Library, Cambridge, Mass.: Harvard University Press, 1988–1998.

Philo, *Philo*, Vol. Ⅶ, Cambridge Massachusetts: Harvard University Press, 1998.

Pindar, *Pindar*, translated by Sandys, J. E., The Loeb Classical Library, Cambridge, Mass. : Harvard University Press, 1946.

Plato, *Laws*, in Plato (vol. 5, 6), translated by R. G. Bury, The Loeb Classical Library, Cambridge, Mass. : Harvard University Press, 2013.

Plato, *Republic*, in Plato (vol. 5, 6), translated by Chris. Emlyn – Jones etc. , The Loeb Classical Library, Cambridge, Mass. : Harvard University Press, 2013.

Plutarch, *The Parallel Lives*, translated by B. Perrin, The Loeb Classical Library, Cambridge, Mass. : Harvard University Press, 1982.

Plutarch, *Moralia*, edited and translated by By D. P. Goold, The Loeb Classical Library, Cambridge, Mass. : Harvard University Press, 1998.

Polybius, *Histories*, Volume I – VI, translated by W. R. Paton, The Loeb Classical Library, Cambridge, Mass. : Harvard University Press, 1979 – 1999.

Pseudo – Xenophon (Old Oligarch), *Constitution of the Athenians*, in Xenophon (vol. 7), translated By E. C. Marchant, The Loeb Classical Library, Cambridge & Massachusetts: Harvard University Press, 1993.

Sophocles: *Sophocles*, translated by F. Storr, The Loeb Classical Library, Cambridge, Mass. : Harvard University Press, 1981.

Strabo, *Geography*, translated by Horace Leonard Jones, The Loeb Classical Library, Cambridge, Mass. : Harvard University Press, 1988 – 1999.

Tacitus, *The Annals*, translated by John Jackson, The Loeb Classical Library, Cambridge, Mass. : Harvard University Press, 1999.

Thucydides: *History of the Peloponnesian War*, translated by C. F. Smith, The Loeb Classical Library, Cambridge, Mass. : Harvard University Press, 1980.

Xenophen, *Agesilaos*, in *Xenophon* (vol. 7), translated By E. C. Marchant, The Loeb Classical Library, Cambridge & Massachusetts: Harvard University Press, 1993.

Xenophon, *Anabasis*, in *Xenophon* (vol. 3), translated By C. L. Brownson, The Loeb Classical Library, Cambridge & Massachusetts: Harvard University Press, 1993.

Xenophon, *Hellenica*, in *Xenophon* (vol. 1, 2), translated By C. L. Brownson, The Loeb Classical Library, Cambridge & Massachusetts: Harvard University Press, 1993.

Xenophen, *Lacaedomonian Politics*, in *Xenophon* (vol. 7), translated By E.

C. Marchant, The Loeb Classical Library, Cambridge & Massachusetts: Harvard University Press, 1993.

West, M. L. , *Greek Lyric Poetry*, Oxford University Press, 1994.

研究专著及论文

（一）专著

Alcock, S. E. & Osborne, R. edt. , *Placing the gods: sanctuaries and sacred space in ancient Greece*, Oxford: Clarendon Press, 1994.

Antonaccio, C. M. , *An Archaeology of Ancestors*, London: Rowman & Littlefield Publisher, INC. , 1995.

Arch L. ed. , *Slavery and Other Forms of Unfree Labour*, London: Routledge, 1988.

Arnheim, M. T. W. , *Aristocracy in Greek Society*, London: Thames and Hudson, 1977.

Ashley, J. R. , *The Macedonian Empire*, The Era of Warfare Under Philip II and Alexander the Great, North Carolina: McFarland & Co. Inc. , 1998.

Badian, E. , *Ancient Society and Institutions*, Oxford: Blackwell, 1966.

Boardman J. & N. G. . L. Hammond, *The Cambridge Ancient History*, Vol. III, Part 3, Cambridge: Cambridge University Press, 2002.

Boardman, J. , etc. , *The Cambridge Ancient History*, Vol. III, Part 1, Cambridge: Cambridge University Press, 2003.

Boring, Terrence A. , *Literacy in Ancient Sparta*, Leiden: Brill, 1979.

Brock R. & Hodkinson, S. , *Alternatives to Athens*, Oxford: Oxford University Press, 2000.

Burkert W. , *The Orientalizing Revolution*, London: Harvard University Press, 1992.

Burkert, W. , *Greek Religion: Archaic and Classical*, Oxford: Blackwell, 1985.

Burry J. B. , *A History of Greece*, to the Death of Alexander the Great, London: Macmillan, 1975.

Calame, C. , *Choruses of Young Women in Ancient Greece*, Maryland: Rowman & Littlefield Publishers, Inc. , 1997.

Cartledge, P. & Spawforth, A. , *Hellenistic and Roman Sparta*, London: Routledge,

2002.

Cartledge, P., *Agesilaos and the Crisis of Sparta: A Tale of Two cities*, London: Duckworth, 1987.

Cartledge, P., *Sparta Reflections*, London: Duckworth, 2001.

Cartledge, P., *Sparta and Lakonia, A Regional History* 1300 – 362 BC, London: Routledge & Kegan Paul Ltd., 1979.

Cartledge, P., *The Spartans*, New York: The Overlook Press, 2003.

Casson, L., *The Ancient Mariners Mediterranean in Ancient Times*, New York: The Macmillan Company, 1959.

Catherine M., *Early Greek States beyond the Polis*, New York: Routledge, 2003.

Catling, H. W., *Sparta: Menelaion (I, II)*, London: the British School at Athens, 2009.

Chrimes, K. M. T., *Ancient Sparta*, Manchester: Manchester University Press, 1952.

Coldstream, J. N., *Greek Geometric Pottery*, Bristol: Phoenix Press, 2009.

Commotti, G., *Music in Greek and Roman Culture*, trans. by R. V. Munson, Baltimore and London: Johns Hopkins University Press, 1989.

Crane, R. S., *The Idea of the Humanities*, Chicago: The Universty of Chicago Press, 1987.

David, E., *Sparta between Empire and Revolution*, 404 – 243B. C., New York: Arno Press, 1981.

Davies, J. K., *Democracy and Classical Greece*, London: Fontana Press, 1993.

Davis, J. L., *Sandy Pylos: An Archaeological History from Nestor to Navarino*, Austin: University of Texas Press, 1998.

Dawkin, R. W. etc., *The Sancturay of Artemis Orthia at Sparta*, London: Macmillan and Co., Limited, 1929.

DE Ste Croix, *The Class Struggle in the Ancient Greek World*, London: Duckworth, 1981.

De Ste. Croix, G. E. M., *The Origins of the Peloponnesian War*, London: Duckworth, 1972.

Desborough V. R. d' A., *The Greek Dark Ages*, London: Benn, 1972.

Dietrich, B. C. *The Origins of Greek Religion*, Berlin: Walter De Gruyter, 1974.

Drees, L., *Olympia: Gods, Artists and Athletes*, English translation by Gerald Onn, New York: Praeger, 1968.

Ducat, J., *Spartan Education*, Swansea: The Classical Press of Wales, 2006.

Edwards I. E. S. etc., *The Cambridge Ancient History*, Vol. II, part 2, Cambridge: Cambridge University Press, 1997.

Ehrenberg, V., *From Solon to Socrates, Greek History and Civilization during the Sixth and Fifth Centuries B. C.*, London: Methuen, 1973.

Ehrenberg, V., *The Greek State*, New York: Barnes & Noble, Inc., 1960.

Falkner, C., *Sparta and the Sea* (dissertation), University of Alberta, 1992.

Farnell, L. R., *Greek Hero Cults and Ideas of Immortality*, Oxford: The Clarendon Press, 1921.

Figueira, T. J., *Ageina: Society and Politics*, New York: Arno Press, 1981.

Figueira, T. J., *Athens and Aigina, in the Age of Imperial Colonization*, Baltimore & London: The Johns Hopkins University Press, 1991.

Figueria, T. J., *Spartan Society*, Swansea: The Classical Press of Wales, 2004.

Fine, J. V. A., *The Ancient Greeks*, Cambridge, Massachusetts & London: Harvard University Press, 1983.

Finley, M. I., *The Ancient Economy*, 2nd edt, London: University of California Press Ltd., 1985.

Finley, M. I., *Ancient History: Evidence and Models*, London: Chatto & Windus, 1985.

Finley, M. I., *The Use and Abuse of History*, London: Pimlico, 2000.

Fisher, N. R. E., *Slaveray in Classical Greece*, Bristol: Classical Press, 1993.

Fitzhardinge, L. F., *The Spartans*, London: Thames and Hudson, 1980.

Flensted-Jensen, P., ed., *Further Studies in the Ancient Greek Polis*, Stuttgart: Steiner, 2000.

Forrest, W. G., *A History of Sparta, 950 – 192 B. C.*, London: Hutchinson, 1968.

Frost, F. J. *Greek Society*, Lexington, Mass.: Heath, 1987.

Gardiner, R., *The Age of the Galley Mediterranean Oraed Vessels since Pre – classical Times*, London: Conway Maritime Press, 1995.

Glotz, G., *The Greek City and Its Institution*, London & New York: Routledge, 1996.

Gorman, V. B., Robinson, E. W., Graham, A. J., *Oikistes: Studies in Constitutions, Colonies, and Military Power in the Ancient World*, England: Brill, 2002.

Grote G., *A History of Greece* (vol. 1 – 10), London: Routledge, 2000.

Guthrie, W. K. C., *The Greeks and Their Gods*, Boston: Beacon Press, 1950.

Habicht, *Pausanias' Guide to Greece*, Berkeley, Los Angeles and London: University of Califorlia Press, 1985.

Hamilton, C. D., *Agesilaos and the Failure of Sparta*, Ithaca: Cornell University Press, 1991.

Hamilton, C. D., *Sparta's Bitter Victories*, Ithaca; London: Cornell University, 1979.

Hammond, N. G. L., *A History of Greece: to 322 B. C.*, Oxford: Clarendon Press, 1986.

Hammond, N. G. L., *the Classical Age of Greece*, London: Weidenfeld and Nicolson, 1975.

Hansen, M. H. & Nielsen, T. H., *An Inventory of Archaic and Classical Poleis*, Oxford: Oxford University Press, 2004.

Hansen, M. H., *The Polis as an Urban Centre and as a Political Community: symposium August 29 – 31, 1996*, Copenhagen: Det Kongelige Danske Videnskabernes Selskab, 1997.

Harris, H. A., *Greek Athletes and Atheletics*, Hutchinson: University of Wales Press, 1976.

Harrison, A. R. W., *The Law of Athens, the Family and Property*, Oxford: The Clarendon Press, 1968.

Hodkinson S. & Powell, A., *Sparta and War*, Swansea: The Classical Press of Wales, 2006.

Hodkinson S. & Powell, A., *Sparta: New Perspectives*, London: Duckworth, 1999,

Hodkinson, S., *Property and Wealth in Classical Sparta*, Swansea: The Classical Press of Wales, 2000.

Hodkinson, S., *Sparta: Comparative Approaches*, Swansea: The Classical Press of Wales, 2009.

Hooker, J. T., *The Ancient Spartans*, London Toronto Melbourne: J M Dent & Sons Ltd., 1980.

Hooker, J. T. , *Mycenaean Greece*, London: Routledge and Kegan Paul, 1976.

How, W. W. & Wells, J. , *A Commentary on Herodotus* (ebook), www. gutenberg. org.

Huxley G. L. , *Early Sparta*, London: Faber and Faber, 1962.

Jeffery, L. H. , *Archaic Greece: The Eity - States*, c. 700 - 500 B. C. , London: Ernest Benn, 1976.

Jones, A. H. M. , *Sparta*, Oxford: Blackwell, 1967.

Jordan, B. , *The Athenian Navy in the Classical Period*, Berkeley: University of California Press, 1972.

Kaltsas, N. , *Athens - Sparta*, Greece: Ballidis, 2009.

Kennell, N. M. , *Gymnasium of Virtue, Education & Culture in Ancient Sparta*, London: University of North Carolina Press, 1995.

Kennell, N. M. , *Spartans, a New History*, West Sussex: John Wiley & Sons Ltd. , 2010.

Konrad, H. Kinzl ed. , *A Companion to the Classical Greek World*, Oxford: Blackwell Publishing Ltd. , 2006.

Krentz, P. , *The Thirty at Athens*, Ithaca; London: Cornell University Press, 1982.

Lambert, S. D. , *The Phratries of Attica*, Ann Arbor: University of Michigan Press, 1993.

Larson, J. , *Greek Heroine Cults*, Wisconsin: The University of Wisconsin Press, 1995.

Lawrence, A. T. , *The Greek World in the Fourth Century*, London: Routledge, 1996.

Lazenby, J. F. , *The Spartan army*, Warminster: Aris & Phillips, 1985.

Lewis, A. , etc. , *Ancient Society and Institutions, Studies Presented to Victor Ehrenberg on His 75th Birthday*, Oxford: Blackwall, 1966.

Lewis, D. M. , *Sparta and Persia*, Leiden: Brill, 1977.

Lewis, D. M. etc. , *The Cambridge Ancient History*, Vol. 6, Cambridge: Cambridge University Press, 1994.

Lewis, D. W. etc. , *The Cambridge Ancient History*, Vol. 5, Cambridge: Cambridge University Press, 2003.

Liddle, H. G. and Scott, R. , *A Greek-English Lexicon*, Oxford: Clarendon Press, 1996.

Luraghi, N. & Alcock, S. E. , *Helots and Their Masters in Laconia and Messenia*: *Histories*, *Ideologies*, *Structures*, Cambridge, Mass. ; Center for Hellenic Studies, 2003.

Luraghi, N. , *Ancient Messenians*, Cambridge: Cambridge University Press, 2008.

Macdowell, D. W. , *Spartan Law*, Edinburgh: Scottish Academic Press, 1986.

Malkin I. , *Myth and Territory in the Spartan Mediterranean*, Cambridge: Cambridge University Press, 1994.

Manville, P. B. , *The Origins of Citizenship in Ancient Athens*, Princeton: Princeton University Press, 1990.

Marcus, N. & Tod, M. A. F. B. A. , *A Selection of Greek Historical Inscriptions*: *to the End of the 5th Century B. C.* , Oxford: Clarendon Press, 1933.

Mehta, V. , *Spartan in the Enlightenment* (dissertation), The George Washington University, 2009.

Meiggs, R. & Lewis D. , *A Selection of Greek Historical Inscriptions*: *to the end of the 5th Century B. C.* , Oxford: Clarendon Press, 1969.

Michell, H. , *Sparta*, Cambridge: University Press, 1964.

Mitchell, L. G. & Rhodes, P. J. , *The Development of the Polis in Archaic Greece*, London: Routledge, 1997.

Morgan, C. , *Athletes and Oracles*, Cambridge: Cambridge University Press, 1990.

Morris, I. *Burial and Ancient Society the Rise of Polis*, Cambridge: Cambridge University Press, 1987.

Morrison, J. S. & Williams, R. T. , *Greek Oared Ships*, Cambridge: University Press, 1968.

Morrison, J. S. etc. , *The Athenian Trireme*, Cambridge: Cambridge University Press, 2000.

Murry, G. , *Five Stages of Greek Religion*, New York: Doubleday & Company, Inc. , 1955.

Murry, O. , *Early Greece*, 2nd edition, Lodon: Fontana Press, 1993.

Newman, W. L. , *Politics of Aristotle* (vol. IV), Oxford: The Clarendon Press, 1902.

Nielsen, T. H. , *Once Again*: *Studies of Ancient Greek Polis*, Stuttgart: Steiner, 2004.

Nilsson, M. P. , *The Mycenaean Origin of Greek Mythology*, Berkeley: University of

California Press, 1932.

Ogden, D., *Aristomenes of Messene: Legends of Sparta's Nemesis*, Swansea: The Classical Press of Wales, 2004.

Oliva, Pavel, *Sparta and Her Social Problems*, Prague: Academia, 1971.

Ostwald, M., *From Popular Sovereignty to the Sovereignty of Law*, Berkeley, Calif.; London: University of California Press, 1986.

Parke, H. W., *The Oracles of Zeus*, Oxford: Basil Blackwell, 1967.

Pettersson, M., *Cults of Apollo at Sparta*, Stockholm: Textguppen i Uppsala, 1992.

Piper, L. J., *Spartan Twilight*, New Rochell: Caratzas Publishing Co., Inc., 1983.

Powell A. & Hodkinson S., *Sparta: Beyond the Mirage*, London: The Classical Press of Wales and Duckworth, 2002.

Powell, A. & Hodkinson, S., *Sparta: The Body Politic*, Swansea: the Classical Press of Wales, 2010.

Powell, A. & Hodkinson, S., *The Shadow of Sparta*, London: The Classical Press of Wales, 1994.

Powell, A., *Classical Sparta Techniques behind Her Success*, London: Routledge, 1989.

Powell, A., *Athens and Sparta*, London: Routledge, 1988.

Proietti, G., *Xenophon's Sparta*, Leiden; New York: Brill, 1987.

Raaflaub, K. A., *Origins of Democracy in Ancient Greece*, Berkeley, Los Angels, London: University of California Press, 2007.

Rahe, P. A., *The Grand Strategy of Classical Sparta*, New Heven and Lobdon: Yale University Press, 2015.

Rawson, E., *The Sparta Tradition in European Thought*, Oxford: Clarendon Press, 1969.

Richard, J. A., Talbert, *Plutarch on Sparta*, Harmondsworth: Penguin, 1988.

Roberts, J. T., *Athens on Trail: The Antidemocrtic Tradtion in Europeon Thought*, Princeton, Princeton University Press, 1994.

Roberts, M. & Bennett, B., *Spartan Supremacy*, South Yorkshire: Pen & Sword Books Ltd., 2014.

Roebuck, C. A., *A History of Messenia from 369 to 146B. C.* (dissertation), Illinos: the University of Chicago Libraries, 1941.

Rusch, S. M., *Sparta at War*, Yorkshire: Pen & Book Limited, 2011.

Samuel, A. E., *Greek and Roman Chronology: Calendars and Years in Classical Antiquity*, Druk: Georg Appl, Wemding, 1972.

Sanders. J. M., *Philolakon: Lakonian Studies in Honour of Hector Catling*, London: British School at Athens, 1992.

Scanlon, T. F., *Eros and Greek Athletics*, Oxford: Oxford University Press, 2002.

Shimron, B., *Late Sparta: The Spartan Revolution*, 243 - 146BC, Buffalo: State University of New York, 1972.

Shipley, D. R., *A Commentary on Plutarch's Live of Agesilaos*, Oxford: Clarendon Press, 1997.

Shipley, D. R., *The Greek World after Alexander*, London and New York: Roughtledge, 2000.

Siapkas, J., *Heterological Ethnicity: Conceptualizing Identities in Ancient Greece*, Uppsala: Uppsala Universitet, 2003.

Snell, B., *The Discovery of the Mind in Greek Philosophy and Literature*, Massachusetts: Harvard University Press, 1953.

Snodgrass A. M., Arehaic Greece, Berkeley and Los Angeles: University of Califorhia Press, 1981.

Starr, C. G., *Essays on Ancient History*, edited by Arther Ferrill and Thomas Kelly, Leiden: E. J. Brill, 1979.

Tigerstedt, E. N., *The Legend of Sparta in Classical Antiquity*, Vol. 1, Uppsala: Almquist & Wiksell, 1965.

Tigerstedt, E. N., *The Legend of Sparta in Classical Antiquity*, Vol. 2, Uppsala: Almqvist & Wiksell, 1974.

Too Y. L. edt., *Education in Greek and Roman Antiquity*, Leiden, Boston, Köln: Brill, 2001.

Toynbee, A., *Some Problems of Greek History*, London: Oxford University Press, 1969.

Walbank F. W. etc., *The Cambridge Ancient History*, Vol. 7, part 1, Cambridge: Cambridge University Press, 2001.

Walbank, F. W. etc., *A Historical Commentsry on Polybius* (Ⅰ), Oxford: Clarendon

Press, 1957.

Wallinga, H. T., *Ships and Sea-Power before the Great Persian War*, Leiden, New York, Köln: E. J. Brill, 1993.

West, M. L., *Ancient Greek Music*, Oxford: Clarendon Press, 1994.

Whitby, Michael ed., *Sparta*, New York: Routledge, 2002.

Whitehead, D., *The Demes of Attica*, 508/7-ca. 250 B. C., Princeton: Princeton University Press, 1986.

（二）论文

Alcock, E., "Tomb Cult and the Post-Classical Polis", *American Journal of Archaeology* Vol. 95, No. 3, 1991.

Alcock, E., "Tomb Cult and the Post-Classical Polis", *American Journal of Archaeology*, Vol. 95, No. 3 (Jul., 1991).

Antonaccio, C. M. "Contesting the Past: Hero Cult, Tomb Cult, and Epiuc in Early Greece", *American Journal of Archaeology*, Vol. 98, No. 3 (Jul. 1994).

Asheri, D., "Laws of Inheritance, Distribution of Land and Political Constitutions in Ancient Grecce", *Historia*, Vol. 12, 1963.

Brock, R., "Athenian Oligarchs, The Number Game", *The Journal of Hellenic Studies*, Vol. 109 (1989).

Cakwell, G. L., "The Decline of Sparta", *The Classical Quarterly*, Vol. 33, No. 2 (1983).

Cartledge, P., "Hoplites and Heroes Sparta's Contribution to the Technique of Ancient Warfare", *The Journal of Hellenic Studies*, Vol. 97 (1977).

Cawkwell, G. L., "Sparta and Her Allies in the Sixth Century", *The Classical Quarterly*, New Series, Vol. 43, No. 2 (1993).

Coldstream, J. N., "Hero-Cults in the Age of Homer", *The Journal of Hellenic Studies*, 1976, Vol. 96 (1976).

Dickins, Guy, "The Growth of Spartan Policy", *The Journal of Hellenic Studies*, Vol. 32 (1912).

Figueria, T. J., "Mess Contribution and Subsistence at Sparta", *Transaction of American Philological Association*, Vol. 114 (1984).

Figueria, T. J., "Population Patterns in Late Archaic and Classical Sparta", *Trans-*

actions of the American Philological Association, 116 (1986).

Forrest, W. G., "Legislation in Sparta", *Phoneix*, Vol. 21, No. 1. (Spring, 1967).

Grundy, G. B., "The Policy of Sparta", *The Journal of Hellenic Studies*, Vol. 32 (1912).

Grundy, G. B., "The Population and Policy of Sparta in the Fifth Century", *The Journal of Hellenic Studies*, Vol. 28 (1908).

Hack, R. K. "Homer and the Cult of Heroes", *Transactions and Proceedings of the American Philological Association*, Vol. 60 (1929).

Hainal, "European Marriage Patterns in perspective", in D. V. Glass and D. E. C. Eversley (eds.) *Population in History: Essays in Histoeical Demography*, London: Edward Arnold, 1965.

Hall, J. M., "Sparta Lakedaimon and the Nature of Periokic of Dependency", in Flensted-Jensen p. ed., *Further Studies in the Ancient Greek Polis*, Stuttgart Steiner, 2000.

Hammond, N. G. L., "The Lycurgean Reform at Sparta", *The Journal of Hellenic Studies*, Vol. 70 (1950).

Hodkinson S., "Land Tenure and Intheritance in Classical Sparta", *The Classical Quarterly*, New Series, Vol. 36, No. 2 (1986).

Hodkinson, S., "Social Order and the Conflict of Values in Classical Sparta", *Chiron* 13, 1983.

Kelly, T., "The Traditional Enimty between Sparta and Argos", *The American Historial Review*, Vol. 75, No. 4, 1970.

Larsen, J. A. O., "The Constitution of the Peloponnesian League", *Classical Philology*, Vol. 28, No. 4. (Oct., 1933).

Larsen, J. A. O. "Sparta and the Ionian Revolt", *Classical Philology*, Vol. 27, No. 2 (Apr., 1932).

Luraghi, N., "Becoming Messenian", *The Journal of Hellenic Studies*, Vol. 122. (2002).

Michell, H., "The Iron Money of Sparta", *Phoneix*, Vol. 1, Supplement to Volume One (Spring, 1947).

Mikalson, "Religion in the Attic Demes", *The American Journal of Philology* (98),

1977.

Moore, K. R., "Was Pythagoras Ever Really in Sparta?", *Rosetta* (6), 2009.

Morris, S. P., "Hollow Lakedaimon", *Harvard Studies in Classical Philology*, Vol. 88 (1984).

Nicholas, F. J., "The Order of the Dorian Phylai", *Classical Philology*, Vol. 75, No. 3. 1980.

Oswald, Szemerenyi, "The Origin of the Name Lakedaimon", *Glota*, 38. Bd., 1./2. H. (1959).

Park, H. W., "The Deposing of Spartan Kings", *The Classical Quarterly*, Vol. 39, No. 3/4. (Jul. - Oct., 1945).

Park, H. W., "The Devolopment of the Second Spartan Empire", *The Journal of Hellenic Studies*, Vol. 50, Part 1 (1930).

Price, Theodora Hadzisteliou, "Hero-Cult and Homer", *Historia*, 2nd Qtr., 1973, Bd. 22, H. 2 (2nd Qtr., 1973).

Pritchett, W. K., "Attic Stelai: Part II", *Hesperia*, 25 (1956).

Shipley, G., "The Extent of Spartan Territory in the Late Classical and Hellenistic Periods", *The Annual of the British School at Athens*, Vol. 95 (2000).

Singor, H. W., "Spartan Land Lots and Helot Rents", in H. Sancisi - Weerdenberg et al. (eds.), *De Agricultura: in Memoriam Pieter Willem de Neeve*, Amsterdam: J. C. Gieben, 1993.

Smith, R. E., "Lysander and Spartan Empire", *Classical Philology*, Vol. 43, No. 3. (Jul., 1948).

Thomas, C. G., "On the Role of the Sprtan Kings", *Historia*, Vol. 23, 1974.

Toynbee, A., "The Growth of Sparta", *The Journal of Hellenic Studies*, Vol. 33 (1913).

Whitehead, D., "Sparta and the Thirty Tyrants", *Ancient Society*, Vol. 13/14 (1982/1983).

Whitley, J., "Early States and Hero Cults, A Re-Appraisal", *The Journal of Hellenic Studies*, Vol. 108 (1988).

Willetts, R. F., "The Neodamodeis", *Classical Philology*, Vol. 49, No. 1. (Jan., 1954).

工具书

Simon Hornblower & Antony Spawforth, *The Oxford Classical Dictionary*, Oxford: Oxford University Press, 1996.

Liddle H. G. and Scott R., *A Greek-English Lexicon*, Oxford: Clarendon Press, 1996.

William Smith, A *Dictionary of Greek and Roman Biography and Mythology*, Boston: Little Brown and Company, 1870.

中文文献

原始文献

［古希腊］阿里斯托芬：《阿里斯托芬喜剧集》，罗念生译，人民文学出版社1954年版。

［古希腊］阿里斯托芬：《阿里斯托芬喜剧二种》，罗念生译，湖南人民出版社1981年版。

［古希腊］埃斯库罗斯：《埃斯库罗斯悲剧集》，陈中梅译，辽宁教育出版社1979年版。

［古希腊］柏拉图：《柏拉图全集》，王晓朝译，人民出版社2003年版。

［古希腊］柏拉图：《理想国》（1—4），郭斌和、张竹明译，商务印书馆1997年版。

［古希腊］柏拉图：《政治家》，黄克剑译，北京广播学院出版社1994年版。

［古希腊］柏拉图：《法律篇》，何勤华译，上海人民出版社2001年版。

［古希腊］荷马：《荷马史诗》，罗念生、王焕生译，人民文学出版社1994年版。

［古希腊］赫西俄德：《工作与时日》、《神谱》，张竹明、蒋平译，商务印书馆1991年版。

［古希腊］欧里庇得斯：《欧里庇得斯悲剧集》（Ⅰ-Ⅲ），罗念生译，人民文学出版社1957/1958年版。

［古希腊］欧里庇得斯：《欧里庇得斯悲剧两种》，罗念生译，人民文学出版社 1979 年版。

［古希腊］色诺芬：《回忆苏格拉底》，吴永泉译，商务印书馆 1984 年版。

［古希腊］色诺芬：《长征记》，崔金戎译，商务印书馆 1985 年版。

［古希腊］色诺芬：《希腊史》，徐松岩译，上海三联书店 2013 年版。

［古希腊］索福克勒斯：《索福克勒斯悲剧两种》，罗念生译，人民文学出版社 1979 年版。

［古希腊］索福克勒斯：《索福克勒斯悲剧两种》，罗念生译，湖南文学出版社 1983 年版。

［古希腊］亚里士多德：《雅典政制》，林志纯译，商务印书馆 1999 年版。

［古希腊］亚里士多德：《政治学》，吴寿彭译，商务印书馆 1997 年版。

［古希腊］亚里士多德：《尼各马科伦理学》，廖申白译，商务印书馆 2004 年版。

［古希腊］亚里士多德：《尼各马科伦理学》，苗力田译，中国社会科学出版社 1999 年版。

［古希腊］伊索：《伊索寓言》，罗念生译，人民文学出版社 1981 年版。

［古希腊］伊索克拉底：《古希腊演说词全集·伊索克拉底卷》，李永斌译，吉林出版集团有限责任公司 2015 年版。

［古希腊］希罗多德：《历史》，徐松岩译，上海三联书店 2008 年版。

［古希腊］希罗多德：《历史》，王嘉隽译，商务印书馆 1959 年版。

［古希腊］修昔底德：《伯罗奔尼撒战争史》，谢德风译，商务印书馆 1960 年版。

［古希腊］修昔底德：《伯罗奔尼撒战争史》，徐松岩、黄贤全译，广西师范大学出版社 2004 年版。

［古罗马］普鲁塔克：《普鲁塔克全集》（1——44 卷），席代岳译，吉林出版集团有限责任公司 2017 年版。

［古罗马］普鲁塔克：《希腊罗马名人传》（上），黄宏煦等译，商务印书馆 1999 年版。

［古罗马］拉尔修：《名哲言行录》（上、下），马永翔等译，吉林人民出版社 2003 年版。

［古罗马］奈波斯：《外族名将传》，刘君玲等译，张强校，上海人民出版社

2005年版。

罗念生译：《希腊罗马散文选》，湖南人民出版社1985年版。

罗念生译：《古希腊罗马文学作品选》，湖南人民出版社1988年版。

罗念生译：《古希腊戏剧选》，人民文学出版社1998年版。

苗力田编：《亚里士多德选集》（伦理学卷），中国人民大学出版社1999年版。

苗力田编：《亚里士多德选集》（政治学卷），中国人民大学出版社1999年版。

水建馥译：《古希腊抒情诗选》，人民文学出版社1998年版。

［德］斯威布：《希腊的神话和传说》，楚图南译，人民文学出版社1996年版。

［美］维克托·戴维斯·汉森：《独一无二的战争》，时殷弘译，上海人民出版社2013年版。

鲁刚、郑述谱编译：《希腊罗马神话词典》，中国社会科学出版社1984年年版。

［苏联］鲍特文尼克（Вотвинник，М. Н.）编著：《神话词典》，黄鸿森、温乃铮译，商务印书馆1985年版。

［苏联］Н. А. 库恩：《古希腊的传说和神话》，秋枫、佩芳译，生活·读书·新知三联书店2002年版。

研究性专著及论文

（一）译著

［英］阿尔弗雷德·E. 齐默恩：《希腊共和国：公元前5世纪雅典的政治和经济》，龚萍、傅洁莹、阚怀未译，格致出版社2011年版。

［意］阿纳尔多·莫米利亚诺：《外族的智慧：希腊化的局限》，晏绍祥译，生活·读书·新知三联书店2013年版。

［苏联］安德烈耶夫：《古代世界的城邦》，张竹明等译，华东师范大学出版社2011年版。

［英］A. 安德鲁斯：《希腊僭主》，钟嵩译，商务印书馆1997年版。

［英］奥斯温·莫里：《早期希腊》，晏绍祥译，上海人民出版社2008年版。

［英］奥斯温·默里、西蒙·普赖斯：《古希腊城市》，解光云、冯春玲译，商务印书馆2015年版。

［法］保罗·韦纳：《古希腊人是否相信他们的神》，张竝译，华东师范大学出

版社 2014 年版。

[美] 保罗·麦克金德里克：《会说话的希腊石头》，晏绍祥译，浙江人民出版社 2000 年版。

[美] 萨拉·B. 波默罗伊等：《古希腊政治、社会和文化史》，周平等译，上海三联书店 2010 年版。

[美] 伯里：《希腊史》，陈思伟译，吉林人民出版社 2016 年版。

[瑞士] 雅各布·布克哈特：《希腊人和希腊文明》，王大庆译，上海人民出版社 2008 年版。

[美] 查尔斯·福尔那拉编译：《希腊罗马史料集（一、二、三）》，北京大学出版社 2014 年版。

[英] 约翰·戴维斯：《民主政治与古典希腊》，黄洋、宋可即译，上海人民出版社 2010 年版。

[英] 狄金森：《希腊的生活观》，彭基相译，华东师范大学出版社 2006 年版。

[英] M. I. 芬利：《古代世界的政治》，晏绍祥、黄洋译，商务印书馆 2013 年版。

[英] M. I. 芬利：《希腊的遗产》，张强、唐均等译，上海人民出版社 2004 年版。

[法] G. 格洛兹：《古希腊的劳作》，解光云译，上海人民出版社 2010 年版。

[美] 威廉·弗格森：《希腊帝国主义》，晏绍祥译，上海三联书店 2005 年版。

[英] H. G. L. 哈蒙德：《希腊史》，朱龙华译，商务印书馆 2016 年版。

[美] 汉森：《独一无二的战争》，时殷弘译，上海人民出版社 2013 年版。

[英] 基托：《希腊人》，徐卫翔、黄韬译，上海人民出版社 1998 年版。

[美] 唐纳德·卡根：《伯罗奔尼撒战争的爆发》，曾德华译，华东师范大学出版社 2014 年版。

[美] 唐纳德·卡根：《雅典帝国的覆亡》，李隽旸译，华东师范大学出版社 2017 年版。

[英] 科林武德：《历史的观念》，何兆武、张文杰译，商务印书馆 1997 年版。

[英] 肯尼思·约翰·弗里曼：《希腊的学校》，朱镜人译，山东教育出版社 2009 年版。

[俄] В. И. 库济辛：《古希腊史》，甄修钰等译，内蒙古大学出版社 2013 年版。

［英］莱斯莉·阿德金斯、罗伊·阿德金斯：《探寻古希腊文明》，张强译，商务印书馆 2010 年版。

［美］罗伯特·B. 科布里克：《希腊人：爱琴海岸的奇葩》，李继荣等译，世界图书出版公司 2013 年版。

［美］马丁·贝尔纳：《黑色雅典娜》，郝田虎、程英译，吉林出版集团有限责任公司 2011 年版。

［瑞典］马丁·佩尔森·尼尔森：《希腊神话的迈锡尼源头》，王倩译，陕西师范大学出版社 2016 年版。

［美］麦格琉：《古希腊的僭政与政治文化》，孟庆涛译，华东师范大学出版社 2015 年版。

［丹麦］摩根斯·赫尔曼·汉森：《德摩斯提尼时代的雅典民主》，何世健、欧阳旭东译，华东师范大学出版社 2014 年版。

［苏联］B. C. 塞尔格叶夫：《古希腊史》，缪灵珠译，高等教育出版社 1955 年版。

［英］J. C. 斯托巴特：《光荣属于希腊》，史国荣译，上海三联书店 2011 年版。

［英］P. 卡特利奇：《斯巴达人》，梁建东、章颜译，上海三联书店 2010 年版。

［法］让-皮埃尔·韦尔南：《神话政治之间》，余中先译，生活·读书·新知三联书店 2001 年版。

［法］让-皮埃尔·韦尔南：《希腊思想的起源》，秦海鹰译，生活·读书·新知三联书店 1996 年版。

［英］A. J. 汤因比：《希腊精神：一部文明史》，乔戈译，商务印书馆 2015 年版。

［英］威廉·雷姆塞：《希腊文明中的亚洲因素》，孙晶晶译，大象出版社 2013 年版。

［美］威廉·威斯特曼：《古希腊罗马奴隶制》，邢颖译，大象出版社 2011 年版。

［英］弗兰克·威廉·沃尔班克：《希腊化世界》，陈恒、茹倩译，上海人民出版社 2009 年版。

［英］西蒙·霍恩布洛尔：《希腊世界》，赵磊译，华夏出版社 2015 年版。

［英］西蒙·普莱斯：《古希腊人的宗教》，邢颖译，北京大学出版社 2015

年版。

［法］雅克利娜·德·罗米伊：《希腊民主的问题》，高煜译，译林出版社2015年版。

［美］伊恩·莫里斯、巴里·鲍威尔：《希腊人：历史、文化和社会》，陈恒、屈伯文、贾斐等译，格致出版社2014年版。

［英］约翰·博德曼，贾斯珀·格里芬：《牛津古希腊史》，郭小凌译，北京师范大学出版社2015年版。

［美］约翰·R. 黑尔：《海上霸主：雅典海军的壮丽史诗及民主的诞生》，史晓洁译，广西师范大学出版社2012年版。

［英］约翰·索利：《雅典民主》，王琼淑译，上海译文出版社2001年版。

［英］珍妮弗·托尔伯特·罗伯兹：《审判雅典》，晏绍祥、石庆波、王宁译，吉林出版集团有限责任公司2011年版。

（二）专著

丛日云：《西方政治文化史》，大连出版社1996年版。

郭小凌：《克里奥的童年》，辽宁大学出版社1994年版。

黄洋：《古代希腊政治与社会初探》，北京大学出版社2014年版。

黄洋：《古希腊土地制度研究》，复旦大学出版社1995年版。

李尚君：《演说舞台上的雅典民主》，北京大学出版社2015年版。

廖学盛：《廖学盛文集》，上海辞书出版社2005年版。

刘家和：《古代中国与世界》，武汉出版社1995年版。

刘家和主编：《世界上古史》，吉林文史出版社1987年版。

施治生、郭方主编：《古代民主与共和》，中国社会科学出版社1998年版。

世界上古史纲编写组：《世界上古史纲》（下），人民出版社1981年版。

石敏敏：《希腊人文主义》，上海人民出版社2003年版。

滕大春主编：《外国教育通史》（第一卷），山东人民出版社1989年版。

王以欣：《神话与历史》，商务印书馆2006年版。

王志超《德摩斯梯尼与雅典对外政策》，中国社会科学出版社2012年版。

解光云：《古典时期的雅典城市研究》，中国社会科学出版社2006年版。

徐跃勤：《雅典海上帝国研究》，中国书籍2013年版。

晏绍祥：《荷马社会研究》，上海三联书店2006年版。

晏绍祥：《古典历史研究史》（上、下卷），北京大学出版社2013年版。

晏绍祥：《古典民主与共和传统》（上、下卷），北京大学出版社 2013 年版。

晏绍祥：《古代希腊》，北京师范大学出版社 2018 年版。

易宁、祝宏俊、王大庆：《古代希腊文明》，北京师范大学出版集团 2014 年版。

周楠：《罗马法原论》（上册），商务印书馆 2004 年版。

祝宏俊：《古希腊节制思想》，社会科学文献出版社 2009 年版。

祝宏俊：《古代斯巴达政制研究》，中央编译出版社 2013 年版。

（三）论文

丛日云：《古代希腊的公民观念》，《政治学研究》1997 年第 3 期。

陈洪文、水建馥选编：《古希腊三大悲剧家研究》，中国社会科学出版社 1986 年版。

郭小凌：《希腊军制的变革与城邦危机》，《世界历史》1994 年第 6 期。

郭长刚：《试论荷马社会的性质》，《史林》1999 年第 2 期。

黄洋：《试论荷马社会的性质与早期希腊国家的形成》，《世界历史》1997 年第 4 期。

林志纯：《梭伦以前雅典政治简史》，日知：《中西古典学引论》，东北师范大学出版社 1999 年版。

刘家和：《论黑劳士制度》，刘家和：《古代的中国与世界》，武汉出版社 1995 年版。

刘小荣：《莱库古改革辨析》，《南开学报》2002 年第 2 期。

王敦书：《斯巴达早期土地制度考》，王敦书：《贻书堂史集》，中华书局 2003 年版。

王以欣：《多利亚人入侵的历史谜团》，《西学研究》（第二辑），商务印书馆 2006 年版。

晏绍祥：《荷马社会中关于政治领袖的术语》，《华中师范大学学报》2002 年第 1 期。

晏绍祥：《斯巴达的幻像：古代与现代》，载《新史学》第一辑，大象出版社 2003 年版。

祝宏俊：《当代西方斯巴达研究趋势》，《齐鲁学刊》2009 年第 4 期。

祝宏俊：《古代斯巴达的王政及其特征》，《历史研究》2009 年第 3 期。

祝宏俊：《古代斯巴达的公民大会》，《世界历史》2008 年第 1 期。

祝宏俊:《斯巴达的"监察官"》,《历史研究》2005 年第 5 期。

祝宏俊:《斯巴达美塞尼亚问题研究》,《世界历史》2009 年第 5 期。

祝宏俊:《斯巴达"监察官"与政治分权》,《世界历史》2007 年第 4 期。

祝宏俊:《斯巴达土地占有稳定性研究》,《史学集刊》2009 年第 3 期。

祝宏俊:《斯巴达元老院研究》,《史学集刊》2007 年第 5 期。

祝宏俊:《斯巴达的税收制度》,《西南大学学报》(社会科学版) 2008 年第 3 期。

祝宏俊:《古代斯巴达黑劳士社会地位的演进》,《贵州社会科学》2020 年第 11 期。

祝宏俊:《公元前 4—前 3 世纪斯巴达人口政策反思》,《新史学》(第十一辑),大象出版社 2013 年版。

工具书

[苏联] M. H. 鲍特文尼克等:《神话辞典》,黄鸿森、温乃铮译,商务印书馆 1985 年版。

《中国大百科全书》,中国大百科全书出版社 2009 年版。

《法国拉鲁斯百科全书》,华夏出版社 2004 年版。

后　　记

　　本书是《古代斯巴达政制研究》的续篇，但相关内容的研究则比该书出版早得多，它实际上是我在中国社会科学院世界历史研究所博士后出站报告和的基础上拓展、补充而成。我关注斯巴达始于博士毕业那年。毕业之后到南开大学做了一次博士后，2006 年 5 月，我的第一个博士后研究工作接近尾声，恰好到北京查资料，在中国人民大学的清史研究所拜访了于沛先生。我早闻于先生大名，但一见面，于先生的长者风范和平易近人还是给我留下深刻印象。此前偶尔听朋友说，博士后可以做两次，这年正是我在南开大学历史文化学院博士后流动站出站之年，于是我壮着胆子向于先生表达了这一愿望，不想于先生当即鼓励我先写申请。此后，虽然遇到一系列困难，但在于先生的帮助之下终于顺利通过，尤其是在社科院院方不能提供资助的情况下，于先生多方设法，争取到一笔科研资金，解决了一大困难。此后，于先生安排郭方老师做我的合作导师，还在其他方面提供了诸多的帮助。于先生的这份恩情永志难忘。

　　因为专业关系，我在世界史所古代史研究室工作，郭方老师是我的指导老师。郭老师的宽厚仁慈、淡泊名利、献身学术的精神给我巨大的震撼。在中国从事世界古代史研究这门有意义有趣味而又无名无利的学问，非有这种精神不可。由于在职做博士后研究，我不能经常在北京听取郭先生的教导，但郭先生的这种精神深深地感染了我。古代史研究室的其他同事也给了我巨大的帮助，徐建新老师、刘健老师在我入站的时候多次主动帮助我解决困难，在此谨表谢意。

　　我在南开大学做博士后期间，承蒙王敦书先生指导，主要研究斯巴达政治问题。但两年时间一晃而过，许多问题尚未厘清，因此在社科院的两年，我立志继续从事这方面的研究，但研究的重点转为经济和社会方面。2008 年 3 月到 8 月，我受江苏省政府资助，到英国诺丁汉大学"斯巴达与伯罗奔尼撒研究中心"进行了为期六个月的学术访问，受益良多，在英国期间本人用了较多的精力从事斯巴达宗教问题研究，回国之后则主要研究斯巴达的军事问题。2010 年我以南开大学博士后出站报告为基础的申请材料得到国家社科基金后期资助立项，此后三年主要用于完成该项目。2012 年，我得到江苏省教育厅的"双语教学专项计划"的资助，前往美国弗吉尼亚大学，在这里继续收集斯巴达研究方面的资料。2013 年，我完成了后期资助项目，然后又以在中国社会科学院的研究计划为内容和博士后出站报告为基础申报国家社科基金，有幸申报到一项重点项目。这应该是我享受到世界史成为一级学科的最大好处。此后，我自己的工作也有所变动，担任了一些行政工作，尤其是 2015 年，我到学校教务处工作，占用了不少时间，结项时间也被迫推迟，尽管如此，对自己一直耕耘的斯巴达园地依然一直不离不弃，只是每天用来研究斯巴达的时间很少。2018 年，我承蒙南京大学历史学院张生院长及世界史各位同仁厚爱，我得以到南京大学历史系工作，终于可以集中时间对本课题画一个不太圆满的句号。本书正是在结项成果的基础上修订而成，后又得学院世界史省级重点学科的资助得以顺利出版。

  总结起来，这本书从着手研究到出版十多年了，耗时远多于《古代斯巴达政制研究》，其中一个原因是本书研究的内容更多、更复杂，也更艰苦，第二个原因是人到中年，生活进入了平稳期，有条件等一等，看看有没有新的思考。不过丑媳妇总得见婆婆，现在不揣鄙陋，将其付印，期望得到学界同仁的批判指正。

  在中国从事古代希腊史的研究总不免有一种孤独感，十年前，我儿子还是初中生的时候曾经不解地问我为什么做这种生冷孤僻的学问。我以前供职的学校有位大名人郦波，颇得大众欢迎，儿子问我为什么不像郦波那样做一些大众喜闻乐见的史学。我晓之以史学前辈的教诲，告诉他：学问要坐十年冷，同时加上自己的理解：做学问不能赶时髦，学问的周期远远长于时尚，追时髦肯定做不成学问。我这样告诉他，其实也是对自己的精神暗示。说实在，在斯巴达研究中，我有时也问自己是不是可以换一换研究课题，但每每这样的想法出现，就被自己和自己与同行的交流否定了。我至今记得杨俊明、宫秀华、杨巨平诸位老师对我的鼓励。这样，我一直坚持在斯巴达研究领域，也得以完成了国家社科基金申请书中计划的研究内容。

在本书中，我一方面希望从制度层面审视斯巴达的历史，另外也期望从"问题研究"的视角厘清斯巴达历史上的一些令人困惑之处，而最终的目的是还原斯巴达历史的本来面貌。目前国内外史学界对斯巴达的历史基本上达成了这样的共识，即斯巴达是军国主义、整体主义、平等主义的国家，亘古不变。我对这个观点是不赞同的，我认为，斯巴达的社会制度和生活模式是不断发展变化的，从古风时期到希腊化时期，其社会制度发展速度之快超出人们的想象，现有的这些共识只是特定历史时段的产物，不代表斯巴达的整个历史。我期望通过自己的研究展现一个更真实的斯巴达。回头总结自己的工作，这个目的只能说部分达到了。

如我在《古代斯巴达政制研究》后记中所说，我做斯巴达研究原先的原因是觉得斯巴达的历史对古希腊思想产生了巨大的影响，为了更深入地理解古希腊思想必须先理解斯巴达的历史，所以最初的想法只是做一个背景工作，不想一进来就再也没有离开，至今已近二十年了。我经常在想什么时候能把斯巴达研究画上一个句号，至少画一个分号。但现在看来，这个工作还远未完成，如斯巴达研究的史料问题、叙事回顾、斯巴达对古代希腊思想和当今文化的影响、利用考古材料研究斯巴达的历史、斯巴达的工商业状况等，这些问题都值得研究，也都需要付出艰辛的劳动。2020年，我有幸以晚期斯巴达研究为主题再次申请到国家社科基金的资助，其实，晚期斯巴达的历史也有着丰富的研究内容，需要耗费一段时间去弄懂。我原来一直期望在研究一段时间之后回到我原先的研究起点上，对古代希腊的公民文化尤其是公民道德文化进行系统的研究。这个愿望也几乎实现不了了。真如学生时代老师所说的，学无止境！

关于本书内容有几点需要特别说明。一是本书的部分内容曾经公开发表过，但因为这些内容原本作为本课题研究的子课，在研究过程中先发表以求学界的批评指正，这里也收录在内。再一个原因是这部分的大部分内容在发表时因为期刊篇幅所限有删减，或因为特殊原因留下遗憾，也想借此机会加以弥补，这样便于更全面或从不同侧面展示本人关于古代斯巴达历史的认识。二是斯巴达史的材料有限，有些材料需要从不同的侧面进行解读，这就导致某些材料会多次使用，在形式上显得重复，敬请读者谅解。三是书中部分古典文献的中文表述借用了现代译作，笔者非敢掠人之美，参考文献已将他们的著作一并列出，在此专表谢意！四是由于本人水平所限，本书内容还存在各种各样的错误，敬请读者批评指正！

回想本书的成书过程，众多的老师、好友给了我无私的帮助。首先我要感谢于沛先生，没有他的鼎力相助，我不可能来到社科院，就没有目前这份成果。我要感谢郭方先生，郭先生道德文章广受赞誉，我能得到他的指导，实乃平生之幸事。郭先生多次谦虚地说他不能在斯巴达研究方面指导我，其实他的人格力量无时无刻不在推动着我加倍努力。我还要感谢王敦书先生，正是在王先生门下我正式开始了斯巴达的研究。这里我要特别感谢郭小凌先生，郭先生是我的博士生导师，没有他的帮助我就不能到南开大学，也没有后来的社科院之行。我在离开北师大的日子里不断得到他在学业等方面的帮助和指导。我还要感谢刘家和先生，是他勉励我要坚持，要持之以恒，留下经得起时间考验的研究成果，这是一股强大的精神力量一直支撑着我。我还要感谢张生院长，没有他的支持，这个项目有可能还要延宕一段时间。我还要感谢晏绍祥师兄，我在学业上的许多问题都得到了他的帮助，与他的电话联系往往使我忘记时间。我要感谢宫秀华老师、杨俊明老师、徐松岩老师，是他们鼓励我坚持在斯巴达研究的园地中。我还要感谢徐晓旭，老实说，我的古希腊语水平有限，是他帮我解决了许多这方面的问题。我要感谢黄洋、张强、国洪更、郭子林、舒建军、焦兵、杨巨平、王以欣、叶民、王大庆、陈恒、易宁、崔丽娜、李永斌、吕厚量等师兄、好友及同门的支持。最后我还要感谢我的妻子、儿子、父母、岳父、岳母，并以此书纪念岳父，他在古稀又二年的年纪，因为疾患驾鹤西去，没有他的支持，我的科研之路将更加艰辛，没有他们的支持，我的学业不可能取得现在的成就。谨以此书献给他们！